大跨度桥梁建造技术丛书

CONSTRUCTION TECHNOLOGY OF
SUSPENSION BRIDGES

悬索桥建造技术

中国建筑第六工程局有限公司
黄克起　主编

人民交通出版社
北京

内 容 提 要

《大跨度桥梁建造技术丛书》涵盖《悬索桥建造技术》《斜拉桥建造技术》《梁桥建造技术》《拱桥建造技术》四个分册。本书为《悬索桥建造技术》分册，聚焦悬索桥领域前沿技术与实践，以中国建筑第六工程局有限公司特色工程案例为载体，遵循锚碇、索塔、缆索系统、加劲梁、桥面系等施工工艺流程，深度剖析悬索桥核心建造工艺和施工关键技术。

本书可作为桥梁施工、检测、监测技术人员的参考工具书，也可供桥梁设计、科研人员及在校师生学习使用。

图书在版编目（CIP）数据

悬索桥建造技术 / 黄克起主编. — 北京 ：人民交通出版社股份有限公司, 2025. 7. — (大跨度桥梁建造技术丛书). — ISBN 978-7-114-20064-9

Ⅰ．U448.25

中国国家版本馆 CIP 数据核字第 20245A85V5 号

Xuansuoqiao Jianzao Jishu

书　名：	悬索桥建造技术
著作者：	黄克起
责任编辑：	刘彩云　赵慧琰
责任校对：	赵媛媛　刘　璇
责任印制：	张　凯
出版发行：	人民交通出版社
地　址：	（100011）北京市朝阳区安定门外外馆斜街 3 号
网　址：	http://www.ccpcl.com.cn
销售电话：	（010）85285857
总经销：	人民交通出版社发行部
经　销：	各地新华书店
印　刷：	北京印匠彩色印刷有限公司
开　本：	787×1092　1/16
印　张：	17.75
字　数：	430 千
版　次：	2025 年 7 月　第 1 版
印　次：	2025 年 7 月　第 1 次印刷
书　号：	ISBN 978-7-114-20064-9
定　价：	138.00 元

（有印刷、装订质量问题的图书，由本社负责调换）

编写领导小组

组　长：王　瑾
副组长：段辉乐　黄克起
成　员：王世友　王殿永　吴宏文　刘晓敏　高　璞

编写委员会

主　编：黄克起
副主编：王世友　曹海清　周俊龙　刘晓敏
主　审：王殿永　高　璞
参　编：李晓鹏　曾银勇　卢　俊　谢朋林　刘　康　孙承林　马　亮
　　　　刘芃汐　王泽岸　许云龙　邑　强　杨毅辉　石怡安　耿文宾
　　　　黄小龙　白强强　黎人亮　葛隆博　李　阳　靳贺欣　曾　远
　　　　董弥偲　徐　凯　刁奶毫　罗　森　陈冠宇　任泽天

　　桥梁在我国民众的生活中一直都占据重要的地位，从古代牛郎织女"鹊桥相会"的美丽传说，到新中国"一桥飞架南北，天堑变通途"的生动实践，桥梁发挥着沟通感情、促进经济文化交流的作用。改革开放以来的 40 余年是我国桥梁建设发展的黄金时期，在跨越长江、黄河、海湾、峡谷的征程中，中国桥梁技术也经历了"引进-集成-发展-创新"的转变。在世界排名前十的各类桥梁中，中国桥梁占据了一大半。中国桥梁工程已逐渐走向世界舞台中心，成为中国在推进"一带一路"基础设施建设中重要的品牌之一。

　　中国建筑第六工程局有限公司（简称"中建六局"）深耕桥梁工程领域的技术研发与工程实践，其承建项目遍布全国七大水系，实现了三跨黄河、七跨长江、十跨海湾的壮举。以世界首创"水平二次转体"施工工艺的福建龙岩大桥、中国跨度最大公轨两用悬索桥重庆郭家沱长江大桥、中国最大跨海桥梁浙江舟岱大桥、创造十项"世界之最"的张家界大峡谷玻璃桥、荣获中国建设工程鲁班奖（境外工程）的文莱淡布隆跨海大桥等标杆工程为代表，中建六局为中国桥梁技术的发展做出了突出贡献。

　　《大跨度桥梁建造技术丛书》是一套集悬索桥、斜拉桥、拱桥、梁桥四大桥型结构于一体的专业著作。本丛书不仅详尽阐释了各类桥梁结构的建造技术要领，更以中建六局精心打造的桥梁工程实例为佐证，进行了形象生动的解读，实现了理论性与实用性的完美结合。这套丛书全面梳理了中建六局在桥梁工程领域的最新建造技术成果，为我国桥梁技术的持续创新与发展提供了有益的启示和借鉴。

　　在此，我向桥梁工程技术人员、管理者及爱好者郑重推荐该丛书，期望大家各有所获，对工作有所助益；期待同大家一道，不断探索桥梁技术发展的新高度，为构建更加安全、高效、美观的交通网络而不懈努力。

杨永斌

2025 年 05 月

　　《悬索桥建造技术》作为《大跨度桥梁建造技术丛书》之一，专注于悬索桥领域，精心呈现了中建六局匠心独运的六座悬索桥杰作——张家界大峡谷玻璃桥、松原天河大桥、几江长江大桥、江津白沙长江大桥、郭家沱长江大桥、泸州长江二桥等桥梁关键构造部位施工技术，涵盖峡谷人行悬索桥、双塔空间索面自锚式悬索桥、非对称悬索桥、公轨两用悬索桥、最长锚塞体隧道式锚碇悬索桥等现代悬索桥的主要桥型。

　　本册内容按照悬索桥施工工序（锚碇、索塔、缆索系统、加劲梁、桥面系等）全面解析建造工艺与关键技术。针对结构体系独特的自锚式悬索桥，重点阐述其上部结构和体系转换施工技术。书中还纳入悬索桥施工监控的关键技术，并对悬索桥的未来发展趋势进行总结与展望。每一章节均以主要施工方法和设备概述为起点，赋能初学者快速建立认知框架，并为专业人士提供全面参考。同时，结合中建六局承建项目的特色技术案例，帮助读者系统性掌握相关技术。

　　本书致力于为悬索桥施工从业者及工程爱好者提供一本实用性强、内容全面的参考书。从基础理论到工程实践，从设计理念到施工工艺，力求将理论与实践完美融合，帮助读者透彻理解悬索桥施工的精髓，精准把握关键技术，切实提升实际操作能力。

　　在本书的编写过程中，得到了众多业内专家的悉心指导和无私帮助，以及桥梁建设一线工程技术人员的大力支持。在此，对所有为本书编写作出贡献的人员表示最诚挚的感谢。

　　鉴于编者学识有限，书中或有疏漏与不足，恳请广大读者不吝赐教，予以批评指正。

张家界大峡谷玻璃桥

张家界大峡谷玻璃桥位于张家界市慈利县，作为空间索面地锚式悬索桥，其主跨径达 430m。桥面全部采用透明玻璃铺设，距谷底约 300m。该桥是世界首座高山峡谷玻璃桥，并创下世界最高、最长玻璃桥等十项"世界之最"，获得亚瑟·海顿奖。其建设时间为 2014 年 10 月至 2016 年 8 月。

松原天河大桥

松原天河大桥位于吉林省松原市中西部，作为双塔空间索面自锚式悬索桥，其主跨径达 266m，桥塔高 82m，采用双曲线人字形索塔，结构新颖，线形优美，在建时是世界最大的双塔三跨空间索面自锚式组合梁悬索桥，获得 2018—2019 年度第一批中国建设工程鲁班奖（国家优质工程）。其建设时间为 2013 年 11 月至 2016 年 10 月。

几江长江大桥

几江长江大桥位于重庆市江津区，作为双塔双索面钢箱梁悬索桥，其主跨径达 600m，桥塔高 112.7m，获得国家优质工程奖和第十九届中国土木工程詹天佑奖。其建设时间为 2011 年 4 月至 2016 年 7 月。

江津白沙长江大桥

江津白沙长江大桥位于重庆市江津区，作为双塔双索面钢箱梁悬索桥，其主跨径达 590m，桥塔高 143.5m，获得第十六届"中国钢结构金奖"。其建设时间为 2018 年 3 月至 2022 年 1 月。

江津白沙長江大橋

郭家沱长江大桥

郭家沱长江大桥连接重庆市南岸区与江北区，其主跨径达 720m，桥塔高 172.9m，是国内最大跨度公轨两用钢桁梁悬索桥，上层为双向 8 车道快速路，下层为重庆轨道交通过江通道。其建设时间为 2017 年 12 月至 2023 年 1 月。

泸州长江二桥

　　泸州长江二桥位于四川省泸州市，作为双层独跨式平行索面悬索桥，其主跨径达 576m，桥塔高133.5m。上层设置双向 6 车道，下层预留远期轨道交通。其建设时间为 2016 年 11 月至 2023 年 9 月。

CONTENTS
目　录

第 一 章 ｜ 概述 ·· 1

1.1 悬索桥发展概况 ·· 3
1.2 悬索桥的组成 ·· 8
1.3 悬索桥施工技术概述 ·· 14
1.4 中建六局承建代表性悬索桥 ·· 21

第 二 章 ｜ 锚碇 ·· 25

2.1 锚碇施工概述 ·· 27
2.2 扩大基础重力式锚碇施工实例 ·· 32
2.3 地下连续墙基础重力式锚碇施工实例 ·································· 41
2.4 沉井基础重力式锚碇施工实例 ·· 47
2.5 隧道式锚碇施工实例 ·· 49
2.6 关键技术总结 ·· 55

第 三 章 ｜ 索塔 ·· 57

3.1 索塔施工概述 ·· 59
3.2 索塔桩基础施工实例 ·· 70
3.3 索塔承台施工实例 ·· 72
3.4 索塔塔柱施工实例 ·· 79
3.5 索塔横梁施工实例 ·· 86
3.6 关键技术总结 ·· 93

第 四 章 ｜ 缆索系统 ·· 95

4.1 缆索系统施工概述 ·· 97
4.2 平行索面悬索桥主缆施工实例 ·· 107
4.3 地锚式空间索面悬索桥主缆施工实例 ·································· 120
4.4 自锚式空间索面悬索桥主缆施工实例 ·································· 127

4.5　三维扫描技术在悬索桥主缆线形检查中的应用 …………… 133

4.6　关键技术总结 ………………………………………… 141

第 五 章 │ 加劲梁 ……………………………………………… 143

5.1　加劲梁施工概述 ……………………………………… 145

5.2　钢桁梁架设施工实例 ………………………………… 154

5.3　钢箱梁架设施工实例 ………………………………… 165

5.4　关键技术总结 ………………………………………… 178

第 六 章 │ 自锚式悬索桥 …………………………………… 181

6.1　概述 …………………………………………………… 183

6.2　加劲梁与体系转换施工实例 ………………………… 187

6.3　关键技术总结 ………………………………………… 201

第 七 章 │ 桥面系 ……………………………………………… 203

7.1　桥面系施工概述 ……………………………………… 205

7.2　浇筑式沥青混凝土钢桥面铺装施工实例 …………… 212

7.3　人行玻璃桥面施工实例 ……………………………… 222

第 八 章 │ 施工监控 ………………………………………… 227

8.1　施工监控概述 ………………………………………… 229

8.2　桥塔施工监控实例 …………………………………… 229

8.3　主缆施工监控实例 …………………………………… 234

8.4　主梁施工监控实例 …………………………………… 241

8.5　关键技术总结 ………………………………………… 247

第 九 章 │ 总结与展望 ……………………………………… 249

9.1　总结 …………………………………………………… 251

9.2　展望 …………………………………………………… 252

参考文献 ………………………………………………………… 257

CHAPTER 1
第 一 章

概述

1.1　悬索桥发展概况

悬索桥是一种有着悠久历史的桥型，我国最早的悬索桥可追溯到公元前 250 年左右，当时人们使用藤、竹等材料搭制具有相当跨越能力的吊桥来越过河流、峡谷等自然障碍。随着经济、技术、材料的不断发展，悬索桥的跨径越来越大。悬索桥以其出色的跨越能力、良好的受力特性以及优雅而壮美的外观，在特大跨径桥梁的设计和建造中占据重要地位，被广泛应用于世界各地的大跨径桥梁工程之中。

1.1.1　国外悬索桥发展概况

现代悬索桥的技术理论主要形成于西方国家。1834 年，在瑞士弗里堡建成的跨径达 273m 的悬索桥，采用铁索作为主缆。悬索桥的进步主要得益于两项关键技术的突破：一是主缆材料的创新，主缆用材从铁链变为平行钢丝，并结合空中纺丝的施工技术，极大地完善了悬索桥的结构体系和构造设计；二是挠度理论的提出，促进了悬索桥向更轻型的方向发展，实现了跨径上的重大突破。如图 1.1-1 所示，由桥梁工程师罗勃林主持建造的美国纽约布鲁克林大桥（1883 年交付使用），主跨径 486m，是当时世界上跨度最大的悬索桥。该桥首次采用平行钢丝索作为主缆，开启了现代悬索桥发展的新时代。

图 1.1-1　布鲁克林大桥

（1）美国悬索桥发展概况

随着桥梁建造技术的不断进步，悬索桥的主跨径逐渐增大，1924 年建成的主跨径 497m 的熊山大桥和 1926 年建成的主跨径 533m 的本杰明·富兰克林大桥，相继创下世界纪录。1931 年由奥斯玛·安曼设计的纽约乔治·华盛顿大桥（图 1.1-2），主跨径为 1067m，主缆的垂跨比为 1/10.8，主缆的直径为 914mm，该桥的建成标志着悬索桥跨径进入千米级。在该桥的设计中，发现加劲梁对于活载作用下大跨悬索桥刚度的贡献有限，即加劲梁高度不必随跨径增大而增大，因此乔治·华盛顿大桥建成后的 31 年间未设加劲梁，只安装了抗弯刚度极小的桥面系纵、横梁和平纵联（抗风桁架）。1937 年建成的旧金山金门大桥，主跨径达 1280m，曾保持世界最大主跨纪录达 27 年之久。

图 1.1-2　乔治·华盛顿大桥

由于挠度理论的应用，1885—1945 年间的悬索桥加劲梁向纤细化方向发展。1940 年，由莫西夫设计的塔科马海峡大桥（图 1.1-3）在一场风速为 68km/h 的持久大风中被振毁。该桥主跨径为 853m，加劲梁为钢板梁，高跨比只有 1/350，宽跨比仅为 1/72。塔科马海峡大桥事件引起了工程师们对悬索桥加劲梁抗扭刚度的重视，并使人们开始关注大跨径桥梁的空气动力稳定性问题。

图 1.1-3　塔科马海峡大桥

20 世纪 50 年代，美国悬索桥的建设迎来新一轮高潮。其中，1964 年建成的韦拉扎诺海峡大桥以其 1298m 的主跨径成为当时世界纪录的保持者。韦拉扎诺海峡大桥的建成不仅刷新了桥梁跨径的世界纪录，而且这一纪录维持长达 17 年的时间。进入 21 世纪后，美国悬索桥的建设持续发展，2003 年卡奎内兹海峡悬索桥建成，其主跨径为 728m；随后，塔科马海峡新桥也宣告完工，主跨径达到 853m。

（2）欧洲悬索桥发展概况

20 世纪上半叶，欧洲悬索桥的建设相对缓慢，直到 1929 年德国在科隆建造了首座较大跨径的悬索桥——曼海姆桥，其主跨径为 315m。1941 年，科隆又迎来了洛敦科兴桥，这座悬索桥的主跨径达到 378m。1965 年，德国建成了跨越莱茵河的欧姆里希桥，其 500m

的主跨径标志着欧洲悬索桥建设进入一个新的阶段。1959 年，坦卡维尔桥在法国塞纳河上建成，采用 176m + 608m + 176m 的跨径布置，其创新之处为加劲桁梁连续，在桥塔处不断开，将主缆与加劲梁在主跨跨中点固接，桥塔为混凝土结构。英国的福斯湾公路桥计划早在 1920 年就被提出，但受前期工作和第二次世界大战的影响，直到 1959 年 11 月才开始建设，其跨径布置为 408.4m + 1005.8m + 408.4m。1966 年，英国塞文桥建成，成为欧洲第二座跨径接近千米的悬索桥，其跨径布置为 304.8m + 988m + 304.8m。亨伯桥则是英国继塞文桥、博斯普鲁斯一桥之后的又一悬索桥杰作，采用扁平流线型箱梁和斜置吊索，跨径布置为 280m + 1410m + 530m。丹麦的大海带桥采用 535m + 1624m + 535m 的三跨悬索桥设计，其主跨径比亨伯桥长 214m。

欧洲现代大跨悬索桥的修建多采用混凝土桥塔、扁平流线型加劲钢箱梁的结构形式。位于土耳其境内的恰纳卡莱大桥（图 1.1-4），于 2022 年投入使用，是土耳其连接欧洲和亚洲海岸的第四座大桥，其主跨径为 2023m，是目前世界上已经建成的最大跨度悬索桥。

图 1.1-4　恰纳卡莱大桥

（3）日本悬索桥发展概况

第二次世界大战后日本开始修建现代悬索桥，1960 年建成小鸣门桥，1962 年建成若户大桥，位于本州和九州之间的关门桥，主跨径为 712m，于 1973 年建成通车。

从 20 世纪 70 年代开始，日本政府斥巨资建造本州和四国（简称"本四"）之间的三条联络线。本四联络线除一般梁桥外，长大桥梁共有 16 座，其中 10 座是悬索桥。10 座悬索桥中，有 4 座是公铁两用桥，6 座是公路桥。明石海峡大桥（图 1.1-5）于 1988 年初开工建设，是跨径布置为 960m + 1991m + 960m 的公路桥，建成时是世界上跨度最大的悬索桥。

得益于工业的发展和技术的进步，日本悬索桥的设计和建造展现出其独特的优势。在主缆的制造和架设上，日本普遍采用预制平行钢丝索股法（PPWS 法），逐渐取代传统的空中纺线法（AS 法）。为了适应公路和铁路的共用需求，日本建设了多座大跨度的公铁两用悬索桥，并使用缓冲梁来满足铁路对桥面伸缩量和转角的特定要求。在桥梁结构方面，日本悬索桥常采用连续钢桁梁设计，消除桥塔处的伸缩缝，提高桥梁的稳定性和耐久性。考虑到日本位于地震多发地带，悬索桥的索塔广泛采用钢结构设计，以增强抗震性能，确保桥梁在面对自然灾害时的安全性和可靠性。

图 1.1-5　明石海峡大桥

1.1.2　国内悬索桥发展概况

国内现代悬索桥的起步较晚，但发展迅速。20 世纪 90 年代以后，我国在短短的十年中就建成了 8 座大跨径悬索桥，这些桥梁基本上代表了我国 20 世纪悬索桥建设的总体水平，体现了我国 20 世纪悬索桥的发展历程。汕头海湾大桥是我国建成的第一座现代悬索桥，该桥为三跨两铰预应力混凝土流线型箱梁悬索桥，其跨径布置为 154m + 452m + 154m；1997 年建成的虎门大桥，主跨径为 888m，是我国第一座自行设计、建造的大跨径钢箱梁悬索桥，虎门大桥拥有 18 项代表当时中国国内或国际先进水平的工程技术和工艺，为我国大跨度桥梁的建设奠定了坚实的基础；1999 年建成的江阴长江公路大桥，主跨径达 1385m，为单跨钢箱梁悬索桥，其在土质地基上建造沉井锚碇基础技术获得成功，该桥主跨采用带风嘴的钢箱梁，两边跨采用与钢箱梁等高的预应力混凝土连续箱梁，代表了我国 20 世纪 90 年代的造桥最高水平，是我国桥梁工程建设里程碑之一。

进入 21 世纪，我国悬索桥建造技术有了更大的发展，目前世界上主跨径排名前十的悬索桥中，有一半以上在中国，见表 1.1-1，这些具有代表性的悬索桥，标志着我国在悬索桥建造技术上的突破与创新。

世界上主跨径排名前十的悬索桥　　　　表 1.1-1

排名	桥名	主跨跨径（m）	加劲梁类型	位置	通车年份
1	张靖皋长江大桥	2300	钢箱梁	中国	2027（在建）
2	狮子洋大桥	2180	双层桁架	中国	2027（在建）
3	恰纳卡莱大桥	2023	钢箱梁	土耳其	2022
4	明石海峡大桥	1991	双层桁架	日本	1991
5	燕矶长江大桥	1860	双层桁架	中国	2025（在建）
6	双屿门特大桥	1768	钢箱梁	中国	2027（在建）
7	南京新生圩长江大桥	1760	钢箱梁	中国	2025（在建）
8	杨泗港长江大桥	1700	双层桁架	中国	2019
9	南沙大桥	1688	钢箱梁	中国	2019
10	深中大桥	1666	钢箱梁	中国	2024

泰州大桥（图 1.1-6）作为世界上首座跨径达千米级的三塔两跨悬索桥，跨径布置为 390m + 1080m + 1080m + 390m，其结构设计满足三塔悬索桥的独特要求。在施工技术上，泰州大桥首次实现三塔多跨连续猫道的设计与应用，同时创新性地采用高强度轻质纤维绳作为先导索，使用水面过江施工技术。大桥还采用具有自主知识产权的主缆除湿系统，不仅完善了国产化除湿系统的产业链，也提升了国内悬索桥主缆除湿防护技术的水平。

图 1.1-6　泰州大桥

西堠门大桥（图 1.1-7）是一座主跨径达 1650m 的两跨连续漂浮体系钢箱梁悬索桥，其钢箱梁采用扁平流线型的分离式双箱断面设计，两个封闭的钢箱梁在横桥向有 6m 的间距。该桥首次采用分离式双箱断面的结构形式，成功解决了桥梁结构在抗风稳定性方面的技术挑战，并在台风季节架设钢箱梁，开创了此类工程先例。

图 1.1-7　西堠门大桥

五峰山长江大桥（图 1.1-8）不仅是中国首座公路与高速铁路两用悬索桥，而且还保持着目前世界上荷载最重、行车速度最快的公铁两用悬索桥的纪录。该桥的跨径布置为 84m + 84m + 1092m + 84m + 84m，加劲梁采用板桁结合钢桁梁的结构设计。五峰山长江大桥的主缆直径达到 1.3m，是目前世界上直径最大的主缆，主缆由预制的平行高强钢丝索股构成。在施工方法上，五峰山长江大桥的边跨加劲梁使用支架顶推法施工，中跨加劲梁则采用缆载吊机从跨中向两侧对称架设。

图 1.1-8　五峰山长江大桥

在建的张靖皋长江大桥采用主跨径为 2300m + 717m 的两跨钢箱梁悬索桥形式。该桥的建设将会创造多项世界纪录，即世界最大跨径桥梁、最高钢-混组合索塔、最长主缆、最大锚碇基础以及最长吊索。桥梁建成后，将超越土耳其的恰纳卡莱大桥成为世界跨径第一悬索桥。

随着一代代桥梁工程师的不懈努力，我国的大跨度悬索桥体系研究后来居上，已经达到世界先进水平。这些工程实例标志着大跨度悬索桥技术的一次次突破，同时也彰显着中国在世界大跨度悬索桥体系发展中的重要地位。

随着我国桥梁管理、科研、设计和施工水平的持续提升，未来将有更多技术先进、结构创新、环保节能的悬索桥跨越江河湖海、高山峡谷。这些桥梁不仅极大地促进了区域间的交通连接和经济发展，还将在技术创新、材料应用、智能管理等方面展现中国桥梁工程的新成就，进一步提升我国在全球桥梁建设领域的影响力和竞争力。通过不断探索和实践，中国桥梁建设者将为世界贡献更多的桥梁奇迹，推动更加紧密的经济文化交流，为人类社会的可持续发展贡献中国智慧和中国力量。

1.2　悬索桥的组成

悬索桥主要由锚碇、索塔、缆索系统、加劲梁、桥面及其铺装和附属设施等组成。这些结构共同协作，承担整个桥梁的荷载，并确保桥梁的稳定性和安全性。

1.2.1　锚碇

锚碇是悬索桥的关键组成部分，它的作用是固定主缆的两端，将主缆的拉力传递到地面上。锚碇通常位于桥塔的两侧，靠近岸边或桥的两端，根据其结构特点，可分为重力式、隧道式、岩锚和复合式锚碇。

重力式锚碇可以根据其与地基岩土的相互作用方式分为全重力式锚碇和重力嵌岩式锚碇，其结构如图 1.2-1 所示。全重力式锚碇通常是直接将锚体设置在地基上，或者设置一个相对较薄的混凝土基础，主要依靠锚碇自身的重量和基底产生的摩阻力来平衡主缆的拉力。

在全重力式锚碇的设计中，锚前地基岩土的水平抗力通常不考虑或视为次要因素，不作为主要的抗力来源。重力嵌岩式锚碇的一部分或全部嵌入地基岩土中。这种类型的锚碇不仅依靠自身的重量，还利用地基岩土的水平抗力来平衡主缆的拉力。在重力嵌岩式锚碇中，锚碇与地基岩土之间的相互作用是设计考虑的关键因素，需要确保足够的嵌固力和稳定性。重力嵌岩式锚碇适用于地质条件良好，能够提供足够抗力的岩石或坚硬土壤。

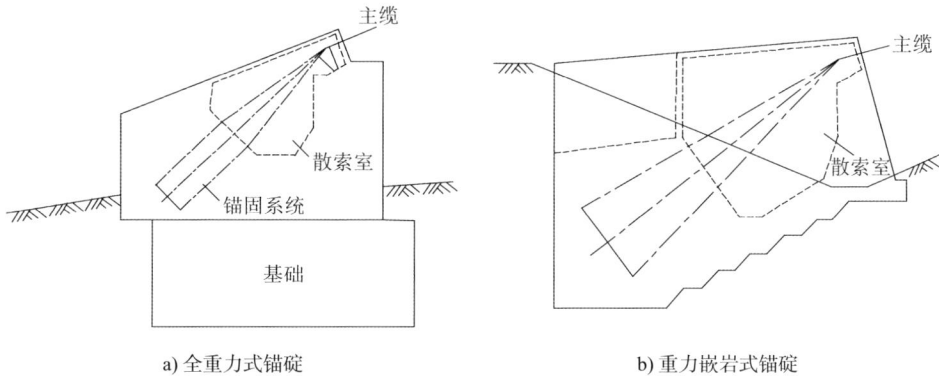

a) 全重力式锚碇　　　　　　　　b) 重力嵌岩式锚碇

图 1.2-1　重力式锚碇结构示意图

　　隧道式锚碇则将主缆的拉力直接传递给周围的基岩，利用基岩的稳定性来固定缆索，其结构如图 1.2-2 所示。隧道式锚碇结构利用山体或岩体的稳定性来锚固悬索桥主缆，通常用于地质条件良好，特别是有坚固岩石的地区。隧道式锚碇的结构组成主要为锚塞体、散索鞍支墩、前锚室等。

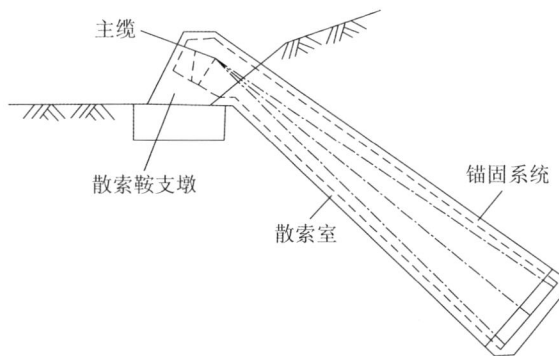

图 1.2-2　隧道式锚碇结构示意图

　　岩锚利用桥位处的岩层，通过锚固钢绞线或锚杆与岩体连接，将荷载传递至岩层深处。隧道式锚碇与岩锚的主要区别体现在锚固方式和施工工艺上。隧道式锚碇通过在隧洞内浇筑混凝土形成锚塞体，集中锚固主缆的索股，而岩锚则将预应力筋分散设置在单独的岩孔中，利用岩体本身作为锚固介质，省去了混凝土锚塞体的浇筑。这种方法不仅简化了施工流程，还大大减少了混凝土等材料的使用，对环境的影响也相对较小。

　　复合式锚碇是基于重力式锚碇、隧道式锚碇、岩锚等传统结构形式的组合体系。通过将不同形式的结构进行组合，形成具有协同受力机制的复合结构。其核心设计理念是根据工程场址的地质条件、荷载特征及施工限制，灵活选择两种或多种基础型式进行组合配置，以满足工程需求。

1.2.2 索塔

索塔是悬索桥中最高的结构，支撑主缆并将主缆的张力转化为压力，传递到塔基和地面。悬索桥的索塔可以根据其使用的材料分为钢筋混凝土索塔、钢索塔以及钢与混凝土组合索塔。以美国为代表的大跨度悬索桥多采用钢结构索塔，欧洲各国和我国的悬索桥多采用混凝土结构索塔。

索塔根据横向结构的连接形式，可以分为刚构式、桁架式与混合式，如图1.2-3所示。

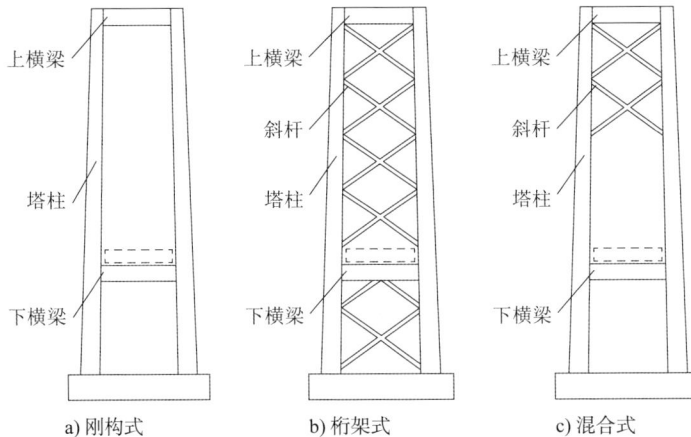

图1.2-3 索塔横向结构形式示意图

刚构式索塔通过设置单层或多层横梁来增强其横向刚度，使索塔能够有效承受主缆和桥面系上的横向风荷载。这种设计不仅外观简洁，而且既适用于钢结构索塔，也适用于混凝土索塔。

为进一步提升索塔的横向刚度，一些索塔采用桁架式结构，由多组交叉杆件构成，在控制塔顶水平变位、塔柱内力方面展现出显著优势，尤其可以减少由风力和地震作用引起的桥轴垂直方向的塔顶水平位移。由于混凝土材质的交叉斜杆施工难度较大，桁架式索塔更常见于钢结构索塔。

混合式索塔结合了刚构式与桁架式的特点，将斜杆设计为钢结构，横梁和塔柱则为混凝土结构，以达到结构和美学的平衡。

1.2.3 缆索系统

1）索鞍

索鞍作为悬索桥上部结构的一个关键部分，承担着支撑主缆并确保其线形顺畅过渡的重要作用。在悬索桥中，索鞍不仅将主缆的荷载传递至索塔、过渡墩和散索鞍支墩，而且其内部的弧形承缆槽能够平滑地改变主缆方向。索鞍按其安装的位置分为主索鞍、转索鞍、散索鞍和散索套。

（1）主索鞍

悬索桥中位于索塔顶部的索鞍为主索鞍，其主要作用是支撑主缆，并使主缆的竖向力顺畅传递至索塔。主索鞍能够承受由主缆张力引起的巨大荷载，并且确保主缆在塔顶处的线形平顺，以减少局部应力集中。主索鞍的主要结构包括由鞍头（鞍槽）和鞍身组成的鞍体、上下承板、底座栅格以及附属装置四大部分。为满足悬索桥施工中鞍座预偏复位的需要，主索鞍底部与塔顶预埋底板之间需设滑动装置，如辊轴、四氟滑板，如图 1.2-4 所示。

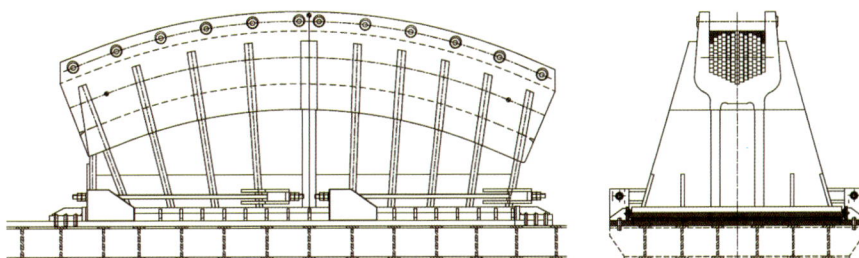

图 1.2-4 主索鞍构造示意图

主索鞍一般可采用全铸或铸焊组合方式制造。由于其结构尺寸及质量很大，为方便施工及安装，通常将主索鞍纵向分成多个节段，吊至索塔顶端后采用高强螺栓进行整体拼接。

（2）转索鞍

转索鞍是一种特殊设计的鞍座结构，通常出现在主缆需要改变方向的悬索桥中。其作用类似于散索鞍，但应用场景更侧重于主缆的转向或回转支撑。转索鞍通过调整主缆的传力方向，确保主缆的张力合理分布到锚碇上，避免局部应力集中。其功能与主索鞍、散索鞍互补，共同保证主缆的受力合理性与桥梁整体稳定性。

（3）散索鞍及散索套

散索鞍位于悬索桥锚碇的支墩处，其核心功能是调整主缆的方向，将主缆的索股在水平和竖直方向上分散，并引导它们到达各自的锚固点。散索鞍需要在主缆受力或经历温度变化时与主缆一起同步移动，主要分为摆轴式和滑移式两种类型，采用全铸和铸焊结合两种不同的制造工艺，如图 1.2-5 所示。

a) 散索鞍剖面图　　　b) 散索鞍实物图

图 1.2-5 散索鞍一般构造图

散索套是应用在主缆直径较小且不需要转向支承情况的构件，通常用来代替散索鞍进行分束锚固。散索套呈喇叭形，由两半铸钢件拼合，常见为上下对称结构，以便主缆的安装和锚固，如图 1.2-6 所示。

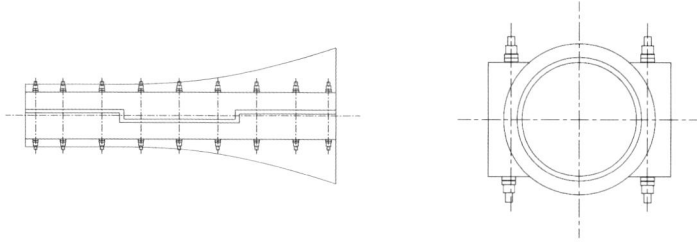

图 1.2-6　散索套构造示意图

2）主缆

作为悬索桥中最关键的承重构件，主缆通过索塔和散索鞍支墩获得支撑，两端固定于锚碇或梁端。它不仅承担桥梁自身的恒载，也承担主梁通过吊索和索夹传递给主缆的活载。主缆由多根高强度的平行钢丝通过特殊的工艺绞合，形成强有力的索股，这些索股集合成为一根完整的主缆。目前，大跨径悬索桥采用的材料为镀锌高强度平行钢丝，该种材料具有强度高、弹性模量大、耐腐蚀等特点，满足现代悬索桥主缆材料的要求。悬索桥主缆的截面面积取决于主缆所需承受的拉力。悬索桥主缆的架设方法有空中纺线法（AS 法）和预制平行钢丝索股法（PPWS 法）两种。

3）索夹和吊索

（1）索夹

悬索桥的索夹是连接主缆与吊索的重要构件，它将桥面荷载通过吊索传递给主缆，再由主缆分散传递至索塔和锚碇。索夹起到主缆和吊索之间的连接作用，又对主缆起到紧固定型作用。

索夹按夹紧方向可分为左右对称型和上下对称型，按功能可分为有吊索索夹、无吊索索夹和中央扣索夹。

有吊索索夹分为销接式和骑跨式两种，如图 1.2-7 所示。骑跨式索夹一般由左右两部分组成，其夹体上设计有承索凹槽，使吊索能够骑跨在凹槽内，以此实现主缆与加劲梁的牢固连接。骑跨式索夹的构造相对简单，西堠门大桥与虎门大桥的索夹采用了这种形式。销接式索夹则通常采用上下对合的结构，其下半部延伸出吊耳，利用销栓将吊索与索夹紧密相连。销接式索夹可以适应复杂角度，吊索直接受力，适用于对吊索受力传递要求较高的情况。

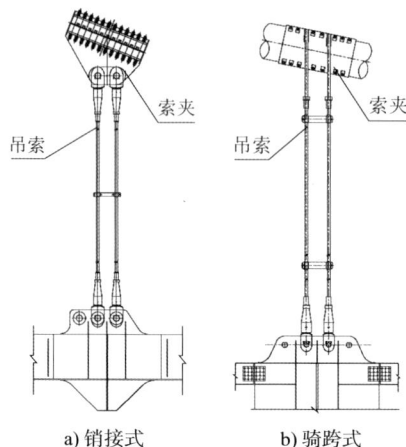

a) 销接式　　　　b) 骑跨式

图 1.2-7　有吊索索夹结构类型

中央扣索夹是安装在桥梁跨中部位，用以连接主缆和加劲梁的装置。设置方式主要分为两种类型（图 1.2-8）：一种是使用刚性较大的构件，如三角桁架，将加劲梁与主缆在跨中位置刚性连接，称为刚性中央扣；另一种是通过限制纵向位移的方式进行连接，通常使用一对或多对斜吊索（也称为斜扣索），这种方式被称为柔性中央扣。

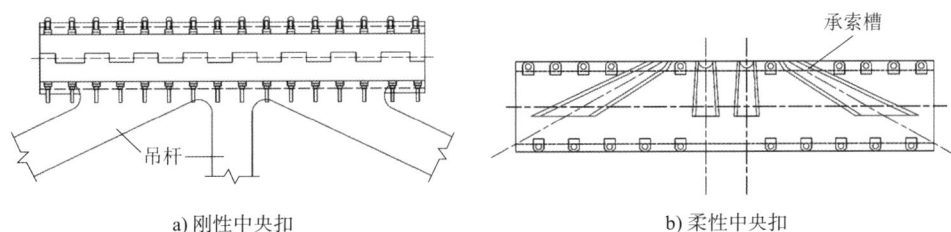

a) 刚性中央扣　　　　　　　　　b) 柔性中央扣

图 1.2-8　中央扣索夹类型

（2）吊索

悬索桥的吊索是将桥面荷载传递至主缆的关键构件，可采用柔性绳索结构，也可以采用刚性吊杆，需要具备优异的抗拉性能。吊索的布置方式多样，可以是单根也可以成束，以适应不同的施工需求。吊索通过索夹与主缆相连，确保桥面荷载的有效传递。为适应不同的桥梁跨度和结构特点，吊索可以设计成直线形、斜拉形或辐射形等多种布置形式。吊索与加劲梁的连接主要通过两种方式实现：锚头承压式和销接式，如图 1.2-9 所示。在锚头承压式连接中，锚头利用吊索垫板对加劲梁施加压力；在销接式连接中，吊索上设置有销孔，与加劲梁上的耳板通过销轴相连。采用销接式连接可以简化加劲梁锚箱的结构设计，有利于加劲梁的加工、安装和后期维护工作。吊索在车辆荷载作用下会经历应力循环，因此它们的抗疲劳设计至关重要。此外，吊索需要适当的防腐和防风雨措施以延长使用寿命。

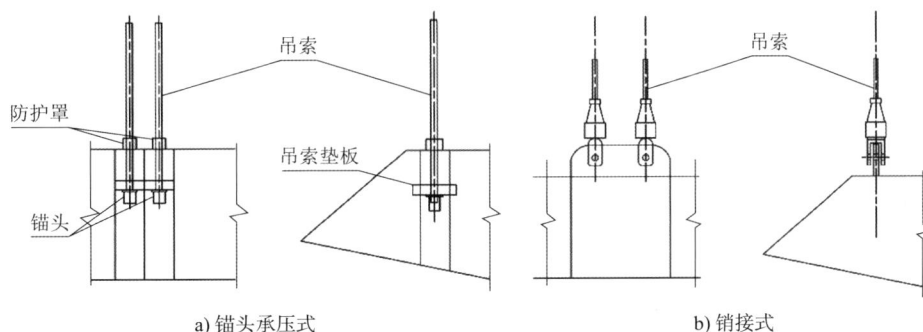

a) 锚头承压式　　　　　　　　　b) 销接式

图 1.2-9　吊索与加劲梁连接类型

1.2.4　加劲梁

由于悬索桥主缆柔性较大，因此悬索桥主梁一般需设加劲梁，以增加主梁的刚性和提高全桥的整体稳定性。加劲梁是直接承受桥面荷载的主要受力结构，常见的结构形式有钢桁梁、钢箱梁、钢-混组合梁。目前，大跨径悬索桥主要使用钢桁梁和钢箱梁两种形式。

钢桁梁具有良好的透风性、便利的运输条件以及较大的竖向刚度等特点，尤其能满足双层交通的需求，在悬索桥建设中得到了广泛的应用。钢桁梁主要由主桁架、横向联结系、

13

纵向联结系、水平联结系以及桥面系等构件构成，各个构件之间通常采用高强螺栓进行连接，钢桁梁断面如图 1.2-10 所示。在钢桁架结构中，平面联结系起着至关重要的作用，它可以在横梁、纵梁、桥面框架与主桁杆之间传递剪力，确保整个结构形成一个具有足够刚度的空间受力体系。

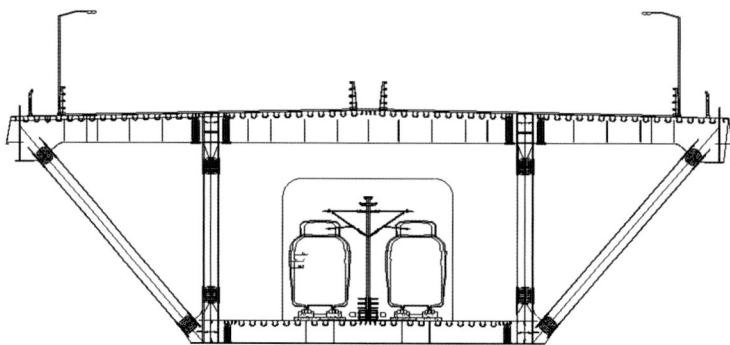

图 1.2-10　钢桁梁断面示意图

扁平流线型的钢箱梁以其优异的抗风特性和经济的钢材用量，在单层体系的桥梁中得到广泛的应用，并成为我国使用十分普遍的加劲梁形式之一。钢箱梁的结构特点体现在它由顶板、底板和斜腹板等构件通过可靠的连接形成一个完整的流线型薄壁箱体，内部沿纵向每隔一定间距设置横隔板，横隔板可以采用肋板式、空腹桁架式或空腹板式等不同形式，如图 1.2-11 所示。钢箱梁的顶板通常采用正交异性板结构，底板和腹板采用带有加劲肋的钢板，这样既可保证结构的强度又兼顾了经济性。

钢-混组合梁由钢梁和混凝土桥面板组成，二者通过剪力连接件紧密结合，共同承担荷载，如图 1.2-12 所示。钢梁提供结构的主要承载力，混凝土桥面板则为分布荷载提供额外的刚度来减少钢梁的变形。这种组合结构不仅充分利用了不同材料的性能优势，还提高了桥梁的整体性能，包括抗扭性能和抗疲劳性能，也有利于降低结构的维护成本，提高使用寿命。

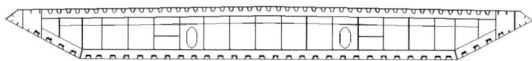

图 1.2-11　钢箱梁断面示意图

图 1.2-12　钢-混组合梁断面示意图

1.3　悬索桥施工技术概述

1.3.1　主要施工工序

悬索桥按照主缆的锚固方式，可以分为地锚式悬索桥与自锚式悬索桥。因结构形式的差异，两者施工工序不同。

其中，地锚式悬索桥施工流程可概括为以下四个主要阶段：

（1）基础工程施工：包括索塔和锚碇基础的施工，以及上部结构所需构件的制造。

（2）索塔、锚碇施工：在施工索塔塔身和锚体的同时进行上部结构施工的技术、机具和物资准备。

（3）缆索系统安装：进行主索鞍和散索鞍安装、先导索施工、猫道架设、主缆架设、紧缆、索夹与吊索安装以及主缆的缠丝防护等。

（4）主梁及桥面系施工：加劲梁和桥面系的施工，包括加劲梁节段的安装和整体化焊接，桥面铺装、桥面系及附属工程的施工，以及机电工程施工等。

地锚式悬索桥的主要施工流程如图 1.3-1 所示。

对于自锚式悬索桥，"先缆后梁"的施工方法工艺复杂、程序多、工艺难度大，采用"先梁后缆"的施工方案更加合理。施工过程中，自锚式悬索桥的体系转换是上部结构施工的关键步骤之一。首先，需要在架设完成加劲梁后，安装缆索系统，然后通过落梁法、顶升法或吊索张拉法进行体系转换。目前，大多自锚式悬索桥的施工都是借助吊索张拉法来实现成桥体系的转换。

自锚式悬索桥的主要施工流程如图 1.3-2 所示。

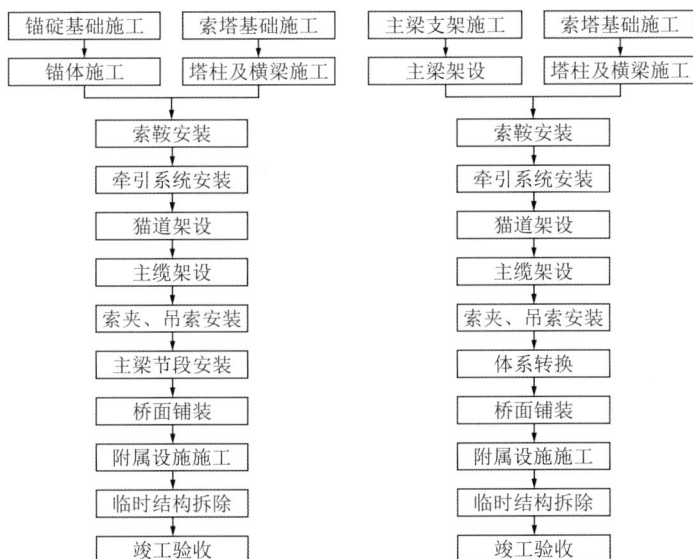

图 1.3-1　地锚式悬索桥的主要施工流程图　　图 1.3-2　自锚式悬索桥的主要施工流程图

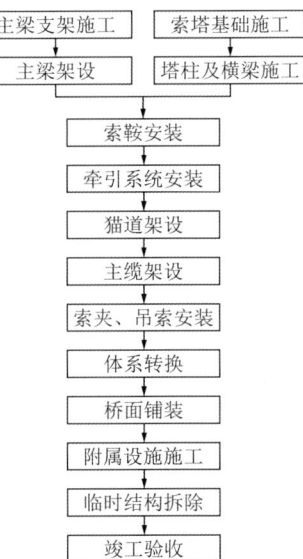

1.3.2　施工临时结构

（1）塔顶门架与锚碇门架

在悬索桥施工过程中，主塔塔顶门架和锚碇门架（也称为散索鞍支墩门架）是关键的临时结构，它们分别位于索塔的顶部和锚碇散索鞍支墩的顶部，如图 1.3-3 和图 1.3-4 所示。门架在悬索桥施工中，不仅承担着主、散索鞍及其附属构件的吊装工作，而且在猫道架设、主缆安装、缆索吊系统安装等工作中发挥着极其重要的作用。

门架在总体结构上是一种门式型钢框架悬臂结构，主要由两片桁架单元和顶部横梁组成，单元之间的连接常采用焊接、栓接或者栓焊结合的方式。门架高度、宽度应根据其吊装构件尺寸、起吊系统构成以及猫道、牵引系统设计等确定，同时还要考虑索塔顶、散索鞍支墩顶部结构尺寸和吊装等因素。

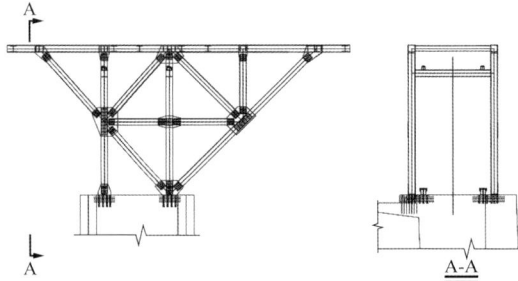

图 1.3-3 塔顶门架示意图

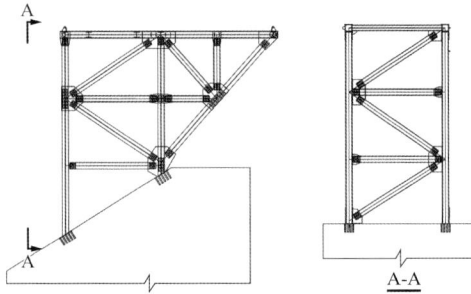

图 1.3-4 锚碇门架示意图

（2）牵引系统

悬索桥的牵引系统是主缆施工中的关键组成部分，它负责将钢丝索股从一端拽拉至另一端，并精确地定位在桥梁的索塔和锚碇上。牵引系统的设计和操作直接影响主缆架设的效率、质量和安全性。

牵引系统主要由卷扬机、拽拉器、索股锚头、牵引索、转向滑轮、猫道门架以及控制设备等组成。卷扬机作为动力，提供必要的牵引力，而拽拉器则负责牵拉索股沿着预定路径移动。索股锚头是索股端部的连接装置，它与拽拉器相连，确保索股在牵引过程中的稳定性。牵引索是连接拽拉器和卷扬机的钢丝绳，通过猫道上的门架导轮系统引导索股移动。

牵引系统根据运行方式可分为循环式（大循环、小循环）和往复式（单线往复式、双线往复式）两类。常用的牵引系统分类及适用范围见表 1.3-1。

牵引系统分类及适用范围 表 1.3-1

牵引系统分类		适用范围
牵引系统 循环式	大循环	PPWS 法、AS 法，适用较小跨径，工效低
	小循环	PPWS 法、AS 法，适用较大跨径，工效高
往复式	单线往复式	猫道架设、PPWS 法，适用中小跨径，工程量小，工效低
	双线往复式	PPWS 法，适用较大跨径，工程量大，工效高

牵引系统的选型和设计还需考虑桥梁的具体特点，如跨度、索股数量、施工环境等因素。例如，在特大跨径悬索桥中，可能会采用门架拽拉式牵引系统，以适应长距离的索股架设和通过塔顶的连续作业。

（3）猫道

猫道是悬索桥施工中重要的临时结构，为桥梁上部结构施工提供了必要的作业平台。

主缆架设、加劲梁吊装、主缆防护等工序都需要在猫道上进行操作。

猫道通常由悬吊在索塔与索塔、索塔与锚碇之间的数根平行承重钢丝绳、横梁组成，猫道的线形近似平行于主缆，其上铺设钢丝网面层、防滑木条、扶手栏杆、扶手钢丝绳等，如图 1.3-5 所示。在整个上部结构施工过程中，猫道始终发挥着作用，必须同时满足结构安全性和抗风稳定性的要求。

为保证上部结构施工时施工人员的过往通行，同时增加两条猫道之间的横向稳定性，需要在两条猫道之间设置若干道横向通道。为了减轻结构自重，横向通道多采用钢管或方钢制成桁架结构。横向通道的铺装层和栏杆防护设计与猫道面层保持一致，以保持整体的统一性。

图 1.3-5　猫道

1.3.3　主要施工设备

悬索桥的主要施工设备包括加劲梁吊装设备、主缆紧缆机和主缆缠丝机等。

1）加劲梁吊装设备

（1）缆载吊机

缆载吊机也称为跨缆起重机，如图 1.3-6 所示，以主缆为支撑，能够在主缆上移动行走，且能够跨越索夹，主要由主桁架、走行机构、液压提升系统（含提升千斤顶、液压泵站、控制系统）、吊具系统、控制台等组成。缆载吊机的起吊能力大，可进行加劲梁的整体节段吊装，施工速度快。缆载吊机重载时一般采用定点垂直吊装，因此要求桥位具备一定的水上运输条件，如跨越大江或海峡等通航水道大跨径悬索桥。

（2）缆索吊机

缆索吊机结构包括承重索（主索）、起重索、牵引索、支索器、跑车等，如图 1.3-7 所示。缆索吊机一般利用主桥索塔与锚碇作为缆索吊的支撑塔架和锚固中锚碇，主缆索鞍布置于索塔上横梁顶面，主缆分别锚固在两岸主桥锚碇散索鞍支墩预埋件之上，左、右幅各设置起吊系统。

缆索吊机最大的特点是承重后可以带载沿顺桥向和横桥向移动，起吊高度远超一般吊机要求。缆索吊机用于悬索桥加劲梁吊装的优点是对环境的适应性较强、起吊能力较大，可进行加劲梁梁段的整体吊装，施工速度快，一般用于中小跨径山区或桥位水运条件不好的悬索桥主梁吊装。

图 1.3-6　缆载吊机

图 1.3-7　缆索吊机

（3）浮吊

浮吊，也称为浮吊船或浮式起重船，如图 1.3-8 所示，是一种专门用于水上起重作业的工程船舶，船上装有大型起重设备，能够在各种情况下进行精确的起重和吊装作业。这种船舶通常具有强大的起重能力和稳定性，能够在深水区域进行桥梁构件的吊装作业。浮吊在复杂流域环境中具有较强的适应性，可以有效减少波浪、风力和水流等环境的影响，确保施工的安全性和效率。浮吊通常配备有动态定位系统，可以在没有锚固的情况下进行精确作业。

图 1.3-8 浮吊

2）主缆紧缆机

主缆紧缆机是在索股架设、调整完成后，在预紧缆工艺基础上把主缆直接紧固及固定的专用设备，如图 1.3-9 所示，通常由主体框架、紧固装置、液压系统、行走机构以及附属机构组成。主缆紧缆机的主体框架常被设计成正八边形的箱体结构，并且可以拆分为多个部分，通过销轴连接。这样的设计不仅便于现场组装和拆卸，还能够保证结构的整体强度。

图 1.3-9 主缆紧缆机

紧固装置是紧缆机的核心部件之一，通常由多个液压千斤顶和配套的紧固蹄块组成。紧固蹄块固定在液压千斤顶的前端，并且围绕主体框架内侧均匀分布，这样可以从多个方向对主缆施加压力，确保主缆在紧压过程中形成一个圆形截面，避免出现椭圆或其他变形现象。

行走机构则是确保紧缆机能沿主缆移动的关键部分，通常由两个尼龙材质的滚轮组成，分别安装在主体框架的前后两端。使用尼龙材料制作滚轮的目的在于保护主缆表面不受损伤，同时确保紧缆机能够在主缆上平稳行走。通过卷扬机的牵引作用，紧缆机能够沿着主缆前后移动，无须额外设置索道或其他复杂设施，提高了工作效率。

3）主缆缠丝机

为保护主缆不受腐蚀和磨损，延长使用寿命，并保持桥梁的安全性和美观性，通常会在主缆外部紧密缠绕一层或多层镀锌钢丝，这一过程称为"主缆缠丝"。完成这一工作的专用机械设备就是主缆缠丝机，如图1.3-10所示。

主缆缠丝机由多个可以旋转的缠丝轮组成，可将高强度的镀锌钢丝按照一定的排列方式和间距均匀地缠绕在主缆的表面，确保缠丝的紧密度和均匀性，形成保护层，以提高主缆的耐久性和抗腐蚀能力。

主缆缠丝机的操作需要精确控制，以保证缠丝的质量和主缆的几何形状。主缆缠丝机通常配备有先进的控制系统，可以实时监测缠丝的进度和质量，自动调整缠丝轮的转速和张力，以适应不同直径和形状的主缆。此外，主缆缠丝机还配备有自动送丝系统，以确保钢丝供应的连续性和稳定性。在施工过程中，主缆缠丝机沿着主缆移动，逐步完成整个主缆的缠丝工作。

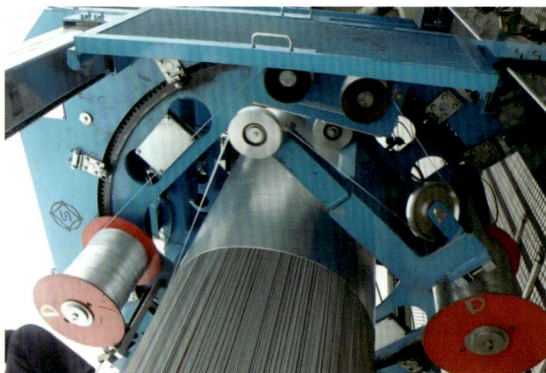

图1.3-10　主缆缠丝机

4）其他常用施工设备

悬索桥施工过程中除了上述主要施工设备外，还需要其他常用的施工设备进行配合，包括滑车组、卷扬机、起重机、液压爬模、驳船、施工电梯等，见表1.3-2。这些设备协同配合，统一管理，共同完成整个悬索桥的施工。

其他常用施工设备　　　　　　　　　　　　　　　　　　表1.3-2

序号	设备名称	单位	用途
1	滑车组	台	索鞍吊装
2	卷扬机	台	缆索系统架设
3	汽车起重机	台	起重吊装
4	塔式起重机	台	起重吊装
5	液压爬模	台	索塔施工
6	驳船	艘	加劲梁运输
7	施工电梯	台	施工人员上下

1.4　中建六局承建代表性悬索桥

1.4.1　张家界大峡谷玻璃桥

1）工程概况

张家界大峡谷玻璃桥位于张家界三官寺张家界大峡谷景区，是一座景观桥梁，兼具景区行人通行、游览、蹦极的功能。本桥为单跨简支悬索桥，北侧主缆分跨为55m＋430m＋51m，南侧主缆分跨为80m＋430m＋82m，矢跨比均为1/10。塔柱为钢筋混凝土独柱结构。西北侧、西南侧、东北侧、东南侧桥塔柱高依次为40.65m、40.65m、37.15m、40.15m。西侧两锚碇为隧道式锚碇，东侧两锚碇为重力式锚碇。加劲梁为纵、横梁体系，梁高0.6m，上铺玻璃桥面。

2）技术特点

（1）桩基开挖采用水磨钻人工挖孔桩施工工艺，隧道式锚碇开挖采用小型破碎机与潜孔钻机联合施工的施工工艺，有效保护了张家界大峡谷自然景区内的生态环境。

（2）创新采用了空间索面线形调整技术，实现了空间索面缆索系统由空缆状态向成桥状态线形体系转换施工。研发了空间索面悬索桥索夹、吊索分阶段安装施工技术，解决了索夹横向偏转角度难以确定的问题。

（3）研发多种桥梁减振措施（水箱式调频液体阻尼器、悬臂式调谐质量阻尼器、玻璃球调谐质量阻尼器和桥头纵向阻尼器）共同作用技术，在保证结构稳定性的同时，最大限度地提高了人行桥梁的舒适性。

1.4.2　松原天河大桥

1）工程概况

松原天河大桥位于吉林省松原市中西部，连接松花江南北两岸，在松原松花江大桥下游约2.9km处，主桥跨径布置为40m＋100m＋266m＋100m＋40m，为当时世界上最大的双塔三跨自锚式空间双索面钢-混组合梁悬索桥。索塔总高度82m，桥面以上塔高69m，下塔柱高8.6m，中塔柱高22.9m，上塔柱高35.4m，塔冠高15.1m。

主梁分为预应力混凝土箱梁段、钢-混结合段、钢-混组合梁段三个部分，锚跨及边跨锚墩附近为预应力混凝土箱梁。钢-混组合梁共2道主纵梁、3道小纵梁，横梁间距4m，纵梁和横向形成梁格，表面安装25cm厚的钢筋混凝土桥面板。

2）技术特点

（1）松原天河大桥采用整束挤压型吊索锚具、带球铰拉杆连接吊索及底座，其中球头杆可绕球形垫板360°方向自由旋转，索夹采用可转动索夹，其中内索夹箍紧主缆，防止索夹纵向滑移，外索夹在被内索夹纵向约束的情况下依然可以绕内索夹转动，满足了索夹在成桥各个工况不同角度的转动需求。该技术为首次在同类型桥梁上使用。

（2）采用双索面空间主缆，成桥竖向矢跨比为1：5，横向矢跨比为1：20，主塔采用双面双曲线人字形索塔、钢梁采用格构式钢梁，上铺25cm厚的混凝土桥面板，有效降低了结构重量和桥梁用钢量。

1.4.3 几江长江大桥

1）工程概况

几江长江大桥位于重庆市江津区，是一座单跨钢箱梁悬索桥，为半漂浮结构体系。主桥跨径布置为 176m + 600m + 140m（边跨无吊索）。桥塔采用钢筋混凝土双层门式框架结构，塔柱为矩形单箱单室结构，设 2 道横梁，南塔全高 112.667m、北塔全高 106.087m。南锚碇为重力式锚碇，采用沉井基础；北锚碇位于陡坡上，采用型钢加劲复合式隧道锚碇。加劲梁采用正交异性板流线型扁平钢箱梁，标准梁段长 12m，梁高 3.0m。

2）技术特点

（1）首次提出锚体深嵌沉井的新型组合锚碇结构并应用到南岸锚碇，优化了锚体结构，实现了与城区环境的协调；创新采用"先中间后两边"取土下沉方式，应用砂套与空气幕组合助沉技术，形成了大型沉井基础组合锚碇建造技术。

（2）首创隧道锚周边岩体植入型钢剪力键并应用到北岸锚碇，大幅提高了锚体抗拔能力，锚体体量较常规隧道锚减小 18%；研发了锚固系统洞外拼装成型、整体滑移入洞工法，解决了大落差、超长锚塞体锚固系统杆件密集、定位精度要求高等施工技术难题；提出了隧道式锚碇稳定性分析评价方法，形成了透水软岩地区隧道锚成套建造技术。

（3）创新采用"高低栈桥 + 二次荡移 + 二次平移"组合施工技术，解决了山区地形高差与河流水位变化大的钢箱梁架设难题，形成了悬索桥无水区与浅滩区钢箱梁架设施工工法。

1.4.4 江津白沙长江大桥

1）工程概况

江津白沙长江大桥位于重庆市江津区，全长 770m，其中主跨为 590m，为双塔双索面钢箱梁悬索桥。东主塔高 143.5m，西主塔高 137.5m，塔柱柱身采用多边形空心薄壁钢筋混凝土截面。主梁为正交异性板流线型扁平钢箱梁，主梁中心线处的标准梁高为 3.5m，全宽为 34.8m（含风嘴）。东岸锚碇采用重力式锚碇，西岸锚碇采用隧道式锚碇。

2）技术特点

（1）隧道式锚碇采用事先在隧洞底板预埋的滑移轨道将成组定位支架滑移至隧洞内指定位置的施工工艺，保证了预应力定位支架的拼装精度和焊接质量。

（2）西桥塔位于成渝铁路高边坡与长江河道之间，地貌属构造剥蚀浅丘地貌及堆积-侵蚀河谷地貌；采用桩基础 + 冠梁 + 双壁钢围堰组合施工，针对复杂地形环境，因地制宜采用 E 形无封底钢-混组合围堰，成功解决了铁路高边坡、厚冲积层粉砂质土层等地形难题。

（3）白沙长江大桥为两跨非对称悬吊体系，架设顺序复杂。采用"高低栈桥滑移 + 小倾角二次荡移"的钢箱梁架设方案，有效解决了无水及浅滩区运梁船无法运抵导致钢箱梁架设困难的问题。

1.4.5 郭家沱长江大桥

1）工程概况

郭家沱长江大桥连接重庆市南岸区与江北区，跨径布置为 75m + 720m + 75m，为双塔三跨连续钢桁梁悬索桥，是国内最大跨度公轨两用钢桁梁悬索桥。南、北锚碇均采用重力式锚碇。主塔为门式框架结构，南桥塔高度为172.90m、北桥塔高度161.90m。加劲梁采用正交异性钢桥面板的板桁结合钢桁梁，主桁架为三角形桁架，主桁架高度12.7m，标准节间长度15.0m，两片主桁中心间距为17.0m。

2）技术特点

（1）郭家沱长江大桥索塔施工中定量分析出了已浇筑下层横梁结构与施工支架共同承担荷载的分配比例，从而实现索塔横梁支架轻量化。

（2）从节约资源、保护生态角度出发，摒弃传统的泥浆池清渣施工工艺，大桥桩基施工创新采用了清水钻孔配合空气吸泥清孔技术，实现了不配备泥浆池，仍能持续清渣成孔的目标。

（3）郭家沱长江大桥塔区梁段的安装采用了连续斜拉荡移技术。通过卷扬机、缆载吊机和存梁支架的协同作业，构建了一个高效且适应性强的荡移系统。钢桁梁连续荡移技术巧妙应用"永久吊索＋临时吊索"的空中存梁能力，以及跨缆吊机的提升卸载能力，能够不受地形和水位的限制进行钢桁梁的吊装，大大拓宽了该方法的适用范围，可为以后类似工程施工提供参考。

1.4.6 泸州长江二桥

1）工程概况

泸州长江二桥位于四川省泸州市，为双塔单跨板桁结合加劲梁公轨两用悬索桥，主跨径为576m，上层设置双向6车道，下层预留远期轨道交通。东、西锚碇均采用重力式锚碇，基础采用现浇扩大基础形式。桥塔是由塔柱、上下横梁组成的门式框架结构。塔柱为普通钢筋混凝土结构，横梁为预应力混凝土结构，西桥塔高123.0m、东桥塔高133.5m。主梁采用板桁结合加劲梁，主桁采用两片华伦桁架（三角桁），主桁横向中心距16m，桁高11.335m，标准节段长14.4m，桥面为正交异性钢桥面。

2）技术特点

（1）泸州长江二桥加劲梁采用板桁结合钢桁梁结构，首次在长江上游礁石区采用缆载吊机吊装钢桁梁，并发明了双机双吊液压数控跨缆吊机架设悬索桥主梁的施工方法。同时优化了悬索桥主缆架设技术，研发了索股受力均匀性控制及受力检测技术，实现了主缆的精确安装。

（2）通过研究混凝土入模温度、不同换热系数以及不同冷却水管流量等相关参数，分析不同参数对大体积混凝土的应力、变形的影响，提前对已浇筑混凝土采取有效措施，使其内部温度、应力及变形控制在合理范围。经参数分析和计算论证确定的内降（主要是管冷方案）外保（主要是保温保湿方案）温控措施有效，该关键技术经验可用于指导行业内同类型桥梁施工。

1.4.7 几江轨道专用长江大桥（在建）

1）工程概况

几江轨道专用长江大桥位于重庆市江津区，为双塔外张型空间索面轨道交通专用悬索桥。大桥主缆的跨径布置为155m＋610m＋113m，主梁的跨径布置为65m＋610m＋55m。

桥塔为 V 字形高低塔，塔柱为普通钢筋混凝土结构，北桥塔高度为 118.0m，南桥塔高度为 115.0m。北岸为隧道式锚碇，南岸为重力式锚碇。主梁采用 3.2～4.5m 变截面钢箱梁。

2）技术特点

（1）过江悬索桥采用半漂浮体系方案与空间外张型索面，整体可降低北岸隧道锚与接线隧道的相互影响，提高结构横向刚度。桥塔为 V 字形外张桥塔，在改善上下横梁受力的同时可提高下塔柱抗船撞性能。为确保主塔施工过程中的线形和内力满足要求，施工中使用对拉措施施加拉力进行调整，对预加力遵循内力控制为主、变形控制为辅的原则。

（2）过江悬索桥采用外张型主缆，在桥塔处宽、跨中处窄，且加劲梁采用整节段架设，需考虑主缆线形转换与加劲梁吊装相互干扰等因素，拟采用分离式缆载吊机架设钢箱梁，在国内属首次工程应用。

CHAPTER 2

第 二 章

锚碇

锚碇包括锚碇基础（有扩大基础、地下连续墙基础、沉井基础等多种形式）、锚块、主缆锚固系统及防护结构等，是将主缆的拉力传递给地基的结构，同时也是固定主缆端头和防止主缆移动的巨大构件。本章旨在深入探讨地锚式悬索桥锚碇施工中的关键技术与流程。

2.1 锚碇施工概述

2.1.1 锚碇结构类型

按主缆的锚固形式，大跨度悬索桥主要分为自锚式与地锚式悬索桥两种。常见的地锚式悬索桥锚碇有重力式锚碇、隧道式锚碇、岩锚和复合式锚碇等。

1）重力式锚碇

重力式锚碇通常由锚碇基础、锚体、锚固系统三部分组成。锚体通常由锚块、散索鞍支墩、后锚室、前锚室、侧墙、顶板、后浇段等组成，如图 2.1-1 所示。

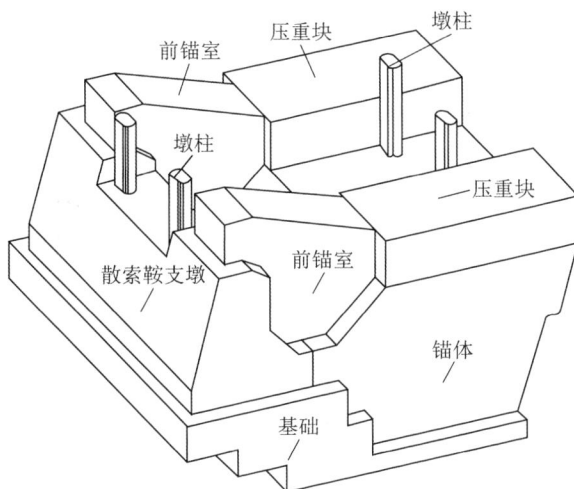

图 2.1-1 重力式锚碇示意图

（1）重力式锚碇基础

常见的重力式锚碇基础有扩大基础、地下连续墙基础、沉井基础和桩基础等。

① 扩大基础

扩大基础通过增大基底面积的方式降低基底应力和基底变形，在确保地基承载力及地基沉降位移满足要求的前提下，可将锚碇基底持力层放置在较厚的全风化层上。扩大基础重力式锚碇适用于场地宽敞、表层地质情况较差、持力层埋深较大的情况，具有施工简便、施工安全性高、施工周期短、造价低等优势。

② 地下连续墙基础

地下连续墙基础具有防渗、承重、挡土、截水、抗滑等多种功能，既可以作为围护结构单独受力，也可以与后浇混凝土结构结合共同受力。当表层地质情况较差、持力层埋深较大、放坡开挖占地面积大但可用空间有限且工期长、不经济时，地下连续墙基础更为适用。

③ 沉井基础

沉井基础是一个井筒状的结构，它是从井内挖土、依靠自身重力克服井壁摩阻力后下沉到设计高程，然后采用混凝土封底并填塞井孔。沉井基础的特点是埋置深度大、整体性强、稳定性好，具有较大的承载面积，能承受较大的垂直荷载和水平荷载。沉井基础示意图如图 2.1-2 所示。

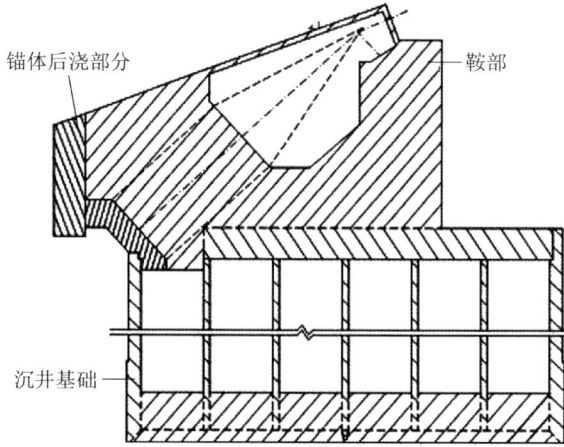

图 2.1-2　沉井基础示意图

当作业空间有限或周围存在重要建筑物，且表层地质情况较差、持力层埋深较大时，扩大基础重力式锚碇无法施工，沉井基础重力式锚碇往往更适用。

④ 桩基础

采用桩基础的重力式锚碇，结合了重力式锚碇稳定性好和桩基础承载能力高的优点。桩基础通过桩身与土体的摩擦力和桩尖的承载力来支撑锚碇的重量。当缆索施加拉力时，锚块的重力与桩基础的支撑力共同作用，保持锚碇的稳定性。桩可以是预制桩、现浇桩或钢管桩，它们深入地下，将锚碇的重量和拉力传递到深层土层或岩石层。承台位于桩顶，用于将桩基础与锚碇主体结构连接起来。

（2）重力式锚碇施工流程

锚体工程的核心组成部分涵盖锚块的安装、散索鞍支墩的建造以及锚室结构的构筑，后者具体包括前墙、侧墙和顶板的施工。锚室的前墙与顶板施工环节，通常会安排在悬索桥的主缆系统架设并稳固之后进行，以确保施工安全与结构稳定性。

重力式锚碇锚体施工流程如图 2.1-3 所示。

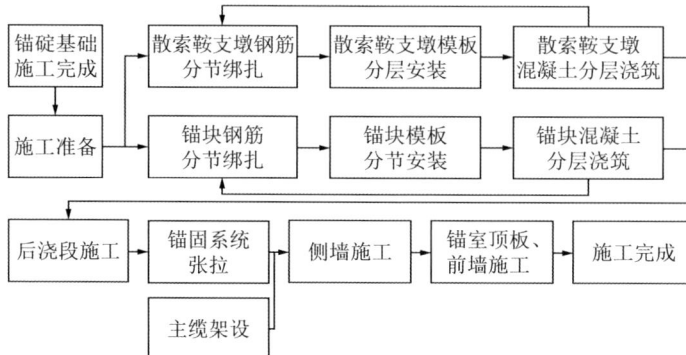

图 2.1-3　重力式锚碇锚体施工流程图

2）隧道式锚碇

隧道式锚碇（图 2.1-4）采用前小后大的楔形结构，截面形状一般为马蹄形，可以充分发挥围岩的承载能力，通过锚塞体的自重和围岩共同承担主缆拉力，其承载力一般由岩锚接触面的摩擦力、结构自重和围岩对锚塞体的挤压作用三部分组成。与重力式锚碇相比，同样承载力需求下，隧道式锚碇开挖小、经济性好、对地形地貌和周围环境的破坏小，因此使用量日益增加。

针对凉山州复杂险峻的地形地质条件，西香高速泸沽湖特大桥创新采用全新 U 形回转式隧道式锚碇结构（图 2.1-5），属国际首创。隧道式锚碇总长 331.6m，最大坡度超过 38°，U 形段采用直径 18.6m 的正圆截面，将 7 万 t 主缆拉力传递到地基之中，相对于传统的直线形隧道式锚碇，U 形回转式隧道式锚碇的锚固安全度大幅增加。

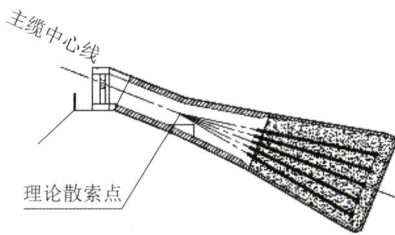

图 2.1-4　隧道式锚碇结构示意图　　图 2.1-5　U 形回转式隧道式锚碇

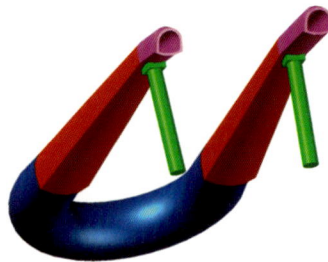

隧道式锚碇施工流程如图 2.1-6 所示。

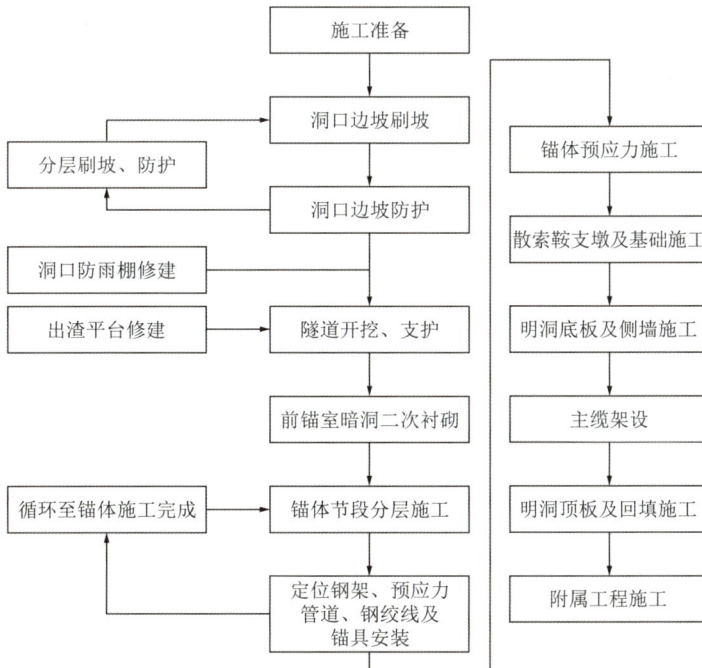

图 2.1-6　隧道式锚碇施工流程图

3）岩锚锚碇

当岩石完整较好时，可对岩石进行钻孔和固定，将悬索桥的主缆锚固于岩石中，以实现锚碇的功能。岩锚能充分发挥岩石的力学性能，具有良好的稳定性和承载能力，且具有工程量小、投资小、环保的优势。

岩锚分为岩锚体、后锚室、前锚室、散索鞍支墩及基础等部分，通过岩锚体承受预应力锚固系统传递的主缆索股压力，如图 2.1-7 所示。主要施工步骤：①前锚面基坑开挖支护；②竖井及后锚室开挖支护；③钻孔及缆索安装；④主缆架设及锚室施作等。

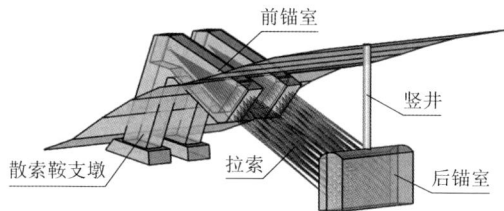

图 2.1-7　岩锚示意图

4）复合式锚碇

（1）地下连续墙重力式复合锚碇

通过加强地下连续墙与锚碇顶、底板的连接刚度，实现嵌岩地下连续墙参与协同受力，从而减小基坑开挖规模、缩小锚碇尺寸、缩短施工周期、节约建设资金。

（2）支护转结构复合地下连续墙锚碇

支护转结构复合地下连续墙锚碇基础，采用地下连续墙作为支护方式。张靖皋长江大桥建设过程中，在锚碇基础布置位置间隔分段开挖，一期采用钢箱混凝土结构，二期采用钢筋混凝土结构。不同断面分别设置封闭钢箱结构，钢箱结构包括一字形、L 形、T 形、十字形四种类型。独特结构让地下连续墙兼顾临时支护和永久受力结构的作用，让锚碇既能拉起大桥重量，又能保证"下盘"稳固。

（3）扩大基础复合锚碇

在确保抗滑稳定性安全系数与结构整体稳定都满足要求的前提下，扩大基础复合锚碇在减少自重及开挖量的同时，能够抵抗主缆拉力的竖直分力。这一设计有效减少了基础厚度和锚碇的埋深，例如采用预应力锚索式复合锚碇、抗拔桩式复合锚碇等结构，如图 2.1-8 所示。

（4）隧道式锚碇和岩锚复合锚碇

在隧道式锚碇的锚体后方增加一定数量岩锚或锚杆，这样的锚固系统可以充分利用锚体后端围岩的抗拉强度，有效减少锚碇的尺寸，如图 2.1-9 所示。

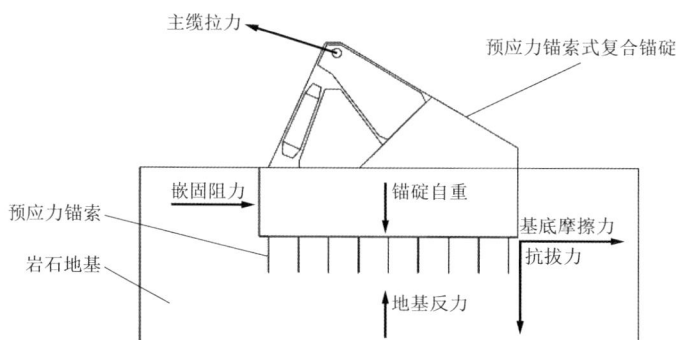

图　　2.1-8

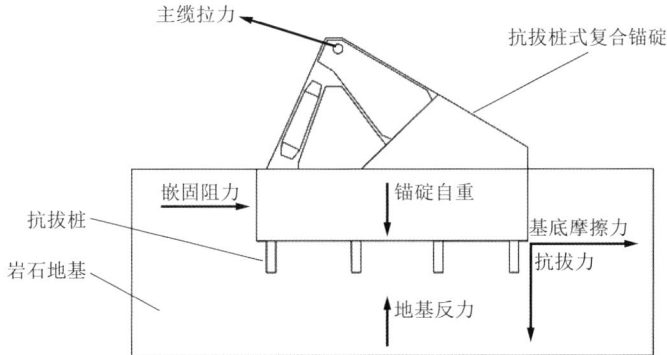

图 2.1-8 预应力锚索式复合锚碇、抗拔桩式复合锚碇示意图

（5）沉井钻孔嵌岩桩复合锚碇

此种复合锚碇是待沉井下沉到位后施工钻孔桩嵌入基岩，大直径桩基础适应性强，适合各种土层。沉井作为传力结构，传递锚体反力至桩基结构。通过向沉井基础空腔内回填砂石料，可减小桩基础的自由长度，减小桩基础所承受的弯矩，使桩基主要承受水平力和竖向力。如图 2.1-10 所示。

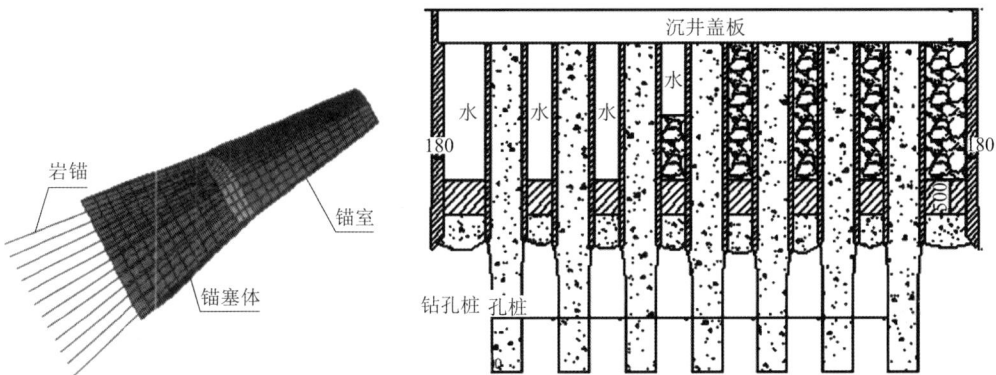

图 2.1-9 隧道式锚碇和岩锚复合锚碇 图 2.1-10 沉井钻孔嵌岩桩复合锚碇（尺寸单位：mm）

2.1.2 锚固系统类型

锚固系统作为索股与锚碇的连接系统，起到将索股拉力传递到锚体的作用。其分为预应力锚固系统和型钢锚固系统。

（1）预应力锚固系统

预应力锚固系统一般由预应力束、锚具、预埋管道和防护帽组成，如图 2.1-11 所示。锚具由锚头、夹片锚下垫板、螺旋筋及密封圈等组成。根据材料不同，预应力锚固系统分为预应力钢绞线锚固系统和预应力粗钢筋锚固系统。预应力钢绞线系统包括有黏结不可更换式锚固系统和无黏结可更换式锚固系统，其中不可更换式一般采取预应力束张拉压浆方式，可更换式一般采取张拉预应力束注油方式。

预应力锚固系统可充分利用高强度预应力体系，减少现场安装工期，用钢量较少，对主缆长度调整适应性好、布置方式灵活、施工方便、造价低。缺点是须加强对前锚室预应力锚头外露部分防腐处理。

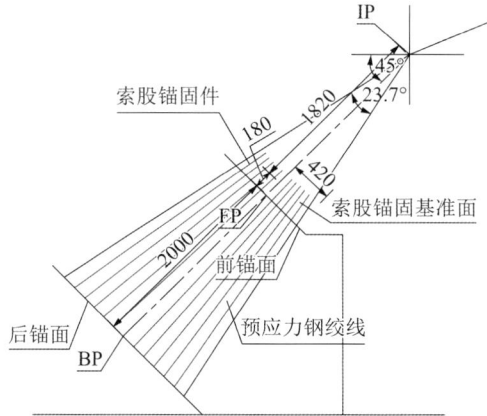

图 2.1-11　预应力锚固系统构造示意图（尺寸单位：mm）

IP-散索点；FP-前锚面中心点；BP-后锚面中心点

（2）型钢锚固系统

型钢锚固系统一般由锚杆、锚梁及支撑架三部分组成，如图 2.1-12 所示。根据锚块前部有无锚梁，可分为前锚梁式型钢锚固系统和拉杆式型钢锚固系统。

型钢采用普通钢材，安全性能好，整体性好。但缺点是用钢量较大，制作加工难度大，安装要求高，对主缆长度精度要求高，与主缆连接接头需进行专项防腐处理，施工工序复杂。

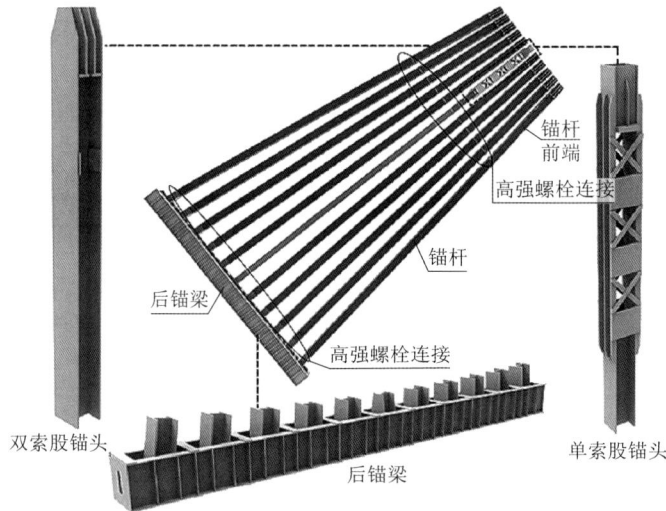

图 2.1-12　型钢锚固系统构造图

2.2　扩大基础重力式锚碇施工实例

郭家沱长江大桥为公轨两用桥梁，双层布置，上层为 8 车道城市道路交通，下层为双线轨道交通，大桥起点桩号 K2＋689.209，终点桩号 K4＋093.009，全长 1403.8m，主桥采用单孔悬吊双塔三跨连续钢桁梁悬索桥，桥跨布置为 67.5m＋720m＋75m＝862.5m。主塔采用门形结构，南北两岸采用重力式锚碇。主桥桥型布置如图 2.2-1 所示。

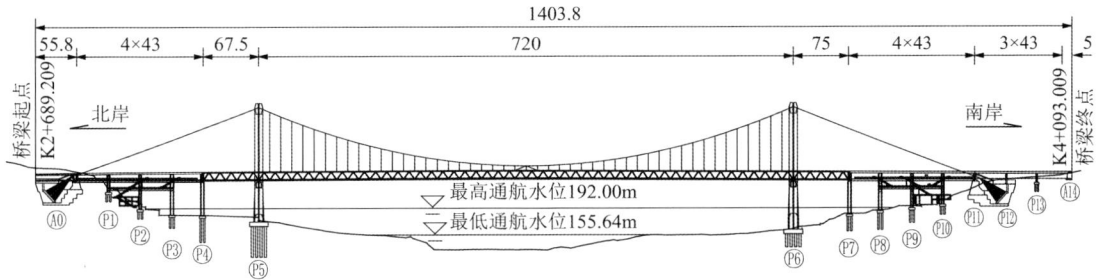

图 2.2-1　主桥桥型布置图（尺寸单位：m）

郭家沱长江大桥南北侧锚碇均采用重力式锚碇，锚碇基础采用明挖扩大基础，如图 2.2-2 所示。南锚碇全长 64.8m，主要由锚体、散索鞍支墩、前锚室、后锚室、压重块及扩大基础构成。锚碇基础采用扩大基础并设置台阶，基础底面均位于中风化泥岩岩层上。锚体横桥向宽 56m，顺桥向总长 42m，高 26m，锚体后侧采用两级放坡，坡率 1：0.3。南北锚碇均位于丘陵斜坡上，地形陡峭，北锚碇基坑最大开挖深度达 59m，开挖土方量约 31.9 万 m³；南锚碇基坑最大开挖深度达 83m，开挖土方量约 37.8 万 m³，其中硬质岩层开挖土石方量共约 30 万 m³，平均单轴抗压强度为 36.3MPa。锚碇周边建筑物距离近，不能爆破施工。此外，南锚碇混凝土用量达 9.57 万 m³，北锚碇混凝土用量达 9.37 万 m³，防止大体积混凝土产生裂缝是本工程的重难点。

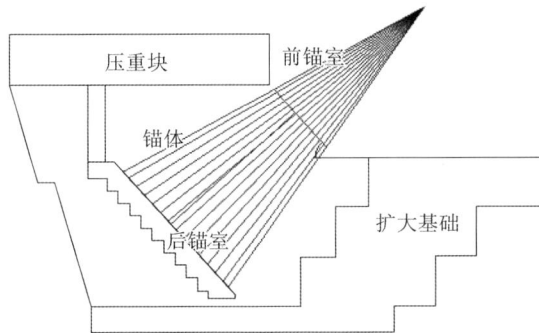

图 2.2-2　郭家沱长江大桥重力式锚碇预应力锚固系统构造示意图

2.2.1　锚碇开挖

1）硬质岩层组合切割开挖施工技术

郭家沱长江大桥南锚碇采用岩石切割机、金刚石绳锯与破碎机结合，按照岩石的节理走向进行硬质岩石开挖施工。金刚石绳锯对挖方区域内凸起岩石以及切割锯不能切割到的岩石进行切割，为切割锯导轨提供工作面。切割锯对岩层流水线方式成规模切割，切割成形状规则的方石以再次利用。切割下来不能利用的方石通过破碎锤破碎成小块。一层切完后，清理工作面，为下一层切割做准备，如此循环施工。在施工过程中，切割锯和金刚石绳锯会产生大量的热量。所以，在操作过程中需要不停的给其供应冷却水，以保证切片和绳锯不至温度过高而损坏。该套技术适应性强，对水、电、路要求较低，机具设备简单，不破坏边坡岩石完整性，切割效率高，噪声低扰动小，所切岩石成型规则，可用于其他地方以产生额外经济效益。主要施工流程如下：

（1）施工准备

正式施工前，应接通电源、水源，施工所用材料、机具应运输到位，技术管理人员应了解地质构造，对操作人员应进行技术、安全交底。以上各条都满足后，才能达到开工条件。

（2）开挖至岩石面

施工前要认真查看工程所在位置的地质勘察资料，查明地质岩性、地质构造，对施工中可能遇到的问题预先准备解决办法，并针对可能出现的问题预先准备应急处理措施。清表开挖至岩石面，为下一道工序做准备。

（3）测量放线

测量时先用仪器放出边坡开挖边线，设置相应桩点，然后采用钢卷尺确定具体的开挖位置，考虑到施工过程中会产生误差，在确定切割位置时，边坡法线方向预留 30cm，结合机械及人工破除，预防超挖。

（4）岩石切割

先用金刚石绳锯将场地内凸起的岩石切割掉（图 2.2-3），为切割锯铺设导轨工作面做准备。根据岩层节理的平行走向，架设岩石切割锯导轨，并垫平稳固，如图 2.2-4 所示。

按照间隔 0.5m 布置切割位置，根据岩体硬度按照 1.0m 深，0.5～1m/min 切割速度分别纵、横向切割，如图 2.2-5、图 2.2-6 所示。

在岩石切割的过程中，要连续不断地向切割锯和金刚石绳锯供应冷却水，防止切割机、电机温度过高而损坏。另外，冷却水也有控制切割扬尘的作用。

图 2.2-3　切割凸起岩石

图 2.2-4　安装机械

图 2.2-5　切割岩石

图 2.2-6　水冷式切割

（5）岩石破碎

采用 330 破碎锤对切割后的岩石进行凿打破碎开挖，如图 2.2-7 所示，如果所切方石有其他用途则不需要破碎。破碎后的岩石可以就近利用，用作浆砌片石骨架护坡。

（6）外运方石、清渣出渣

利用采用挖掘机挖出破碎后的岩石，清理工作面，为下一轮的切割做准备。

图 2.2-7　岩石破碎

2）硬质岩层构造成孔开挖施工技术

郭家沱长江大桥北锚碇所在区域为硬质岩层，针对此地质，本项目锚碇硬质岩层开挖采用构造成孔开挖施工，通过预钻孔弱化岩体连续性，将整体性硬岩转化为蜂窝状离散结构，减小机械开挖阻力，该工艺根据前期地质勘测资料和现场实际情况，利用有限元软件计算相应的岩石受力情况，设计出适宜的孔深、孔径及孔位布置。利用履带式钻孔机在岩层上钻孔，在坚硬岩石内部形成蜂窝状的构造孔洞，将一整块岩石离散化，使岩层变得易开挖，再采用臂钩机快速开挖。岩石孔为臂钩机提供良好的受力点，使得岩石开挖难度大幅度降低。采用硬质岩层构造成孔开挖技术后，岩石开挖效率得到显著提高，经济效益明显，同时大幅度降低了对机械设备的磨损，较好地满足了安全文明施工要求。

（1）钻孔参数计算

郭家沱长江大桥项目北锚碇岩石层为砂岩，主要矿物成分有石英、长石，呈厚层状分布于基岩上部，属较硬岩，岩体基本质量等级为III级。土、石可挖性类别为次坚石，土石等级为V级，经过计算确定，利用型号为 SY335C-8 钻孔机进行钻孔、型号为 EX1200 臂钩机开挖，如图 2.2-8、图 2.2-9 所示。孔位布置为梅花状，孔径 15cm，孔深 50cm，孔间距为 80cm，如图 2.2-10 所示。

（2）开挖工艺操作要点

①确定好孔径、孔深后，现场使用 GPS 做孔位定位，打孔机按照定位的孔位精确打孔。

②在钻孔机钻孔时钻头要不间断喷水，避免造成扬尘过大，钻头磨损严重情况。

③钩机应以孔口为着力点进行岩石破除。

④ 破除的岩石要及时运出，以便进行下一层开挖。

图 2.2-8　SY335C-8 钻孔机　　　图 2.2-9　EX1200 臂钩机

 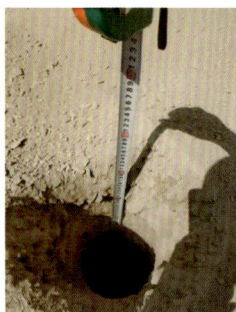 

a) 孔径　　　　　　　　　　b) 孔深　　　　　　　　c) 孔距

图 2.2-10　孔位布置

2.2.2　边坡支护与监测

1）超高边坡支护施工技术

本项目边坡面积巨大，支护工作量和结构形式多，其中锚碇边坡支护形式主要包含锚杆格构梁和预应力锚索框架梁等。为确保基坑防护施工质量与施工安全，防护施工严格按照基坑开挖一级、防护一级的顺序。

（1）锚杆格构梁支护

锚杆格构梁（图 2.2-11）的锚杆均采用ϕ25mm 砂浆锚杆，锚杆按设计位置布置，锚孔采用潜孔钻机钻孔。根据设计文件要求，钻孔直径为 90mm，根据钻孔直径大小选择钻机进行钻孔。钻孔采用间隔成孔法，防止临孔干扰；钻孔深度应超过设计深度 0.5m，钻进达到设计深度以后，不能立即停钻，在停止进尺的情况下稳钻 1～2min，防止孔底尖孔；钻进时应匀速钻进，钻孔过程中禁止用水，严格控制钻进速度，以防止钻孔弯曲和变形，造成下锚困难。锚杆均采用压力注浆，浆体材料选用 M30 砂浆。格构梁混凝土等级为 C30，格构梁基础开挖前尽量修整好边坡，凸出地方要削平。按格构竖梁、横梁尺寸及模板厚度精确放样。格构梁施工完成后，在梁之间回填种植土并撒播草籽进行绿化。

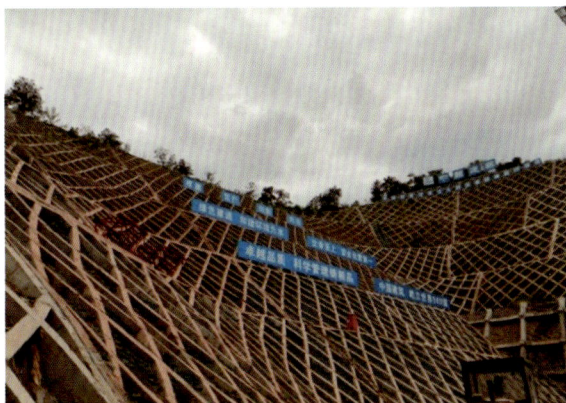

图 2.2-11　锚杆格构梁

（2）预应力锚索框架梁支护

预应力锚索框架梁采用压力分散型锚索，如图 2.2-12 所示。采用强度等级不小于 1860MPa 的预应力钢绞线。锚索按设计位置布置，测量员确定出孔位，用方向架定出锚索方向，锚索与水平面倾角 20°（下倾）。采用无齿锯切断钢绞线，先调直，再截取，下料完成后进行组装，将下好的钢绞线平置于工作台上，每根钢绞线上下端做好编号标识，然后安装挤压套、挤压簧、承载板、限位片、架线环、注浆管、导向帽等。注浆采用 M30 水泥砂浆，注浆材料严格按照经试验合格的配比备料。框架梁混凝土等级为 C30，框架梁基础开挖前尽量修整好边坡，凸出地方要削平。按框架竖梁、横梁尺寸及模板厚度精确放样。注浆浆体强度达到 15MPa 以上，框架梁混凝土强度不低于设计强度 80%，弹性模量不低于混凝土 28d 弹性模量的 80%时，进行锚索张拉作业。

图 2.2-12　压力分散型锚索

2）超高边坡智能监测技术

项目通过自动全站仪（又称"测量机器人"）对南北锚碇基坑边坡进行变形监测（图 2.2-13、图 2.2-14），它可以自动识别目标、自动照准、自动测角与测距、自动跟踪目标、自动记录，避免人为测量误差，节省边坡监测人力投入，只需一名测量人员即可完成。通过设置自动监测时间间隔，可以实现全天候监测。该技术的应用为高边坡施工监测提供了可靠的测量依据。

图 2.2-13 边坡监测固定式
观察点

图 2.2-14 测量机器人边坡监测

2.2.3 预应力锚固系统定位施工

预应力锚固系统定位支架标准设计与拼装关键技术采用"锚体分层浇筑、支架分节搭设、索导管分段接长"的施工方法，设计一种标准节段定位支架，定位支架由基架、骨架、片架三部分组成，该方法显著提高了郭家沱长江大桥锚体预应力管道的安装精度，且最大限度减小了定位偏差产生的附加应力。预应力管道安装施工流程如图 2.2-15 所示。

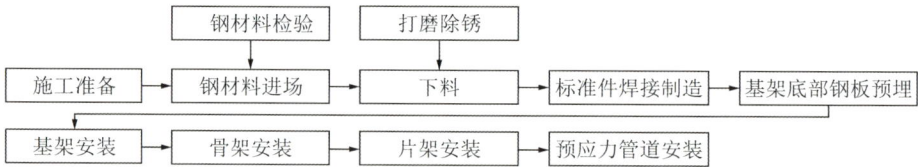

图 2.2-15 预应力管道安装施工流程图

在安装定位支架前需对定位支架进行放样，找到合适安装位置。其中，定位架主要按照以下流程进行安装：

1）定位支架结构

预应力钢管的定位安装是锚体施工的重点和难点。预应力锚固系统及其定位架如图 2.2-16 所示。

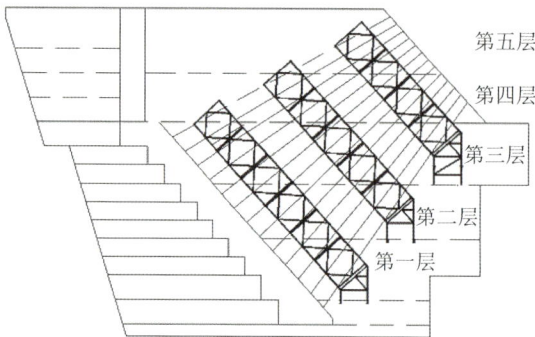

a) 定位架简图

b) 定位架实物图

图   2.2-16

c) 预应力锚固系统

图 2.2-16　预应力锚固系统及其定位架

2）定位支架加工

定位钢支架为钢桁架结构，由于其是预应力管道定位的关键部件，因此结构尺寸要求严格，确保加工质量满足安装精度要求。定位支架加工完成后，首先在地面进行试拼、校核并进行编号，满足设计要求后才能运至施工现场进行安装。

3）定位支架安装就位

定位支架在安装时，根据锚体混凝土分层浇筑速度分次安装，不可一次安装多节。支架运输、安装过程中要避免碰撞。为了方便钢支架安装施工，采取分节段由塔式起重机配合进行吊装定位。

（1）基架定位安装

基架定位的关键在于控制基架顶面位置，以便于骨架的精确安装。为了方便基架的安装，在浇筑混凝土时在基架底面预埋钢板。安装前，在钢板上放样出每个基架的位置，然后将基架与钢板之间进行焊接。

（2）骨架定位安装

骨架安装于基架之上，并逐步接长安装。骨架定位是支架定位中最关键的环节，其安装质量直接影响到片架的定位精度。骨架的定位考虑加工误差及安装连接面不平引起的骨架总长变化，采取的方法是：首先保证骨架与片架连接的一个面的位置正确，定位时再使用定位片架的定位线坐标进行调节，避免骨架总长误差所造成的影响。骨架与基架、骨架与骨架之间先采用螺栓连接，便于调整，调整到位后再焊接。

（3）片架定位安装

骨架安装好后，便可安装相应的片架。先计算出各片架的定位坐标。安装时，片架与骨架采用焊接方式连接。

4）预应力钢管定位安装

预应力管道采用壁厚 5mm 的无缝钢管，管道的连接采用直径大于预应力管道 5mm 的接头管焊接，接头管的长度为 25cm。施工时应严格检查接头管与预应力管道之间的焊缝，以保证焊接质量和焊缝厚度，避免漏浆，确保预应力管道通畅，如图 2.2-17 所示。

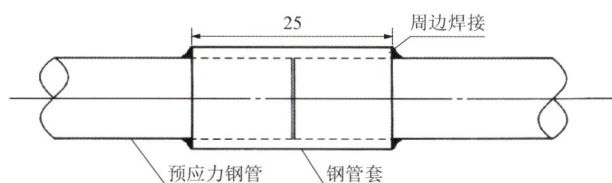

图 2.2-17　预应力钢管接长示意图（尺寸单位：cm）

预应力管道安装的总原则是根据定位钢支架分 3 段安装、3 段接长,施工具体步骤如下:

(1)第一段管道安装:在后锚面模板上定位出锚点位置,以该点及已定位的片架进行定位,将相应的预应力管道放置到位,然后调节骨架下边的片架,测量钢管测控点的坐标,满足要求后,将下层片架与骨架焊接。预应力管道与片架暂时不完全焊接,待后锚具安装完成后再焊接牢固。

(2)第二、三段预应力管道的安装:第二、三段管道以第一段管道的接头点以及下一片架上的定位点进行定位,调节下层片架。钢管调整到设计位置后,将片架焊牢在骨架上,再将管道焊接接长,检查合格后,将管道与片架焊接。

预应力管道安装完成后需要复测,根据复测结果借助定位架上的卡槽和片架对其进行调整并将其调整到设计位置。到达设计位置后再将管道与定位架进行焊接。

2.2.4　锚碇填充型环氧钢绞线张拉施工

本项目的锚碇拉索采用填充型环氧钢绞线,钢绞线的环氧涂层比较厚,直径比普通钢绞线大。环氧涂层钢绞线采用顶压法张拉,即千斤顶先张拉钢绞线到控制应力后,用顶压器把夹片顶进锚环锥孔内再放张锚固。

锚碇拉索所有夹片外锥面必须经过滚蜡工艺才能安装。夹片涂蜡工艺步骤如下:①采用石蜡和液压油(按 9 : 1 左右的比例)放在一个容器里加热成液态;②待石蜡和油冷却成糊状后平铺在干净的红板上;③把干净的工作夹片连带 O 形胶圈一起浸在油蜡上,使夹片的外锥面都均匀粘上一层石蜡。须保证固定端和张拉端的工作夹片都均匀涂好石蜡后再安装。滚蜡后的效果如图 2.2-18 所示。

钢绞线张拉现场如图 2.2-19 所示,在进行张拉作业时,须遵循以下注意事项,确保操作安全与效率。

图 2.2-18　夹片涂蜡效果　　　　图 2.2-19　钢绞线张拉现场图

(1)严格按照要求,将涂抹石蜡的工作夹片正确安装至待张拉的锚孔中。安装工作夹片后,务必在 24h 内完成锚碇拉索的张拉作业。

(2)在固定后锚面时,首先需将工作锚板推至锚垫板的止口处,确保紧密贴合锚垫板端面。随后,将所有夹片均匀打平并紧固,同时检查是否存在外露不一致的夹片。务必确保所有夹片端面处于同一平面,然后开始张拉作业。

（3）当张拉至控制应力的 30% 时，暂停张拉并保持压力，同时在固定端使用锤子和钢管对工作夹片进行敲打，以促进夹片在张拉过程中的跟进。每副夹片需敲打端面 2～3 次后，方可继续张拉至设计的控制应力。

（4）注意，整体顶压器的回油缸为低油压缸，只需将顶压板收回即可，回油时压力不得超过 5MPa。整体顶压器必须按照规定安装于锚板上，并在千斤顶张拉至设计控制应力后方可进行顶压或回油操作。务必在千斤顶受力状态下进行顶压与回油，避免在空载状态下操作。张拉到位后，保持压力 3～5min，然后以每副夹片 25～30kN 的力顶压顶压器，随后回油并释放千斤顶的张拉力，完成锚固。

（5）每台顶压器单独配置一台手动油泵进行控制，以便精准调节顶压与回油的压力读数。

2.3 地下连续墙基础重力式锚碇施工实例

泸州长江二桥西锚碇基础采用深埋箱形基础，地下连续墙成槽开挖，基坑开挖深度约 33m，基底高程为 +212.5m，基顶高程为 +245.5m，基坑内侧尺寸 76m×56m。基底持力层主要为砂岩和泥岩，基础平面布置成矩形，平面尺寸为 74m×54m，高度 33m。地下连续墙与基础之间填充 C20 素混凝土。基础内分为 35 个隔仓，隔仓内填满砂卵石。锚碇处主缆散索点高程为 +263.50m。前锚室顶部宽 11.25m，底部宽 13.9m。锚体从结构受力和功能上分为锚块、散索鞍支墩、鞍部、前锚室及后浇带。西锚碇一般构造如图 2.3-1 所示。

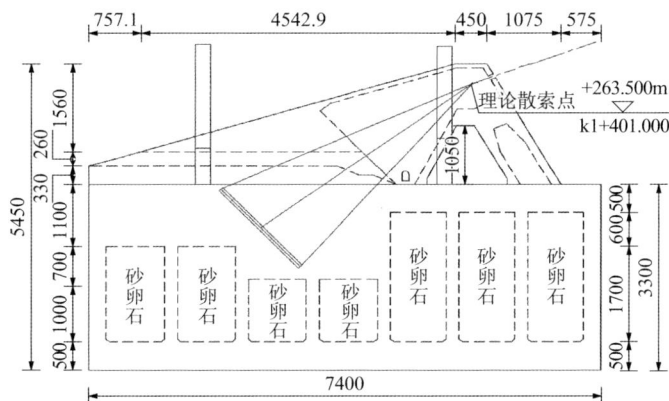

图 2.3-1 西锚碇一般构造示意图（尺寸单位：mm）

2.3.1 深基坑施工

重力式锚碇地下连续墙施工流程如图 2.3-2 所示。

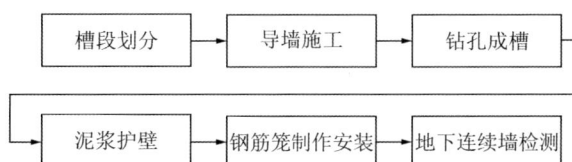

图 2.3-2 重力式锚碇地下连续墙施工流程图

（1）槽段划分

将单元槽段分为"一"字形和"L"字形两种。其中"一"字形槽共 40 节，36 节为 6m、4 节为 7m，一期槽段两侧各超钻 50cm；"L"字形槽共 4 节。槽段划分情况如图 2.3-3 所示。

（2）导墙施工

为了提高冲击钻成槽槽口的定位精度并提高就位效率，在地下连续墙上部施作钢筋混凝土导墙。导墙每侧宽 0.8m、厚 20cm，混凝土强度等级为 C30，导墙立面如图 2.3-4 所示。

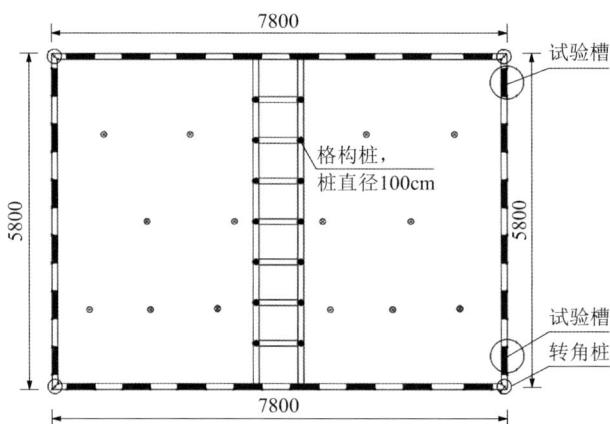

图 2.3-3　槽段划分情况（尺寸单位：cm）

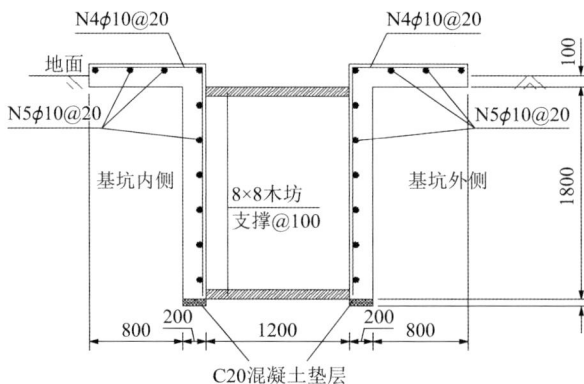

图 2.3-4　导墙立面示意图（尺寸单位：mm）

（3）钻孔成槽

在现代化的建筑工程中，液压抓斗与冲击钻机的联合应用已成为钻孔成槽工艺的重要组成部分。该工艺采用泥浆正循环出渣技术，其中液压抓斗负责抓取槽段覆盖层。针对泥岩及砂岩地层，施工方部署了两台冲击钻机，这些设备沿导墙方向排布，并在其下方铺设钢管轨道，以利于冲击钻的灵活移动。

在钻孔作业中，旋挖钻机按顺序进行主孔施工，而冲击钻则利用方锤对副孔进行劈打。在整个成孔过程中，持续监测孔的垂直精度，确保其达到 1/150。对于一期槽两侧的超冲部分，采用卵石或沙袋进行填塞。在转角处，冲击钻机被用于成孔，为了确保转角的密实性，采用了双导管灌注技术，以增强地下连续墙的整体稳定性。

在处理覆盖层软弱土体时，液压装置加压抓斗进行切割，随后关闭液压装置进行提升，同时配合自卸车进行出渣作业。覆盖层抓取完成后，立即安装冲击钻，并在施工过程中每隔 0.5～1.0m 对钻孔垂直度进行一次测量，及时进行纠偏。在地层变化区域，施工采取低锤轻击、间断冲击的方法。

主孔冲击作业完成后，使用方锤对槽段进行修整。随后，利用超声波测壁仪对孔壁的垂直度以及冲孔间的尖角大小进行精确探测。依据探测结果，利用方锤对孔洞进行反复修整，直至槽壁的垂直度及壁上的石尖角长度符合规定的允许范围，确保施工质量。成槽施工步骤如图 2.3-5 所示。

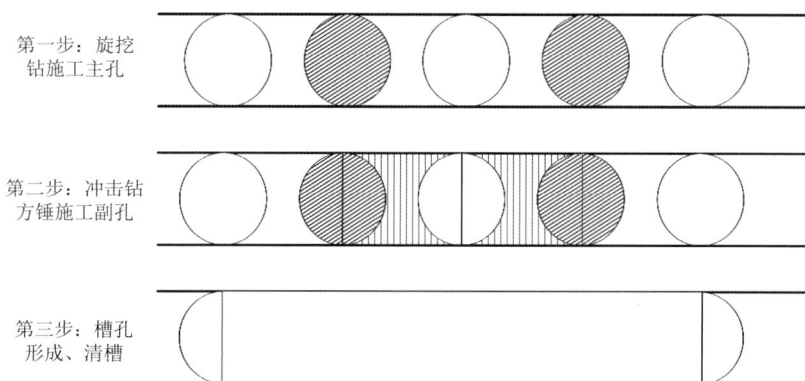

图 2.3-5　成槽施工步骤

（4）泥浆护壁

泥浆系统施工流程如图 2.3-6 所示。

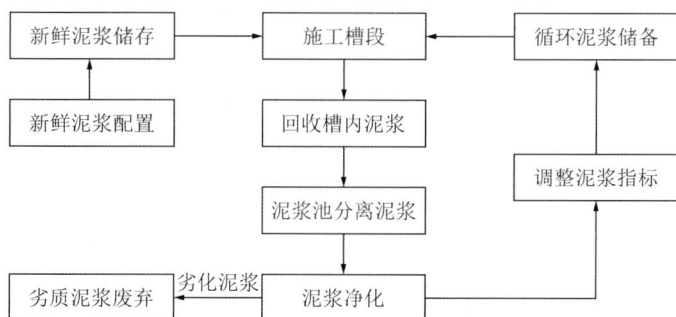

图 2.3-6　泥浆系统施工流程图

（5）钢筋笼的制作与安装

钢筋笼的制作与安装是确保结构强度与稳定的关键环节。每个单元槽段的钢筋笼均被制作为一个完整的结构体，在制作过程中，需预先规划并确定混凝土浇筑导管的位置。考虑到横向钢筋可能会影响导管的顺利插入，因此，纵向主筋应布置于内侧，而横向钢筋布置于外侧。纵向钢筋的底端应略微向内弯折，以避免在吊放钢筋笼时对槽壁造成损伤，但弯折的程度必须确保不会影响混凝土导管的插入。

为了防止混凝土在浇筑过程中发生绕流，钢筋笼两端的工字型钢应增设 30cm 的防绕流钢板。在吊装钢筋笼时，应采用横吊梁，并合理布置吊点，以避免吊装过程中钢筋笼产生过大的变形。起吊操作应确保钢筋笼的下端不会在地面上拖引，从而防止下端钢筋发生弯曲变形。此外，应在钢筋笼下端系上拽引绳，以便人力操控，防止钢筋笼在吊起后在空中产生摆动。

（6）地下连续墙检测

在地下连续墙的质量检测中,超声波透射法被广泛应用于评估混凝土的强度与完整性。该方法通过对不同剖面及高度上的超声波动特征进行记录，随后对这些数据进行处理与分析，从而能够准确判别测区内混凝土的参考强度，以及内部缺陷的性质、规模和空间分布情况。

2.3.2 锚碇施工

泸州长江二桥西锚碇为钢筋混凝土结构，包括锚碇基础、锚块、散索鞍支墩、鞍部、前锚室及后浇带等部分，如图 2.3-7 所示。其中锚块主要承受预应力锚固系统传递的主缆索股拉力，采用 C35 实体混凝土。鞍部采用空心薄壁结构，壁厚 1.25m，横向宽 11.25～13.9m，采用 C40 混凝土。前锚室为封闭空间，其顶盖和外侧侧墙厚度为 0.8m，内侧侧墙厚度为 0.6m。内侧侧墙在底部设置有 1.0m×1.8m 的检查门，在锚室顶部靠近主缆入口位置设置直径为 0.85m 的主缆穿孔。

锚碇基础采用深埋箱形基础（共计 35 个隔箱室）。箱室内填满砂卵石，其重度控制在 18～20kN/m³。由于锚碇体积比较大，为了避免浇筑过程中出现收缩与温度裂缝，锚块和基础各分两块进行浇筑，各块之间设 2m 的后浇段，并在锚块和基础之间设置 2m 的后浇段，后浇段采用微膨胀混凝土。

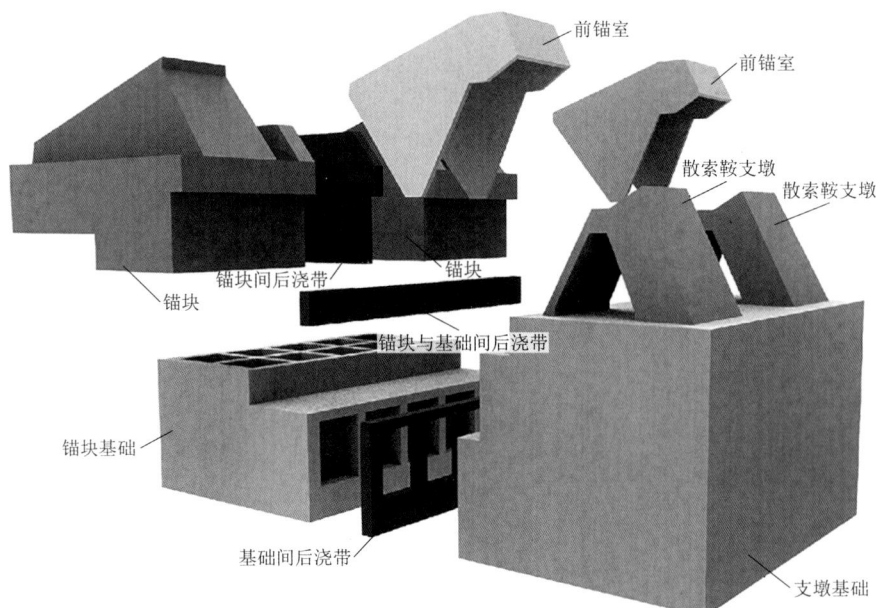

图 2.3-7　西锚碇分块结构图

1）基础底板

底板混凝土分三层进行浇筑，浇筑厚度依次为 2m、1.5m、1.5m。每层分东西两部分，中间用 2m 宽后浇带隔开。为保证混凝土浇筑速度，并考虑场地限制，基础底板混凝土采用 2 台汽车泵同时进行浇筑。基础底板内部设置冷却水管，层与层间距为 1m，当混凝土面超过冷却水管 0.5m 即通水冷却。当混凝土强度达到 2.5MPa 后对混凝土面进行凿毛，使混凝土层与层之间更好的连接。

2）基础外墙、隔仓

在锚碇基础的设计中，隔仓墙的厚度分为 1.9m 与 1.75m。施工过程中，模板的搭建采用翻模技术，而模板的支撑结构则选用悬臂支架。在隔仓墙的倒角部位，施工方采用木模与方木的组合方式，而其他平面区域则使用钢模进行施工。隔仓墙的高度最大为 23m，整套模板的总高度为 3.15m，支模过程分为两次浇筑，每次的浇筑高度分别为 1.5m 和 2m，特殊部位则根据温控要求进行调整。西锚碇现场施工如图 2.3-8 所示。

为了确保锚体与地下连续墙之间的结构完整性与防渗性能，施工中采用原槽灌注 C35 防裂抗渗混凝土。锚体的后浇段分隔段采用快易收口网制成的一次性模板，以提高施工效率并保证接缝处的质量。

图 2.3-8　西锚碇现场施工图

3）后浇带

西锚碇后浇带采用抗渗等级为 P12 的 C35 微膨胀混凝土。为保障混凝土收缩徐变充分完成，后浇带在对应层次混凝土浇筑 30d 后浇筑。混凝土浇筑同样采用翻模，模板支架采用悬臂支架。

4）填芯及外回填

（1）填芯

隔仓填芯材料为砂卵石，待每层混凝土拆除模板后逐层进行砂卵石回填，由于设计图纸中对压重材料密度要求为 $18\sim20kN/m^3$，参考类似工程经验后期需试验确定压重材料。压重材料施工边仓采用滑槽，中间仓采用塔式起重机吊运。

（2）墙外回填

墙体外侧的回填作业主要分为两个部分：其一为锚体基础与地下连续墙之间的 C20 混凝土回填；其二为地下连续墙上部的碎石土回填，以及表层 60cm 厚的种植土回填。在本项目中，C20 混凝土回填部分被提升至与锚体基础相同的强度等级，采用抗渗等级为 P12 的 C35 混凝土，并与锚体基础施工同步进行。

至于基坑剩余部分的碎石土回填，将在附属工程安装完成后开始。回填作业将进行至设计高程，严格按照设计规范和施工要求执行。回填时，碎石土需分层、对称地进行碾压，确保密实。虚填层的厚度控制在35～40cm，边角部位则使用打夯机进行处理，虚填厚度控制在20cm，以确保压实度不低于93%。

2.3.3 型钢锚固系统施工

泸州长江二桥主缆型钢锚固系统由后锚梁和前锚杆组成。后锚梁埋于锚体混凝土内，前锚杆一端连接在后锚梁上，另一端伸出锚体前锚面，与主缆相连。主缆索股散开后，先与锚体前锚面外的锚杆相连，通过锚杆将主缆索股力沿主缆散开方向继续扩散后，再传给锚体后端的后锚梁，通过后锚梁的承压面将主缆索股力传给锚体混凝土。

本工程型钢锚固系统安装精度要求高，位置计算较烦琐，且容易出现错误。采用三维建模软件建立1∶1整体BIM模型，将现场数据导入模型，直接读取相关位置参数辅助现场安装，控制安装精度。实施方案如下：

（1）建立型钢锚固系统的BIM三维模型，并请设计单位进行复核，保证模型精度。

（2）建立定位支架模型，进行与锚固系统的碰撞检测。

（3）通过模型直接读取坐标，用于现场定位测量及构件的粗定位。

（4）将测量现场观测点坐标放进模型进行对比，实时进行调整，直到误差小于设计精度要求。

锚固系统安装实施方案如图2.3-9所示。

a) 锚固系统及定位支架三维模型

b) 定位支架安装

c) 构件粗定位

d) 定位安装

图 2.3-9　锚固系统安装实施方案

2.4　沉井基础重力式锚碇施工实例

江津几江长江大桥南锚碇沉井堪称西南地区规模最大的沉井工程。该沉井长 58.3m、宽 45.8m、高 23.5m，共划分成 25 个井孔。沉井结构分为四节：首节为钢壳混凝土沉井，高 6.0m；第二至第四节均为钢筋混凝土沉井，每节高度在 5.5~6.0m。沉井基础地质条件复杂，下沉过程中需穿越 9~12m 的砂卵石层，其中直径大于 10cm 的卵石占比达 50%~60%，国内尚无此类沉井下沉施工的先例；加之沉井距离长江约 140m，地下水与长江水存在互补关系，施工风险较高。沉井能否顺利下沉至设计位置，成为该项目施工面临的一大挑战。江津几江长江大桥南锚碇结构示意如图 2.4-1 所示。

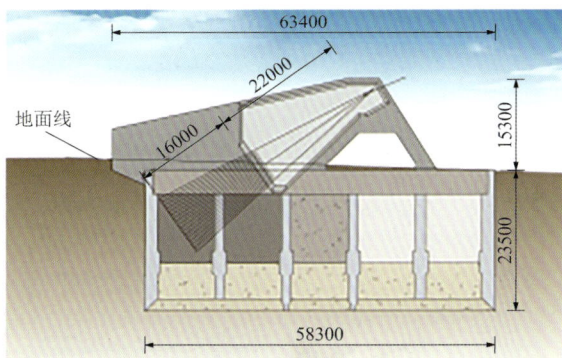

图 2.4-1　江津几江长江大桥南锚碇结构示意图（尺寸单位：mm）

（1）方案与措施

本项目创新采用提前开挖、周边设置防护桩、多种机械对称取土及砂套与空气幕组合等多种辅助措施，保证沉井的顺利下沉到位。采用"挖掘机＋门式起重机＋履带式起重机"组合机械出土施工工艺，即选择 PC60 挖掘机进行取土，在井壁上横桥向设置 5 台 10t 门式起重机进行土体吊运，利用沉井外侧 2 台 50t 履带式起重机将土倒运至场内堆土区，用运输车将渣土运到指定弃渣场。为防止沉井下沉时中间隔墙变形过大，下沉取土时顺桥向中间一组隔墙土层要比其余隔仓高 30cm，以保证中间隔仓刃脚提供足够支撑力，减少周边井壁的受力。

沉井穿越砂卵石层侧摩阻力很大，除了采用防护桩减小侧摩阻力外，还采用空气幕和砂套进行助沉，空气幕管道控制阀如图 2.4-2 所示。砂套起到隔离井壁与砂卵石层的作用，以此达到降低沉井井壁侧摩阻力的效果。

图 2.4-2　空气幕管道控制阀

（2）施工工艺

首先将沉井范围内表面 6m 的软弱土层挖除，然后换填 3m 厚的粗砂垫层，以满足沉井施工地基承载力的需要；周边设置防护桩，对土体进行支护。在下沉过程中，采用机械及砂套与空气幕组合等多种辅助措施，采取"先中间后两边"对称取土的下沉方式，采用精确监测和粗略观测相结合的监测方案，及时调整沉井高差，"多降少挖，少降多挖"，以此来保证沉井平稳。

沉井下沉分两次进行，第一次下沉在第二节混凝土沉井拼装完毕并浇筑之后，第二次下沉在第四节混凝土沉井拼装完毕并浇筑后进行。

在沉井最后一节混凝土浇筑时，沿沉井井壁预埋门式起重机行走的导轨预埋件，之后再对导轨焊接固定，安装调试门式起重机，并在沉井一侧安装料斗临时存放平台。沉井井壁门式起重机导轨安装及料斗临时存放平台如图 2.4-3 所示。

图 2.4-3　沉井井壁门式起重机导轨安装及料斗临时存放平台

本工程沉井布置为 5m × 5m，共 25 个井孔，以横桥向 5 个井孔为一组，由 1 台门式起重机负责出土，施工机械布置如图 2.4-4 所示。

图 2.4-4　施工机械布置

施工时，由门式起重机将 PC60 小型挖掘机在该组的 5 个井孔中来回倒运。由门式起重机将小型挖掘机吊入井孔之后，即由小型挖掘机取土至料斗中，待料斗装满后，由门式起重机提升出井孔，再平移至每组的临时存放平台，由履带式起重机负责转移至旁边临时存土场，最后由装载机运至指定弃土场。

在沉井顶面各边设置沉降观测点，每 2h 测量一次沉井各边的沉降量，并反馈给现场，根据现场测量结果，沉降量稍大的井孔需放慢取土速度，沉降量稍小的井孔要加快取土速度，以保证沉井平稳下沉。此外，该工艺还可在沉井下沉的最后阶段通过对出土料斗数量和沉降量的比较，精确确定沉井出土量，使沉井最终精确下沉到位，既不超沉又不欠沉。

该工程最终沉井平面最大高差仅 6cm，小于要求的 25cm，且最终沉井底高程仅比设计高程高 0.5cm，满足设计及规范要求。

2.5 隧道式锚碇施工实例

江津几江长江大桥北岸采用隧道式锚碇，如图 2.5-1 所示。北岸隧道式锚碇由锚塞体、散索鞍支墩及基础前锚室组成。隧道长 82m，最大埋深约 60m，左右隧洞线间距为 26.7m，最小净距为 12.7m。锚塞体长 60m，是当时国内最长的锚塞体，与水平线的倾角为 37°。横断面顶部采用圆弧形，侧壁和底部采用直线形，前锚面尺寸为 10m × 10m，顶部圆弧半径 5m，后锚面尺寸为 14m × 14m，顶部圆弧半径 7m。锚体后锚面附近设长 4m、高 2m 的剪力块。

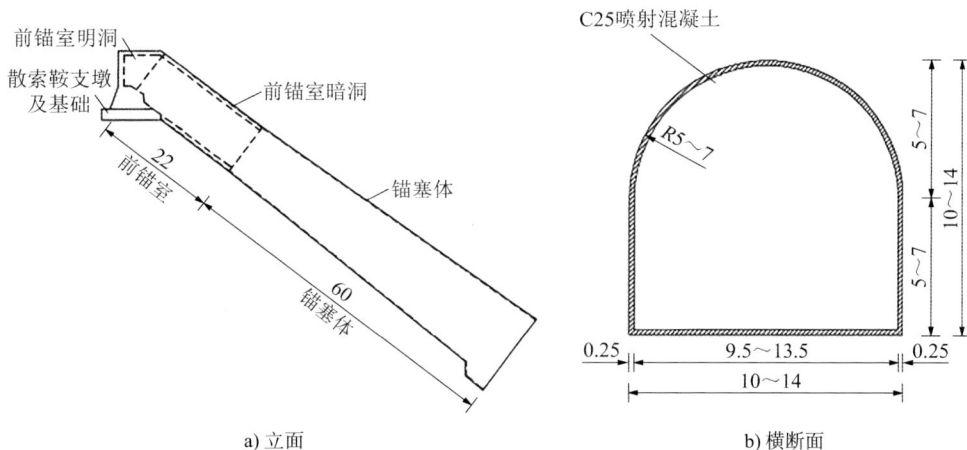

图 2.5-1 隧道式锚碇结构示意图（尺寸单位：m）

2.5.1 锚碇开挖

隧道式锚碇围岩以泥岩为主，局部夹砂岩透镜体，围岩分级见表 2.5-1。

左、右隧道式锚碇围岩分级与分布 表 2.5-1

围岩级别	左隧道式锚碇里程桩号	右隧道式锚碇里程桩号	总长度（m）	主要工程地质特征	围岩开挖后的稳定状态
V	ZK1 + 400～ZK1 + 422.68	YK1 + 400～YK1 + 422.68	19.17	围岩主要以强风化泥岩、中等风化泥岩为主，偶夹薄层砂岩，裂隙略发育，强风化带岩体较碎，多呈块状、少量呈短柱状，雨季有一定量地下水，主要为基岩裂隙水，多呈线、股状	极不稳定。围岩不能自稳，变形破坏严重。围岩易坍塌，处理不当会出现大坍塌，侧壁经常小坍塌，浅埋时易出现地表下沉（陷）或坍至地表。主要在隧洞进洞口段

围岩级别	左隧道式锚碇里程桩号	右隧道式锚碇里程桩号	总长度（m）	主要工程地质特征	围岩开挖后的稳定状态
IV	ZK1＋422.68～ZK1＋473.18	YK1＋400～YK1＋422.68	80.83	围岩以中厚层状泥岩为主，岩体较完整，裂隙局部发育，地下水较贫乏，雨季有一定量地下水，主要为基岩裂隙水，多呈线、股状	当跨度大于5m，一般无自稳定能力，数日至数月内可发生松动变形、小塌方进而发展为中到大塌方，规模较大的各种变形和破坏都可能发生。当跨度小于5m，可以稳定数日

隧道式锚碇区围岩为V级、IV级围岩。整个隧道式锚碇施工根据实际地质、结构设计情况，洞口、前锚室和锚塞体采用不同的开挖方法。

（1）散索鞍开挖

散索鞍支墩开挖面积较大，直接采用爆破开挖。散索鞍支墩开挖时需长时间暴露，因此开挖预留30cm暂不开挖，并浇筑20cm厚混凝土加以保护，在其上操作临时机械设备，同时做成向洞外1%的横坡以便于排水，主要目的是保护散索鞍支墩基础地基承载力不受到影响。

（2）前锚室开挖

前锚室段开挖长度较短，开挖方量少，围岩强度低，采用挖掘机直接开挖，接力出土。开挖采用两台阶法，每一循环进尺深度为1.2m，上下台阶错开长度为3m，开挖立面如图2.5-2所示。

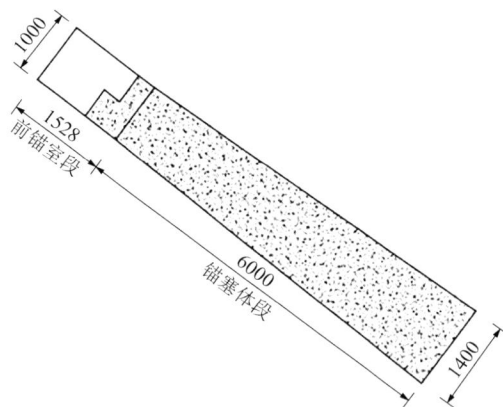

图2.5-2　前锚室段两台阶法开挖立面示意图（尺寸单位：cm）

隧道式锚碇前锚室开挖出渣运输情况如图2.5-3所示。

（3）锚塞体开挖

锚塞体段开挖长度较长，为较坚硬的泥岩，采用控制爆破的方式开挖。锚塞体爆破施工要求较高，控制好超欠挖，尤其是要尽量减小对锚塞体周边围岩的扰动，以免影响后期锚塞体整体受力。锚塞体爆破施工前先利用前锚室一段距离进行爆破试验，验证爆破设计的科学性。锚塞体爆破采用三台阶开挖法，每个台阶距离3～6m，每个循环进尺深度控制在1.0～1.5m内，一般为1.2m，采用有轨出渣方式开挖出渣。开挖立面如图2.5-4所示。

a) 前锚室段开挖

b) 前锚室段出渣

图 2.5-3　隧道式锚碇前锚室开挖出渣运输情况

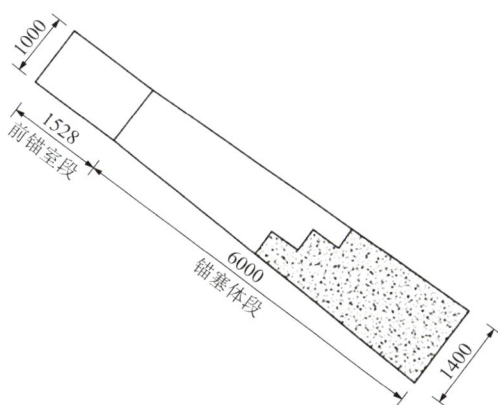

图 2.5-4　锚塞体段三台阶法开挖立面示意图（尺寸单位：cm）

隧道式锚碇锚塞体开挖出渣运输情况如图 2.5-5 所示。

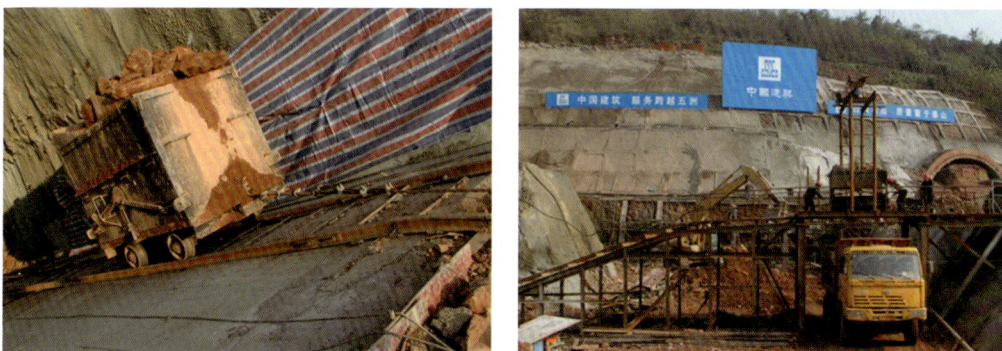

a) 锚塞体段开挖

b) 锚塞体段出渣

图 2.5-5　隧道式锚碇锚塞体开挖出渣运输情况

2.5.2　预应力锚固系统施工

江津几江长江大桥北岸隧道式锚碇预应力锚固系统构造如图 2.5-6 所示。大桥隧道式锚碇锚塞体较长，纵向坡度较陡（与水平面倾角为 37°），洞内无法利用大型机械设备，洞内测量观测视线较差，施工环境较差，导致预应力定位支架安装和管道准确定位难度极大，与国内同类型隧道式锚碇预应力定位系统相比难度较高。

隧道式锚碇预应力定位支架分段整体滑移入洞就位施工法，是将预应力定位支架分节段设计，在洞外平整拼装平台进行片单元加工制作并焊接成组，在隧洞内滑移轨道铺设完毕后，利用大型起重机起吊下放，将支架利用事先在隧洞底板预埋的滑移轨道滑移到设计位置进行安装。本工程采用的预应力定位支架分节段整体滑移入洞就位施工法为国内首创。定位支架分节段整体滑移入洞施工流程如图 2.5-7 所示。

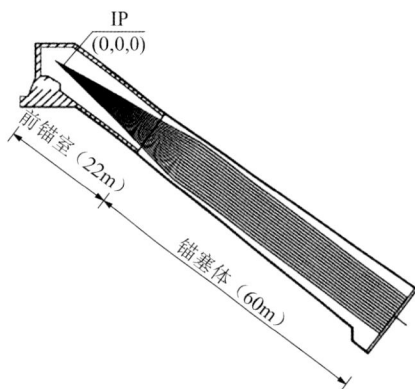

图 2.5-6　隧道式锚碇预应力
锚固系统构造示意图

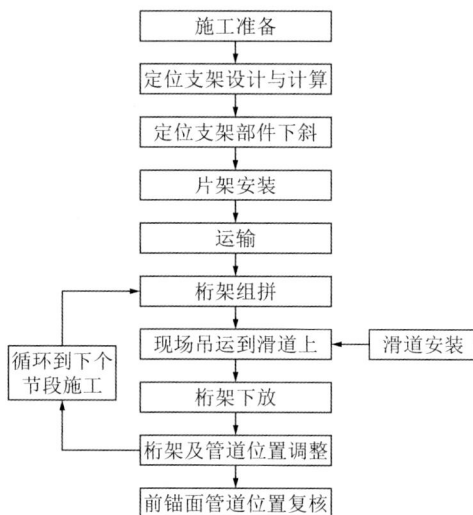

图 2.5-7　定位支架分节段整体滑移
入洞施工流程图

（1）预应力定位支架设计计算

为方便定位支架标准化加工，需要将设计图中定位支架进行深化设计并形成方案图，同时对定位支架的吊装强度和刚度、吊点进行设计；对定位支架滑移的稳定性以及滑移轨道进行设计计算是定位支架计算中的重点。定位支架断面布置如图 2.5-8 所示。

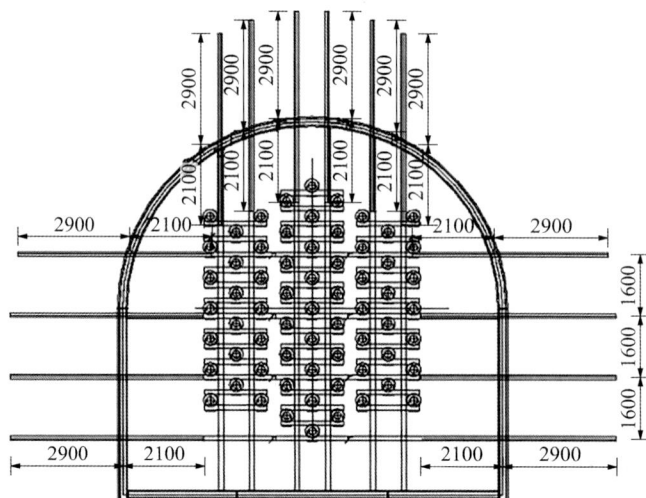

图 2.5-8　定位支架断面布置示意图（尺寸单位：mm）

（2）预应力定位支架制作及安装

片架焊接好后进行平放储存，至少应设置 3 处抄垫，防止片架变形。预应力定位钢管临时固定在定位支架上，在预应力定位钢管上焊接法兰盘，便于预应力定位钢管间的连接，减少隧洞内焊接工作。锚碇预应力定位钢架组装焊接如图 2.5-9 所示。

图 2.5-9　锚碇预应力定位钢架组装焊接

（3）预应力定位支架下放就位

预应力定位支架下放是预应力定位系统施工中较为关键的一道工序，预应力定位支架下放前对滑移轨道、预应力定位支架拼装情况进行全面检查，之后进行轨道试车。轨道试车主要目的是检查轨道的平顺性及轨道间的相对高差，防止预应力定位支架下放时出现脱轨的现象。

根据预应力定位支架的尺寸及质量，采用 2 台 75t 履带式起重机缓慢地将分段预应力定位支架放到轨道上，预应力定位支架上拴 2 根缆风绳，操作缆风绳调整预应力定位支架位置，确保预应力定位支架轮子准确地放到轨道上。

预应力定位支架放到轨道上后与绞车上引出的钢丝绳连接，然后将绳子慢慢收紧，再缓慢地放送履带式起重机吊钩，将预应力定位支架平稳地放到轨道上。利用绞车缓慢地将预应力定位支架沿轨道下放，下放时应速度不大于 0.1m/s，下放到位后对预应力定位支架滑轮设置限位，防止继续下滑，同时保持下放绳处于受力状态。

当一节段定位支架整体下放到位后，调整预应力钢管至设计位置，并通过预应力钢管上的法兰盘与下一节段预应力定位钢管间连接，最终使每节段定位支架形成整体。支架下放安装及滑移就位情况如图 2.5-10 所示。

分节段整体滑移施工法是一种创新型的施工工法。与传统洞内散拼施工工法相比，该工法将洞内作业改变成洞外作业，施工条件好且施工风险降低，施工管理难度较小。

定位支架分节段滑移施工速度快，可以达到每天一个节段的速度，占用隧道式锚碇整体施工时间的比例比较少。从一般悬索桥隧道式锚碇施工经验来看，本项目如采用洞内散拼施工法施工锚塞体工期需要 6 个月，而采用分节段整体滑移施工法后，将施工时间压缩到 4 个月。

a) 锚碇预应力定位钢架下放安装   b) 锚碇预应力定位钢架滑移就位

图 2.5-10 支架下放安装及滑移就位情况

预应力管道在支架上标识,易于精确定位,前锚面预应力锚具的精确定位通过预应力金属管道进行,定位难度大大降低,施工精度易于保证。

2.5.3 大落差预应力管道压浆

江津几江长江大桥隧道式锚碇锚塞体较长,前锚面出浆孔与后锚面进浆孔高差达 36m,且本隧道式锚碇锚塞体设计无后锚室,锚塞体预应力管道压浆顺序只能从后锚面进浆、前锚面出浆。利用传统预应力管道压浆工艺无法保证压浆后管道密实,与同类型隧道式锚碇预应力管道压浆施工相比难度大。

1)压浆试验

为使隧道式锚碇在预应力筋张拉完成后顺利压浆,保证压浆质量,在正式管道压浆前需进行模拟管道压浆试验及 1∶1 大落差压浆试验。试验中,预应力管道在洞内按 9m 一段进行接长,共 64m。预应力管道安装时,每间隔 1m 采用∟50 mm×3mm 角钢固定,确保管道顺直不变形且角度与锚塞体设计钢绞线一致。压浆管道长 85m,与预应力管道同步安装,并固定于预应力管道上。预应力钢绞线在洞外按设计长度下料后,人工自前锚面向后锚面穿束,并在前锚面位置处采用∟250mm×250 mm×10mm 钢板焊接封堵预应力管道端口,钢板与管道接口处四周焊接 6 块加劲板。预应力筋安装完成后,为防止其在预应力管道内弯曲、碰撞管壁,导致试验压浆效果与实际压浆效果不一致,故在前锚面位置设置 1 台 10t 卷扬机,拉直预应力筋。预应力筋调直后,即进行预应力管道压浆。

压浆试验表明,在后锚面设置进浆孔和前锚面设置出浆孔这种高落差情况下,能够满足压浆施工工艺要求;压浆试验结束 48h 后,切断预应力管道,检查断面处浆液是否饱满密实;压浆试验实际压浆量为 0.65m,压浆保持终止压力为 0.8MPa。大落差预应力管道压浆工艺试验情况如图 2.5-11 所示。

2)压浆施工

(1)施工流程

预应力施工准备→预应力管道安装→预应力钢绞线安装→预应力筋调直→张拉封锚→智能系统压浆。

图 2.5-11　大落差预应力管道压浆工艺试验情况

（2）大落差预应力管道压浆关键技术

① 预应力管道及压浆管安装

预应力管道采用φ115mm×5mm 无缝钢管，接头采用法兰盘连接，法兰盘厚度为 1cm，为使焊缝饱满密实不漏浆，预应力管道与法兰盘焊接，且焊缝高度不小于 8mm。

同样，为保证接头不漏浆，还需在法兰盘连接缝隙处安装橡胶垫圈密封。预应力压浆管采用外径为 27mm 的无缝钢管，接头采用丝扣套筒进行连接，接头应严密不漏浆。

② 预应力钢绞线及锚具安装

预应力管道安装完成后，进行钢绞线穿束。预应力管道内穿 19 根通长φ15.2mm 高强度低松弛预应力钢绞线。后锚面位置处安装 P 形锚具，锚具接头与预应力管道接头焊接。

③ 预应力筋调直张拉

与压浆试验相同，为防止预应力筋在预应力管道内弯曲、碰撞管壁，影响压浆质量，预应力筋安装完成后需用卷扬机调直，调直后进行预应力张拉。

④ 预应力管道压浆

隧道式锚碇大落差预应力管道压浆施工技术关键之一，是采用 BGM 型智能压浆机，并形成智能压浆系统。采用强度为 50MPa 压浆料，拌和时间大于 1min，水泥浆自调制到压入管道的间隔时间不超过 45min。压浆顺序为从后锚面进浆管进浆、前锚面出浆。待前锚面出浆孔流出浓浆时方可关闭出浆孔，且压浆机保持 0.5MPa 压力，持压 3min。

通过智能压浆系统调整压力和流量，将管道内空气通过出浆口完全排出，还可带出孔道内残留杂质。精确调节和保持灌浆压力克服大落差隧道式锚碇灌浆压力不足的问题，自动实测管道压力损失，以出浆口满足规范最低压力值来设置灌浆压力值，保证沿途压力损失后管道内仍满足规范要求的最低压力值。

2.6　关键技术总结

（1）超高基坑边坡施工、支护和监测技术研究

郭家沱长江大桥北锚碇地处丘陵斜坡，地形坡度一般 25°～35°。北锚碇区设计基底高程 187.42m，按设计高程开挖后，将在锚碇区的四周形成高 41～75m 的基坑边坡。结合郭家沱长江大桥北锚碇区山体情况，研发硬质岩层组合切割开挖施工技术、硬质岩层构造成

孔开挖施工技术、超高边坡支护施工技术研究及超高边坡智能监测技术研究，相关研究成果形成一整套山区深大基坑施工技术，在保证郭家沱长江大桥顺利施工的同时，为后续类似工程提供技术参考。

（2）分离式型钢锚固精确定位关键技术

通过计算机建立锚固系统及定位支架三维钢结构模型，提取模型精确的三维坐标，为现场测量定位提供依据，提升了现场拼装的精度和效率。同时该技术可延伸到其他的钢结构安装定位领域，为钢结构精确定位安装提供参考，具有较大的推广价值。

（3）隧道式锚碇预应力定位系统施工关键技术

针对隧道式锚碇锚塞体较长、纵向坡度较陡、洞内无法利用大型机械设备、洞内测量观测视线较差、施工环境较差、预应力定位支架安装和管道准确定位难度极大等问题。采用了将锚碇预应力定位钢架在钢结构加工厂将各个杆件组装成片架，然后将片架逐片运至隧道式锚碇洞口前场地组成空间桁架再整体滑移入洞的方法。此方法装配化施工操作方便，不受场地、机械设备限制，安全风险小，组装精度高，施工进度快。

CHAPTER 3
第 三 章

索塔

索塔作为悬索桥的主要承重结构，同时又是悬索桥整体景观的标志性构件，索塔造型往往决定着桥梁的整体构型和气势。根据所用材料不同，索塔可分为混凝土索塔、钢索塔和钢-混凝土组合索塔等。按照受力模式分为刚性塔、柔性塔以及半刚性塔。

3.1 索塔施工概述

悬索桥多在跨江、跨海、高山峡谷等环境建设，不同环境下索塔及其基础施工方式存在较大区别。高山峡谷地区，往往面临物料运输不便、施工机械匮乏、施工环境恶劣等不利因素；深水悬索桥索塔及其基础往往面临水位波动大、水流冲蚀、地质条件复杂等难题。索塔施工应兼顾环境保护、施工经济性，因地制宜制定最优施工方案。

3.1.1 索塔基础

悬索桥的索塔基础主要有钻孔灌注桩基础、管柱基础、沉井基础、设置基础、气压沉箱基础、扩大基础及复合基础等形式。

1）钻孔灌注桩基础

钻孔灌注桩基础是悬索桥索塔中应用最广泛的基础类型，能够有效适应各种地质和地形条件。根据桩基所处位置，分为陆地桩基和水中桩基。

（1）陆地桩基

根据地质条件不同，陆地桩基成孔有旋挖钻成孔、回转钻进成孔、冲击钻成孔、全套管钻机成孔、潜孔钻成孔等多种方式。旋挖钻成孔适用于多种地层，如黏土、粉土、砂层、卵石层及软岩；回转钻进成孔适用于软土、粉细砂层、砂层、砾石层及中风化岩层；冲击钻成孔适用于硬岩、漂石层、复杂地层。对于一些特殊地层，如流砂层、松散地层，可采用全套管钻机成孔；硬岩层可采用潜孔钻成孔。其中，回转钻进成孔根据清孔方式不同，又分为回转钻成孔正循环清孔工艺和回转钻成孔反循环清孔工艺。

（2）水中桩基

水中桩基施工的一般施工流程为：搭设水中平台→埋设钢护筒→钻孔桩施工→清孔→混凝土灌注→平台拆除。对于距离陆地较远的海上桥梁基础，也可先施工钢护筒，然后在钢护筒上搭设钻孔平台，最后进行钻孔桩施工。

2）管柱基础

管柱基础是我国在武汉长江大桥建设时首创的一种基础形式，具有较大的直径（1~10m）和刚度，尤其适于深水浅覆盖层等地质条件。日本对管柱基础的推广最为有力，并将其称为多柱式基础。1985年建成的大鸣门桥采用多柱式基础，由2组8根直径4m和1根直径7m的管柱基础组成。

管柱基础的主要施工流程为：采用大型的振动锤将预制的管节逐节振动下沉，下沉过程中一般辅以高压射水和吸泥下沉。下沉至基岩设计高程处时，在管柱内钻岩成孔，下放钢筋笼骨架，浇筑混凝土，将管柱与岩盘牢固连接。管柱基础的主要特点：①没有水下作业、不受季节限制。②施工机械动力要求较高。

3）沉井基础

大型沉井基础因其承载力高、稳定性好等优点在桥梁建设中被广泛应用。已建的江阴长江公路大桥、泰州长江公路大桥、南京长江四桥、五峰山长江大桥等桥的主墩或锚碇均采用了沉井基础形式，见表 3.1-1。目前，沉井平面尺寸、高度均达到百米级。

已建桥梁沉井基础 表 3.1-1

序号	已建悬索桥索塔沉井基础	桥梁完工时间	沉井尺寸（m）		
			长	宽	高
1	江阴长江公路大桥	1999 年	69.0	51.0	58.0
2	泰州长江公路大桥	2012 年	58.0	44.0	76.0
3	南京长江四桥	2012 年	60.0	35.0	76.0
4	五峰山长江大桥	2020 年	100.7	72.1	56.0

陆上沉井施工主要包括上部软弱地层地基加固、首节钢壳拼接、沉井接高、沉井克服端阻、侧阻与浮力进行开挖下沉。开挖下沉工艺包括初期排水开挖下沉与后期不排水开挖下沉；水上沉井施工主要包括钢壳沉井下水、浮运与定位着床，水上沉井定位着床后进行不排水开挖下沉至设计高程。

（1）水上沉井浮运、定位、着床技术

随着沉井尺寸及浮运距离的增加，创新提出井孔封闭助浮、多阶段多方式长距离浮运技术，研发锚系定位系统，提出液压千斤顶多向快速定位着床技术，实现水上沉井快速浮运、精准定位和平稳着床。在泰州长江公路大桥中塔主墩沉井（水下入土深度 55m，为当时世界上体积最大、入土最深的水上沉井）施工时，进一步提出了钢锚墩结合锚系的定位系统，较好地解决了沉井难以精准定位和平稳着床的难题。温州瓯江北口大桥中塔主墩沉井借鉴船舶滑道下水方法，钢沉井采用既有船台滑道下水；中塔沉井体积、重量巨大，采用分节段方式运输，其中，首节钢沉井尺寸为 66m×55m×27.5m（长×宽×高），总重约 10400t，首节钢沉井下水后，由托运船和警戒船托运至江苏南通狼山锚地，再由半潜驳船装载，在拖船牵引下沿着长江，途径上海，再入东海，浮运到温州屿锚地，总里程 670km。

（2）沉井开挖下沉工艺

通常采用锅底开挖的方法进行沉井开挖下沉，即由沉井中心向外逐步扩大开挖。但沉井开挖过程中，结构受力不断增加，沉井易发生开裂风险。全节点支撑、中心块状支撑等开挖下沉方法可有效避免这一问题。

（3）沉井取土设备

在沉井排水下沉阶段，通常采用高压射水结合泥浆泵设备进行取土；在不排水下沉阶段，一般采用空气吸泥设备进行取土。随着沉井施工地层条件愈加复杂，以及对施工效率、精度要求的不断提高，一批新型设备应运而生，包括四绞刀快速破取土设备、可自移动式快速取土设备、机械臂水下定点取土机器人等，进一步提升了开挖下沉效率与控制水平。

（4）沉井施工监测及控制技术

采用信息化监测系统进行沉井施工监测。根据监测环境不同，大型沉井施工监测包括陆上和水下监测技术。在陆上监测方面，主要对沉井下沉量、高差、倾斜、扭转、周边环境等进行监测；在水下监测方面，主要对水下泥面形态、沉渣厚度进行监测。在施工控制方面，由最初人工对监测的数据进行分析、判断，逐渐转变为自动预警、预报，形成了新型开挖下沉控制方法；在沉井涌砂风险方面，逐步实现定量化控制；在智能化控制方面，逐步形成智能辅助决策控制技术，提升了大型沉井施工监测与控制技术的水平。

4）设置基础

设置基础的基础部件在陆上预制或近海接高，然后浮运至现场就位下沉或者由船运到现场后采用大型浮吊吊放，在深水中直接安置在已处理好的地基上，此类基础也称为装配式基础。设置基础往往由施工装备能力引导设计或优化，基础结构尽可能采用大型或者整体化装配施工。

基础设计旨在确保受力清晰、传力路径直接，具有高承载能力和大整体刚度，以及出色的抵抗水平外力的能力。通过精心设计基底垫层，可以有效保护基础及上部结构，赋予桥梁卓越的隔震和减震特性。此类基础特别适用于深海急流、强烈地震、狂风巨浪以及易于遭受大型船只撞击等复杂且恶劣的海洋环境，因此在国外的跨海大桥建设中得到了广泛的应用。丹麦，因其众多的岛屿和先进的船舶技术，尤为偏好采用这种基础设计。

建造设置基础必须事前勘察清楚墩位处的地质条件，以便采取相应的地基处理措施。设置基础的施工关键在于深海基坑挖掘和整平技术、深海地基处理技术和深水基础检测与监测技术、设置基础的预制吊装与浮运安装技术及施工装备等。已建桥梁设置基础规模见表 3.1-2。

已建桥梁设置基础规模 表 3.1-2

序号	悬索桥桥名	桥梁完工时间	桥梁及设置基础规模
1	日本南、北备赞濑户大桥	1988 年	主跨径分别为 1100m、990m，6 个海中基础均为矩形设置钢沉井基础，最大浮运质量约 1.8 万 t，可承受 8～8.5 级地震、65m/s 的台风袭击
2	日本明石海峡大桥	1998 年	主跨径 1991m，两个主塔基础均为设置钢沉井基础，最高 70m，最大浮运质量 5 万 t
3	丹麦大贝尔特海峡东桥	1998 年	桥长为 6.79km，主跨径 1624m，21 个墩的海上基础均为设置沉箱基础，最大浮运质量 3.6 万 t
4	日本来岛大桥（第一、第二、第三）	1999 年	每联三孔的悬索桥，主跨径分别为 600m、1020m、1030m，主要水中基础为设置钢沉井基础
5	土耳其 Izmit 大桥	2016 年	主跨径 1550m，两个主塔墩均为设置沉箱基础，基础尺寸 54m×67m×15m（长×宽×高）
6	希腊里翁—安蒂里翁大桥	2004 年	主桥为五跨斜拉桥，采用设置沉箱基础，基础为直径 90m 的圆形钢筋混凝土沉箱，在软基上设置钢管桩和 3m 厚碎石垫层加固

5）气压沉箱基础

如图 3.1-1 所示，气压沉箱基础受力明确，传力途径直接，抵抗水平外力的性能非常好，具有非常优越的抗震性能，利于控制桥体位移量，曾在欧美各国得到广泛应用。它适于多种土质条件施工，原则上任何土质均可。日本通过持续技术革新，开发了自动化开挖远程操控系统，形成不同于传统方法的现代气压沉箱工法，可避免作业人员在高气压、高湿度环境下开挖作业。该工法当前已占据日本基础工程领域主导地位，典型跨海工程有日本浦户大桥、日本港大桥、神户大桥及东京港联络桥等。

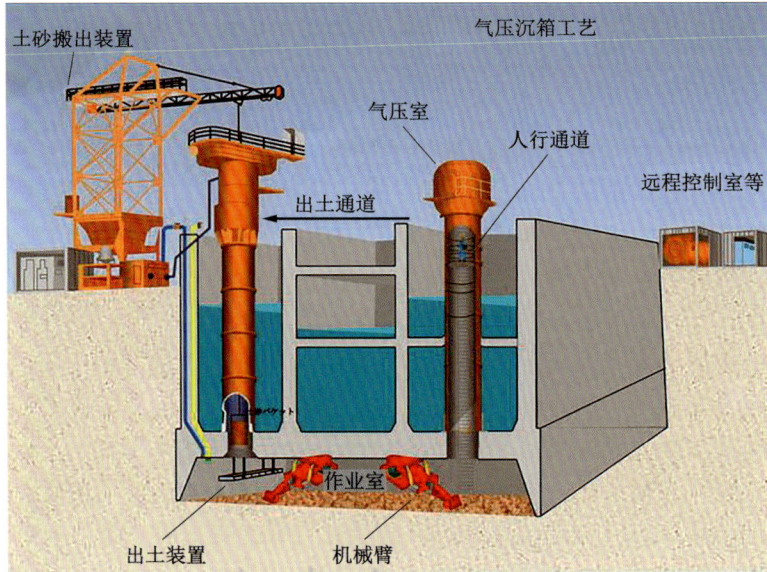

图 3.1-1　气压沉箱基础示意图

6）扩大基础

对于覆盖层浅、基岩强度高的高山峡谷悬索桥，在地形条件允许的情况下，索塔基础可采用扩大基础。湘西矮寨大桥两岸塔墩、贵州桐梓河特大桥桐梓岸塔墩设计均采用扩大基础。

7）复合基础

针对地质条件不佳的超大型悬索桥索塔区域，采用沉井结合桩基础的复合基础是较为适宜的选择。

土耳其 1915 恰纳卡莱大桥，由于其桥塔墩基础面临较高的船撞风险，设计时所承受的恒载高达 370MN。欧洲侧桥塔的地质条件主要由约 36m 厚的正常至较坚硬的全新世黏土构成，其下则是承载能力较强的中新统泥岩，泥岩层较厚，其间夹杂着中新统砂岩层。而亚洲侧桥塔的地质条件则由特别坚硬的更新世黏土和沉积砂层构成，厚度分别为 6m 和 4m，其下同样为中新统泥岩，泥岩中穿插着较薄的中新统砂石层。

桥塔的基础设计采用矩形截面的沉井基础，底部尺寸为 83.3m × 74m，沉井下方通过钢管柱对地基进行加固。在基础施工之前，为了提升桥梁的抗震能力，采用直径为 2.5m 的钻孔桩对地基进行加固处理。欧洲侧桥塔地基加固使用 192 根钻孔桩，每根桩长 46m；亚洲侧桥塔地基加固则使用 165 根钻孔桩，每根桩长 21m。单个沉井的质量约为 60000t。沉井的下部在紧邻桥址的干船坞中制造。当干船坞的水深达到 8～9m 时，通过淹没干船坞，已经建成的沉井部分被浮运至海中的湿船坞，随后在深水环境中继续完成剩余部分的制造。

3.1.2　承台

根据承台与河床的相对位置，承台分为低桩承台和高桩承台。

1）低桩承台

悬索桥浅滩承台可采用筑岛围堰施工。深水低桩承台施工，通常需要无底钢围堰（落底至河床面，并封底）提供干作业环境。

根据受力情况，无底钢围堰及 3.1.2 2）节中的钢吊箱围堰，主要分为单壁钢围堰、双壁钢围堰。

（1）单壁钢围堰

单壁钢围堰是一种由施工钢模板、钢板桩或锁扣钢管桩等构件拼装而成的无底围堰结构，适用于水深较浅的施工环境。止水和入岩是单壁钢围堰施工中的关键问题。对于钢板桩拼装的单壁钢围堰，钢板桩之间的连接方式为锁扣咬合，锁扣内部填充木屑、黏土或帆布袋等止水材料。如图 3.1-2 所示，锁口钢管桩拼装的单壁钢围堰与钢板桩的结构类似，钢管侧壁设有多种形式的锁扣，包括 C-C 形、C-T 形和 L-T 形等，如图 3.1-3 所示。对于卵石层分布、裸岩地区，需依靠旋挖钻引孔技术辅助单壁钢围堰沉设入岩。

图 3.1-2 锁口钢管桩单壁钢围堰

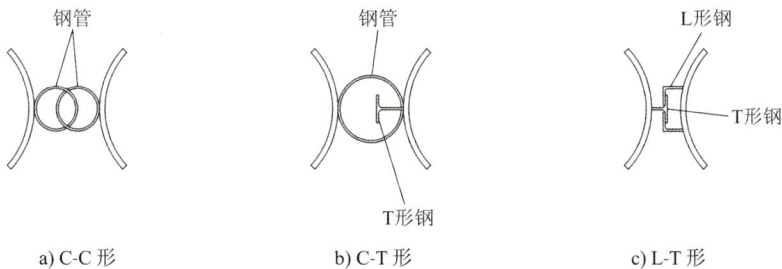

a) C-C 形   b) C-T 形   c) L-T 形

图 3.1-3 钢围堰锁口形式

水深较浅时，一般采用"先桩后堰"的方式。施工的一般流程包括：施工平台搭设→钢护筒下放→钻孔灌注桩施工→钢围堰下沉或拼装→围堰清基、刃脚堵漏（适用于施工钢模板）→封底混凝土施工→围堰抽水以及承台干施工。

（2）双壁钢围堰

如图 3.1-4 所示，双壁钢围堰是一种无底的自浮式钢围堰结构，适用于较深水域的低桩承台施工。根据"桩""堰"施工的先后顺序不同，双壁钢围堰的施工方案可分为先堰后桩法、先桩后堰法以及桩、堰同步法。双壁钢围堰施工的关键部分为围堰下沉姿态控制和精确着床定位。围堰下沉姿态控制方法主要包括计算机控制悬吊系统调整围堰姿态法、单侧吹砂法、注水法、钢护筒/钢围堰主动限位装备调整法等；围堰精确着床定位方法主要包括钢护筒上设置导向限位装置法、钢围堰上设置导向限位装置法、平台靠桩＋重锚定位法、导向船＋定位船＋锚缆定位法等。

图 3.1-4　郭家沱长江大桥双壁钢围堰

① 先堰后桩

先堰后桩法的一般施工流程为：建立锚缆系统，布设定位船和导向船→浮运首节围堰至现场并定位→分节接高钢围堰→钢围堰下沉着床后，吸泥助力围堰下沉就位→对围堰进行支垫调平，并进行清基堵漏→施沉钢护筒，围堰封底→钻孔灌注桩施工→抽水后承台干作业施工。

② 先桩后堰

先桩后堰法的一般施工流程为：施工平台搭设→钢护筒施沉→钻孔灌注桩施工→部分施工平台拆除→首节围堰拼装入水自浮→剩余节段拼装接高→围堰注水下沉着床→吸泥下沉到位→围堰清基堵漏→封底混凝土施工→围堰抽水→承台干作业施工。

③ 桩、堰同步法

白沙沱长江铁路大桥 3 号主墩基础总体采用桩、堰同步法施工。其施工流程为：河床爆破整平，浮式平台拼装、浮运，定位到位，插打定位桩，钻孔桩作业，同时在平台下弦安装轨道梁，并在护筒上焊接拼装平台，进行双壁钢围堰的拼装、下放、接高及抛填、堵漏等施工。

2）高桩承台

悬索桥高桩承台一般位于跨江、海等深水区，其施工主要依靠钢吊箱围堰提供干作业环境。钢吊箱围堰的施工方法可分为两种：岸边预制、浮吊整体下放法和现场散拼、多点同步下放法。

（1）岸边预制、浮吊整体下放法

岸边预制、浮吊整体下放法适用于工期紧张，钢吊箱围堰质量大，水上运输、吊装设备资源充足的开阔水域承台工程，如图 3.1-5 所示。其主要施工流程包括：钢围堰码头整体预制→驳船运输→浮吊起吊钢吊箱围堰→钢吊箱整体下放→钢吊箱固定、封底→承台施工。

（2）现场散拼、多点同步下放法

现场散拼、多点同步下放法适用于钢吊箱围堰质量大，水上运输吊装设备资源不足的工程。其主要施工流程包括：钢围堰工厂分片预制→栈桥运输→桩基护筒临时平台上组拼钢吊箱→钢吊箱多点同步下放→钢吊箱固定、封底→承台施工。

图 3.1-5　舟山港主通道工程钢吊箱围堰

3.1.3　混凝土索塔

我国的悬索桥除泰州大桥、张靖皋长江大桥等少数桥梁外，几乎全部采用混凝土索塔，如厦门海沧大桥、江阴长江公路大桥、润扬长江公路大桥、舟山西堠门大桥等，混凝土索塔在我国得到了最广泛的应用和发展。

混凝土索塔施工主要包括施工准备、塔柱施工和横梁施工等内容。

1）施工准备

索塔施工面临超高空作业、工作面狭小等难题，在施工准备阶段应注意起重设备、混凝土输送设备的选型与布置，索塔模板系统及作业通道等施工。

（1）起重设备

①起重设备选型

起重设备的选型根据索塔结构及规模、施工工艺、桥位地形等条件而定，索塔总高度、塔柱节段划分、部品化工艺等对起重设备的选型有较大影响。起重设备必须满足索塔施工的垂直运输、起吊荷载、吊装高度、起吊范围的要求，且操作安装简单、安全可靠并需综合考虑经济效益等因素，一般选用1台或2台附着式塔式起重机作为起重设备。

最大起吊荷载应充分考虑模板系统、塔柱节段的钢筋及劲性骨架荷载、索鞍预埋件、横梁支架及辅助缆索施工等临时结构荷载，起吊设备的起吊能力应有一定富裕程度。

②起重设备布置

以塔式起重机为例，说明起重设备布置。

塔式起重机的基础布置根据悬索桥结构构造、桥位地形条件等综合确定，如承台平面构造、索塔横梁构造等对塔式起重机基础布置有较大影响。塔式起重机基础一般布置在承台、承台附近单独基础等位置。无论采用哪种方式，其布置除应满足索塔施工需要外，还应充分考虑悬索桥上部结构安装施工要求，如在索塔上横梁后置塔式起重机。

（2）混凝土输送设备

混凝土浇筑通常采用泵送混凝土工艺，混凝土泵送设备的选型应根据混凝土特性、浇筑方量、最大输送距离、单位时间最大输出量、浇筑进度要求等因素综合考虑。对于高度较高的索塔，可选择采用多级泵送的方式输送混凝土。通常是每个塔柱单独布置一套泵送设备，混凝土泵管可布置在塔柱内。

（3）索塔模板系统

索塔混凝土一般就地浇筑，模板系统安装、爬升主要采用支架法、滑模法、爬模法或翻模法等。

① 支架法

支架法是从地面或墩顶设置满布支架及模板，然后现浇塔柱混凝土。这种方法适用于高度较小和形状比较复杂的索塔施工，支架材料用量大，施工速度慢。悬索桥塔柱根部起始节段的混凝土浇筑常采用支架法施工。如深中大桥塔柱底部（1～5号节段）、秀山大桥塔柱起始段（1号节段）、马鞍山长江大桥北边塔塔柱（1～3号节段）等均采用支架法施工。

② 滑模法

滑模施工法将工作平台与模板组拼成可沿塔柱向上滑移的整体装置，利用已浇筑混凝土中预埋的钢材（常用劲性骨架）安装滑升装置，使模板与工作平台可以逐渐向上滑动。滑模法施工能连续不断地浇筑塔柱混凝土，施工速度快。但滑模工艺要求严格，施工控制复杂，外观质量较差，并容易污染。

③ 翻模法

翻模法需要借助吊装设备提升，又称提升翻模法。每次模板提升时，都是自下而上交替提升，每次预留已浇筑混凝土的顶节模板作为下一次浇筑时的底节。翻模施工模板一般是采用螺杆对拉固定。翻模法简化了施工操作，但须由塔式起重机等吊装设备提翻模板，起重工作量大。单块模板尺寸大，质量较大，不适用于沿海风大地区施工。另外，当塔柱倾斜角度较大时，模板的提升安装就位较为困难，易影响施工进度。

④ 爬模法

自爬升模板本身带有爬升架，爬升架附着固定在已浇混凝土塔柱上，爬升时利用自带的提升设备，通过导向轨道提升模板安装就位。按提升设备不同，爬模可分为液压爬模和倒链手动爬模。目前，国内较多采用液压爬模，如赤水河红军大桥、苏通长江公路大桥、郭家沱长江大桥、几江长江大桥等上塔柱均采用液压爬模施工。

液压爬模主要由模板系统、支撑系统、预埋件系统、液压系统四部分组成，其施工流程如图3.1-6所示。

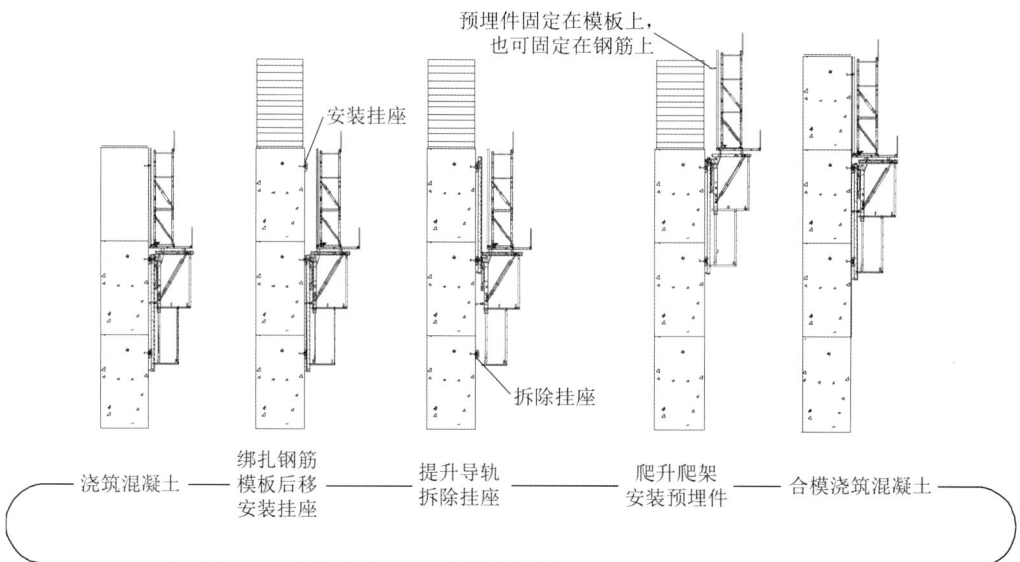

图 3.1-6　液压爬模施工流程图

（4）作业通道

当前，悬索桥索塔施工作业通道多选用施工升降机。施工升降机分为塔式施工升降机和倾斜式施工升降机。塔式施工升降机适合垂直运输，倾斜式施工升降机可沿倾斜塔柱平行布设，其布置主要考虑与塔柱、塔式起重机等的空间位置关系。

2）塔柱施工

钢筋混凝土索塔塔柱通常采用分节段浇筑施工，主要包括劲性骨架、钢筋、模板、混凝土等工程的施工，同时还应考虑塔柱预偏量和主动横撑的设置。

（1）劲性骨架

劲性骨架在塔柱施工中起着施工导向、钢筋定位、模板固定以及模板提升等作用，由型钢组成桁架式结构。

劲性骨架节段高度一般为1个或2个塔柱节段长度，如赤水河红军大桥劲性骨架长度为2个塔柱标准节段长度。劲性骨架应安装在塔柱壁的中央，并与塔壁的倾斜角度保持一致。对于倾角较大的塔柱，为了确保劲性骨架与塔柱的倾斜度相符，通常采用预偏法安装劲性骨架。

（2）钢筋工程

索塔钢筋施工由逐根安装逐渐发展到成批安装，到目前主流的"部品化"安装。索塔钢筋绑扎流程为：劲性骨架测量定位→竖向主筋定位→竖向主筋安装→水平箍筋绑扎→倒角钢筋绑扎→架立筋安装→保护层垫块安装。

① 逐根安装法

悬索桥索塔钢筋安装作业，通常借助"钢兜"吊装，人工逐根连接。逐根安装法的钢筋绑扎流程为：10~15根钢筋绑扎成捆→塔式起重机抬吊至操作平台→人工逐根搬运至对应位置→连接钢筋。传统工艺需人工二次搬运，作业强度大，安装效率低下。

② 成批安装法

成批安装法采用一种专用吊具，可实现一次不少于10根主筋吊装连接。专用吊具根据主筋自重、间距设计，吊具吊点与主筋间距相等。鹦鹉洲长江大桥、赤水河红军大桥以及花江峡谷大桥索塔钢筋吊装使用了成批安装法。成批安装法较传统工艺具有单次钢筋起吊数量大、功效高、作业人员少和劳动强度低等优势。花江峡谷大桥索塔钢筋成批吊装如图3.1-7所示。

③ 部品化安装法

南沙大桥索塔施工采用了预制网片吊装至塔顶拼接的方案，部分实现了索塔钢筋网片的预制装配化施工。2020年以后，广西龙门大桥、深中大桥、燕矶长江大桥、双柳长江大桥等纷纷采用了钢筋部品化施工技术。为实现桥塔工厂化、智能化建造，深中大桥塔柱6~48节段采用一体化智能筑塔机施工。该筑塔机集钢筋部品调位、自动浇筑、智能养护和自动控制于一体，主要由架体承载平台、爬升系统、布料系统、养护系统与监测监控系统等组成。钢筋部品化施工主要流程为：钢筋网片划分→钢筋网片加工→钢筋网片运输→部品制作→部品安装。深中大桥索塔钢筋部品化吊装如图3.1-8所示。

（3）混凝土工程

① 配合比设计

索塔通常采用高性能混凝土，其混凝土应具备较大的流动度、高弹性模量以及较小的收缩和徐变性能。混凝土配合比设计应优先采用高强度骨料、低水灰比和低水泥用量，并适量掺入混凝土掺合料和外加剂进行配置。

②混凝土浇筑、养护

混凝土浇筑完成后，应及时养护，养护方法应综合考虑气温、环境条件等因素。在夏季施工时，可采用带模包裹、浇水和喷淋等措施进行保湿养护；而在冬季施工时，通常采用带模包裹和覆盖保温的养护方式。

图 3.1-7　花江峡谷大桥索塔钢筋成批吊装　　　图 3.1-8　深中大桥索塔钢筋部品化吊装

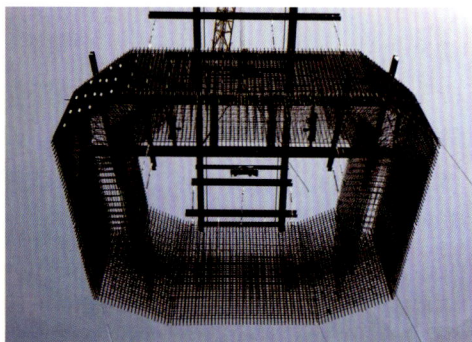

（4）索塔变形控制

对于倾斜索塔，应考虑每隔一定的高度设置受压支架（塔柱内倾）或受拉拉条（塔柱外倾）来保证斜塔柱的受力、变形和稳定性。对于倾斜角度较小的塔柱，可通过塔柱强度和变形验算设置塔柱预偏量来消除塔变形和内力，而不设置主动横撑。

3）横梁施工

钢筋混凝土索塔横梁通常采用预应力混凝土箱形结构。

根据施工顺序，索塔横梁施工分为塔梁同步施工和异步施工。塔梁异步施工时，预先在塔梁结合面塔肢内预埋横梁钢筋、预应力孔道等，并预留好预应力张拉槽口，预埋在塔肢内的横梁钢筋采用滚轧直螺纹接头与塔肢外的横梁钢筋连接，接头需达到 I 级接头标准。

根据施工方式，索塔横梁施工又分为支架现浇法施工和预制吊装法施工。当前，索塔横梁支架主要有落地支架和空中托架两种形式。我国悬索桥横梁施工中，落地支架通常采用多排钢管柱加贝雷梁结构形式，空中托架通常采用型钢框架或型钢框架加脚手架结构形式。

3.1.4　钢索塔

钢索塔的施工方法主要有爬升式吊机安装法、大型塔式起重机安装法和浮吊安装法。近年来，大型塔式起重机安装法成为钢索塔施工的主要方法。

1）施工流程

钢索塔施工根据吊装设备的选择不同，其安装工艺流程不同。以塔式起重机安装为例，钢索塔施工流程如图 3.1-9 所示。

2）塔座施工

钢索塔与混凝土塔墩的连接一般有三种类型：①预埋钢构件连接法，钢构件从下至上依次为底座定位件、底座、钢锚箱。②预埋螺杆锚固法，即将钢索塔柱底节通过预埋在基础中的大型锚固螺杆将塔柱和基础连接。③钢索塔柱与混凝土塔墩通过预应力进行连接。下面以预埋螺杆锚固法为例，介绍钢索塔首节钢-混结合段的施工。

（1）锚固螺杆定位

锚杆通常采用搭设定位架的方法进行定位和固定。在锚杆的安装过程中，锚杆的所有重量都由定位支架来承受，其空间位置的调整及固定均通过定位架来实现。

（2）钢索塔与混凝土塔墩结合段施工

首节钢-混结合段通过锚固螺杆与承压钢板锚固在塔座上，一般采用承压板底部后压浆等方法处理钢板与混凝土密切贴合问题。泰州大桥、马鞍山长江大桥钢索塔均采用这种方案。

（3）锚杆张拉

承压板底部压浆完成，待浆液达到设计强度后，对锚杆进行分次张拉。

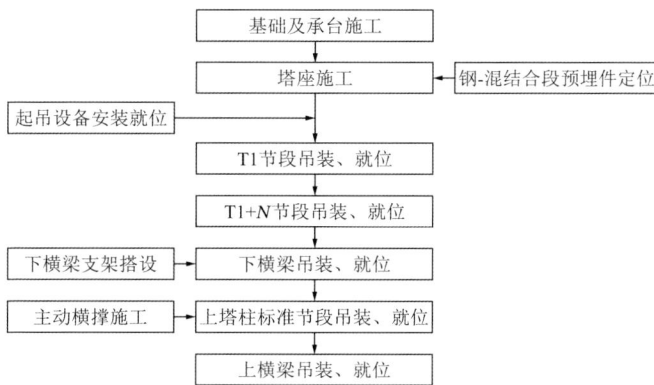

图 3.1-9　钢索塔施工流程图

3）钢索塔塔柱安装

（1）塔柱匹配定位

为实现塔柱高精度安装，在吊装塔柱节段的过程中，需在塔柱节段接缝四周安装限位、调位装置，辅助节段匹配安装。限位装置主要由多组导向限位板、侧向限位板组成，如图 3.1-10 所示。调位装置一般由多组竖向、水平的调位牛腿和千斤顶组成，主要用于塔柱节段安装时竖向、水平位置的精确调位。

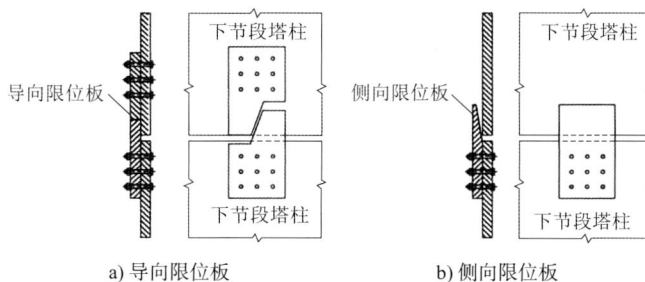

a) 导向限位板　　　　　　　　　　b) 侧向限位板

图 3.1-10　钢索塔塔柱装配限位装置示意图

（2）塔柱节段工地连接

钢索塔塔柱节段的连接通常采用高强螺栓，其预加力的施加分两次进行。节段连接应严格控制节段端面的接触率和塔柱垂直度。

3.1.5 钢-混组合索塔

钢-混组合索塔在充分发挥钢管混凝土承压性能的同时，能够显著减小塔身自重并实现工业化建造模式。刘家峡大桥（主跨径 536m）是国内第一座采用圆钢管实心混凝土结构桥塔的悬索桥，钢管直径 3m、板厚 50mm，钢管内灌注 C40 混凝土，管壁内侧焊接有焊钉。如图 3.1-11 所示，张靖皋长江大桥南航道桥索塔采用了钢箱-钢管约束混凝土组合结构，索塔内部为 4 根直径达 3.6m 的钢管混凝土柱，外侧为带切角的矩形钢箱结构，通过纵、横隔将钢管混凝土与钢箱连接为整体。钢-混组合索塔施工的关键内容主要包括超大吨位钢索塔塔柱的精确吊装和超高混凝土浇筑质量的保证。

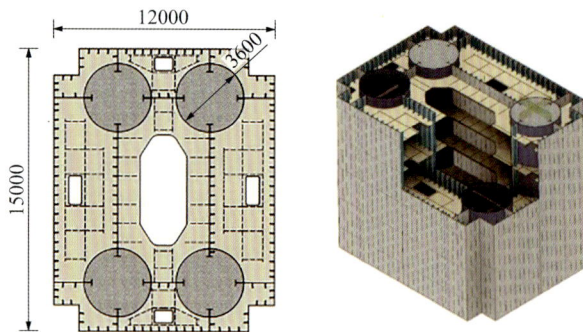

图 3.1-11 张靖皋长江大桥南航道桥索塔组合塔节（尺寸单位：mm）

3.2 索塔桩基础施工实例

以郭家沱长江大桥南塔桩基础为例，介绍悬索桥索塔桩基施工技术。

3.2.1 桩基概况

南桥塔基础采用承台下接钻孔灌注桩形式，承台下布置 34 根 ϕ3.0m 钻孔灌注桩，桩中心间距 6～9.8m，桩基采用 C35 水下混凝土。桩基础设计为嵌岩桩基础，桩底持力层为中风化砂质泥岩，南塔基础桩长 18m。

南主塔位于南岸漫滩，地形平缓，坡度 5°～10°，上覆土层为冲积粉土和卵石土夹细粉砂，地表局部散布孤石，土层厚度一般 0～4.0m，最大漂石粒径达 1m。下伏基岩为砂质泥岩夹砂岩，岩体基本质量等级为Ⅳ级。下伏基岩单轴饱和抗压强度 9.1MPa，砂岩岩体单轴饱和抗压强度 15.9MPa。南主塔场地水文地质条件复杂，水量及水位受江水影响大，随季节动态变化，水量丰富，受长江江水补给。南塔墩位于长江岸边，桥址区枯水期全年不到 5 个月，汛期水位最大高差可达 30m，基础施工受汛期以及三峡工程蓄水影响极大。

3.2.2 桩基施工

南塔承台顶高程距离南岸项目驻地地面高程约 26m，且南岸无可用便道到达施工现场。考虑汛期洪水影响，设置钢栈桥连通项目驻地和桩基施工现场，并搭设临时钻孔钢平台作为桩基施工平台。

综合地质、工期条件，南塔桩基共采用 4 台冲击钻同时钻孔。冲击钻骑跨在护筒正上方的钻孔平台上，其底座坐落在紧邻护筒两侧贝雷梁的正上方，以保证传力均衡。为解决传统泥浆池占地面积大、易污染等难题，从节约资源、保护生态的角度出发采用一种新型施工工法，即清水钻孔配合空气吸泥清孔工法，减少泥浆池的布设和对长江的污染，实现了绿色建造。

1）大直径清水桩空气吸渣原理

大直径清水桩空气吸渣工作剖面如图 3.2-1 所示，依托气举反循环技术原理，巧妙运用空压机压缩空气。该技术通过导管底部安装的风管，将高压空气输送至桩孔深处。在此过程中，高压气体与泥浆相融合，形成一种密度低于泥浆的浆气混合物。由于密度较小，这种混合物自然上升，在导管内的混合器底端产生负压。在负压的吸引下，下方泥浆被带动上升，同时，在气压和动量的共同作用下，泥浆不断补充，上升至混合器处与气体结合，形成气浆混合物并继续上升，进而促成一种流动。

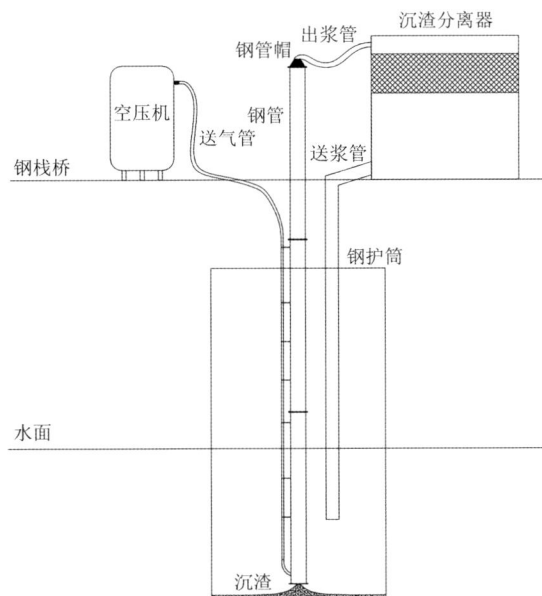

图 3.2-1 大直径清水桩空气吸渣工作剖面示意图

由于导管内径面积远小于导管外壁与桩孔壁之间的环状间隙面积，这一差异导致流速和流量的显著增加，形成了高效的反循环流动。在此过程中，沉渣被携带出导管，最终排出至导管外部，实现了桩孔内沉渣的清洁移除。

2）施工流程

如图 3.2-2 所示，空气吸渣施工流程为：①施工准备→②冲击钻就位、钻头下放→③桩基施工→④导管安装→⑤气压管接口与导管焊接→⑥气压管与导管固定接长→⑦冲击钻停止钻进、上提 2m→⑧气压导管吊装入孔→⑨空压机工作→⑩泥浆携渣上浮至分离箱→⑪泥浆与沉渣分离→⑫泥浆再循环至桩孔（沉渣外运）→⑬空压机停机、上提导管、导管高于钻头作业高度 2m→⑭冲击钻作业→重复第 7~14 步→⑮达到桩底设计高程，冲击钻停止钻进、上提 2m→⑯气压导管吊装入孔→⑰空压机工作→⑱泥浆携渣上浮至分离箱→⑲沉

71

渣外运、清孔→⑳桩底沉渣满足规范要求后，移除设备。

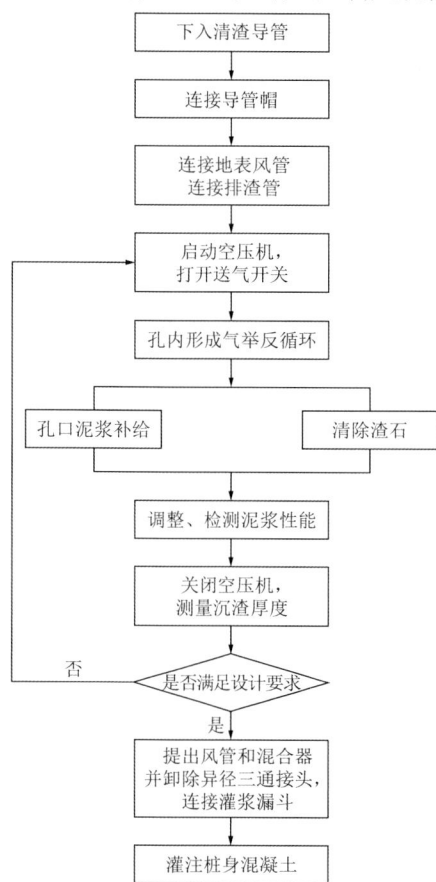

图 3.2-2 空气吸渣施工流程图

3）导管安装

导管尺寸的确定取决于桩径大小、泥浆浓度以及内外水位差等关键因素。通常，所选用的导管为直径 200～300mm、壁厚 3mm 的无缝钢管。导管底部与顶部通过法兰连接，而其他部分则采用焊接工艺以确保结构稳固。在钢管底部开凿的洞口大小需与气压接头管的尺寸相匹配，以确保钢管与导管洞口的完全焊接对接。另一端则与气压胶管紧密套接，该气压胶管采用高强度的承压材料制成。每隔 3m，气压胶管与钢导管固定并绑扎在一起，整体由起重机一次性吊装入孔。使用 4 号铁丝进行牢固绑扎，随后启动空压机，持续注入空气，导管出水口随即涌出泥浆。导管出口连接直径 20cm 的高压胶导管，该胶导管接入固定的沉渣分离箱。沉渣分离箱内设有 1.5cm × 1.5cm 的钢丝孔网，用于过滤含渣泥浆。在过滤过程中，石屑和沉渣被有效筛分出来，而净化后的泥浆则继续循环回桩孔内，维持作业的连续性。

4）清孔施工

（1）桩孔达到设计深度后，利用成孔机具、泥浆泵进行一次清孔。一次清孔结束后，立即提起钻具快速安放钢筋笼和下入灌浆导管。

（2）在导管口安装导管帽，在法兰盘内贴合密封胶圈，通过导管帽将反压上来的泥浆液排入沉渣箱。

（3）将排渣管一端与导管帽连接，另一端固定在沉渣分离器对接口上。

（4）清理孔口泥浆循环系统，使泥浆池与孔口倒流补给通畅，泥浆循环系统长度大于10m。

（5）将出浆导管提离孔底 20～30cm，在检查空压机、储气罐和风管系统安全可靠后，启动空压机送风。压缩空气通过风管被送至气液混合器中，在导管内产生气液混合液。携带沉渣的泥浆从导管内腔快速上返，经排渣管排入沉淀池中。

（6）在操作过程中可通过调节空压机风量达到调节排浆量的目的。

（7）在清孔过程中，动态调整导管底端与孔底距离，同时不停地移动导管的位置，使孔底沉渣冲排干净。

（8）在确认孔口排出的泥浆性能指标满足要求后，关闭空压机，测量孔底沉渣的厚度。沉渣厚度合格后即卸除空气吸泥清孔器具，并连接灌浆漏斗，准备灌注水下混凝土。如沉渣厚度达不到设计要求，则继续清孔，直至沉渣厚度满足设计要求。

3.3 索塔承台施工实例

以江津白沙长江大桥西桥塔承台为例，介绍高边坡开口组合围堰设计施工技术。

3.3.1 承台概况

（1）桥梁背景

江津白沙长江大桥位于重庆江津区白沙镇，为两跨悬吊地锚式悬索桥，桥梁全长1300m，跨径布置为590m + 180m（图 3.3-1）。东、西引桥为预应力混凝土连续梁桥，西引桥长 120m，东引桥长 400m。桥面宽 34m，布置双向 6 车道。西桥塔紧邻成渝铁路既有线，边坡陡峭且位于浅覆盖层，其承台结构为 2 个独立的正方形结构，尺寸为 17.0m × 17.0m × 5.0m（长 × 宽 × 高）。承台底高程为+190.934m，4 个角处设有半径 2m 的圆弧倒角，承台横桥向中心距 43.3m。西桥塔承台布置如图 3.3-2 所示。单个承台下布置 9 根直径 3.0m 的钢筋混凝土钻孔灌注桩，桩长 18m，均为嵌岩桩，基桩顺桥向中心距 6.0m，横桥向中心距 6.0m。桩底持力层为中风化砂质泥岩。

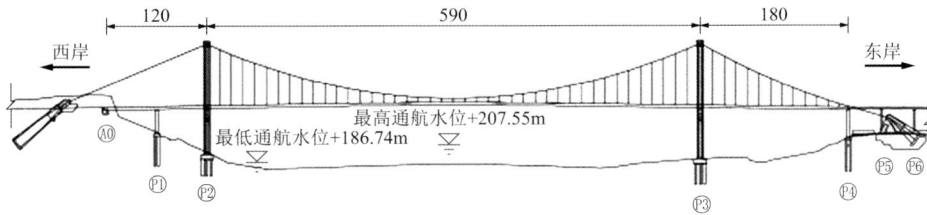

图 3.3-1 江津白沙长江大桥立面布置示意图（尺寸单位：m）

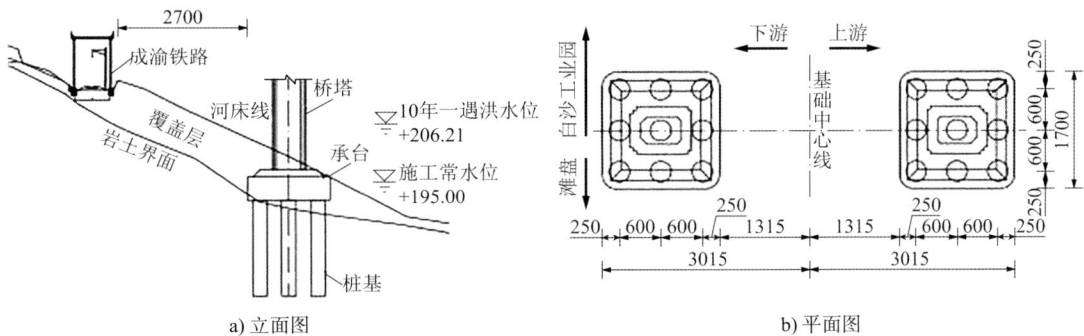

图 3.3-2 西桥塔承台布置示意图（尺寸单位：cm；高程单位：m）

（2）地质条件

西桥塔西侧临近成渝铁路高边坡，边坡较陡，地形坡度24°～28°，上覆层为 4～14m 厚冲积层粉土～粉砂，桥塔西侧为 3m 厚冲积层黏性土夹小粒径卵石，东侧散布 3～6m 厚大粒径块石～漂石，下伏基岩为砂质泥岩夹砂岩，砂质泥岩为软岩，岩体基本质量等级为Ⅵ级。

西桥塔距离西岸成渝铁路既有线不足 30m，承台施工时，按设计高程直立开挖后，基坑将形成 2.9～13.6m 高土质边坡，由于覆盖层土体自稳能力差，易发生内部圆弧形垮塌，需对基坑范围内土体进行加固，避免直接进行深大基坑的开挖，扰动铁路边坡土体，影响铁路的安全运营。

（3）水文条件

西桥塔东临长江水域主航道，长江上游水流湍急，枯水期和丰水期水位涨落高差达10～15m。枯水期水位为+186.20m；勘察期间水位为+194.50m；10 年一遇洪水位为

+206.21m，流量 49200m³/s；20 年一遇洪水位为+207.55m，流量为 54400m³/s。场地水文地质条件复杂，主要为赋存在覆盖土层内的潜水，水量及水位受江水影响大，随季节动态变化。

3.3.2 围堰方案选择

西桥塔基础在枯水期开始施工，且在汛期不中断施工，为保证工程总体进度，需设置围堰进行隔水，在施工过程中注意观测洪水位变化情况，做好相应的降水措施，配备相应的排水设备。另外，围堰设计除应满足自身的强度、刚度及稳定性等技术指标外，还需考虑现场水文地质条件、工期要求以及工后拆除回收等因素。围堰通常可分为土石围堰、钢筋混凝土围堰、钢板桩围堰、锁扣钢管桩围堰、钢套箱围堰、钢吊箱围堰等。土石围堰抗冲刷能力较差，且占地面积大，通常用于水深为 3m 以下的浅水区域。桥址处覆盖层少，下伏基岩倾斜且强度高，故常规的钢板桩、钢套箱等钢围堰难以沉入坚硬的岩层，存在入岩难度大、止水效果差的问题。若采用钢筋混凝土围堰方案，需进行深大基坑的开挖，影响铁路边坡安全，同时耗费大量混凝土材料，后期拆除难度大且无法周转。

近年来，为满足复杂条件下的基础施工，逐步开始应用钢-混组合围堰。针对西桥塔地质、水文条件，设计了适用于裸岩及浅覆盖层区的无封底钢-混组合围堰，该围堰分 2 层布置，覆盖层以下采用混凝土挡墙基础，挡墙采用桩基与冠梁的组合形式；覆盖层以上采用双壁钢围堰，避免大基坑的开挖和封底混凝土的施工，可节省混凝土用量，保证结构整体刚度及稳定性且便于后期拆除。

3.3.3 高边坡开口组合围堰设计

（1）总体布置

西桥塔基础围堰平面布置形式为"E"形结构，分为迎水面壁体、侧壁、中隔壁及内支撑系统。迎水面壁体长度为 72.0m，壁体平均高度为 16.5m；侧壁长度为 25.5m，壁体高度随边坡面变化，边坡及河床以上壁体高度为 5～17m。围堰顶高程由承台施工时的最大防水水位确定，按照 10 年一遇洪水水位设计，为+206.21m。围堰布置如图 3.3-3 所示。

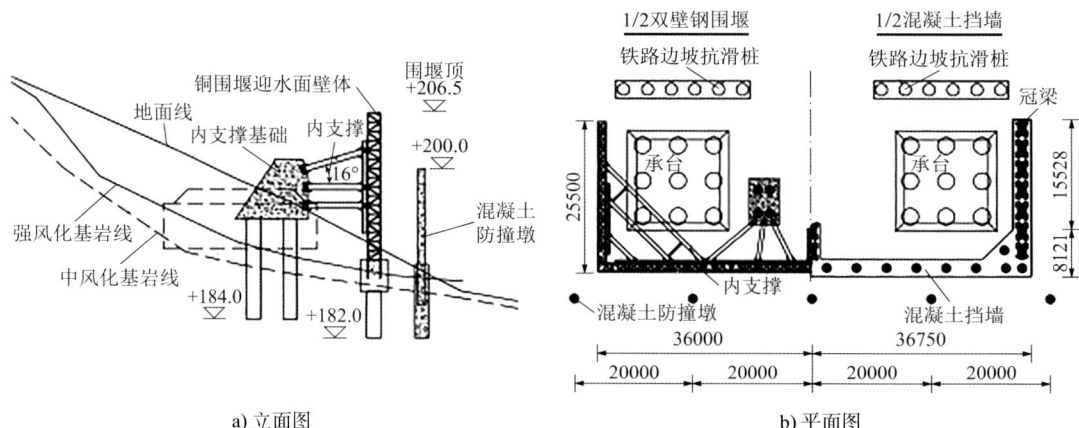

图 3.3-3　西桥塔基础围堰布置示意图（尺寸单位：mm；高程单位：m）

为减轻围堰施工时对铁路边坡土体的扰动,需避免直接进行围堰基础基坑的开挖,围堰竖向设计为 2 层,下部结构为混凝土挡墙基础,采用桩基与冠梁的组合形式,无须进行大基坑开挖且对覆盖层土体有加固的效果。上部结构采用双壁钢围堰,壁体厚 1.5m。迎水面壁体外侧回填石笼以防止冲刷,并布置 1 排混凝土防撞墩,墩间距为 20.0m。

（2）混凝土挡墙基础

侧壁下部结构设计采用嵌入中风化基岩 7.0m 的 ϕ1.5m 钢筋混凝土钻孔灌注桩、嵌入中风化基岩 2.0m 的 ϕ1.0m 素混凝土灌注桩和桩顶冠梁形成的组合挡墙。桩间净距为 0.5m,桩顶冠梁宽度为 2.5m,高度为 2.0m。侧壁下部结构平面如图 3.3-4 所示。

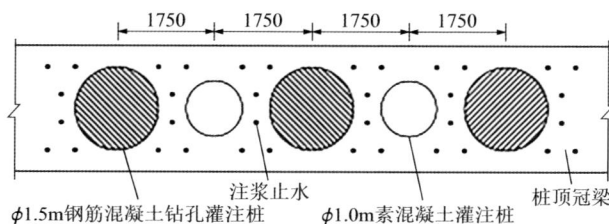

图 3.3-4　侧壁下部结构平面示意图（尺寸单位：mm）

桩之间浅覆盖层区域土体采用花管注浆技术加固以防止外侧水渗透。注浆管穿过强风化层,进入中风化层 1.0m 以上,采用 ϕ57mm × 3.5mm 热轧无缝钢管,端部焊接成锥尖头,尾部采用螺口与三通连接,钢花管结构如图 3.3-5 所示。浆液采用 32.5 级普通硅酸盐水泥浆,水灰比为 0.5：1,并添加适量的速凝剂。

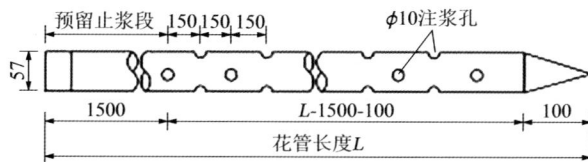

图 3.3-5　钢花管结构示意图（尺寸单位：mm）

迎水面壁体和中隔壁下部结构为钢筋混凝土挡墙,利用 ϕ1.5m 钢筋混凝土钻孔灌注桩加固,桩间距为 5.0m,如图 3.3-6 所示。挡墙底部嵌入中风化岩石层不少于 1.0m,加固桩嵌入基岩 5.0m。

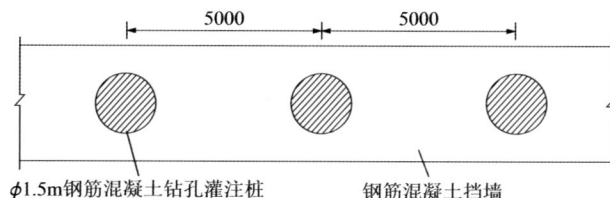

图 3.3-6　迎水面壁体和中隔壁下部结构平面示意图（尺寸单位：mm）

（3）钢围堰壁体

钢围堰壁体采用双壁薄壳结构,主要由内外壁板、竖肋、水平桁架、隔仓板等构件焊接而成,如图 3.3-7 所示,双壁及壁板厚度根据侧壁的受力情况计算确定。其中,内、外壁板采用 8mm 厚钢板；L 形竖肋采用∠75mm × 75mm × 8mm 角钢,布置间距 30cm；水平环肋采用∠200mm×125mm×12mm角钢，竖向布置间距为1.0m；水平桁架采用∠100mm×100mm×10mm角钢，竖向布置间距为1.0m，焊接于水平环肋上，将内外壁板连接为整体。为便于施工中调节围堰的垂直度及确保围堰的施工安全，壁体分成多个彼此互不连通的隔仓，隔仓板采用14mm厚钢板。

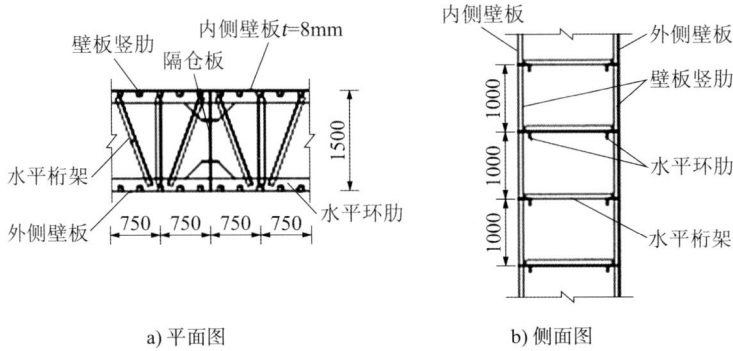

a) 平面图　　　　　　　b) 侧面图

图 3.3-7　钢围堰壁体结构示意图（尺寸单位：mm）

钢围堰壁体分块预制，现场拼装为整体。以钢围堰侧壁壁体为例，其分块与拼装方式如图 3.3-8 所示，施工时首先在胎架上进行施工，在片单元制作完成并检查合格后，再将片单元组拼为块单元。钢围堰块单元组拼完成并检查合格运至施工现场后，利用履带式起重机进行钢围堰拼装。钢围堰壁体竖肋深入冠梁混凝土中，实现钢围堰壁体与混凝土挡墙基础之间的连接。竖肋的锚固深度不小于0.8m，迎水面壁体灌注高度约4.0m夹壁混凝土，侧壁灌注高度约1.0m夹壁混凝土，以保证钢围堰壁体与混凝土挡墙间的连接强度和止水效果。

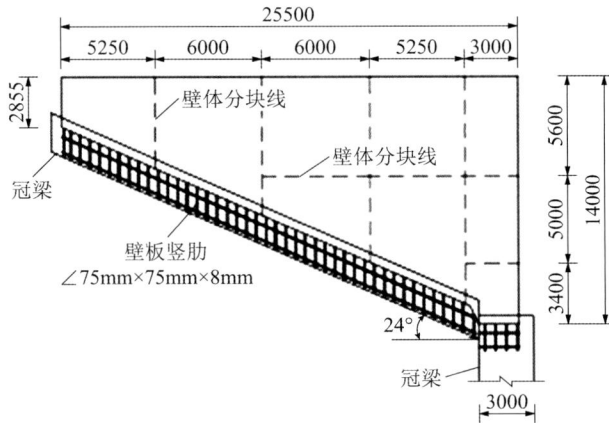

图 3.3-8　侧壁分块与拼装示意图（尺寸单位：mm）

（4）内支撑系统

在高水位状态下，为保证钢围堰壁体的抗倾覆稳定性，围堰内侧需布置内支撑系统。内支撑钢管规格为ϕ630mm×10mm，竖向分3层布置，其中，围堰直角位置布置3道水平角撑；迎水面壁体中部布置3道钢管支撑，支撑基础采用重力式扩大基础，高度为6.5m，宽度为5.0m，基础底部设置4根ϕ1.5m钢筋混凝土钻孔灌注桩，桩长10.0m。内支撑基础结构布置如图3.3-9所示。

a) 立面图　　　　　　　b) 侧面图

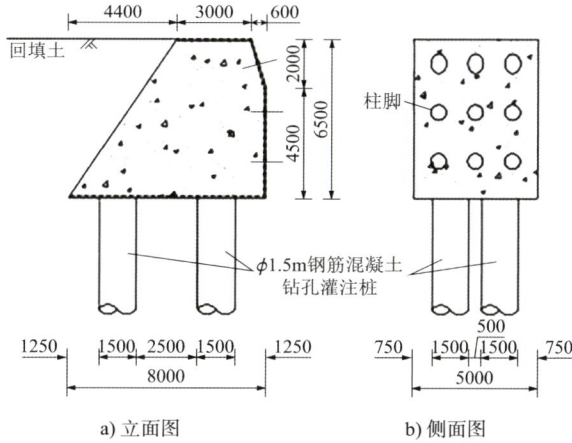

图 3.3-9　内支撑基础结构布置示意图（尺寸单位：mm）

3.3.4　围堰结构计算

1）有限元计算

采用有限元软件建立围堰结构空间整体模型，内（外）壁板、隔仓板等钢板采用壳单元模拟，水平环肋、水平桁架、竖肋等角钢采用梁单元模拟，隔仓内填充混凝土采用实体单元模拟，以上各单元间通过共用节点连接。钢围堰壁体与混凝土挡墙基础连接处固结。钢围堰壁体有限元模型如图 3.3-10 所示。

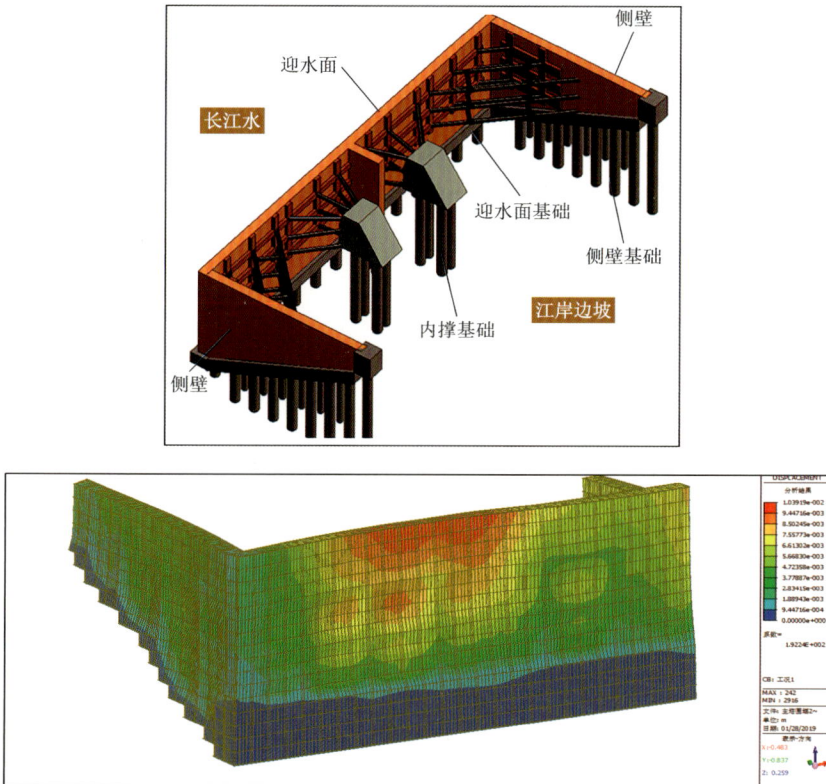

图 3.3-10　钢围堰壁体有限元模型

挡水围堰控制工况为汛期高水位时，对钢围堰壁体、内支撑及基础的强度、变形进行计算，并对钢围堰壁体进行屈曲分析。该工况中钢围堰壁体受力如图 3.3-11 所示。

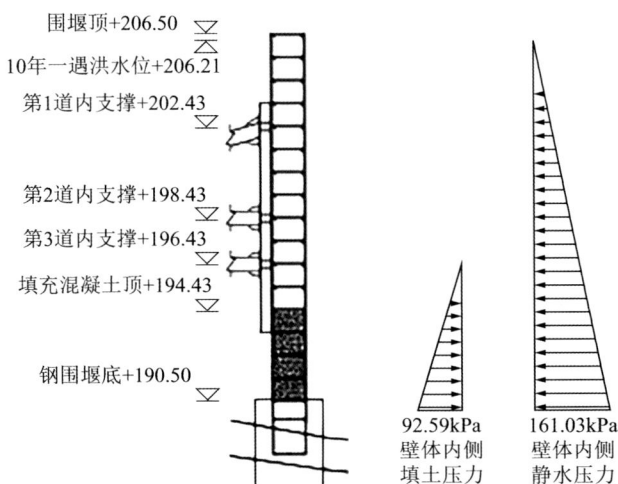

图 3.3-11　钢围堰壁体受力简图（高程单位：m）

结构设计采用承载能力极限状态设计法，计算考虑基本组合与标准组合 2 种荷载组合形式。基本组合计算结果用于评价强度与稳定性指标，标准组合计算结果用于评价变形指标。荷载组合分项系数见表 3.3-1。

荷载组合分项系数　　　　　　　　　　　　　　表 3.3-1

组合类型	分项系数		
	结构自重	土压力	静水压力
基本组合	1.2	1.2	1.4
标准组合	1.0	1.0	1.0

2）结果分析

（1）钢围堰壁体强度分析

在基本组合作用下，钢围堰壁体各构件应力计算结果见表 3.3-2。由表 3.3-2 可知，承载能力极限状态下，围堰竖肋、水平环肋、水平桁架等构件最大应力为182.7MPa，内、外壁板及隔仓板最大应力为85.8MPa，均小于强度设计值215MPa，强度满足要求。

钢围堰壁体各构件应力计算结果　　　　　　　　表 3.3-2

构件	规格	材料	最大应力（MPa）
内、外壁板	$t = 8mm$	Q235B	85.8
竖肋	∠75mm × 75mm × 8mm	Q235B	177.4
水平环肋	∠200mm × 125mm × 12mm	Q235B	182.7
水平桁架	∠100mm × 100mm × 10mm	Q235B	138.0
隔仓板	$t = 14mm$	Q235B	70.6
内支撑	$\phi630mm × 10mm$	Q235B	134.7

（2）钢围堰壁体变形分析

汛期最高水位条件下围堰整体变形如图 3.3-12 所示，最大变形为 10.4mm，变形满足要求。

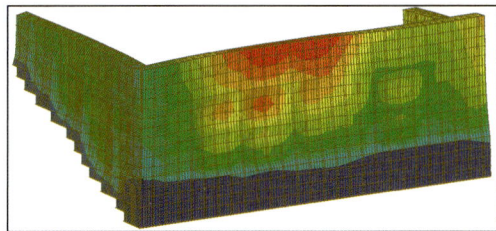

图 3.3-12　围堰整体变形

（3）钢围堰壁体屈曲分析

静水压力作用下，采用特征值屈曲理论对围堰整体稳定性进行分析，提取其第一阶屈曲模态如图 3.3-13 所示，对应各屈曲模态系数为 14.9，稳定性满足要求。

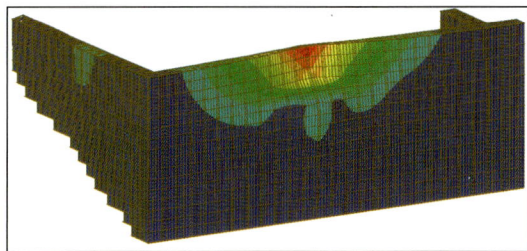

图 3.3-13　围堰第一阶屈曲模态

3.4　索塔塔柱施工实例

索塔施工主要包括塔柱和横梁施工。为实现索塔快速化施工，我国桥梁工程师进行了多种尝试，如塔梁异步施工、大节段模板施工等；近年来，悬索桥索塔施工涌现出一批先进技术及智能化设备，如深中大桥索塔施工采用了钢筋部品化和一体化智能筑塔机（集钢筋部品调位、自动浇筑、智能养护和自动控制于一体）等工艺，代表了当前混凝土索塔的智能建造水平；又如 G3 铜陵长江公铁大桥采用了 9m 段全自动智能液压爬模系统，较常规的 4.5m、6m 标准节大大加快了施工进度。

以郭家沱长江大桥南塔为例，介绍索塔塔柱施工的关键技术。

3.4.1　索塔概况

郭家沱长江大桥为主跨径 720m 的双塔悬索桥，索塔采用门形框架式混凝土结构，桥塔塔身采用 C55 混凝土，南塔高 172.90m，北塔高 161.90m。如图 3.4-1 所示，南塔两塔柱的横向轮廓间距塔顶处为 45.13m，距塔底处为 55.00m，塔柱横向呈 3/100 的内倾坡度。南塔塔底高程为 +162.726m，塔顶高程为 +335.626m。

上塔柱柱身采用梯形空心箱形截面。塔柱柱身在顺桥向为竖直，在横桥向的斜率为 3/100。塔柱外侧顺桥向尺寸均为 7.8m，内侧顺桥向尺寸均为 11.0m，横桥向尺寸均为 6.0m。塔柱在顺桥向壁厚分别为 1.2m、1.0m、2.0m，横桥向外侧壁厚分别为 1.2m、1.0m、1.2m，内侧壁厚分别为 1.4m、1.2m、1.4m，在靠近实体段和横梁附近设置加厚段。

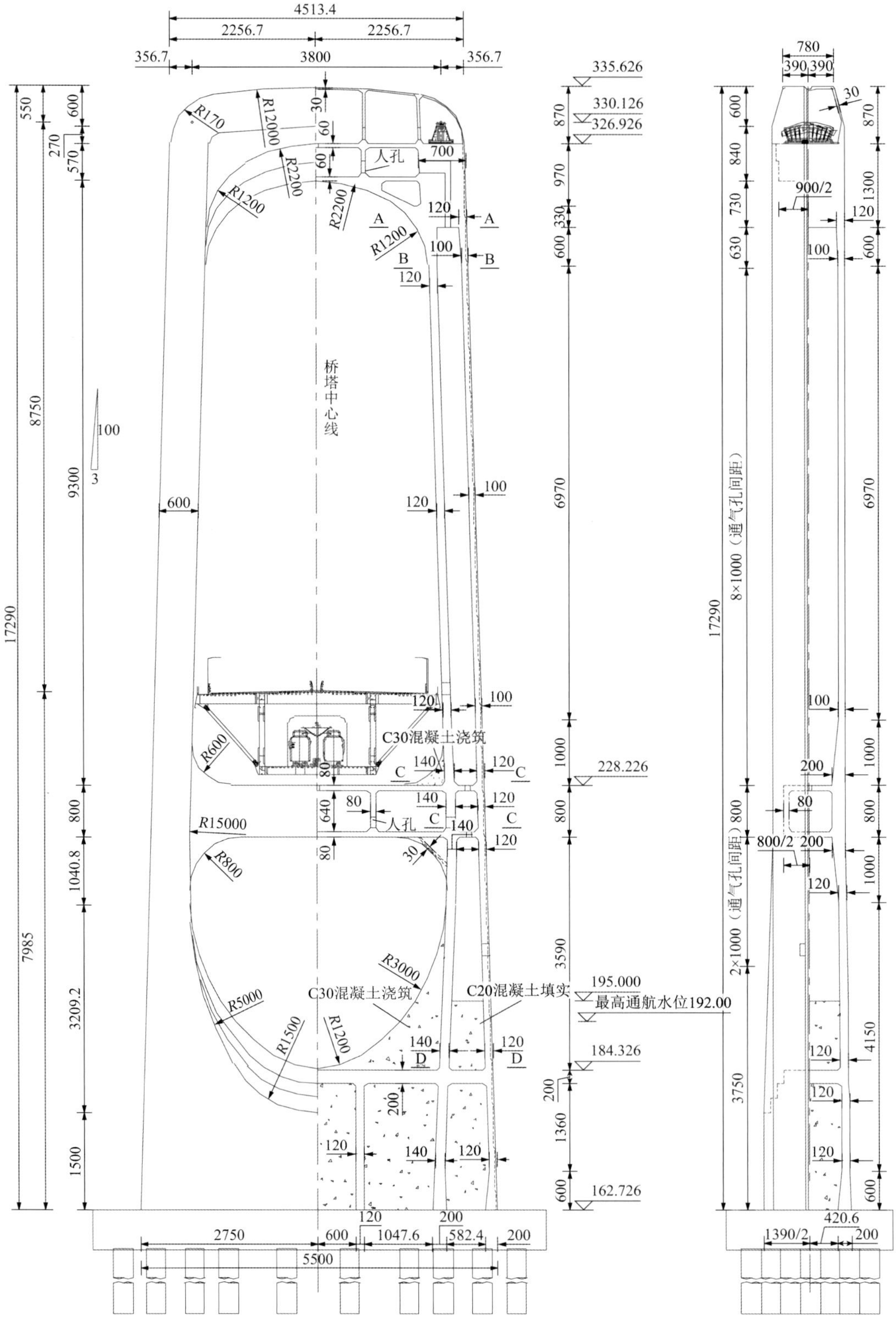

图　3.4-1

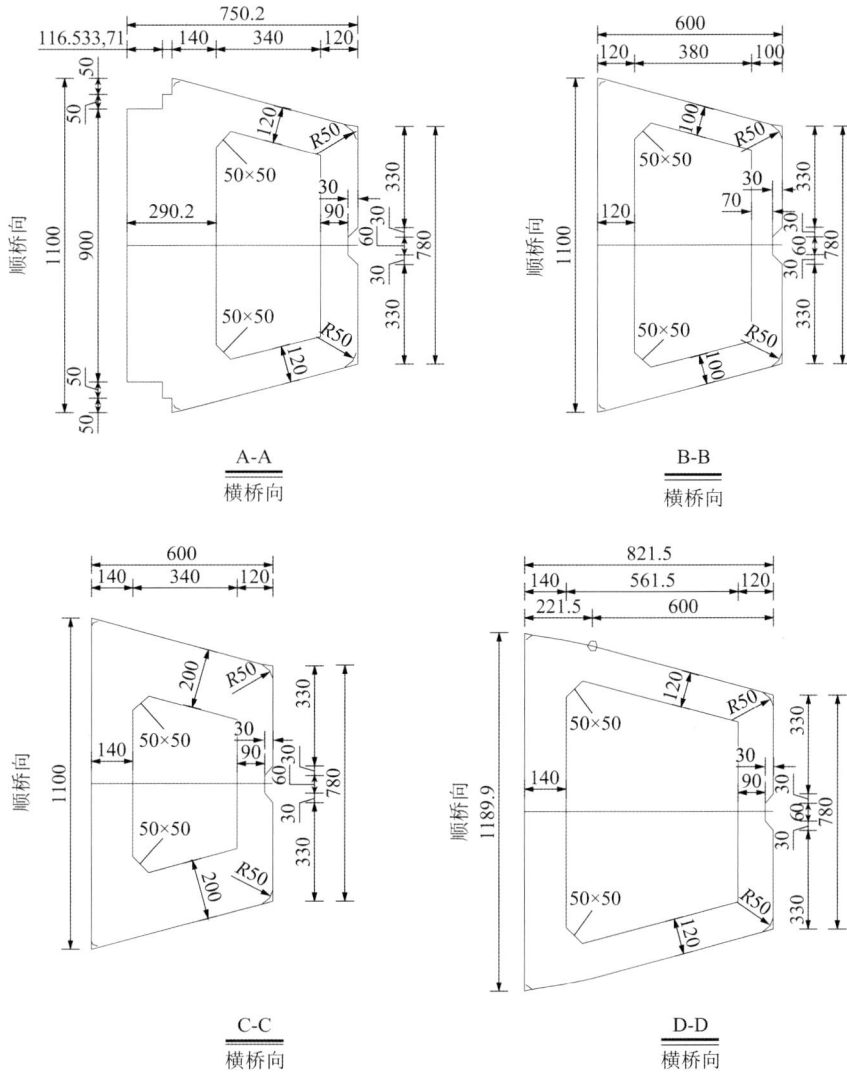

图 3.4-1　郭家沱长江大桥南塔构造示意图（尺寸单位：cm；高程单位：m）

下塔柱柱身采用由直线和曲线组成的类梯形空心箱形截面，自上而下，横桥向宽度以 3/100 的斜率从 6.0m 递增至 8.125m，顺桥向宽度也随之从 11.0m 递增。塔柱在顺桥向壁厚分别为 1.2m，横桥向外侧壁厚分别为 1.2m、内侧壁厚分别为 1.4m。

3.4.2　塔柱施工

1）总体施工流程

南塔塔柱共划分为 30 个节段，1～2 号节段塔柱采用翻模法施工，其余标准节段塔柱采用液压爬模法施工，标准节高 6m。中横梁与塔柱异步施工，上横梁与塔柱同步施工。主塔施工节段划分如图 3.4-2 所示，塔柱施工流程如图 3.4-3 所示。

2）主要施工机具布置

塔式起重机选用固定附着式塔式起重机，在左右塔柱各设置一台 QTZ160 塔式起重机。QTZ160 塔式起重机最大起重力矩为 160tm，臂长为 60m，最大起升高度为 200m。左右两台塔式起重机布置在塔柱横桥向外侧,塔式起重机基础预埋在承台里,塔式起重机达到40m独立高度后通过扶墙件与主塔连接。

在左、右幅塔柱靠边跨侧各布置一台施工电梯,电梯型号为 SC200,最大额定载重2000kg。为防止洪水期江水对电梯轨道的侵蚀,在塔柱与栈桥齐平的地方搭设电梯承重平台供电梯轨道搭建。电梯轨道每隔6～9m距离设置一道附墙撑。

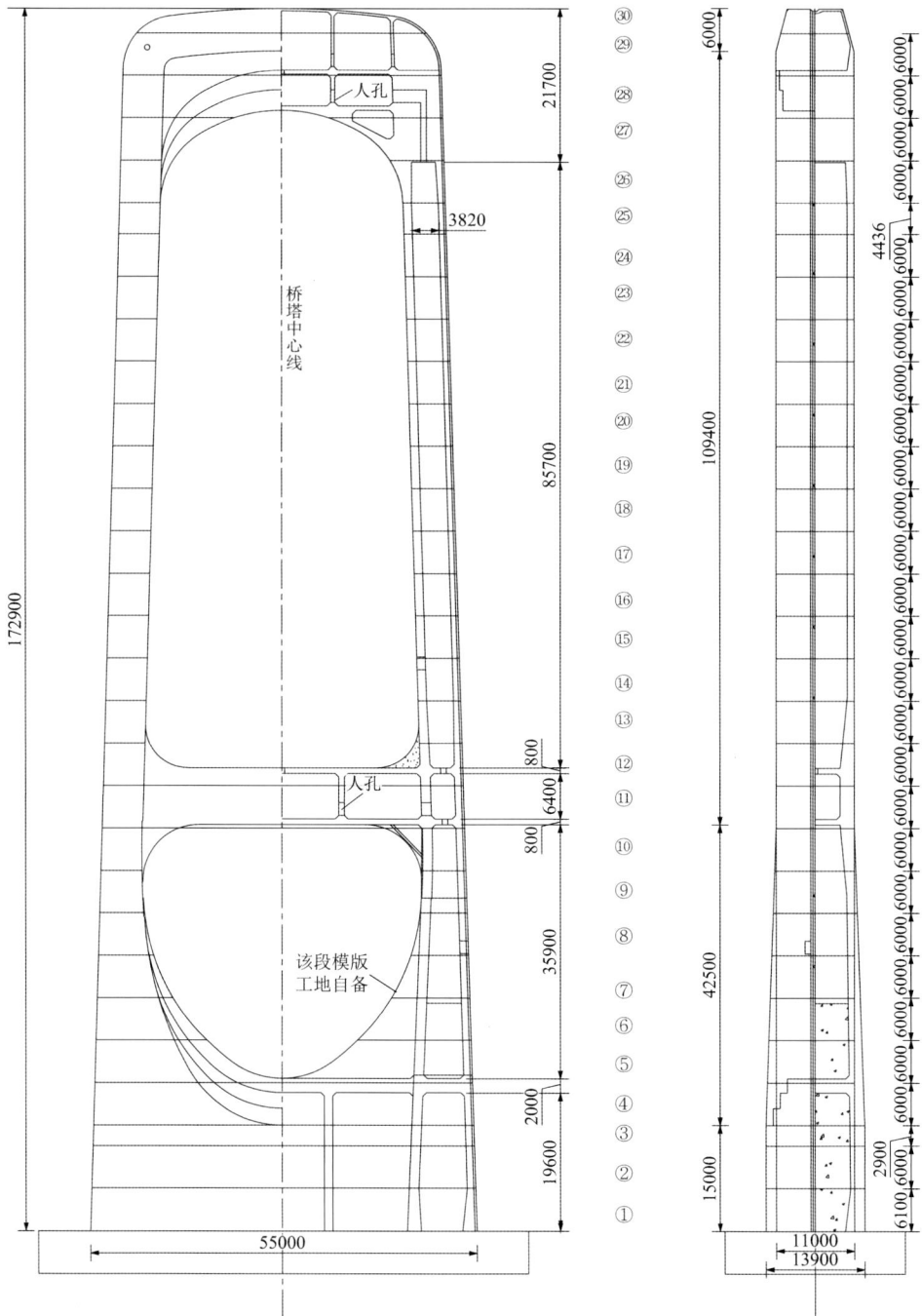

图 3.4-2　郭家沱长江大桥南塔施工节段划分示意图（尺寸单位：cm）

```
桥塔中线及基准线放样、          桥塔测量放样
桥塔底边轮廓线放样、
起始高程面建立           劲性骨架测量、安装、       劲性骨架加工
                      调整和焊接

钢筋原材进场、检验        第一节钢筋安装

                      第一节模板安装            第一节桥塔模板加工

                      第一节混凝土浇筑           液压爬模预埋件埋设

塔式起重机、施工电梯安装    测量放样、劲性骨架         混凝土养护、凿毛、
                      钢筋安装，重复上述         拆模、修整
                      步骤施工第二节桥塔
液压爬模制造、
模板安装                桥塔第二节混凝土浇筑        中横梁支架搭设

                      重复上述步骤施工下一节
                      段桥塔直至超过下横梁
                      两个节段

                      中横梁施工

                      重复下桥塔施工步骤         上横梁支架搭设
                      进行上桥塔施工，直至完成

                      上横梁施工

                      鞍室及弧形墙施工
```

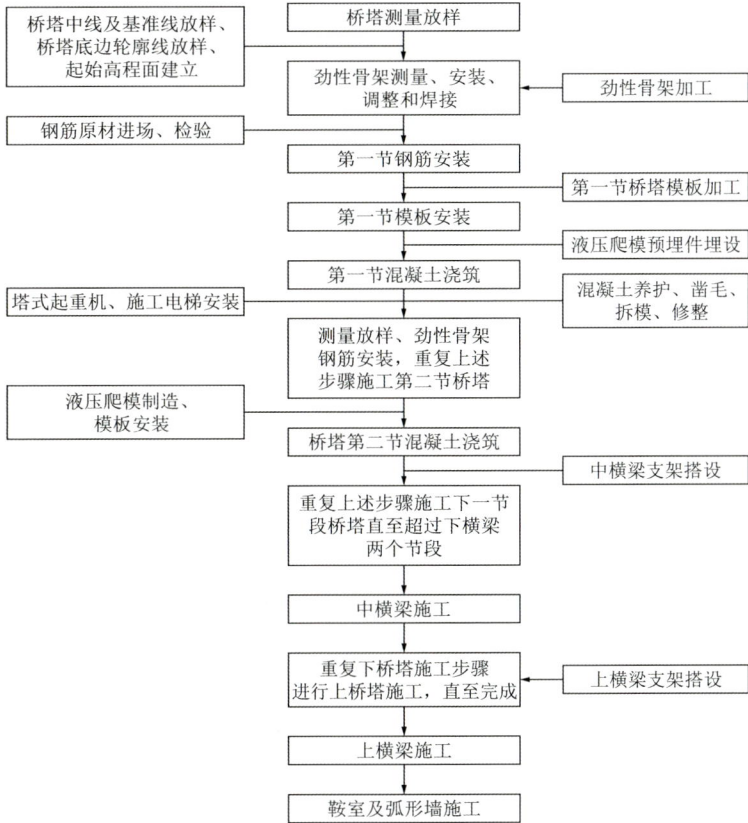

图 3.4-3　郭家沱长江大桥南塔施工流程图

郭家沱长江大桥南塔施工机具布置如图 3.4-4 所示，中横梁以下塔柱采取臂架泵泵送混凝土，中横梁以上塔柱采用地泵泵送，必要时采用塔式起重机配合料斗吊运混凝土至施工节段塔柱，进行混凝土浇筑施工。泵车位于钢平台或硬化地面上，在每个塔肢上面分别布设一根泵管。泵管牢固安装在塔柱上，然后沿着塔柱外壁竖直布置至人洞位置，泵管通过人洞进入塔柱内箱，从内箱到达混凝土浇筑节段。

图 3.4-4　郭家沱长江大桥南塔施工机具布置

3）塔柱施工要点

（1）1～2 号节段翻模施工

在塔柱刚开始施工时，高度较低，爬架系统尚未安装，塔柱底部 1～2 号节段采用翻模

施工。塔柱外模倒角和异形台阶位置采用定型钢模，横梁高度处连接横梁一侧塔柱外模采用竹胶板，其余采用 visa 胶合板。

（2）标准节段爬模施工

塔柱施工采用两套 HCB-100 型液压自爬升模板，标准节段浇筑高度为 6.0m。爬模模板采用木工字梁模板体系，竖肋为 H20 工字木梁，横梁为双〔14 槽钢。对拉杆采用 D20 高强螺杆，布置间距不超过 1.25m。浇筑层高为 6.0m，模板高度为 6.15m。主塔外侧模板支撑采用后移式支撑体系把模板固定在爬架上。液压模板安装流程见表 3.4-1。

液压模板安装流程 表 3.4-1

序号	施工步骤	图示
1	预埋件安装	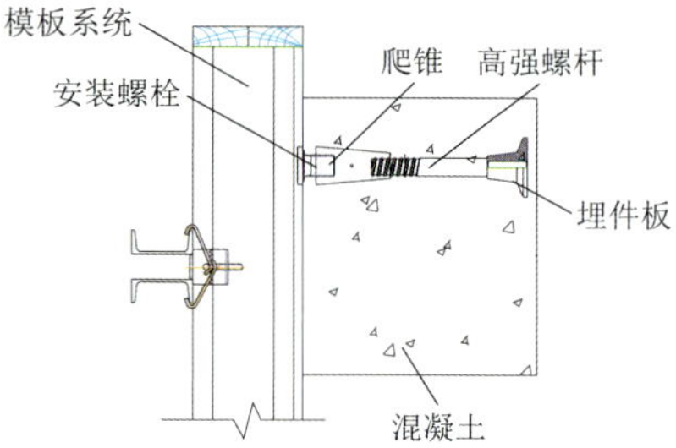
2	安装附墙座、附墙挂座	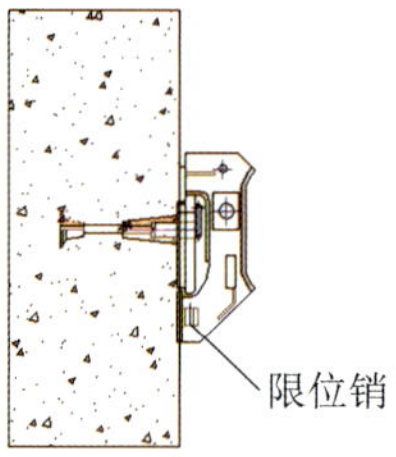
3	拼装三脚架	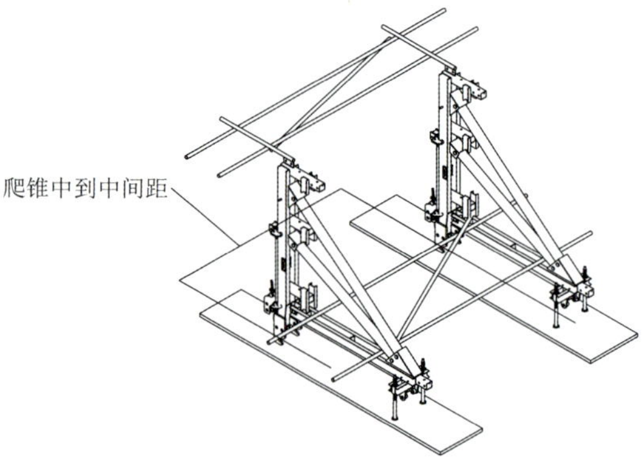
4	安装平台	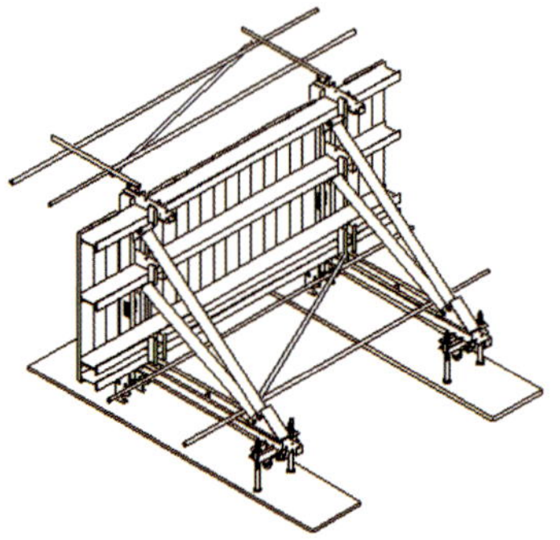

续上表

序号	施工步骤	图示
5	吊装三脚架	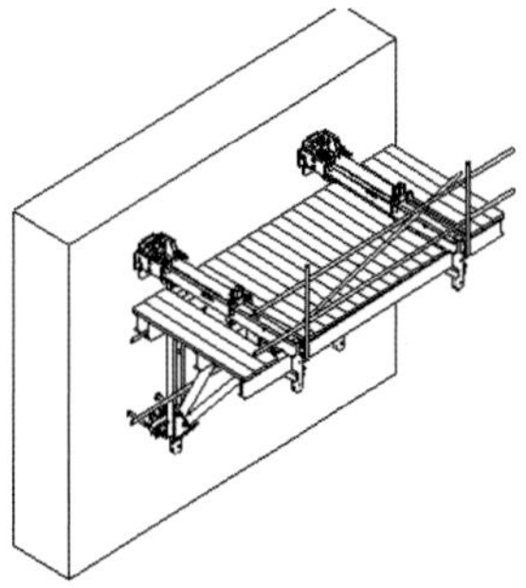
6	拼装桁架、安装所有操作平台	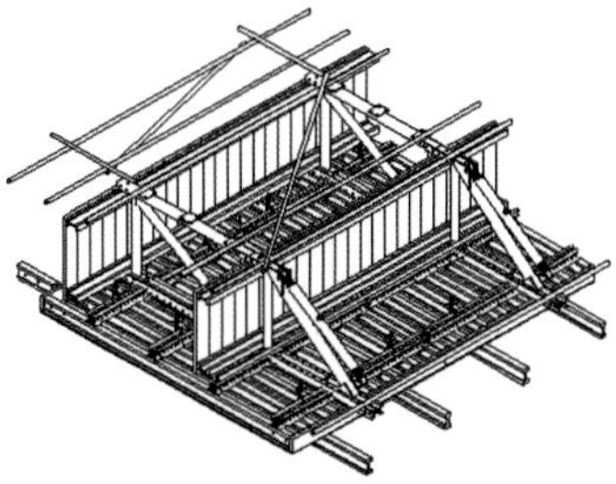
7	吊装桁架和模板	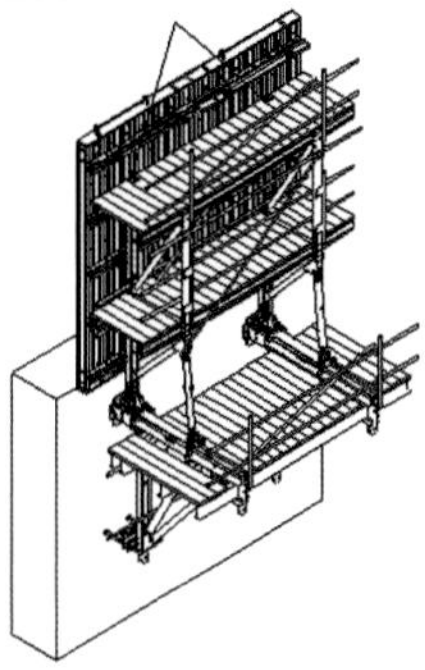

（3）混凝土施工

塔柱采用 C55 高性能混凝土，南塔混凝土方量 19678.0m³，由周边商业拌和站供应。混凝土坍落度按（190 ± 30）mm、初凝时间不少于 4h 控制。塔柱混凝土配合比设计见表 3.4-2。

塔柱混凝土配合比设计　　　　　　　　　　表 3.4-2

名称	水泥	细骨料	粗骨料	掺合料	外加剂	水
类型	42.5	中砂，洞庭湖	卵碎石	粉煤灰	PCA-R 减水剂	饮用水
比例	1	1.72	2.69	0.19	0.013	0.37

（4）塔柱水平支撑施工

南塔塔柱倾斜度为 3/100，中横梁以上最大悬臂 93.0m。塔柱横撑设计以主塔根部拉应力不大于 0.5MPa 为原则。南塔上塔柱共设 3 道横撑，临时横 1 撑位于节段 14，设计高程为 241.128m，临时横 2 撑位于节段 19，设计高程为 287.62m，临时横 3 撑位于节段 23，设计高程为 294.126m。

3.5 索塔横梁施工实例

3.5.1 横梁概况

郭家沱长江大桥索塔共设置上、中、下三道横梁。上横梁顶设计高程为326.926m，距离承台（南塔）顶164.2m；中横梁顶高程为228.226m，距离承台（南塔）顶65.5m；下横梁顶设计高程为184.326m，距离承台（南塔）顶21.6m。

上横梁上宽下窄，横桥向呈阶梯形圆弧状，高度为5.7m，底板宽8m，顶板宽10m，采用多边形空心箱形截面。腹板、顶板厚度均为0.6m。下底板底面由一道半径为22m的圆弧和两道半径均为12m的圆弧连接而成，底板厚度由上横梁中部到端部由0.6m渐变增大。上横梁设置2道隔板，厚度为0.6m。

中横梁采用矩形空心箱形截面，单箱单室，截面高度、宽度均为8m。腹板厚度为0.8m，顶底板厚度均为0.8m。下横梁为单箱五室纺锤形截面，塔柱在顺桥向壁厚分别为1.2m、2.0m，横桥向外侧壁厚分别为1.2m、2.0m，内边隔板壁厚分别为1.4m、2.0m，内中隔板壁厚均为1.2m。在靠近承台附近设置加厚段。

3.5.2 中横梁施工

中横梁采用落地钢管-贝雷支架现浇施工。中横梁与塔柱异步施工，中横梁混凝土分两次浇筑，每次浇筑高度4m，待先浇筑的横梁混凝土达到设计强度后，再浇筑横梁剩余混凝土。

由于先浇筑成型的部分横梁与两塔柱形成"门式刚架"，其具有较大刚度，因此具有一定承载能力。待剩余横梁混凝土浇筑时，"门式刚架"与横梁落地钢管支架共同承担浇筑荷载。利用该原理，郭家沱长江大桥索塔中横梁施工进行少支架设计。横梁钢筋绑扎、混凝土浇筑等作业施工与塔柱相似，本节主要对横梁少支架设计、施工技术进行介绍。

（1）索塔横梁分层浇筑受力理论分析

以门式索塔横梁为例进行分析：设置常规的钢管贝雷支架，横梁分两次浇筑成型。塔柱刚度为EI_1，第一次浇筑成型的横梁刚度为EI_0，如图3.5-1a）所示。作出以下假定：一是第二层横梁混凝土以均布荷载q作用在门架与钢管支架上；二是钢管支架相对于索塔、横梁结构刚度过小，将其模拟为刚度为k的弹簧。

根据位移条件、位移与力的物理关系建立联合方程。将弹簧作为未知力，多余约束作为未知力，形成基本结构如图3.5-1b）所示。

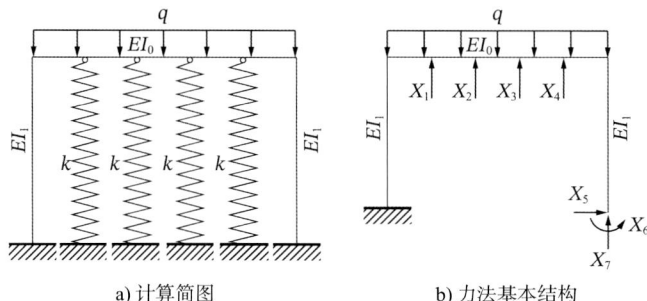

a) 计算简图　　b) 力法基本结构

图3.5-1　结构计算简图与计算基本结构

$$\delta_{11}X_1 + \delta_{12}X_2 + \delta_{13}X_3 + \cdots \delta_{17}X_7 + \varDelta_{1p} = -\frac{X_1}{k}$$

$$\delta_{21}X_1 + \delta_{22}X_2 + \delta_{23}X_3 + \cdots \delta_{27}X_7 + \varDelta_{2p} = -\frac{X_2}{k}$$

$$\delta_{31}X_1 + \delta_{32}X_2 + \delta_{33}X_3 + \cdots \delta_{37}X_7 + \varDelta_{3p} = -\frac{X_3}{k}$$

$$\delta_{41}X_1 + \delta_{42}X_2 + \delta_{43}X_3 + \cdots \delta_{47}X_7 + \varDelta_{4p} = -\frac{X_4}{k} \qquad (3.5\text{-}1)$$

$$\delta_{51}X_1 + \delta_{52}X_2 + \delta_{53}X_3 + \cdots \delta_{57}X_7 + \varDelta_{5p} = 0$$

$$\delta_{61}X_1 + \delta_{62}X_2 + \delta_{63}X_3 + \cdots \delta_{67}X_7 + \varDelta_{6p} = 0$$

$$\delta_{71}X_1 + \delta_{72}X_2 + \delta_{73}X_3 + \cdots \delta_{77}X_7 + \varDelta_{7p} = 0$$

由于 $\delta_{i,j}$、$\varDelta_{i,p}$ 都为 $\frac{Al^3}{EI_0}$ 或 $\frac{Bl^4}{EI_1}$ 的形式，所求结果 X_i 与 EI_0、EI_1 和弹簧刚度 k、跨度 l 有关。钢管桩处支反力仅与门架刚度、弹簧自身刚度有关。

（2）先浇筑横梁与钢管支架荷载分配比例

模拟出"门式刚架"与钢管支架的刚度比例，即能得出先浇筑成型的部分横梁与钢管支架的荷载分配关系。采用有限元法，对郭家沱长江大桥索塔中横梁进行数值模拟分析。

采用有限元程序建立"门式刚架"和钢管支架的有限元模型（由于贝雷梁的竖向刚度相对较小，此处忽略不计）。已浇筑成型的"门式刚架"结构、钢管支架采用梁单元模拟；钢管支架与横梁之间采用弹性连接；后浇筑的横梁以均布荷载形式施加在先浇筑成型的横梁上。"门式刚架"塔柱和钢管支架的反力分别为"门式刚架"与钢管支架各自承担的荷载。计算结果显示：后浇筑的横梁混凝土荷载在先浇筑成型的横梁结构与钢管支架上的分配比例为 46%：54%。

（3）中横梁支架设计

中横梁钢管支架需要承担的中横梁荷载为：第一次浇筑 4m 高中横梁的自重和第二次浇筑 4m 高中横梁自重的 54%，即钢管支架需承担 77% 的中横梁自重荷载。其他荷载根据规范取值。

中横梁钢管支架采用 15 根 $\phi720mm \times 10mm$ 落地钢管，纵向 3 排、横桥 5 列布置，钢管桩之间及钢管桩与塔柱间设置 $\phi377mm \times 6mm$ 钢管平联。每列钢管桩顶设双拼 I 56b 工字钢纵向分配梁，纵向分配梁顶设多组 321 型贝雷梁作为承重梁，承重梁顶面铺设 I 25b 工字钢横向分配梁。横向分配梁顶铺设 100mm × 100mm 木方及 15mm 竹胶板模板。横梁与塔柱加腋处采用多片钢桁架作支撑。中横梁支架总体布置如图 3.5-2 所示。

（4）施工监测

郭家沱长江大桥中横梁施工过程中，对 15 根钢管桩支架进行了变形监测，监测点布置在钢管桩桩顶附近区域，具体监测点布置如图 3.5-3 所示。监测结果显示，与有限元模拟计算结果十分接近，在保障中横梁施工安全性的前提下，进一步验证理论分析的正确性。

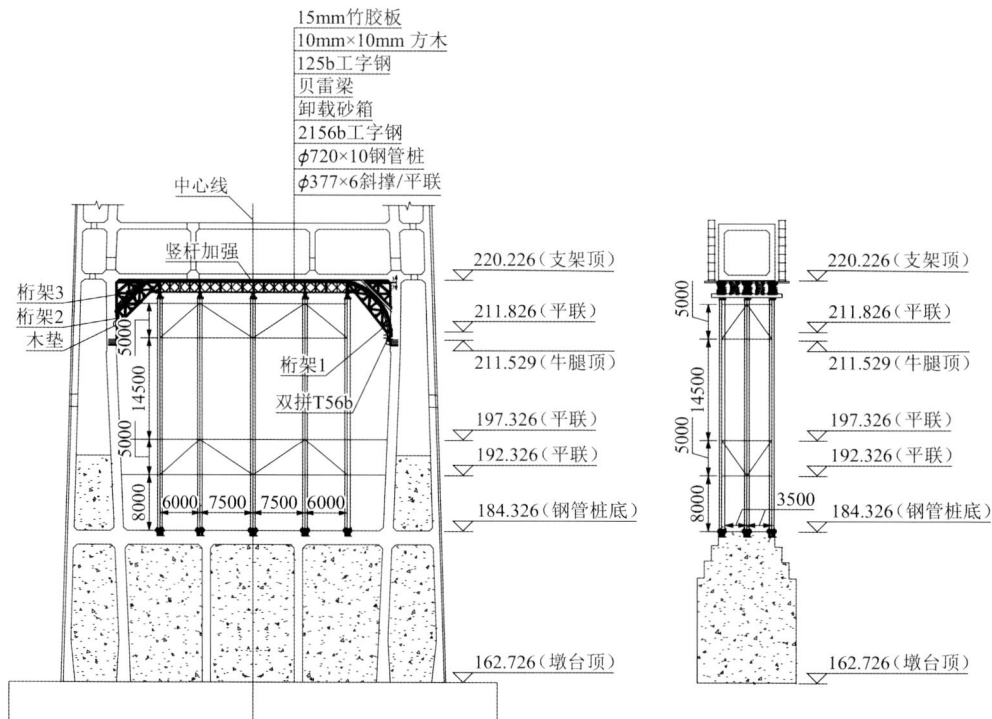

15mm竹胶板
10mm×10mm 方木
125b工字钢
贝雷梁
卸载砂箱
2156b工字钢
φ720×10钢管桩
φ377×6斜撑/平联

中心线
竖杆加强
桁架3
桁架2
木垫
桁架1
双拼T56b

220.226（支架顶）
211.826（平联）
211.529（牛腿顶）
197.326（平联）
192.326（平联）
184.326（钢管桩底）
162.726（墩台顶）

5000 / 14500 / 5000 / 8000
6000 7500 7500 6000

220.226（支架顶）
211.826（平联）
211.529（牛腿顶）
197.326（平联）
192.326（平联）
184.326（钢管桩底）
162.726（墩台顶）
3500

图 3.5-2　中横梁支架总体布置示意图（尺寸单位：mm；高程单位：m）

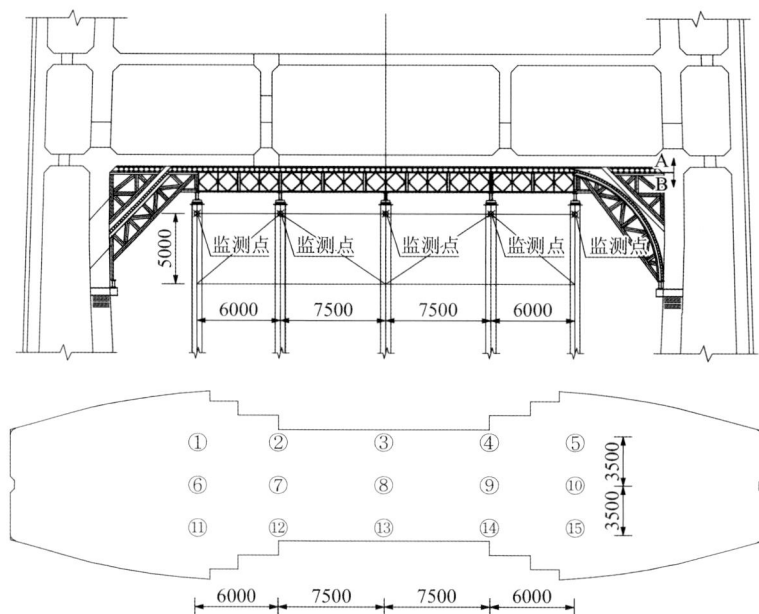

监测点　监测点　监测点　监测点　监测点
5000
6000 7500 7500 6000

① ② ③ ④ ⑤
⑥ ⑦ ⑧ ⑨ ⑩
⑪ ⑫ ⑬ ⑭ ⑮
3500 3500
6000 7500 7500 6000

图 3.5-3　中横梁支架监测点布置示意图（尺寸单位：mm）

3.5.3　上横梁施工

郭家沱长江大桥上横梁造型奇特，总体呈弧形阶梯状，如图 3.5-4 所示，上横梁高 5.7～19.5m；横断面下窄上宽，底板宽 8m，顶板宽 10m，呈阶梯台阶状渐变。上横梁顶板和腹板厚度为 0.6m。上横梁底板由一道半径 22m 的圆弧和 2 道半径 12m 的圆弧连接为一个半圆拱形。

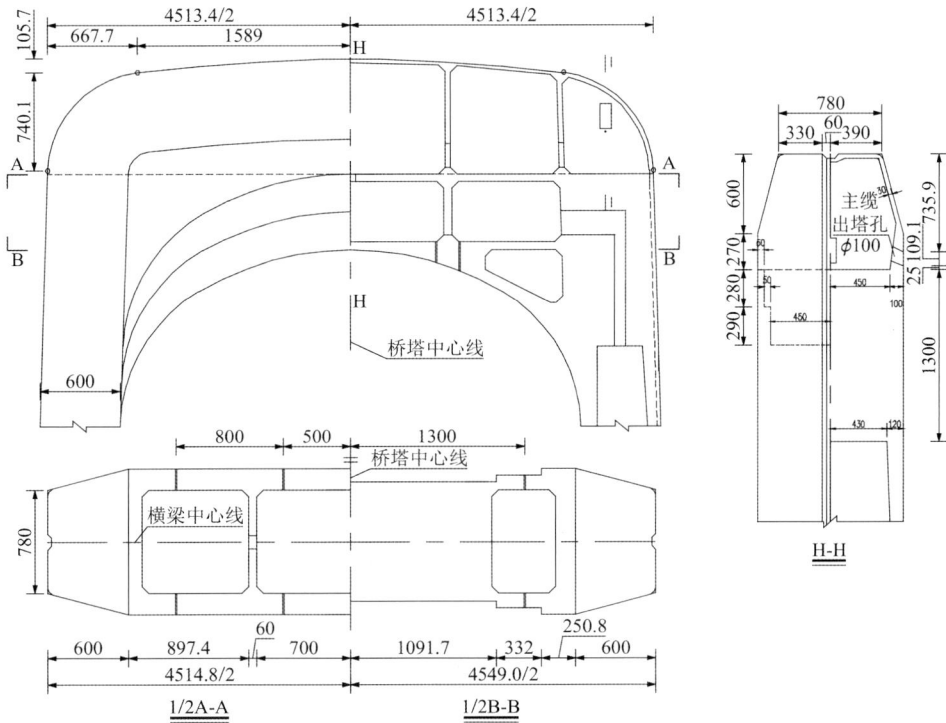

图 3.5-4 上横梁总体布置示意图（尺寸单位：mm）

上横梁与塔柱采用同步施工，上横梁距离中横梁高 98.7m，采用空中牛腿托架现浇施工。本节主要对异形上横梁空中托架设计、施工技术进行介绍。

1）上横梁支架设计

根据桥塔构造特点、施工条件等因素，上横梁支架选择钢牛腿 + 支撑架 + 拱形钢桁架的装配式组合结构形式，如图 3.5-5 所示。钢牛腿采用 L 形钢靴形式，靴脚伸进塔柱预留洞内，上部通过精轧螺纹钢与塔柱相连固定，每个塔柱各布设钢牛腿 4 个，单个索塔共设 16 个钢牛腿；承重钢牛腿上设置 4 组下部支撑架。支撑架上采用 11 片拱形桁架作为承重体系。

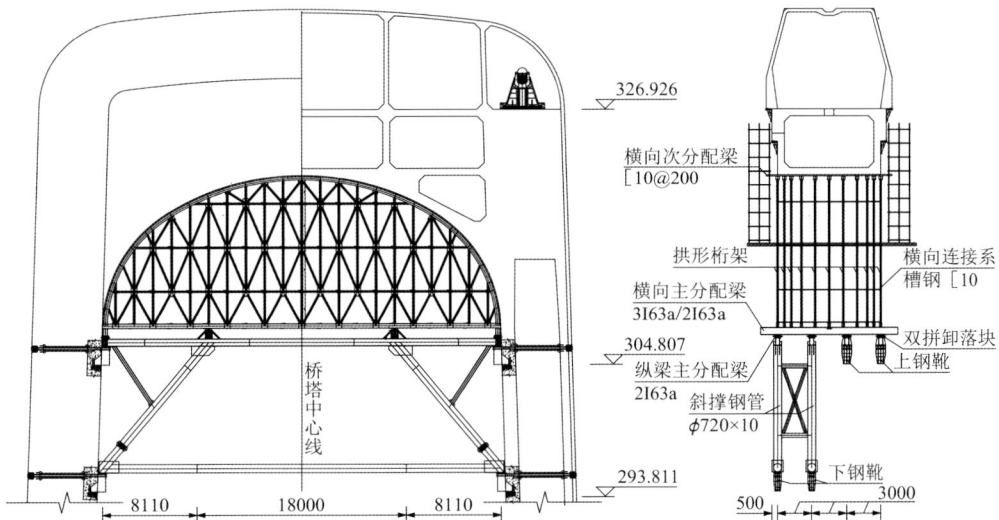

图 3.5-5 上横梁支架总体布置示意图（尺寸单位：mm；高程单位：m）

（1）拱形桁架

拱形桁架矢跨比约为 1/2.6。拱形桁架系杆采用对扣槽 [40 型钢，连接竖杆采用双拼槽 ⊥ 16 型钢，横杆和斜杆采用双拼槽 ⊥ 14 型钢。型钢拱架顶纵向次分配梁采用槽 [10 型钢，间距布置为 30cm。

（2）下部支撑架

下部支撑架设计为水平力自平衡结构体系，仅对塔柱传递竖向荷载，不传递水平荷载。下部支撑架坐落在上下层钢牛腿上，纵桥向共设置 4 组。下部支撑架上弦杆采用双拼/三拼 ⊥ 63 工字钢，下弦杆和斜撑采用 720mm × 10mm 圆钢管。

为保证斜撑与下弦杆相交节点的连接性能，设置两道钢板穿入两个斜交钢管，通过拼焊两道 20mm 厚钢板与两个斜交钢管之间的焊缝，实现斜撑与下弦杆节点的连接可靠性。斜交圆钢管连接节点结构如图 3.5-6 所示。

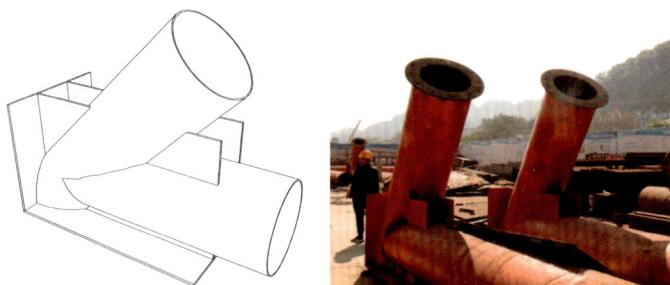

图 3.5-6　斜交圆钢管连接节点结构

（3）弧形阶梯式模板

如图 3.5-7 所示，上横梁下窄上宽，横桥向呈弧形阶梯台阶状。混凝土浇筑施工时，存在几个不同高程处底面同时浇筑难题，为了避免在变宽度底板处重新搭设支撑结构，设计弧形阶梯式模板。弧形阶梯式模板由第一、二、三阶平面钢模板、弧面钢模板、上下连接角钢、平面纵横肋、弧面纵横肋、支撑架结构、背楞结构和对拉杆组成。实现了三个维度模板的装配化设计、施工，有效降低了高空作业风险。

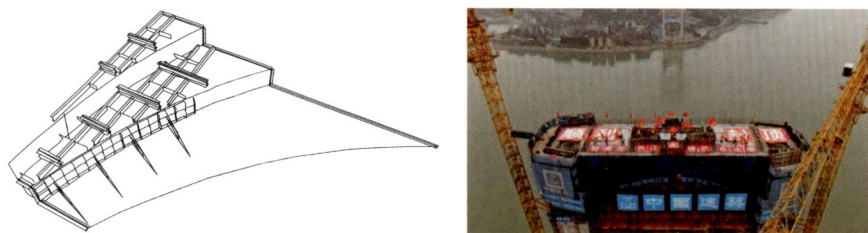

图 3.5-7　上横梁弧形阶梯式模板结构

2）上横梁支架预压技术

上横梁支架最高处距离中横梁顶部约 93m，且拱形桁架顶部弧度大高差达 16m，不便于采用原位预压。利用地面反力预压装置，实现了支架地面预压。

（1）预压设计

如图 3.5-8 所示，将单片拱形型钢片架水平放置在预压台座上，在平台的型钢上设置反力墩，安装随桁架相适应的拱形限位梁。利用平台本身的刚度，采用千斤顶加载的试验方法模拟拱架的受力。支架预压按施工中最大荷载的工况进行加载，加载共分为 5 级，1 级为 20%，2 级级为 50%，3 级级为 80%，4 级为 100%，5 级为 110%。片架加载试验为加载力与杆件应力双控模式。

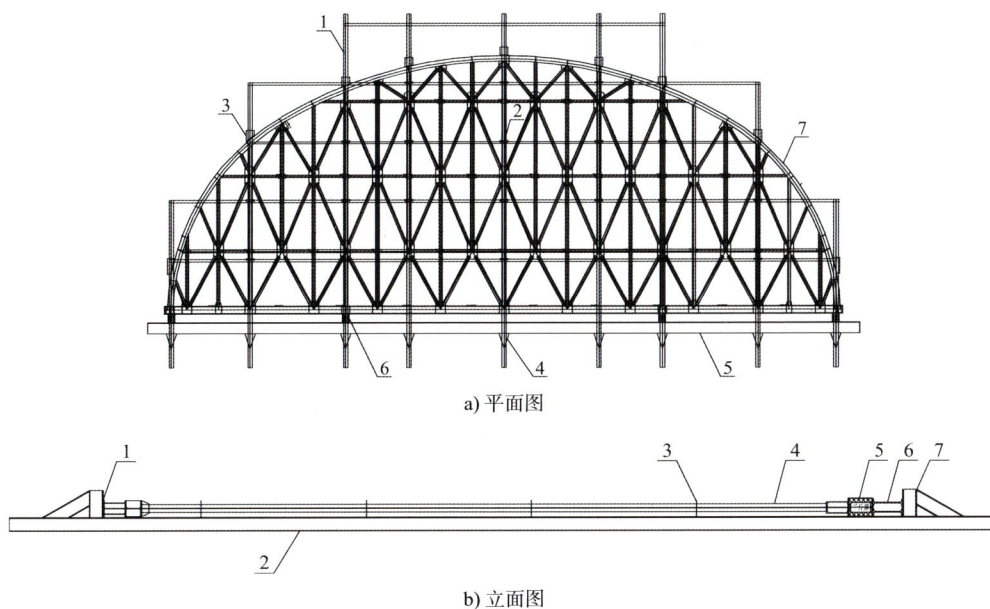

a) 平面图

b) 立面图

图 3.5-8　支架反力预压布置示意图

1-拱形限位墩；2-预压台座；3-限位卡；4-桁架片；5-千斤顶；6-反力梁；7-反力墩

（2）预压实施

如图 3.5-9 所示，预压场地选择在加工场内，利用门式起重机作为预压起吊设备，台座采用纵向 9 组双拼Ⅰ25、横向 6 组单Ⅰ25 工字钢连接而成，顶部采用钢板焊接成箱形的调平墩，调平墩在预压时与桁片架拱顶焊接牢固，底部采用双拼Ⅰ56 工字钢作反力梁，顶底部均采用双拼Ⅰ25 工字钢焊接反力架。

图 3.5-9　拱形桁架片预压

3）上横梁支架安装

（1）钢牛腿设计

由于钢牛腿 L 形靴脚预埋位置与塔柱钢筋存在冲突，因此每个剪力槽口位置需要截断塔柱钢筋。对于截断钢筋采取在 L 形靴脚背面相应位置设置连接钢板的方式进行加强，将塔柱钢筋与连接钢板双面焊接，通过连接钢板将截断钢筋连成整体。

（2）钢牛腿安装

钢牛腿制作完成运输至现场后，采用塔式起重机安装。如图 3.5-10 所示，将钢牛腿吊装至塔柱预留剪力槽位置后，通过手拉葫芦配合将钢牛腿底部安放到剪力槽铁盒内，使钢牛腿与塔柱接触面顶紧，待钢牛腿位置调整到位后开始从钢牛腿顶部及塔柱预留预应力孔内穿入精轧螺纹钢，并拧紧螺母。

| a) 钢牛腿制作 | b) 钢牛腿安装 |

图 3.5-10　钢牛腿现场安装

（3）下部支撑架安装

如图 3.5-11 所示，待下部支撑架制作完成运输至现场后，利用塔式起重机进行吊装。每组支撑架按底部水平钢管→斜撑钢管→斜撑平联→横向主梁的顺序进行吊装。由于支撑架构件采用分块制作，每组支撑架安装时先吊装承重钢牛腿顶部上的块体并临时固定，后吊装中间块体，待块体位置、高程调整就位后采用螺栓连接固定。待 4 组下部支撑架全部安装就位后，采用工32b 工字钢作为连接系将 4 组支撑架连成整体，并在横向主梁顶安放卸落块及纵向分配梁。

（4）上部拱形桁架安装

如图 3.5-12 所示，由于横梁底部设计为拱形，因此在纵向分配梁顶部还需设置钢桁架进行拱形调节。拱形桁架共 11 片，横纵向均按从中间往两侧的顺序采用全栓接形式进行现场装配式安装。拱形桁架安装完成后铺设纵向次梁并与桁架拱圈焊接固定，然后安装操作平台及模板体系，进行横梁施工。

图 3.5-11　下部支撑架现场安装　　　图 3.5-12　拱形桁架现场安装

3.6 关键技术总结

中建六局在多座悬索桥索塔建设过程中，不断进行新工艺探索和研究，形成了一批关键施工技术。

（1）大直径清水桩空气吸渣绿色施工技术

郭家沱长江大桥、泸州长江二桥位于长江中上游，桥址区域沿岸覆土层较浅，卵石层深厚，基岩强度高，桩基成孔难度大。此外，泸州长江二桥桥址附近即为中华鲟保护区，常规桩基施工方法容易造成长江污染，难以适用。

从节约资源、保护生态角度出发，摒弃传统的泥浆池清渣施工工艺，使用大型空压机（20m³容量）往钢导管下部持续压入空气，使得导管底部泥浆、石屑沉渣与压入的空气混合，形成气压带，因导管内与导管外水面存在气压差，促使其泥浆不断地从导管底部沿导管往上抽排，达到循环清渣的目的。两座长江大桥桩基施工创新采用了清水钻孔配合空气吸泥清孔技术，可在不配备泥浆池的情况下，仍能持续清渣成孔。

（2）高边坡开口组合围堰设计施工技术

针对江津白沙长江大桥西桥塔所在区域覆盖层浅、下伏基岩倾斜且强度高的特殊环境，设计了无封底钢-混组合围堰。组合围堰结构由混凝土挡墙基础和双壁钢围堰组成，避免了大基坑的开挖和封底混凝土的施工，钢筋、混凝土材料等资源配置合理，实现效益最大化。存在覆盖层的侧壁区域，采用钢筋钻孔灌注桩与素混凝土灌注桩相间布置的形式与基岩结合牢固；将花管注浆技术应用于桩间土体的加固，止水效果良好。江津白沙长江大桥西桥塔承台施工顺利完成，表明组合围堰对于浅覆盖层或裸岩区域承台施工具有明显的优势，可为今后类似环境下的围堰设计提供借鉴。

（3）索塔横梁支架轻量化设计施工技术

借鉴隧道工程中支护、围岩联合承载的原理，郭家沱长江大桥索塔施工中亦借助先浇筑成型的下层横梁与施工支架共同承载，从而实现横梁支架轻量化设计施工的目标。

索塔横梁支架轻量化设计原理为：横梁分层浇筑时，先浇筑成型的下层横梁结构与塔柱形成门架结构。待浇筑的上层横梁混凝土荷载，将由先浇筑成型的门架结构与施工支架共同承载。借助有限元程序，郭家沱长江大桥定量分析了索塔横梁已浇筑下层横梁结构与施工支架共同承担荷载的分配比例，并在横梁浇筑过程中进行监测，数据监测结果与理论分析一致，可为相关工程提供借鉴。

第 四 章

缆索系统

　　缆索系统是一个复杂的结构系统，其组成部分之间相互协作，共同实现承载、提升和稳定等功能。悬索桥缆索系统施工技术包括索鞍安装、猫道设计与施工、主缆架设安装等关键工序。根据缆索的空间布置形式，悬索桥缆索系统分为平行索面系统和空间索面系统。本章介绍缆索系统的一般施工方法，以四个工程实例分别介绍平行索面和空间索面悬索桥主缆施工的施工技术，并介绍基于三维扫描的悬索桥主缆线形检查方法，旨在为同类型桥梁施工提供借鉴和参考。

4.1　缆索系统施工概述

　　按照施工先后顺序，缆索系统施工主要包括索鞍施工、牵引系统施工、猫道施工、索股架设、紧缆、索夹安装、吊杆安装和防护系统施工。

4.1.1　索鞍

（1）索鞍构成

　　索鞍包括桥塔顶的主索鞍（塔顶鞍座）、锚碇（锚固体）前端的散索鞍（套）及副索鞍。主索鞍的结构主要由座体（含鞍槽）和座板组成。鞍槽内通常设置摩擦板（如水平或竖向摩擦板），以提高主缆与索鞍间的名义摩擦系数。主索鞍构造如图 4.1-1 所示。为满足悬索桥施工过程中索鞍预偏复位滑移的需要，座板与座体之间设置有滑动装置，如辊轴、聚四氟乙烯滑板或其他减摩装置。散索鞍（套）主要有摇轴式、平移式（滑移或滚轴）等几种基本类型，基本构成包括底座、座体（含鞍槽）。副索鞍设于边跨，必要时设置，以满足主缆转折需求，其构造与散索鞍基本相同，但主缆通过时不散开。

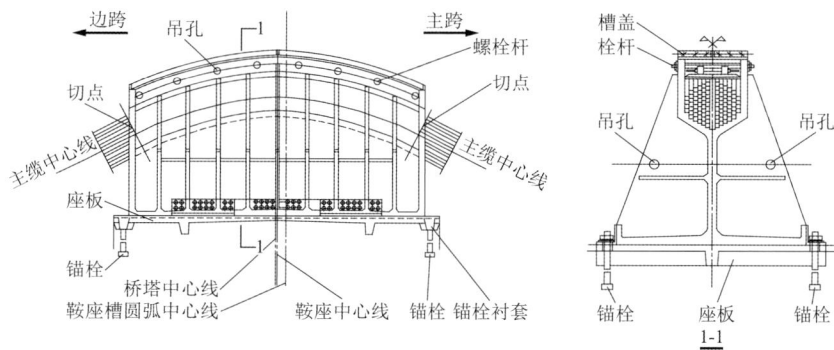

图 4.1-1　主索鞍构造示意图

　　主索鞍的鞍体设计通常分为三种结构类型：铸焊式、全铸式和全焊式。在铸焊式鞍体中，鞍槽部分采用高强度的铸钢材料，而底座则由钢板通过焊接组合而成。全铸式鞍体则整体采用一体化的铸钢构件，具有很好的坚固性和完整性。全焊式鞍体则完全由钢板焊接组装而成，依赖于精湛的焊接工艺。散索鞍的设计主要以摆轴式为主，其成型工艺统一采用铸焊结合的方式，其中鞍槽部分使用铸钢材料，而底座则采用钢板焊接结构，确保了结构的稳定性和耐久性。

（2）索鞍安装

　　索鞍安装准备工作包括索鞍起吊设备的准备、大型临时设施的安装准备、起吊系统荷载试验等。索鞍的安装方式有多种,包括起重机法直接吊装和悬臂门架法吊装。由于门架在猫道架设、主缆安装等上部结构施工中不可或缺,因此悬臂门架法在悬索桥施工中应用比较广泛。根据起吊设备的不同,分为卷扬机和液压千斤顶两种起吊系统,我国悬索桥施工目前以悬臂门架配合卷扬机法吊装居多。索鞍施工流程如图 4.1-2 所示。

图 4.1-2　索鞍施工流程图

4.1.2　牵引系统

1）牵引系统形式

牵引系统是架于两个锚碇之间,跨越索塔用于钢丝绳、主缆索绳等构件空中牵引的设备,主要承担猫道安装、主缆架设以及其他牵引吊运工作,是悬索桥施工必备的临时设施。

牵引系统根据运行方式可分为循环式(大循环、小循环)和往复式(单线往复式、双线往复式)两种。

(1)循环式牵引系统

循环式牵引系统布置如图 4.1-3 所示。

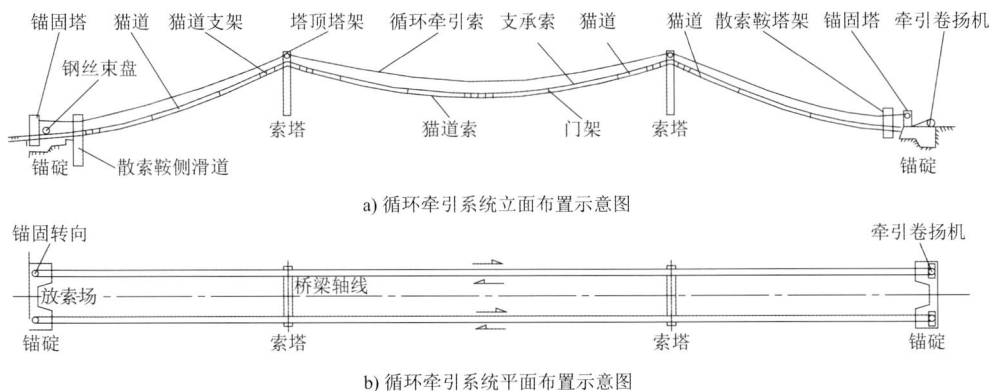

a) 循环牵引系统立面布置示意图

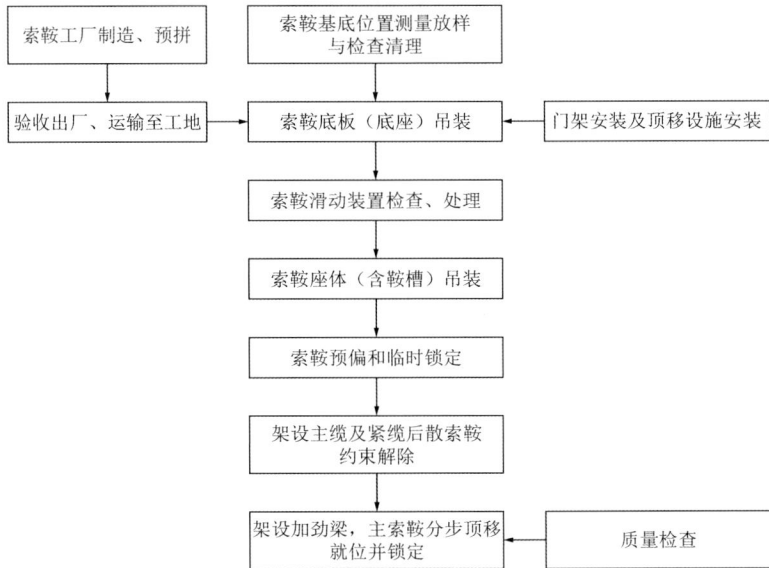

b) 循环牵引系统平面布置示意图

图 4.1-3　循环式牵引系统布置示意图

循环式（轨道小车）牵引系统如图 4.1-4 所示，将牵引索的两端插接起来，形成环状无极索，通过一台驱动装置、张紧设备、调整装置和必要的支承滚筒循环运动。这种循环牵引系统可将上、下游主缆分别设置（称为小循环），也可只设一套（称为大循环）供上、下游主缆架设使用。循环式牵引系统由驱动装置滚筒以摩擦方式驱动牵引绳索循环运动，速度稳定连续性好，但牵引力小，适用于主缆及跨径不大的 PPWS 法（Prefabricated Parallel WireStrands，预制平行索股法）主缆的架设。

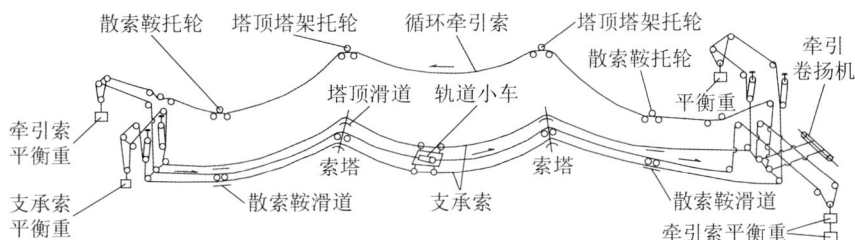

图 4.1-4 循环式（轨道小车）牵引系统示意图

（2）往复式牵引系统

往复式牵引系统的牵引索两端分别卷入主副卷扬机，一端用于卷绳进行牵引，另一端用于放绳，两台驱动装置联动，使牵引索作往复运动。往复式牵引系统示意如图 4.1-5 所示。

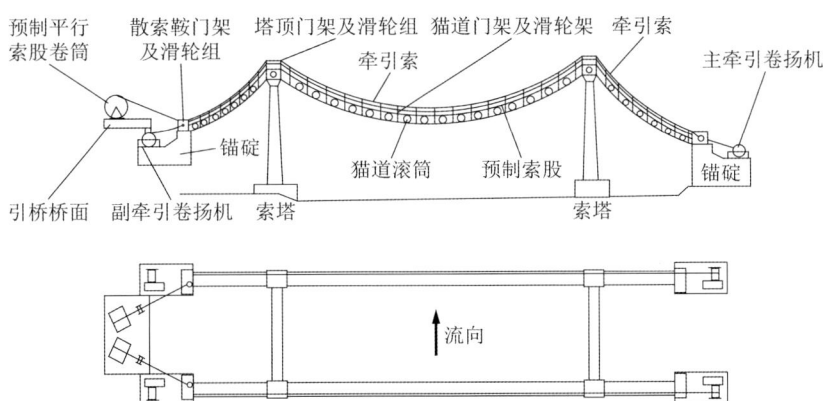

图 4.1-5 往复式牵引系统示意图

往复式牵引系统驱动装置容易实现较大牵引力，适用于跨径较大的 PPWS 法主缆的架设。

门架拽拉器牵引方式如图 4.1-6 所示。它主要由驱动装置、牵引索（拽拉索）、拽拉器、锚碇门架滑轮组、塔顶门架滑轮组、猫道门架滑轮组、猫道滚筒及塔顶滚筒等组成。预制主缆索股与安装于牵引索上的拽拉器相连，通过驱动装置收放使牵引索带动拽拉器穿过猫道门架导轮组、塔顶门架导轮组、锚碇门架导轮组作往复运动，将索股逐根沿猫道滚筒拉铺到猫道上。

2）牵引系统选择

根据对牵引系统运行方式的介绍可知，采用轨道小车牵引索股架设时不能连续穿越塔顶，施工效率比较低，但牵引力要求不高，对设备能力要求低，造价低，因而在中小跨径悬索桥施工中的应用比较多。门架拽拉式牵引系统可连续通过塔顶，索股架设效率高，但对设备性能要求高，施工投入大，可适应特大跨径悬索桥主缆 PPWS 法索股数量多、牵引距离长的施工特点。因此，牵引系统的选择应结合工程特点、设备机具的制作和供应、工期要求、施工安全、施工人员技术水平、经济情况等因素来统筹考虑选定。

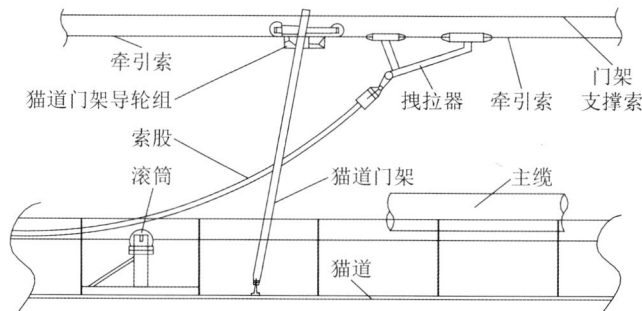

图 4.1-6　门架拽拉器牵引方式示意图

3）牵引系统施工

先导索是缆索工程中最先拉过江河（或海湾、峡谷）的一根绳索，在大跨径悬索桥施工中，先导索架设是主缆施工的第一步，是形成牵引系统的基础。作为施工转换的重要标志，先导索架设在大跨径悬索桥施工中备受瞩目。根据悬索桥所跨越海峡、河流、峡谷等障碍的具体特点及先导索与被跨越障碍的相对空间关系，先导索的施工方法可划分为水下过渡法、水面过渡法和空中过渡法三种方法。

4.1.3　猫道

猫道是悬索桥上部结构施工最重要的高空作业通道和场地，其线形近似平行于主缆空缆线形。在整个上部结构施工期间，猫道的功能是主缆架设、加劲梁吊装、主缆防护等施工的作业平台。

猫道的使用贯穿整个悬索桥上部结构施工过程，其线形、结构安全、抗风稳定性等将影响到整个上部结构施工各分项工序的质量、进度和施工安全。

1）猫道构造及布置

（1）猫道的主要构造

猫道构造一般包括承重索、扶手索、猫道门架、门架支承索、猫道索锚固系统、抗风索、猫道面层、栏杆、防振系统及横向通道、照明系统等，猫道断面布置如图 4.1-7 所示。

（2）布置形式

按猫道承重索在塔顶的跨越形式，通常采用分段式和连续式两种布置形式，如图 4.1-8 和图 4.1-9 所示。分段式猫道需在绳端设置长度调节装置；连续式猫道除在绳端设调节装置外，还需在塔顶设转索鞍及变位刚架、下

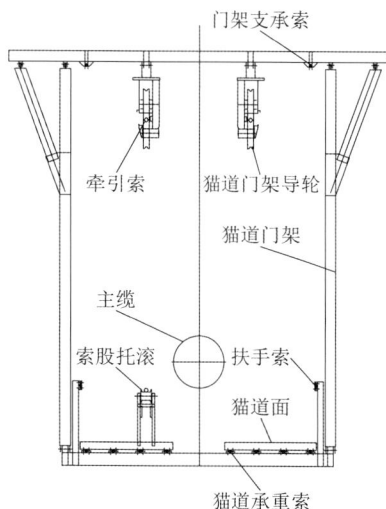

图 4.1-7　猫道断面布置示意图

拉装置等结构。

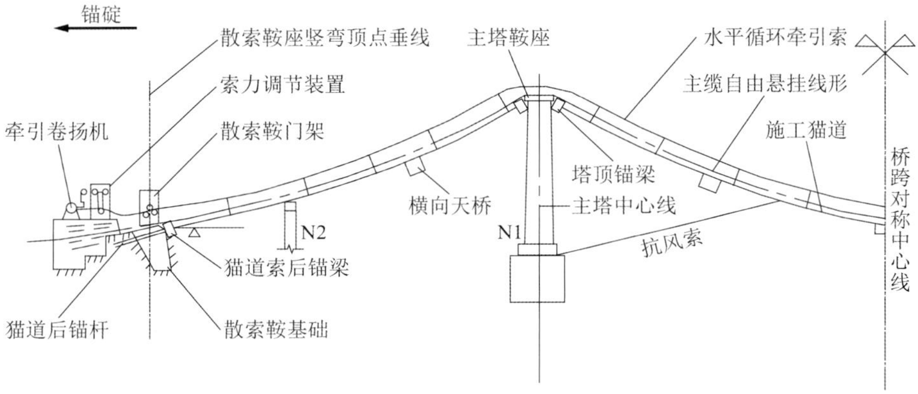

图 4.1-8　分段式猫道布置示意图（1/2 猫道立面）

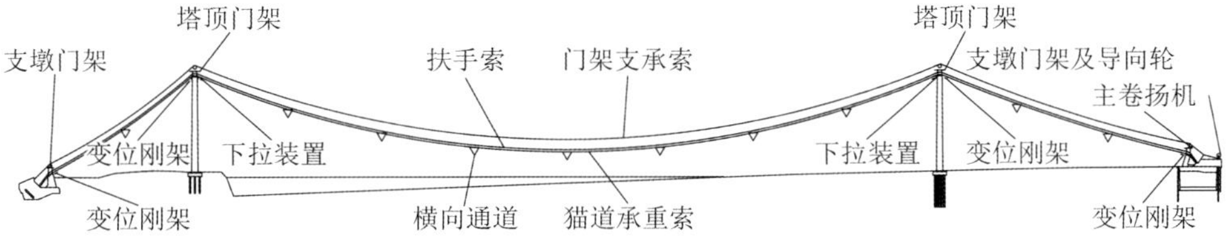

图 4.1-9　连续式猫道布置示意图

2）猫道设计

（1）设计假定

① 索为理想柔性体，计算中不考虑截面的抗弯刚度。

② 钢丝绳是由多根钢丝束扭绞而成的组合结构，其弹性模量为力的函数，随力的大小而变化。设计中采用的钢丝绳弹性模量值应以通过预张拉消除钢丝绳的非弹性变形后稳定的实测值为准。

③ 索的无应力长度在一定温度下保持不变。

④ 各局部坐标原点满足力的平衡条件。

⑤ 猫道面的线形与主缆索股在自由悬挂状态下的线形一致。

根据索力的平衡条件及变形相容条件，在相同温度条件下索的无应力长度保持不变，针对猫道形成后状态和空索状态来建立猫道索状态方程，利用悬链线公式求解猫道索状态方程，达到对猫道索的空索线形分析的目的。

（2）设计原理

根据荷载和边界条件计算出猫道承重索的有应力长度和伸长量，得到索的无应力长度，根据在相同温度条件下索的无应力长度不变的原理，计算出空缆及施工状态下索的线形及受力情况。各工况下猫道承重索的安全系数应不小于 3.0。

（3）猫道承重索

承重索是猫道结构的主要受力构件。根据施工要求，猫道形成后与主缆空缆中心竖向距离沿全长保持一致，宜为 1.3～1.5m，该距离的选用除考虑主缆架设时施工人员操作方便外，还考虑索股牵引、紧缆机、缠丝机的操作空间要求。承重索计算时应以其自重、施工人员自重、猫道面网及底板构件自重、索股重量、牵引索自重等作为均布荷载，以横向天桥作为集中荷载。

（4）扶手索

扶手高不宜小于1.2m。扶手索计算时应以其自重、猫道侧网自重、电缆及灯具自重等作为均布荷载，并应考虑人的推力。

（5）门架支承索

门架支承索与承重索的竖向距离保持一致，除考虑拽拉器通过外，还需考虑施工人员具有足够的操作空间。门架支承索的计算应以其自重作为均布荷载，以门架及牵引索导向滑车重量等作为集中荷载。

（6）猫道面层设计

猫道面层是工人作业的平台，要求具有一定的强度和刚度，并且能防止小工件脱落；此外，阻风面积要小，防火性能要强。考虑到索股牵引、紧缆成形等作业对空间的要求，猫道净宽宜为3～4m。面层一般采用两层钢丝网铺设。大方格网承重，绑扎于承重索上方，小方格网防止落物，安装在最上层。侧网连接在外排承重索及扶手索上，采用大方格网。

（7）横向通道

为增加横向稳定性，并便于上下游两猫道之间的交通，在上下游猫道间设横向通道。

（8）抗风系统

抗风缆有效提升了猫道的抗风稳定性，增强了其结构刚度。抗风缆的设置需依据桥址的自然地理条件，通过计算以及风洞试验，来确定是否设置抗风缆以及具体的设置方案。

3）猫道架设

猫道架设施工流程为：准备工作→架设轨道承重索→架设猫道承重索及线形调整→安装猫道面层及横向通道→安装门架支承索、扶手索→安装栏杆网、猫道门架及抗风缆→安装照明系统，形成猫道→检查签证，合格后投入使用。

4.1.4 主缆架设

1）主缆的类型及构造

（1）主缆的类型

主缆是悬索桥主要承力构件，除早期中小跨径悬索桥采用钢丝绳或钢绞线作为主缆材料外，现代悬索桥均采用高强度钢丝作为主缆材料。本节主要讲述采用高强度钢丝材料的悬索桥主缆施工。

高强度钢丝主缆，根据其不同的架设方式，可分为预制平行索股法（PPWS法）和空中纺丝法（AS法）两种。PPWS法是预先将若干根钢丝组合成具有正六边形截面的平行钢丝束，用纤维强力带包扎定型，形成平行钢丝索股，两端安装锚头，然后打盘上卷运输到施工现场，经现场架设后形成主缆。PPWS法的索股制造在工厂进行，减少了各工序的相互干扰和气候的影响，制作质量能得到更好的控制，现场施工速度快，主缆架设质量容易保证。目前国内所建大跨径悬索桥都是采用PPWS法主缆。

AS法是利用牵引系统纺丝轮在空中牵拉钢丝，多次反复，当钢丝达到一定数量时，对钢丝进行梳理、调整后捆扎，形成平行钢丝索股。是一种在猫道上现场制作平行索股的施工方法。此方法在欧美地区应用较多。

（2）主缆构造

现代悬索桥主缆一般由ϕ5mm左右镀锌高强度钢丝组成，大跨径悬索桥的主缆钢丝数多达数万根，不论是采用AS法还是PPWS法施工，主缆架设时钢丝均以钢丝束的形态存在，以便于主缆钢丝平行排列、受力均衡、线形一致。

① 索股截面

PPWS法索股截面一般为正六边形，规格有61丝、91丝、127丝、169丝。每根索股钢丝直径和数量由设计单位根据主缆受力情况及施工环境的运输条件等综合考虑。目前最常用为91丝和127丝。AS法索股横截面呈圆形，一根索股钢丝数在127～552丝，如图4.1-10所示。

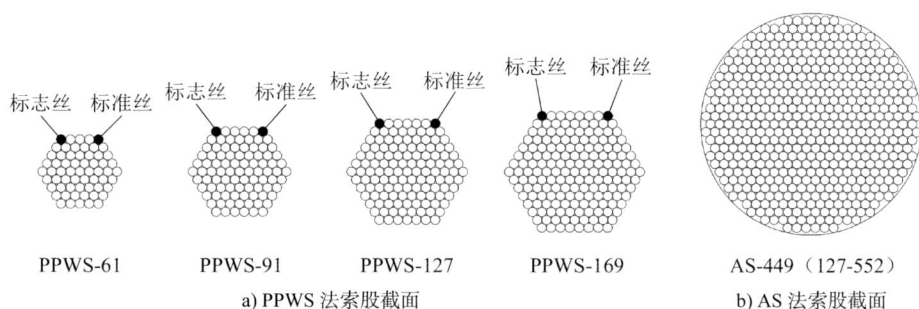

PPWS-61　　　PPWS-91　　　PPWS-127　　　PPWS-169　　　AS-449（127-552）

a) PPWS 法索股截面　　　　　　　　　　　　　　　b) AS 法索股截面

图 4.1-10　索股截面

② 主缆截面

为便于紧缆后将主缆挤压为圆形，减小主缆的空隙率，主缆索股通常按照六边形或者近似六边形配置、排列。PPWS法、AS法施工主缆典型截面如图4.1-11所示，紧缆后的形状均为圆形。

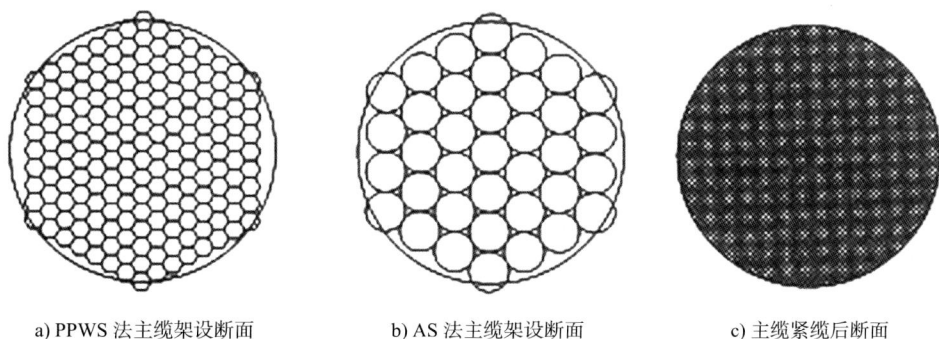

a) PPWS 法主缆架设断面　　　　b) AS 法主缆架设断面　　　　c) 主缆紧缆后断面

图 4.1-11　主缆截面

2）PPWS 法架设

（1）施工流程

索股架设施工流程主要包括索股牵引、整形、入鞍、入锚、垂度调整、索力调整等工序，如图4.1-12所示。

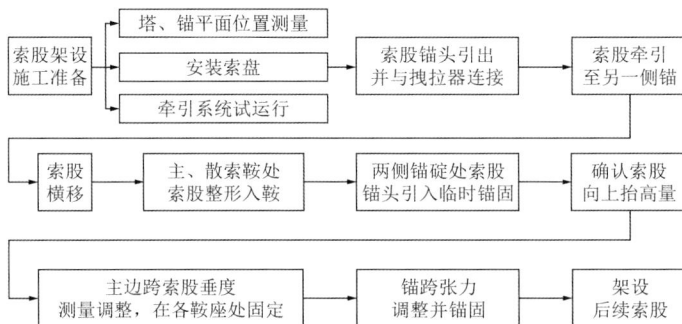

图 4.1-12　索股架设施工流程图

（2）架设顺序

如图 4.1-13 所示，首先架设基准索，以基准索为参照，按照设计序号，以从下往上、分层的原则进行架设。

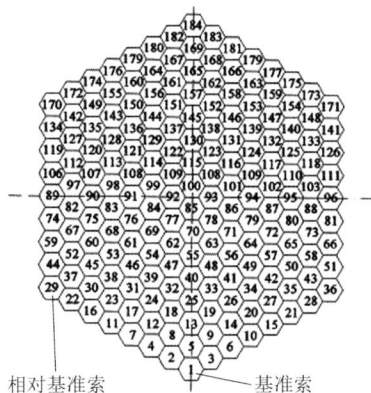

图 4.1-13　主缆索股编号以及排列

3）AS 法架设

AS 法是将单根或多根钢丝挂到纺丝轮上，往返于桥梁两侧的锚靴之间，以钢丝为单元架设主缆的工艺。随着纺丝轮的循环往返，钢丝从已缠好的丝盘中引出，纺丝轮下端的钢丝在引出后直至架设完成，始终处同一位置不会移动，被称为死丝（Dead Wire）；纺丝轮上端的钢丝从钢丝丝盘以纺丝轮行进 2 倍速度持续供应，被称为活丝（Live Wire）。架设过程中死丝落入索鞍鞍槽和主缆成形器内，活丝落在主缆成形器外侧支撑滑轮上，纺丝轮回程时，将纺丝轮旋转一定角度，将去程活丝提起并落入索鞍鞍槽和主缆成形器内。架设于空中的钢丝通过多次往返将数百根钢丝逐步累加合成一个索股，各索股形成环状形态分别固定在锚靴上，如图 4.1-14 所示。

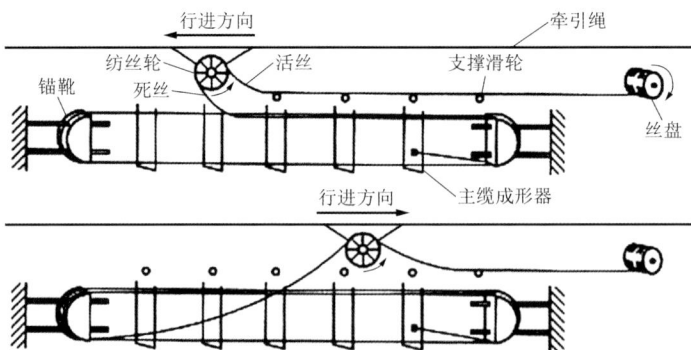

图 4.1-14　AS 法索股架设示意图

阳宝山大桥是我国首次完整应用 AS 法的悬索桥，攻克了"死丝"与"活丝"工艺难题，为后续工程积累了经验。藤州浔江大桥主缆 AS 法架设借鉴阳宝山大桥施工经验，并做出重大突破，形成国内首例空间缆大直径 AS 法纺丝工艺。AS 法工效虽低于 PPWS 法，但与 PPWS 法相比，减少了工厂制索环节及费用；架设荷载小，猫道自重轻；索股数量少（约为 PPWS 法的 1/3），可最大限度地减小锚体或锚塞体尺寸；具有一定的经济性。未来随着悬索桥跨径的增大，AS法将更加适合大直径主缆的架设工作。

4）主缆紧缆

全部索股架设完成后，由于索股、钢丝之间都存在空隙，主缆表观直径比设计要求的直径大得多。为了能够顺利地进行索夹安装及缠丝作业，需要将主缆截面紧固为圆形，形成钢丝密匝排列的承力结构（图4.1-15、图4.1-16），并达到设计要求的空隙率。

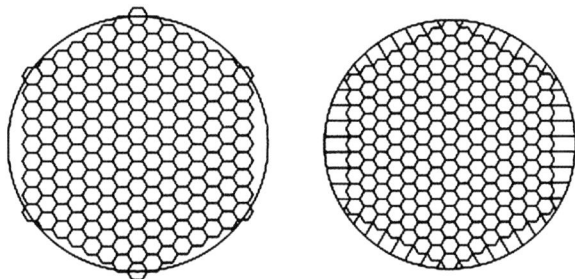

图4.1-15　紧缆前主缆截面　图4.1-16　紧缆后主缆截面

（1）主缆紧缆施工流程

紧缆主要分预紧缆和正式紧缆两个阶段进行。紧缆作业由中跨跨中和锚碇向塔顶方向进行，先中跨，后边跨。主缆紧缆施工工艺流程如图4.1-17所示。

（2）预紧缆作业

预紧缆作业选择在夜间温度稳定的时段进行，这时主缆内外索股温度基本保持一致。根据划分紧缆位置，首先在主缆表面相应位置处铺设麻袋片，边收紧手拉葫芦，边拆除主缆外层索股的缠包带，人工用大木锤边均匀敲打主缆四周，校正索股和钢丝的排列，避免出现绞丝、串丝和鼓丝现象，同时测量紧缆处主缆的周长，待主缆空隙率达到目标控制值的26%~28%时，用软钢带将主缆捆扎紧，使主缆截面接近为圆形。

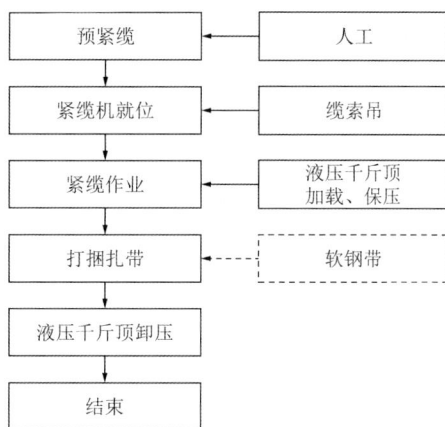

图4.1-17　主缆紧缆施工流程图

（3）正式紧缆

① 主缆回弹率试验

正式紧缆前的现场紧缆试验在主跨跨中进行，以此检验紧缆机的工作性能和测定主缆紧缆后的回弹率、紧缆孔隙率是否满足设计要求，并根据试验情况对紧缆机进行调整和制定相应的紧缆工艺后，转入正式紧缆工作。

② 紧缆作业

主缆正式紧缆作业可在白天进行。

紧固蹄的操作（液压千斤顶加载、保压）是紧缆作业中的一个关键工序。在初期加压阶段，以低压进行，使各紧固蹄轻轻地接触主缆表面，且相互重叠，然后升高压力，同步加载。紧缆顺序一般从低处往高处进行，紧固蹄行程达到设定位置时或压力达到规定值时保压。

打捆扎带的目的是保证当液压千斤顶卸载后，紧固后的主缆截面形状仍保持近似圆形，并保持要求的空隙率。当紧固蹄处主缆直径经测量符合要求后，用钢带绕在主缆上捆扎，并用带扣固定。

当打带完成后，液压千斤顶卸载，通过操作换向阀使紧固蹄回程，紧缆机则移向下一个紧固位置。

为了确定紧缆后主缆的截面形状，紧固蹄挤压结束后（处于保压位置时）和液压千斤顶卸载后，分别用专用量具测定主缆直径和周长，计算出主缆平均直径，确保缆径反弹后的空隙率符合要求。

4.1.5　索夹、吊索安装

1）索夹安装

（1）索夹类型

索夹位于每根吊索和主缆的连接节点上，它是主缆和吊索的连接件。索夹以套箍的形式紧固在主缆上，它在主缆上夹紧后产生一定的摩阻力来抵抗滑移，从而固定了吊索与主缆的节点位置。吊索与索夹的连接方式常采用骑挂式或销接式（销板式）两种，如图 4.1-18 所示。吊索与加劲梁的连接通常通过锚固于加劲梁吊点的吊索锚头，借助精心设计的垫板或销板来实现稳固的衔接，如图 4.1-19 所示。

（2）索夹制造

索夹是圆筒形空心铸钢件，每套 2 个半片，装在主缆上之后用高强度螺栓对接，形成一个完整索夹。索夹一般分为吊索索夹、无吊索索夹和靠近索鞍的封闭索夹三类。索夹数量、类型多，制造时需针对不同类型的几何形状、吊索槽或吊耳板的不同角度等制定专门的制造工艺方案。

（3）索夹安装

在紧缆后须测定主缆的空缆线形，对原设计的索夹位置及吊索无应力长度进行确认。塔顶的实际里程（以及散索鞍里程）、塔间距（以及散索鞍间距）为索夹施工放样初始数据。测量放样包括：①进行测量放样准备工作，根据索夹的设计里程和设计跨径、实测跨径及总索夹数，按平均分配跨径的误差推算出索夹至测站的放样距离。在温度稳定的夜间，先放出主缆天顶线，以便对中安装。②进行坐标换算，根据任意两吊索中心线与主缆中心线交点之间主缆无应力长度在任何状态下都相等的原理，将成桥线形下吊索中心与主缆中心线交点换算到空缆线形。③推算出主缆中心线与吊索中心线交点到索夹两端距离，以及交点在天顶线上的投影点。④放样测定索夹具体位置，进行对应编号，清除该处主缆表面的油污及灰尘，并按设计要求进行表面处理。

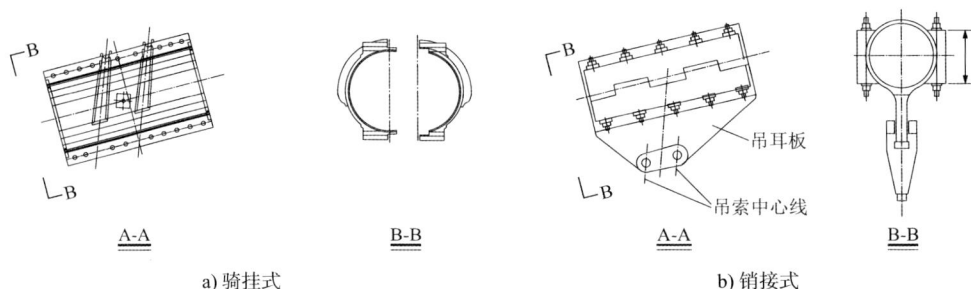

A-A　　　　B-B　　　　　A-A　　　　B-B

a) 骑挂式　　　　　　　　　b) 销接式

图 4.1-18　索夹一般构造示意图

a) 销板   b) 锚头垫板

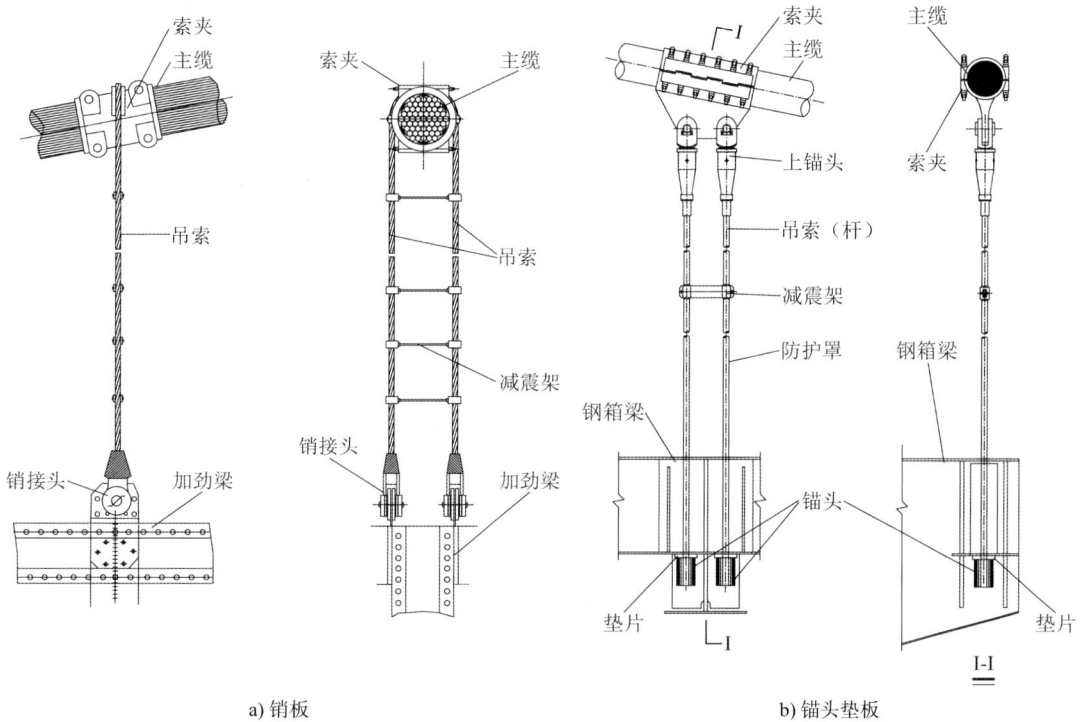

图 4.1-19 吊索与主缆索夹、加劲梁间连接关系示意图

2）吊索安装

吊索是将活载和加劲梁（包括桥面）的恒载通过索夹传递到主缆的构件，它的上端与索夹相连，下端与加劲梁相连。吊索一般采用封闭式钢绞线、平行钢丝束或钢丝绳来制作，少数小跨度桥或个别特短吊杆也有用刚性吊杆的；吊索布置可设置为垂直吊索和斜向吊索两种形式，如图 4.1-20 所示。

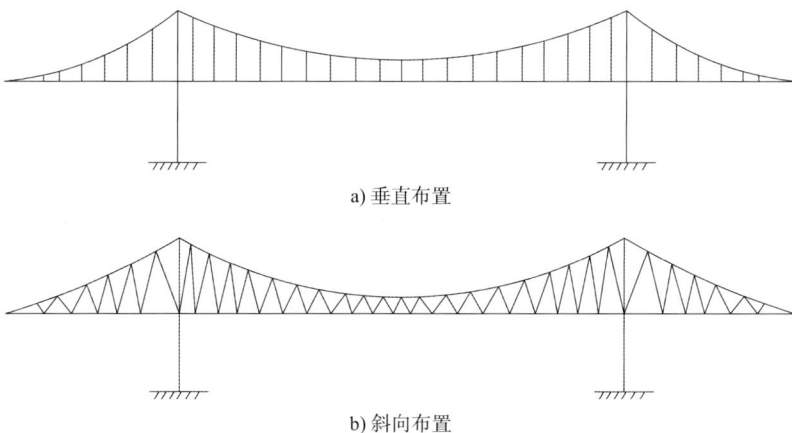

a) 垂直布置

b) 斜向布置

图 4.1-20 吊索的布置形式

4.2 平行索面悬索桥主缆施工实例

本节以郭家沱长江大桥的主缆架设施工为例，介绍平行索面悬索桥主缆施工技术。

107

4.2.1 主缆概况

郭家沱长江大桥主缆矢跨比为 1/9.0，主跨主缆计算跨径为 720m，边跨主缆计算跨径为 253.3m；主缆共 2 根，横桥向间距为 38.0m，主缆施工采用 PPWS 法。

每根主缆从北锚碇到南锚碇的通长索股为 133 股，每根索股由 127 根直径为 5.45mm 的镀锌高强度钢丝组成。主缆在架设时竖向排列成尖顶的近似正六边形，紧缆后主缆为圆形。其索夹内直径为 782.2mm，索夹外直径为 791.9mm。

索股两端设索股锚头，索股锚头采用热铸锚，在锚杯内浇注锌铜合金，使主缆钢丝与锚杯相连。主缆紧缆完成后，先进行捆扎并安装索夹，待桥面系施工完成后，进行缠丝等防护工作。

主缆在主索鞍鞍室及锚室入口等处采用喇叭形缆套密封防护，主缆上方设置主缆检修道。主缆线形示意如图 4.2-1 所示。

a) 空缆状态主缆线形

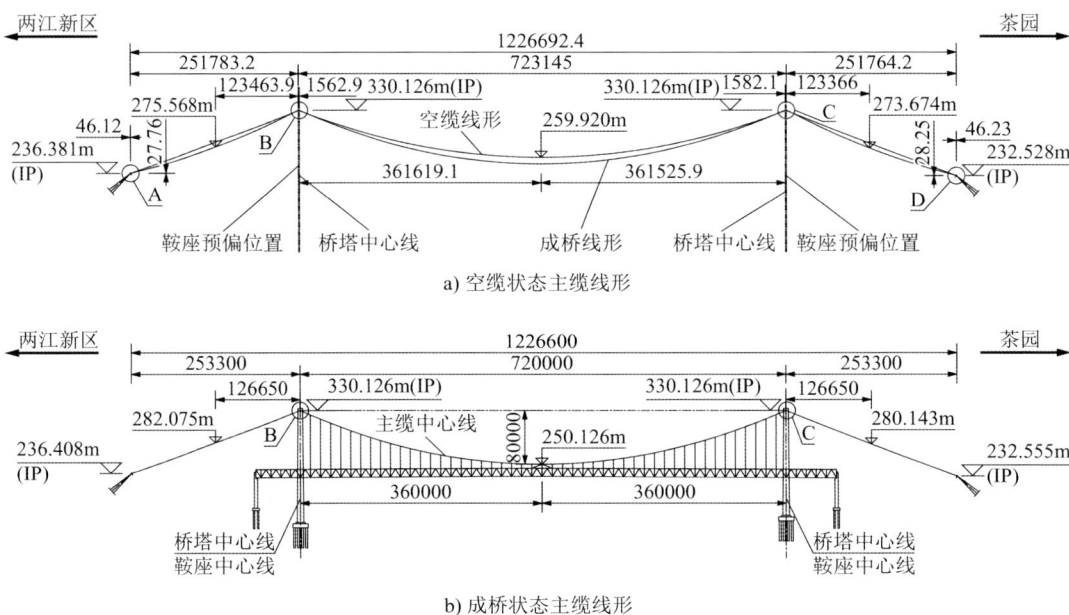

b) 成桥状态主缆线形

图 4.2-1 主缆线形示意图（尺寸单位：mm）

4.2.2 施工方法及主要步骤

主缆施工采用 PPWS 法，在工厂内将钢丝编成索股，卷在索盘上运至桥址，用牵引索将索股牵引至预定位置，并安装就位。在主缆架设过程中，需不断测量主缆线形，以保证全桥整体线形符合设计要求。缆索系统的架设主要步骤如下：

施工准备工作→安装塔顶施工门架及起重系统→安装鞍座下格栅及浇筑塔顶混凝土→吊装主、散索鞍→导索过江→安装猫道→安装牵引系统及导向滚轮→架设主缆索股→调整主缆线形→紧缆→安装索夹→转换猫道→安装吊索→安装加劲梁并分阶段调整主索鞍位置→桥面系施工→索夹螺杆第二次紧固→主缆缠丝及防护→施工主索鞍鞍室、锚室前墙及顶板→安装主缆缆套及检修道→进行缆索系统的统一防护涂装→安装景观照明及避雷设施等→索夹螺杆第三次紧固→拆除猫道。缆索系统施工流程如图 4.2-2～图 4.2-6 所示。

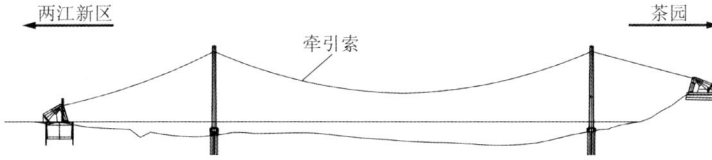

步骤一:
架设牵引索:利用导索将牵引索安装就位。

图 4.2-2 缆索系统施工流程图(一)

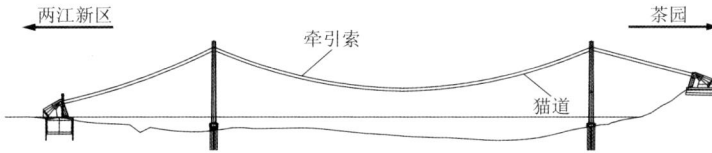

步骤二:
1.安装猫道:利用牵引索架设猫道承重索,然后铺设猫道人行道面层、
　侧面安全网及两猫道间的横向天桥。
2.在猫道上安装门架及制振装置。
3.安装导向滚轮:在猫道上安装导向滚轮及支架,以备拖拉索股。
4.索股运输:将制造厂制好的主缆索股运至桥位。

图 4.2-3 缆索系统施工流程图(二)

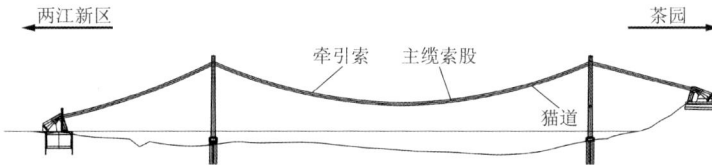

步骤三:架设主缆索股:利用牵引索自一侧锚碇向另一侧锚碇拖拉索股
　　　　并锚固,在夜间温度稳定时进行索股线形调整。

图 4.2-4 缆索系统施工流程图(三)

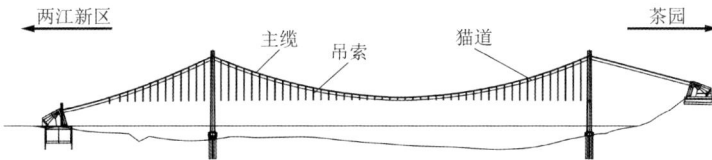

步骤四:
1.紧缆及安装索夹:索股架设完毕后,用紧缆机将主缆压紧成圆形
　并用钢带箍紧。
2.安装索夹。
3.猫道转载:放松猫道承重索两端,将猫道转载于主缆上。
4.安装吊索。

图 4.2-5 缆索系统施工流程图(四)

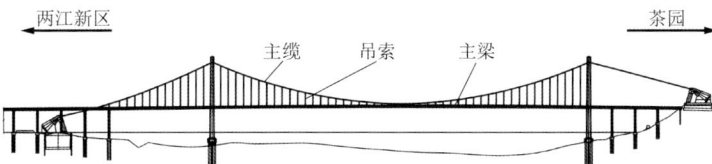

步骤五:1.主索鞍顶推:吊装加劲梁时,分阶段顶推塔顶主索鞍到预定位置。
　　　　2.主缆缠丝防护:加劲梁架设完毕、桥面铺装施工完成后,进行主缆
　　　　　缠丝及除湿防护工作。
　　　　3.安装主缆防护套及检修道。
　　　　4.拆除猫道。

图 4.2-6 缆索系统施工流程图(五)

4.2.3 牵引系统施工

1）猫道架设牵引系统施工

施工总体原则是逐步用大直径牵引索（过渡索）置换自重轻、破断拉力小的先导索，在空中完成牵引索的架设，进而形成单线往复式牵引系统。

先导索架设方案根据桥梁所处地形、水域、气候、通航等条件综合选择，本项目先导索采用轻质高强度迪尼玛绳，由无人机牵引过江（图4.2-7）。

图4.2-7 无人机牵引先导索过江

牵引系统放索场设在南岸，南北主塔各设置3台10t卷扬机，南北锚碇左右幅各设置2台10t牵引卷扬机，具体步骤如下：

第一步：施工准备

（1）主塔封顶后，对塔独立状态进行联测。

（2）安装塔顶门架、锚碇门架及导轮组，安装两岸卷扬机，从南岸到北岸卷扬机编号分别为1、2、3、…、8、9、10（左幅右幅卷扬机编号一致）。

（3）$\phi2.5$mm、$\phi6$mm、$\phi10$mm迪尼玛绳，$\phi16$mm、$\phi22$mm、$\phi36$mm钢丝绳就位，$\phi48$mm猫道承重索准备就绪。

（4）将$\phi2.5$mm迪尼玛绳在南岸准备就绪，$\phi6$mm、$\phi10$mm迪尼玛绳，$\phi22$mm钢丝绳在北岸进入6号卷扬机。1号$\phi16$mm钢丝绳在南岸进入5号卷扬机，$\phi22$钢丝绳进入7号卷扬机。

（5）$\phi36$mm钢丝绳、$\phi48$mm猫道承重索在南岸放索场地准备就绪（图4.2-8）。

图4.2-8 单线往复式牵引系统架设（一）

第二步：先导索过江

在左幅猫道利用无人机将$\phi2.5$mm迪尼玛绳牵引过江（图4.2-9）。

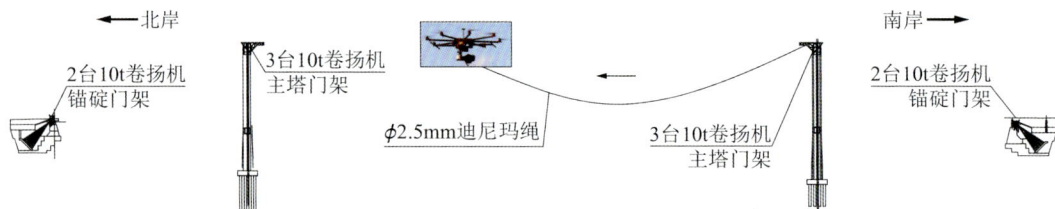

图4.2-9 单线往复式牵引系统架设（二）

第三步：ϕ6mm 导索架设

利用ϕ2.5mm 迪尼玛绳将ϕ6mm 迪尼玛绳牵引过江（图 4.2-10）。

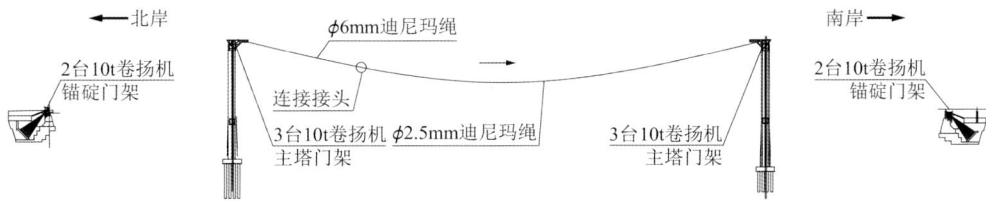

图 4.2-10　单线往复式牵引系统架设（三）

第四步：ϕ10mm 导索架设

利用ϕ6mm 迪尼玛绳将ϕ10mm 迪尼玛绳牵引过江（图 4.2-11）。

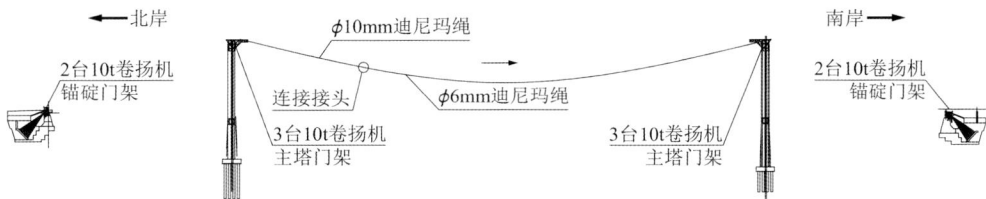

图 4.2-11　单线往复式牵引系统架设（四）

第五步：ϕ16mm 导索架设

利用ϕ10mm 迪尼玛绳将ϕ16mm 钢丝绳牵引过江（图 4.2-12）。

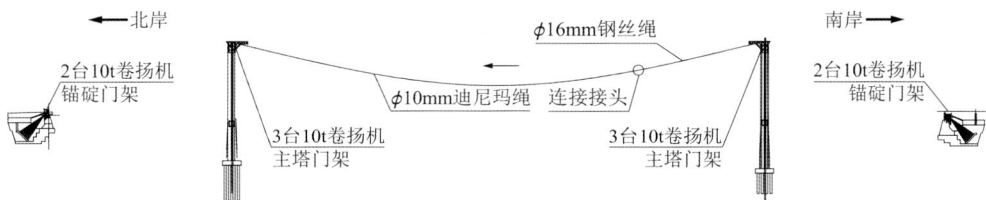

图 4.2-12　单线往复式牵引系统架设（五）

第六步：ϕ22mm 导索架设

（1）利用ϕ16mm 钢丝绳将ϕ22mm 钢丝绳牵引过江。

（2）利用ϕ22mm 钢丝绳牵引第二道ϕ22mm 钢丝绳过江。

（3）利用 10t 卷扬机将左幅第二道ϕ22mm 钢丝绳从左幅荡移到右幅。（图 4.2-13）。

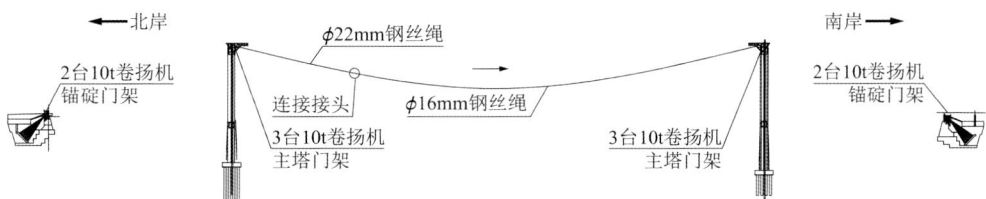

图 4.2-13　单线往复式牵引系统架设（六）

第七步：边跨导索架设

（1）边跨利用卷扬机张拉ϕ22mm 钢丝绳，将卷扬机形成对拉状态。

（2）至此，猫道牵引系统形成。（图 4.2-14）。

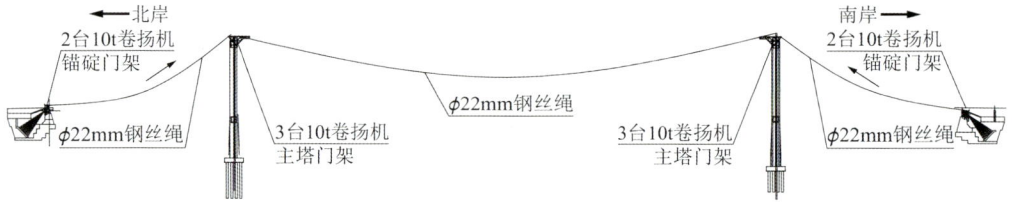

图 4.2-14 单线往复式牵引系统架设（七）

2）主缆牵引系统施工

（1）门架拽拉

门架拽拉式牵引系统主要由卷扬机、牵引索拽拉器、支撑转向导轮组、索股滚筒等组成。PPWS 法索股锚头与牵引索上的拽拉器相连，通过卷扬机收（放）牵引索，带动支撑在滚筒上的索股，将索股逐根牵拉至对岸，如图 4.2-15 所示。

图 4.2-15 门架拽拉式牵引

（2）双线往复式牵引系统

主缆牵引索采用 3 根 ϕ36mm，6×36WS＋IWR，1960MPa 的镀锌钢丝绳首尾连接而成，借助已完成的猫道，通过 ϕ22mm 猫道牵引索牵引安装。系统设置两台 25t，JKB25 双筒摩擦式调速卷扬机，卷扬机均设置在北锚后，两岸锚体上均设置牵引索导向轮，南锚后为放索场地，设置有牵引索回转转向轮。北锚两台卷扬机的两根 1 号、2 号牵引索，以及猫道门架导轮组中的 3 号牵引索用两个拽拉器连接，与北锚转向轮共同组成一个 U 形牵引索的双线往复式牵引系统。双线往复式牵引系统原理如图 4.2-16 所示。

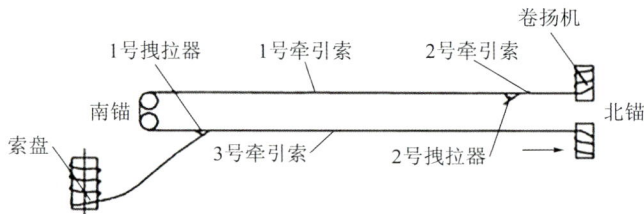

图 4.2-16 双线往复式牵引系统原理示意图

4.2.4 猫道架设施工

猫道架设施工具体步骤如下：

1）轨道承重索架设

猫道承重索架设前，利用形成的牵引系统将φ36mm 钢丝绳牵引过江，形成轨道承重索。

（1）轨道承重索的索盘放至南岸侧放索区，利用南岸边跨两台 10t 对拉卷扬机将绳头从锚碇牵引到南塔，再利用中跨两台 10t 对拉卷扬机将绳头牵引到北塔，再利用北岸边跨两台 10t 对拉卷扬机将绳头从北塔牵引至北锚。

（2）当轨道承重索牵引至南塔时，拆下轨道承重索锚头，再与中跨对拉钢丝绳连接。

（3）当轨道承重索牵引至北塔时，拆下轨道承重索锚头，再与北岸边跨对拉钢丝绳连接。

（4）将轨道承重索绳头牵引至北岸锚碇预埋件进行锚固。

（5）用相同的方法架设上游侧轨道承重索（图 4.2-17）。

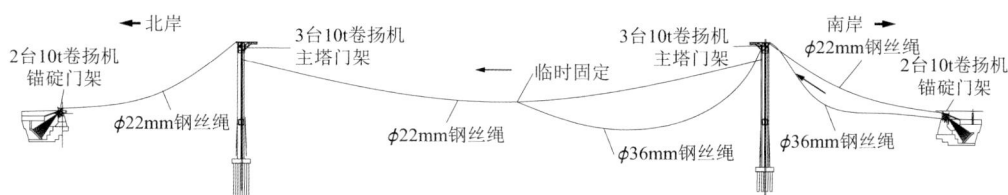

图 4.2-17　轨道承重索架设

2）猫道承重索架设

（1）猫道承重索放索盘布置于南岸锚碇，前绳头与南边跨 10t 对拉卷扬机连接，连接后由南岸锚碇向南主塔牵引。

（2）中跨 10t 对拉卷扬机牵引猫道承重索从南塔至北塔，牵引过程中，承重索经过南主塔时在每隔 50m 设一个滑钩，滑钩在轨道承重索和猫道承重索上可以滑动，与牵引索之间卡死，滑钩使得猫道承重索的重量由轨道承重索承担，且保证猫道承重索不掉落。当滑钩至北塔时拆下滑钩。

（3）将猫道承重索绳头与北边跨 10t 对拉卷扬机对拉钢丝绳连接，将其牵引至北锚碇位置。

（4）将猫道承重索在南主塔打梢（导索与猫道承重索用绳卡连接），吐出猫道承重索索盘内的绳头并与南岸侧锚碇处卷扬机牵引索相接，然后解梢，再利用塔式起重机将锚头放入锚固系统中锚固。解除南主塔打梢。

（5）牵引完成，各卷扬机回收钢丝绳。用同样的方法安装完成剩余猫道承重索（图 4.2-18）。

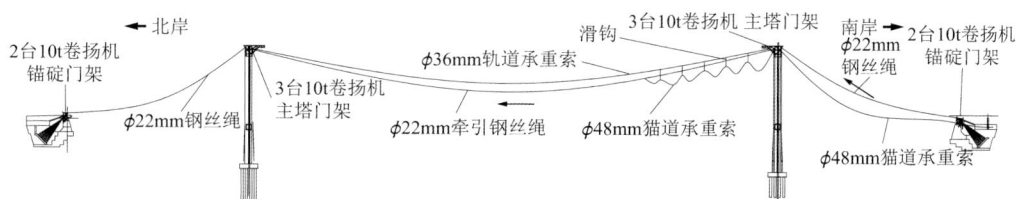

图 4.2-18　猫道承重索架设

3）变位钢架安装

（1）测量猫道承重索各跨中点高程，调整猫道在鞍座中的位置及锚固处调节装置（图 4.2-19），使猫道承重索达到空索安装线形。

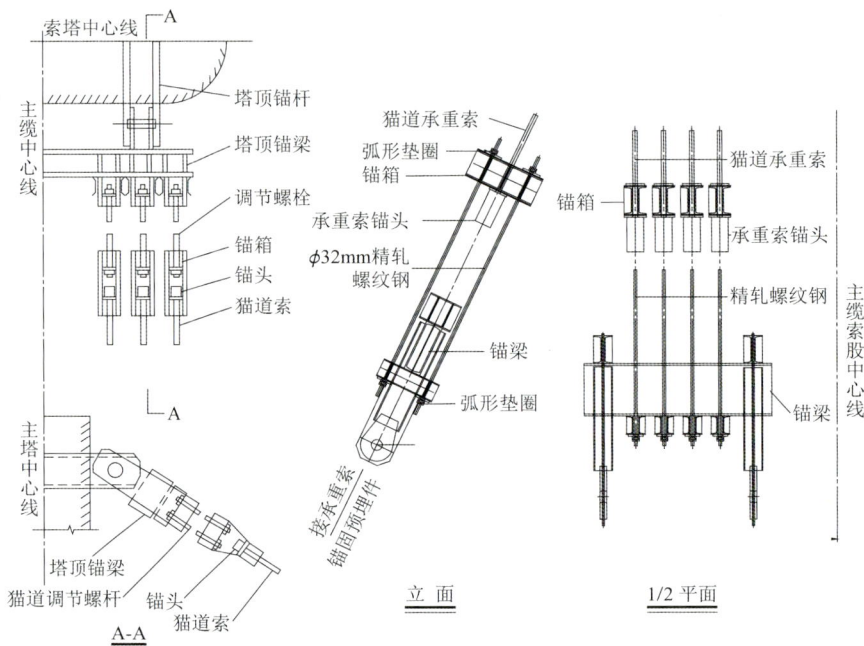

图 4.2-19 猫道线形调整装置示意图

（2）采用门架将变位钢架吊至塔顶，用手拉葫芦和卷扬机对称调整猫道承重索和扶手索至相应位置，安装变位钢架并予以固定（图 4.2-20）。

图 4.2-20 猫道变位钢架安装实例图

4）猫道面层及横向通道安装

（1）猫道面层在地面预制成单片，用塔式起重机吊至塔顶，沿猫道承重索向下滑移，当自重不能克服摩擦力时，用辅助索施加动力。面层全部铺装完毕后分段逐个紧固 U 形螺栓，固定面层。

（2）横向通道在地面拼装成型，与猫道承重索连接完成后，随猫道面层同步下滑就位。

（3）猫道面层及横向通道宜由塔顶向跨中、锚碇方向向下方滑移铺设，并且上、下游猫道要对称、平衡进行。铺设过程中利用塔顶卷扬机设置牵引及反拉系统，防止面层下滑失控而出现事故（图 4.2-21）。

5）门架支撑索和扶手索安装

（1）门架支撑索与轨道承重索规格一致，猫道承重索架设完成后，可直接架设门架支撑索。

（2）猫道面层安装后由拽拉器在猫道面层上牵引安装扶手索。安装后由卷扬机调整其线形后，将其锚固于两侧散索鞍支墩门架上。

图 4.2-21 猫道面层及横向通道施工实例图

6）侧网及猫道门架安装

（1）侧网待猫道铺通后，通过主塔塔式起重机调运侧网至铺设平台（变位钢架），再利用 10t 对拉卷扬机将其运送至对应位置，人工安装。安装顺序为：主塔→跨中，主塔→锚碇。

（2）猫道铺装工作完成后，安装猫道门架、门架导轮组、托架滚轮及猫道照明系统。由塔式起重机将门架吊至塔顶，将门架置于门架支承索上，利用塔顶卷扬机反拉，将门架下滑至设计位置安装。利用牵引索将门架导轮组及托架滚轮牵引到相关位置，安装固定。沿猫道一定距离在扶手立柱上安装猫道照明灯具和配电箱，完善整个猫道及牵引索系统。

7）门架双线往复式牵引系统形成

（1）在形成猫道后，进行牵引系统的转换，将φ36mm 轨道承重索提升至导轮组内变为φ36mm 循环系统牵引索，形成门架单线往复式牵引系统。

（2）在猫道铺装完成后，安装面层托架滚轮，托架滚轮采用人工安装，在牵引系统将托架滚轮吊放至正确位置后，人工使用铁丝将托架支架与猫道承重索固定。

4.2.5 主缆索股架设施工

索股架设分索股牵引、横移、整形、入鞍、入锚等工序。主缆索股架设施工流程如图 4.2-22 所示。

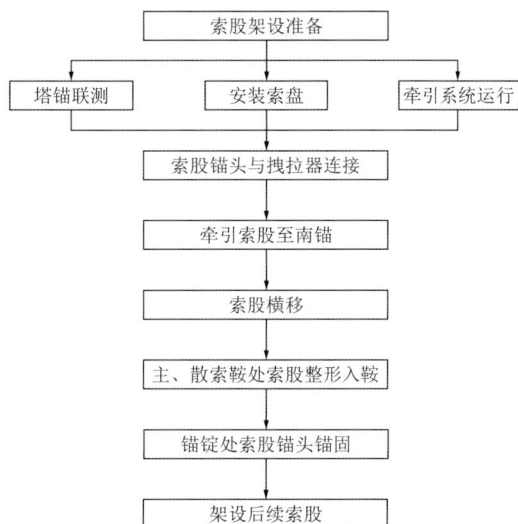

索股架设准备

塔锚联测 | 安装索盘 | 牵引系统运行

索股锚头与拽拉器连接

牵引索股至南锚

索股横移

主、散索鞍处索股整形入鞍

锚碇处索股锚头锚固

架设后续索股

图 4.2-22 主缆索股架设施工流程图

1）索股牵引

索股牵引是从北锚向南锚方向进行，自北锚后方的放索架至南锚散索鞍，依次跨过塔顶后到达南锚散索鞍，至南锚碇锚固系统。

（1）利用履带起重机将索盘安装在放索架上，放索架前设置水平滚筒（图 4.2-23）。

（2）索股前端锚头置于托板小车上，牵引至南锚转向支架前端，塔式起重机提升吊起锚头与牵引系统拽拉器连接。

（3）启动 25t 主牵引卷扬机，利用门架拽拉式牵引系统进行索股牵引作业（图 4.2-24）。在牵引过程中牵引系统的两台卷扬机应保持同步进行，收、放速度一致，牵引被动卷扬机始终要保持一定的反拉力。

图 4.2-23　放索场地布置图　　　　　图 4.2-24　主缆索股牵引作业

开始几根索股牵引时，对前锚头、猫道滚筒、鞍座、滚筒、塔顶及散索鞍门架导轮组、放索机构等进行重点观测及调试，系统调试完善后，适当提高牵引速度，索股牵引速度一般控制在 15～25m/min（边跨 15～20m/min，主跨 20～25m/min）。

在靠近塔顶索鞍两侧，加密滚轮的布置，并使滚轮的竖向曲线平滑过渡。过塔时，索股曲率变化大，适当降低索股的牵引速度。

当索股的前锚头逐渐靠近北锚的锚室时，已经从放索装置的索盘上释放的后锚头将被安装到专用的托板小车上，并继续进行牵引作业。为了确保牵引过程平稳无阻，需要在后锚端使用卷扬机进行反向拉扯。与此同时，在北锚的锚室内，一旦前锚头抵达预定位置，便利用卷扬机或塔式起重机的辅助，将索股前锚头与拽拉装置分离。随后，依靠北锚面上的卷扬机，缓缓地将前锚头放下。

待索股的两端锚头均安全置入锚室后，等待各索鞍处的索股完成横向移动、整形并顺利入鞍。接着，借助手拉葫芦的辅助，将索股两端的锚头通过拉杆与索股相应位置的锚固系统连接起来，从而实现临时的锚固作业。

2）索股横移、整形入鞍

当索股牵拉到位后，利用锚碇门架、塔顶门架卷扬机进行索股的上提、横移、整形入鞍工作。

（1）安装索股提升系统

在距离主索鞍前后 20m 处、鞍部前 20m 和鞍部后 10m 处，将握索器安装在主缆索股上，并分次拧紧握索器上的紧固螺栓，确保主缆索股与握索器不产生相对滑移。将塔顶门架、支墩门架的卷扬机经动、定滑车组绕线后与握索器相连组成提升系统。

（2）索股提升横移

采用塔顶及锚碇门架卷扬机，实现对索股的精确提升与横向移动。待所有握索器提升系统安装就绪，同步启动各卷扬机，将索股平稳地从滚托上提起。借助锚碇与塔顶的横移装置，精确地将索股横向移动至预定位置，完成整个提升与横移，如图4.2-25所示。

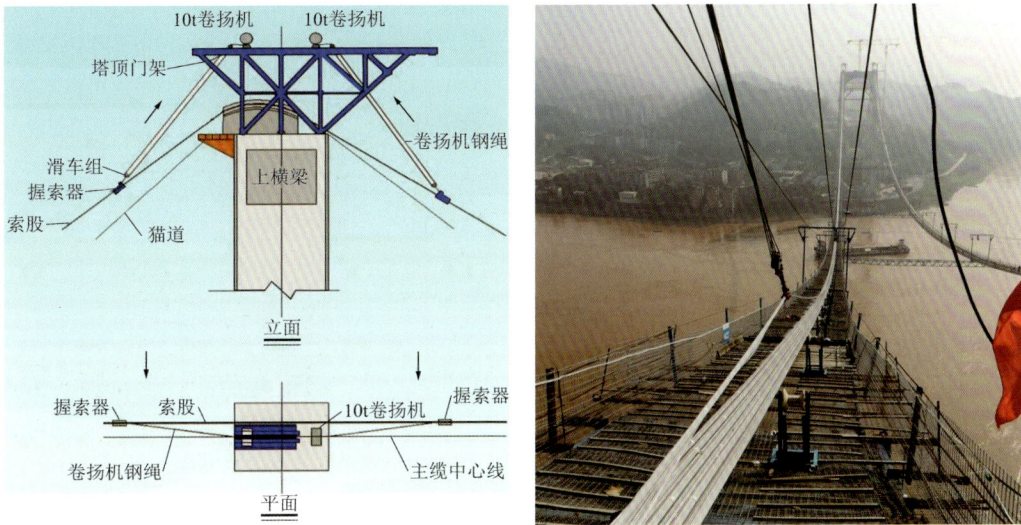

图 4.2-25 索股上提横移图

上提顺序为先中跨、再边跨，中跨在塔顶同时进行上提，边跨可在两侧独立上提。在索股牵引、上提及横移过程中，注意保护索股表面，主要措施有：

① 适当加大托滚直径，对索股镀锌层有较好的保护。

② 握索器及小夹具边角打磨成圆角，并增大握索器与主缆索股的接触面积。

③ 塔顶、鞍部门架处采用尼龙吊带吊挂索股，保护索股镀锌层。

④ 沿猫道全线布置托轮，作为索股的支撑。在主、散索鞍永久螺孔上安装滚轮，保证索股顺利通过。滚轮布置如图4.2-26所示。

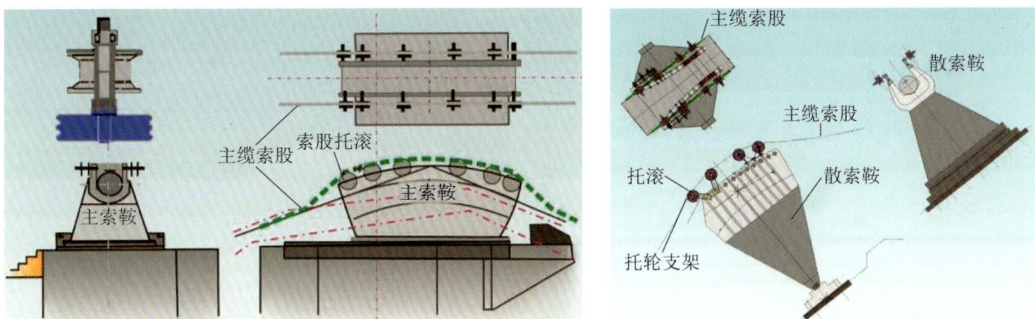

图 4.2-26 索鞍滚轮布置图

（3）索股整形

鉴于索鞍的鞍槽设计为矩形，而索股的断面为六边形，因此在索股进入鞍槽之前，必须将其断面整形为矩形。在索鞍前后大约 3m 的位置,分别固定六边形鱼雷夹具(图 4.2-27)。接着,解开两个夹具之间索股的绑扎带。从距离六边形夹具 1m 的位置开始,进行断面整形作业。工作人员使用木锤轻轻敲打索股,并辅以钢片梳对断面进行细致整理,使其从六边形过渡到四边形,直至形成规则断面。整形完成后,使用专用的四边形夹具将索股牢固夹紧,并用绑扎带进行固定。为确保每根索股在整形后都能形成矩形状,防止索股在进入鞍槽后出现掉丝现象,根据鞍槽的长度,在整形过程中添加 3 根填充丝,确保结构的稳定性和安全性。

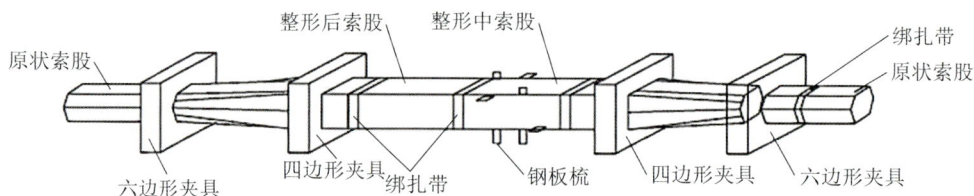

图 4.2-27 六边形鱼雷夹具

（4）索股入鞍

待主、散索鞍处索股全部整形完毕后,将索股置入主、散索鞍相应的鞍槽内。索股入鞍的顺序为:塔顶由边跨侧向主跨侧,散索鞍支墩顶由锚跨向边跨方向依次放入鞍槽内。为防止已经入鞍的索股挤压鞍槽隔板使隔板变形,应在其他鞍槽内填塞楔形木块(图 4.2-28)。索股入鞍时,适当提高主边跨跨中索股垂度,便于调索。

（5）索股入锚

待索股入鞍后,使用卷扬机和塔式起重机下放锚头至对应位置,锚室内利用 5t 卷扬机反拉索股锚头,将索股两端锚头与该索股相应位置的锚固系统通过拉杆相连,如图 4.2-29 所示。

图 4.2-28 填塞楔形木块

图 4.2-29 索股入锚

4.2.6 索股张力调整

每根索股垂度调整完毕后,及时用拉伸器或千斤顶张拉调整两锚跨索股的张力,如图 4.2-30 所示。索股张力调整以设计和监控提供的数据为依据,调整量应根据调整装置中测力计的读数和锚头移动量双控确定,精度要求为实际拉力与设计值之间的允许误差为设计锚固力的 3%。

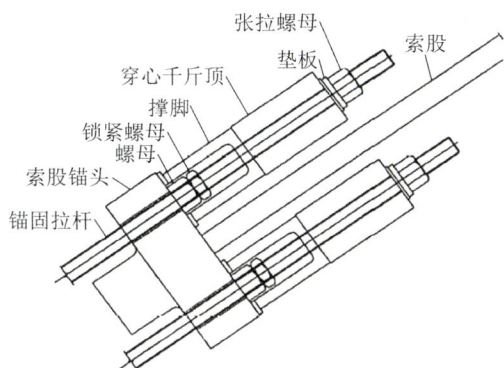

图 4.2-30　拉杆式锚固系统索股张力调整

在散索鞍解除临时支撑前，锚跨张力对温度变化比较敏感。为避免因温度变化过大使索股在鞍槽中产生滑动，除以满足保证索股稳定为条件确定初调索股最优锚固张拉力以外，施工应采取有效的防滑措施：

（1）在散索鞍出口处，调整好的索股用红油漆标记画线，观察索股是否发生滑移。

（2）锚跨张力在温度比较稳定，温度场分布比较均匀的夜间进行调整。

（3）调整好的索股用木楔、千斤顶进行顶压，防止索股在散索鞍鞍槽中滑动。

4.2.7　主缆索固定

在常规索股架设过程中，应遵循监控要求，定期对基准索股的绝对垂度进行复测，以监控基准索股在后续索股架设过程中是否发生垂度变化，确保基准索股的线形符合设计标准。

对于已经调整到位的索股，必须在各鞍槽内及时填充硬木块以施加压力，并在鞍槽上方使用千斤顶对索股进行反压固定，防止在后续索股的架设和调整过程中发生滑动。

在一般索股架设到一定数量时，为了便于主跨内各索股的排列并保持其形状，应每隔一定间距安装一组 V 形保持器。同时，在 V 形保持器之间布置主缆竖向薄钢片，以确保主缆各索股按设计断面形状有序排列。索股架设到一定数量后，在主、散索鞍位置，应及时安装鞍槽隔板，具体安装方式如图 4.2-31 所示。

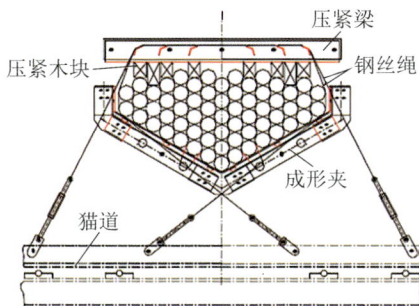

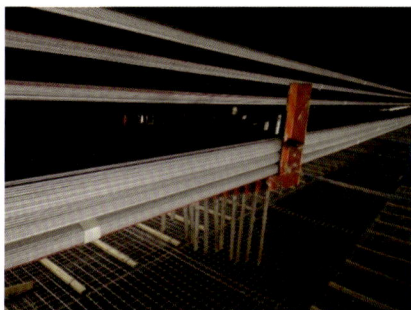

图 4.2-31　主缆成型及压紧梁

在主缆索股架设期间，若遇到大风天气，则应每隔一定距离使用麻绳将索股捆绑，并与猫道连接，以防止索股与猫道因摆动幅度不一致而发生碰撞，影响索股调整的精度或损害镀锌层。

主缆索股架设完成后，在主、散索鞍位置填充锌填块（图 4.2-32），安装盖板，并装上紧固拉杆。随后，及时进行索股现场安装质量的验收，确保施工质量符合要求。

图 4.2-32　索鞍填充锌填块

4.3　地锚式空间索面悬索桥主缆施工实例

空间索面悬索桥以其独特的三维缆索体系而著称，该体系由主缆、吊索和加劲梁共同构成。相较于同等规模的平面索面悬索桥，空间索面悬索桥在吊索内力仅有小幅增加的情况下，其缆梁连接更为紧密，振动模式更为协调一致。缆索对加劲梁的约束作用更为显著，使得整个结构展现出卓越的空间整体性能。此外，桥梁的横向刚度与扭转刚度均得到显著增强，这极大地提高了桥梁的空间刚度和抗风稳定性，确保了结构的稳固与安全。本节以张家界大峡谷玻璃桥为例，介绍地锚式空间索面悬索桥主缆施工技术。

4.3.1　主缆概况

张家界大峡谷玻璃桥为地锚式空间索面体系悬索桥，主跨横跨大峡谷。大桥南北两侧主缆为空间索面结构，北侧主缆跨度布置为 55m + 430m + 51m = 536m，南侧主缆跨度布置为 80m + 430m + 82m = 592m。西侧两桥塔柱横向中心距为 45m，东侧两桥塔柱横向中心距为 50m。

主缆采用预制平行钢丝索股，每股由 91 根直径为 5.1mm 镀锌高强钢丝组成，钢丝标准抗拉强度不小于 1670MPa，北侧主缆单根索股平均无应力长度 577.528m，最长索股重 8.43t，南侧主缆单根索股平均无应力长度 638.216m，最长索股重 9.32t。全桥共两根主缆，每根主缆由 19 股索股组成。

索股利用定型捆扎带绑扎而成，其断面呈正六边形，两端设热铸锚头。热铸锚头由锚杯、盖板及分丝板组成，锚杯内浇铸锌铜合金。索股的锚板是与锚杯合一的整体铸钢件结构，索股锚板通过锚固连接器与锚碇锚体连接。缆索系统总体布置图如图 4.3-1所示。

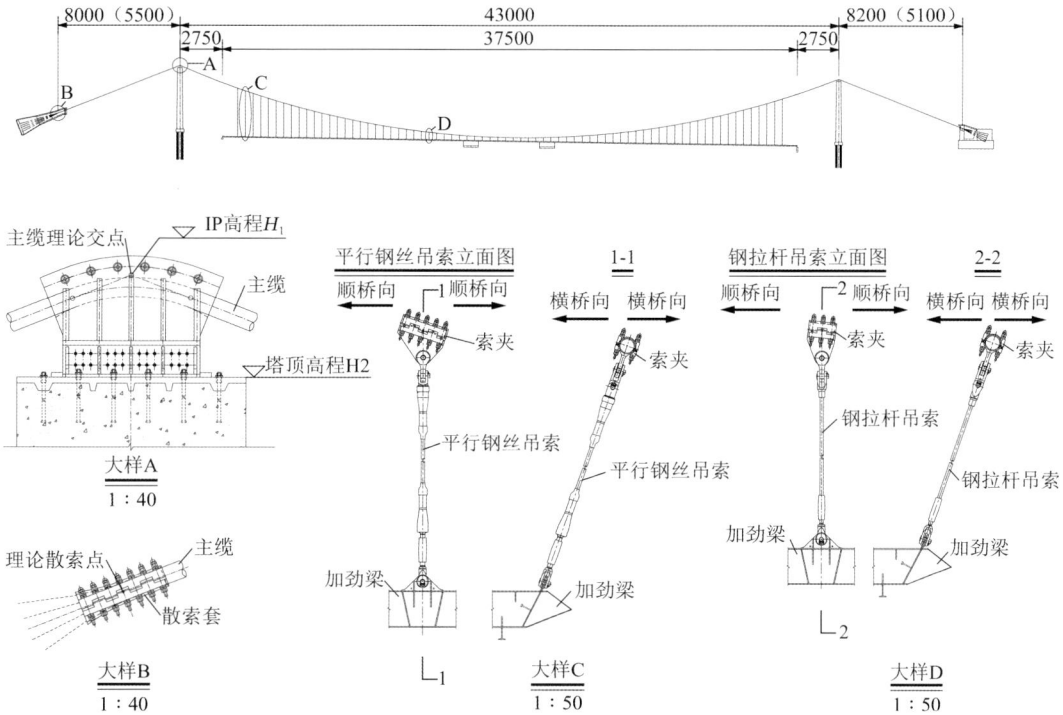

图 4.3-1　缆索系统总体布置示意图（尺寸单位：mm）

4.3.2　主索鞍施工

本桥为空间索面结构悬索桥，主缆线形在成桥之前不停变化，在索鞍处存在横向角度。主索鞍在限制主缆的同时也容易损伤主缆，加大了主缆的防护难度。主索鞍安装越精确，对主缆的损伤越小。

根据施工图，在场内制造模具铸造，使用汽车起重机吊至塔顶整体安装。由于在主缆偏移、加劲梁安装过程空间主缆受力情况不同，塔顶及索鞍会发生偏移，在索鞍安装前需计算出塔顶及索鞍的偏移量进而设置预偏量，根据预偏量进行索鞍安装定位。索鞍安装时在底部设置底板，后续通过塔顶反力架将索鞍顶推至预顶位置。

（1）主索鞍制造

空间索面悬索桥主缆与主塔纵轴线不在同一水平面内，所以主索鞍纵向中心线与桥塔纵向中心线间存在横向偏角。主缆在架设完成后与主索鞍内壁有夹角，直到成桥后角度才会完全消失，所以主索鞍远离桥梁纵轴线一侧的鞍槽侧壁（加厚的侧壁）须采用图 4.3-2、图 4.3-3 构造；此外，鞍槽内侧壁与鞍槽端面相交的其余三边也设置成如图的圆弧面平滑过渡，施工过程应加垫防护软体进行保护，以免施工期间索股与鞍槽侧壁相碰，割伤股丝。

（2）主索鞍顶推

张家界大峡谷玻璃桥缆索的主跨与边跨呈现出非对称的跨径分布，吊索的布局亦有所差异。这种设计使得边跨主缆与主跨主缆在承载力及入鞍角度上存在显著不同。在桥梁线形的调整过程中，主索鞍两侧（即主跨与边跨）的主缆水平分力会出现不平衡现象，主跨侧产生的水平分力往往大于边跨。这种不平衡的水平分力将导致主塔承受额外的弯矩。

　　主索鞍顶推增大了主跨主缆的入鞍角度，减小了边跨主缆的入鞍角度，即减小主索鞍主跨侧水平分力，增大边跨侧水平分力，从而达到平衡。

　　为了确保塔底的应力不超过设计容许值，依据设计监控的计算结果，在架设缆索之前，需要对鞍座进行预偏调整，使其相对于塔顶产生一定的预偏量。在后续的吊索张拉过程中，通过逐步顶推调整索鞍的预偏量，进而调整主缆的入鞍角度，以此改变主索鞍两侧的水平分力大小，从而释放索塔两侧主缆的不平衡力，确保结构的稳定与安全。

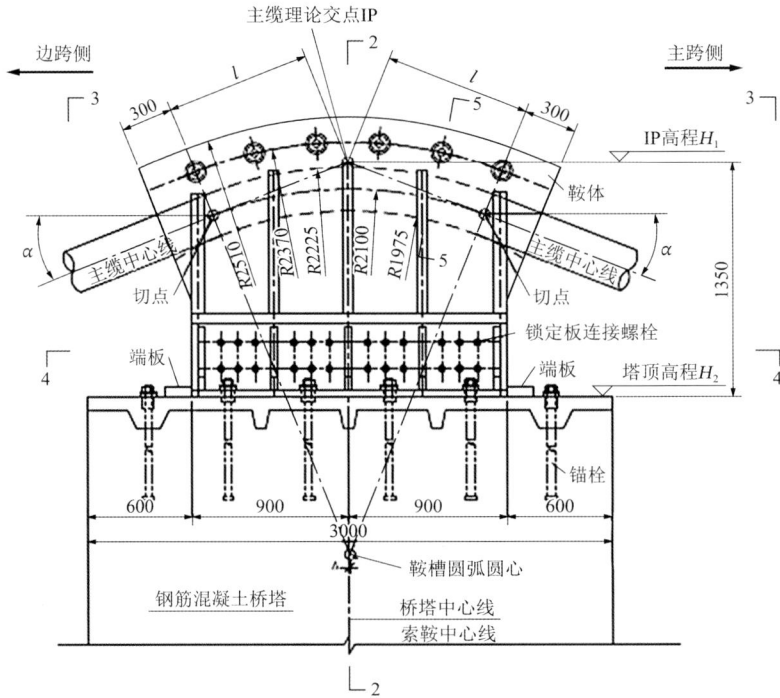

图 4.3-2　主索鞍立面图（尺寸单位：mm）

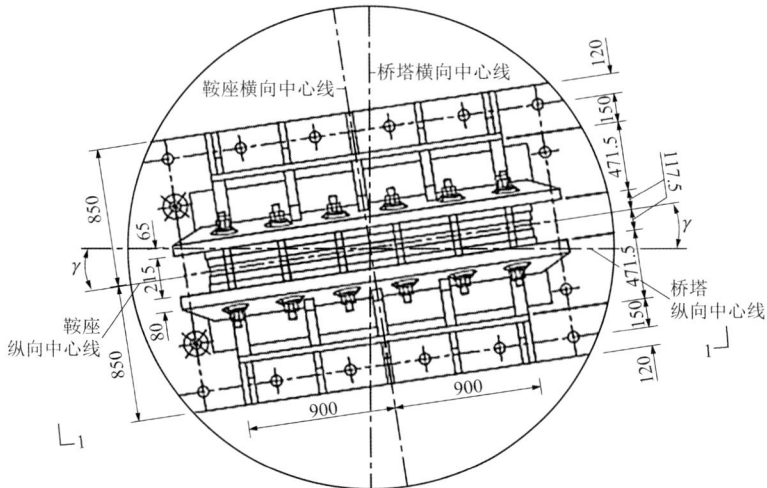

图 4.3-3　主索鞍平面图（尺寸单位：mm）

4.3.3　主缆平行架设对拉成型

张家界大峡谷玻璃桥在空缆状态下，南北两侧主缆的水平间距显著增大。这主要是由于主缆整体扭转与成桥状态存在差异，索夹的横向偏转角度难以准确测定。本项目面临几个特殊挑战：主索鞍的活动空间有限；吊索无法进行张拉，因而无法施加必要的张拉力；且由于桥梁位于峡谷之上，搭建临时支架存在困难。这些因素共同构成了本工程独特的施工难点。

施工过程采用一种空间索面悬索桥主缆线形调整的方法：利用多点对拉"以多段线代替悬链曲线"的思想，减少索夹角度误差以及加劲梁吊装过程吊索受长度限制无法安装等问题。采用多点横向对拉，自主设计对拉装置较好地完成了施工任务。

（1）主缆体系转换施工技术

主缆横向对拉之后主缆呈多段线状，若对拉装置数量较少，并不能达到设计空间圆滑曲线要求。在施工可行的情况下布置适当数量对拉设备，满足主缆空间圆滑曲线的要求，对拉道数及位置都应建立数据模型，根据张拉力、线形效果以及施工可操作性等因素综合确定。

通过模拟计算比较（图4.3-4），以跨中为对称点设置三道对拉装置能以最低成本完成对拉工作。

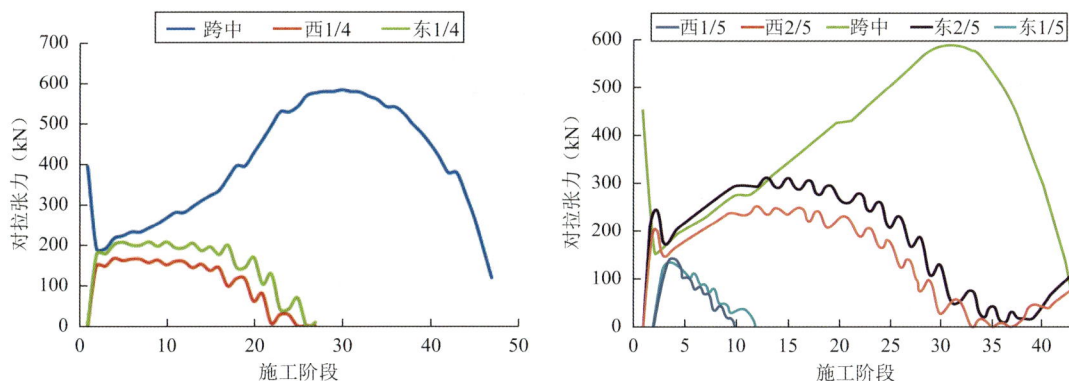

图 4.3-4　三道及五道对拉设备施工阶段对拉张力变化图

（2）主缆横向对拉工装设计

主缆施工属于高空、高危施工工序，要求其施工过程所使用设备尽量小巧便捷。对拉工装设计在满足施工强度要求（施工阶段单点张力最大值600kN）前提下尽量减小工装体积及重量。本工装用型钢或普通钢板焊接制作，单点布置钢绞线共10根，安全系数大于2.5，对拉工装实例图及草图如图4.3-5、图4.3-6所示。

图 4.3-5　对拉工装实例图

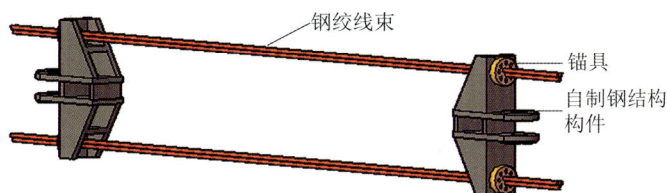

图 4.3-6　对拉工装草图

（3）对拉张力控制

在主缆横向对拉的过程中，要求多个点同时进行对拉作业，以避免因单点对拉造成的过大位移和局部受力集中，以及主缆产生过大的折角等问题。各对拉点需按照分级、同步的原则进行张拉。在施工过程中，通过千斤顶油表的读数和测力传感器的双重控制，精确监测钢绞线的受力状况，如图4.3-7、图4.3-8所示。

图4.3-7　对拉应力监测　　　　　　　　图4.3-8　应力检测仪

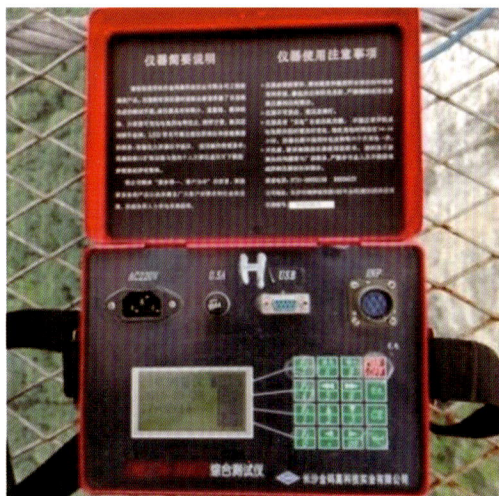

对拉完成后，对拉索进行监控直到加劲梁吊装完成；对拉后索力监控数据与对拉前模拟数据相差无几，均满足结构和施工安全要求，如图4.3-9所示。

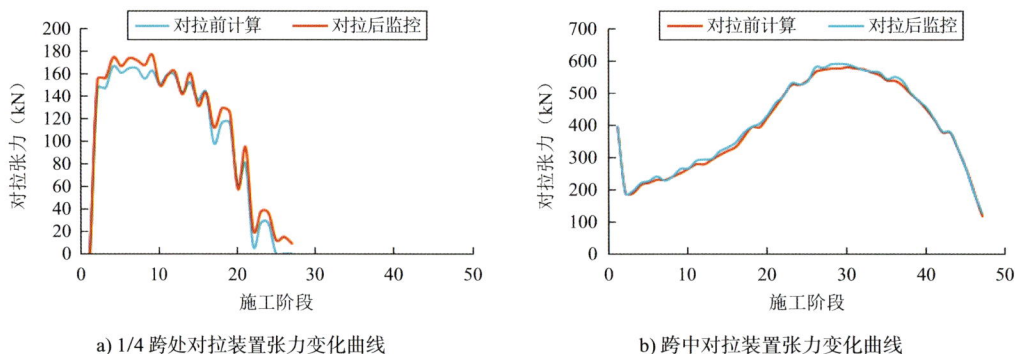

a) 1/4跨处对拉装置张力变化曲线　　　　　b) 跨中对拉装置张力变化曲线

图4.3-9　施工过程对拉索张力变化

4.3.4　索夹、吊索两阶段安装多级精调技术

本桥主缆为空间结构体系，索夹安装时主缆处于平行空缆状态，索夹以竖直的方向安装在主缆上，索夹截面如图4.3-10所示。主缆横向对拉成空间体系后，由于主缆的空间角度变化和弧度变化导致需要调整索夹的转角。本节将具体介绍空间索面悬索桥的索夹、吊索两阶段安装多级精调技术。

1）索夹、吊索安装施工流程

全桥共有144根（南北两侧各72根）吊索（杆），其中1～24、51～72为平行钢丝吊索，25～50 为钢拉杆索。全桥索夹共 191 件，其中西北边跨 6 件，东北边跨 6 件，北侧中跨 80 件，西南边跨 9 件，东南边跨 10 件，北侧中跨 80 件。施工流程为：主缆紧缆→索夹放样→索夹初步安装→主缆横向对拉→边跨索夹、带有吊索索夹精确调整→吊索、加劲梁安装→剩余索夹精确调整→吊杆及剩余加劲梁安装。

2）索夹位置放样

主缆紧缆作业完成后，应在与索夹保持一定距离的位置布置测量点。在夜间气温较为稳定的时段，连续两晚对测量点进行观测，以获取准确的距离数据。随后，依据这些测量数据对索夹进行定位。在适当调整每个索夹的里程位置之后，利用全站仪在主缆的对应位置进行标记。根据索夹的设计长度，分别在主缆两侧画出索夹的边缘线。

3）索夹初步安装

在确定位置后，考虑到索夹的重量相对较轻，在塔顶区域，利用起重机将索夹小心翼翼地吊放至靠近塔身的猫道面层上。接着，使用手拉葫芦将索夹提起，并将其悬挂在锚端的承重索上。当索夹到达预定安装位置时，首先放松手拉葫芦，然后将索夹分解为上下两部分。利用葫芦将上半部分索夹吊起，在人工辅助下，确保上半部分索夹准确就位。随后，再将下半部分索夹吊起，与已经就位的上半部分索夹进行拼接，并临时拧紧四个角上的四根螺栓，完成初步固定。

（1）根据监控指令完成主缆的横向对拉并复测检查到位。

（2）将索夹调整为竖直状态，使其纵向对称面为铅垂面。

（3）在主缆和索夹天顶线位置作上标记，如图 4.3-11 所示。

（4）根据附表的长度，量测主缆表面圆弧尺寸（注意偏转方向），并绘出记号，如图 4.3-12、图 4.3-14 所示。

（5）旋转索夹至图中标记位置，完成高强螺栓紧固，如图 4.3-13、图 4.3-15 所示。

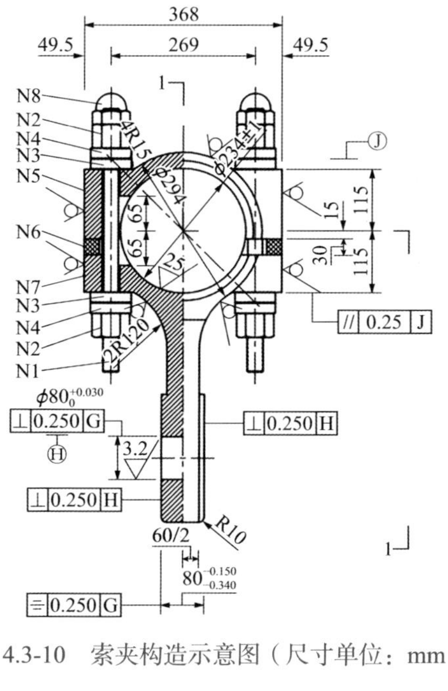

图 4.3-10 索夹构造示意图（尺寸单位：mm）

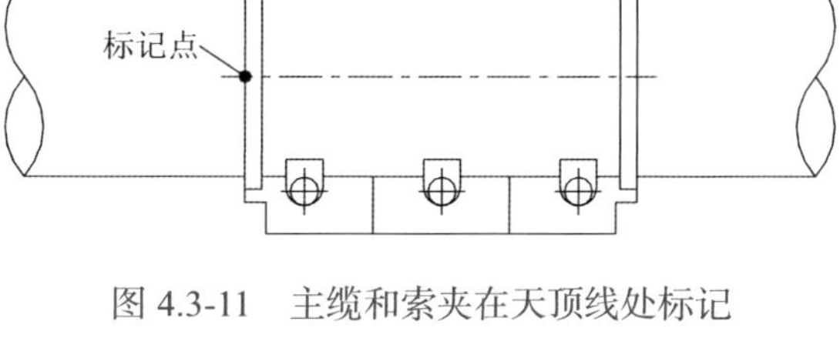

图 4.3-11 主缆和索夹在天顶线处标记

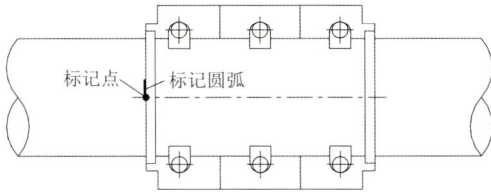

图 4.3-12　主缆表面测量圆弧并标记

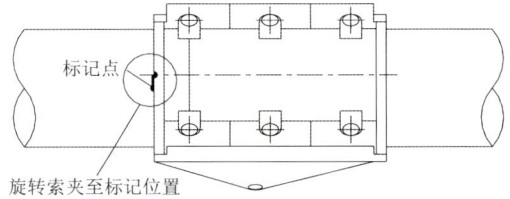

图 4.3-13　转动索夹到位并紧固

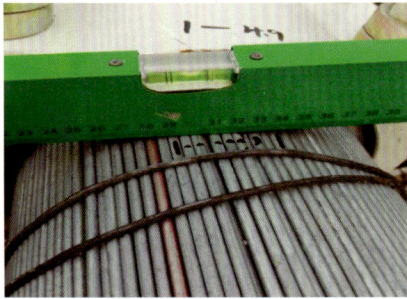

图 4.3-14　弧线标画

图 4.3-15　索夹初步安装

4）索夹最终安装

在主缆偏移至指定位置后，依据监控单位计算并下发的索夹横向偏转角指令，组织作业人员在索股温度尚未升高前，运用水平尺和卷尺沿着主缆的环形标记测量弧长（该弧长由横向偏转角度决定）。同时，在索夹的一端粘贴"反射片"，并使用全站仪测量两反射片之间的横向偏距差值，以复核角度值的准确性。通过这一系列操作，调整索夹与主缆竖直线的夹角，确保其符合设计要求，如图 4.3-16 所示。

用校验过的扭力扳手进行螺栓紧固，并在各螺栓之间循环两次，保证各螺栓张力均达到设计值，使用标定过的螺栓拉伸器对拧紧的螺栓进行抽检，若一个索夹螺栓中出现多根不达标的情况，则要重新校验扭力扳手，并重新紧固螺栓，如图 4.3-17 所示。

图 4.3-16　索夹调整

图 4.3-17　索夹螺母拧紧

5）吊索安装

本桥主缆为空间缆索结构，因此每个吊索、加劲梁耳板横向倾斜角度均不同。

（1）为避免吊索下端与耳板连接困难，可在安装耳板时仅焊接单端筋板，吊索下端可从耳板另一端旋入，旋入之后再在桥面焊接另一端筋板。

（2）吊索上端须穿过猫道面层，根据不同的偏转角度计算得到猫道面层距离主缆中心

1.2m 时，恰好所有吊索均在猫道内侧第 2 根与第 3 根承重绳中间穿过，如图 4.3-18 所示。在猫道反挂主缆时，控制猫道面层距主缆中心 1.2m。

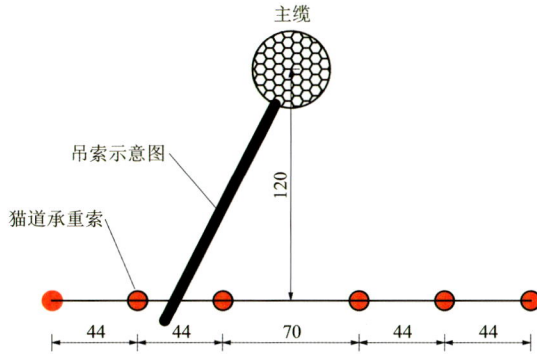

图 4.3-18　吊索横向偏转角示意图（尺寸单位：cm）

主缆对拉后，先固定不涉及吊索的索夹。调整平行钢丝吊索的索夹，然后与加劲梁同步安装吊索，确保不影响加劲梁吊装。吊索安装时，利用加劲梁作业面运送至安装点，通过猫道牵引设备进行牵引。先固定吊索上端，下端用安全绳捆绑在加劲梁上。

为确保连接准确，吊索耳板与吊索需保持平行。然而，由于吊索耳板与主缆之间存在空间夹角，吊索需垂直于主缆方向进行空间旋转。在必要时，可能需要旋转调节套筒以实现吊索顺利旋入吊索耳板。

在安装吊索耳板时，首先仅固定单侧筋板，然后从另一端旋入吊索。吊索旋入到位后，再安装另一侧的筋板，如图 4.3-19 所示。待加劲梁安装至吊杆位置时，再调整剩余索夹的横向偏转角度。吊杆的安装方法与平行钢丝吊索相同。

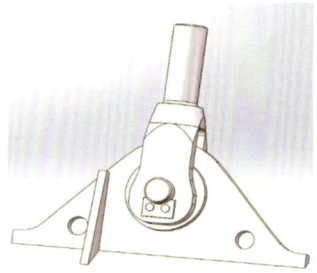

图 4.3-19　吊索下端安装示意图

4.4　自锚式空间索面悬索桥主缆施工实例

本节以松原天河大桥主缆架设施工为例，介绍自锚式空间索面悬索桥主缆施工技术。

4.4.1　主缆概况

松原天河大桥北汊主桥为 40m + 100m + 266m + 100m + 40m 的双塔三跨自锚式悬索桥，主缆中跨、边跨均采用三维空间索面，间距从塔顶鞍座中心处的 1.5m 逐渐过渡到中跨 M16 吊杆处的 26.4m，再过渡到边跨锚固位置处的 31m。主桥空缆布置如图 4.4-1 所示。

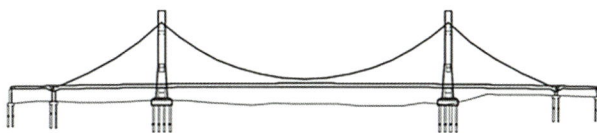

a) 立面图

图　4.4-1

b) 平面图

图 4.4-1　主桥空缆布置示意图（虚线为空缆线形）

每根主缆含有 37 股平行的钢丝束，每股平行钢丝束由 127 根 ϕ5mm 的镀锌高强钢丝组成，抗拉强度为 1670MPa，单根索股重约 11.8t。紧缆后主缆整体为圆形，在索夹处的直径为 378.5mm（空隙 18%），索夹内径为 383.2mm。主缆两端采用 5-127 热铸型套筒式锚头，将钢丝束锚固在锚头中，锚杯内浇注锌铜合金，锚杯外以螺纹来调整和固定主缆的长度。

4.4.2　主缆架设方案

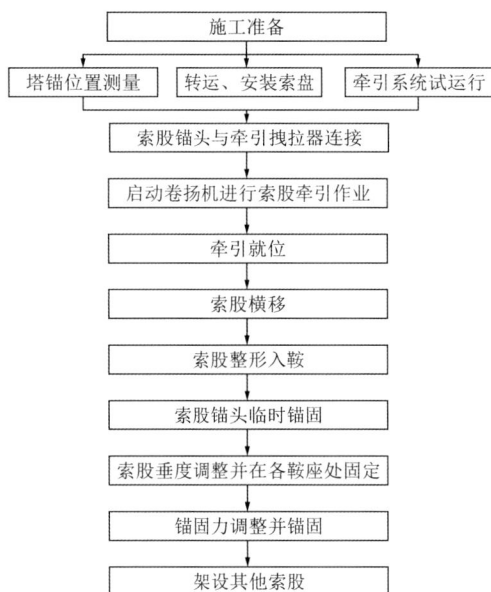

图 4.4-2　主缆架设施工流程图

主缆架设采用逐根架设 PPWS 法施工，包括牵引系统试运行、基准索股架设、其他索股架设以及紧缆施工等步骤。基准索股架设包括索股牵引、索股整形横移及入鞍、索股的垂度调整及锚固等步骤，其他索股架设与基准索股架设施工方法一致，紧缆施工包括预紧缆施工以及正式紧缆施工。主缆架设施工流程如图 4.4-2 所示。

4.4.3　猫道施工

（1）猫道结构

北汉主桥缆索为三维空间结构，在设计猫道时，采用了中跨和边跨分离的结构。猫道主要由横向抗风稳定下拉索、桥塔及边跨锚固区长度调整系统、承重钢丝绳、扶手稳定索、U 形横梁、安全密布面网等组成，如图 4.4-3 所示。每幅猫道底部以 4 根 ϕ24mm 的钢丝绳为承重索，单根钢丝绳的破断力为 373kN；使用 2 根 ϕ20mm 的钢丝绳作为扶手索，猫道 U 形横梁由 10 号槽钢和 6.3 号槽钢组成，布置间距为 6m；猫道人行面层铺设 2 层方眼钢丝网片。

在猫道中跨顺桥向设置 6 对抗风稳定下拉索，间隔 45m，边跨在猫道跨中位置布设 1 道抗风稳定下拉索，连接在猫道的横梁处（预紧力 20kN），保证在风力大于 6 级时猫道不产生倾覆。

（2）猫道预制吊装施工

自锚式空间索面悬索桥采用先梁后缆的施工工艺，为猫道架设提供良好的施工平台，采用整体预制吊装施工进行猫道的架设。猫道整体预制吊装施工步骤如下：

①在桥面上制作猫道承重绳的预张拉台，并进行承重绳的预张拉施工。

②用 200kN 预拉力对钢丝绳进行预拉，以消除非弹性变形对猫道线形的影响。

③预张拉施工完成后，安装横梁、铺设面网、安装扶手索、安装侧面网。

④猫道在桥上面预制完成后，利用塔顶门架进行直接整体吊装，并在塔顶预埋件上进行锚固。

⑤通过锚固在桥塔主索鞍垫石上和散索套位置处的调节装置调整猫道垂度，使猫道距离主缆中心高约1m，方便主缆系统后续的施工。

⑥猫道整体吊装完成后，边跨猫道线形基本与成桥线形一致，中跨猫道在体系转换过程中与主缆锚固在一起，共同完成空间线形的转换。

⑦安装抗风稳定下拉索，用来保证猫道的稳定性，猫道上铺设防滑踏步方木以及猫道滚筒。

猫道整体预制及吊装施工如图4.4-4所示。

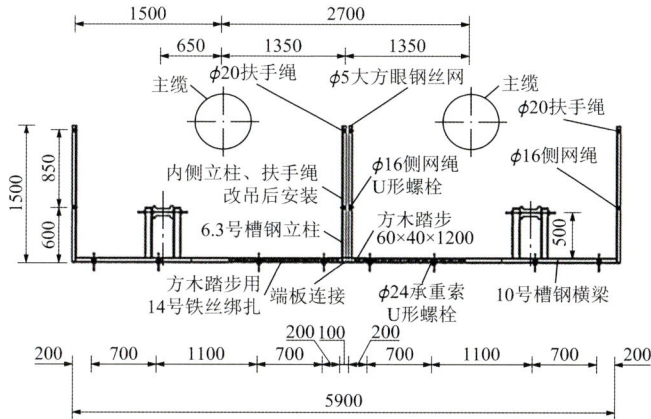

图4.4-3 猫道横断面布置示意图（尺寸单位：mm）

图4.4-4 猫道整体预制及吊装施工

（3）猫道的改吊施工

北汉主桥2根主缆为三维空间索，主索鞍出口处2根主缆中心距为2.0m。在主缆经过空间转换的过程中，主缆间距由锚固点31m过渡到主索鞍处的1.5m，最后过渡到跨中的26.4m。在体系转换前，利用钢丝绳将猫道挂设在主缆上，随主缆移动并保持在主缆的正下方，为主缆系统施工提供良好的工作面。

4.4.4 索股架设施工

1）牵引系统及机具的布置

在空间索面悬索桥主缆架设施工中，牵引系统是上部结构安装的重要组成部分。北汉主桥左右幅各设置1套牵引系统，同步进行主缆的索股牵引架设施工。缆索为架空索道，运用单线往复式牵引系统来架设主缆。主缆架设系统可分为：①轨道索锚碇系统。②2台主副牵引式卷扬机。③轨道索限位系统。④散索鞍部的转向导轮。⑤桥塔塔顶处手拉葫芦、滑轮、卸扣、导轮组。⑥2根轨道索和2根牵引索等。主牵引式卷扬机设置在大桩号锚固区，副牵引式卷扬机设置在小桩号锚固区，放索机构设置在小桩号锚碇现浇梁上，形成单线往复式牵引系统，如图4.4-5所示。

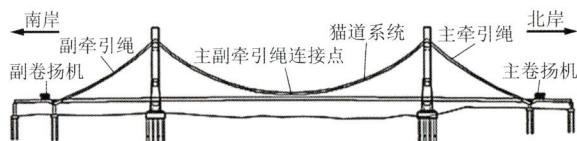

图4.4-5 北汉主桥牵引系统

在索股架设时采用被动放索器，解决了边跨主缆倾角大易产生"呼啦圈"的问题，在每根索股架设过程中和完成后，人工检查主缆，保证不产生打圈现象。

2）基准索股的架设施工

主缆索股正式架设前，要对主索鞍、散索鞍的IP点进行复核测量，并且对桥塔的偏移量、加劲梁的收缩量等变形进行观测并计算，将所得到的结果与非线性有限元计算的空缆线形等进行对比、修正，提供准确的、可供现场使用的控制点里程及其对应的高程。

（1）基准索股牵引架设

基准索股（1号索股）牵引施工前，对牵引系统的施工状态进行检查验收。首先对3号索股进行牵引，调整牵引系统的状态，3号索股顺利牵引到位，系统施工状态满足要求，将其放置在4号索鞍槽内，进行基准索股的牵引并进行垂直度调整，满足要求后，再将3号索股安装到位。

利用牵引系统进行主缆其余索股的架设施工，如图4.4-6所示，主缆索股架设过程中安排专人跟踪检查，每隔50m在索股上设置鱼雷夹，以防索股在牵引过程中发生扭转现象。通过主缆在索股端头的热铸锚头穿入和拖拉单根ϕ15.2mm的钢绞线，使主缆顺利进入锚固系统锚固，准确进行锚固。

图4.4-6 主缆索股架设

（2）主缆索股的鼓丝控制

主索鞍处存在平弯以及竖弯的现象，如图4.4-7所示，出口位置易发生鼓丝，对主缆索股的入鞍造成一定的困难。

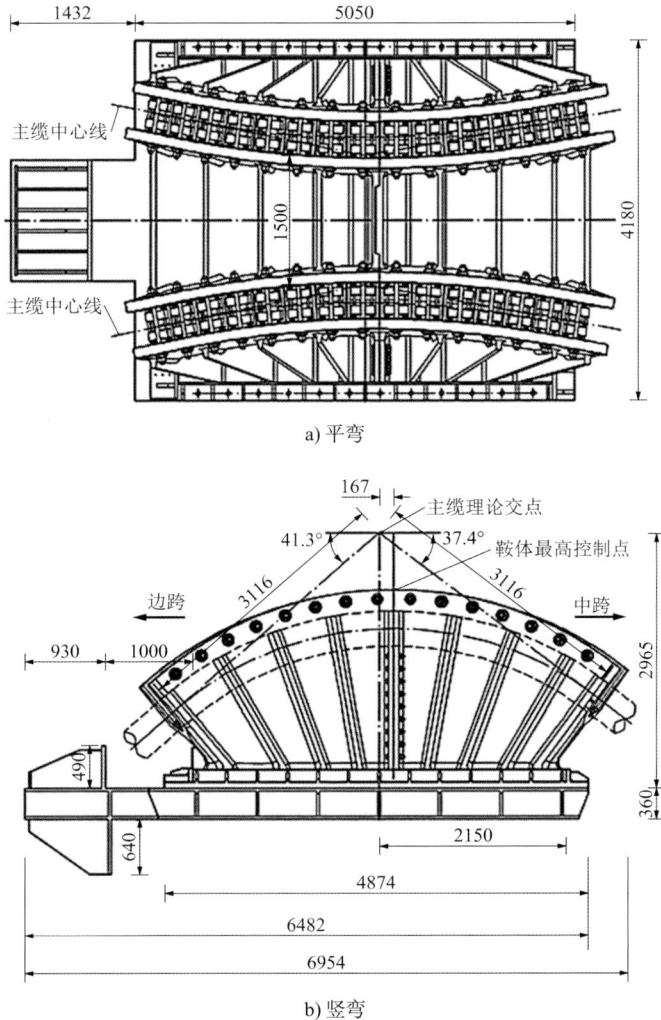

a) 平弯

b) 竖弯

图 4.4-7　主索鞍处的平弯及竖弯示意图（尺寸单位：mm）

一般的缆索整形入鞍方式不适合该桥，原因是从边跨往中跨整形入鞍会使索鞍竖弯产生的鼓丝从边跨往中跨赶，鼓丝集中到中跨会产生较大的不均匀应力。一般地锚式大跨度悬索桥，跨中的跨径加大，主缆索股能够有效地消除鼓丝的影响。但空间索面自锚式悬索桥由于中跨的跨径小，消化鼓丝能力弱，对主缆索股非常不利。因此，该桥索股入鞍时，在鞍座的左右出口 20m 位置采用卷扬机和握索器将索股提起，鞍座左右出口 1~2m 的位置用葫芦辅助提升，然后从最高点开始用正四边形整形器每 30cm 进行 1 次索股整形，并且从主索鞍的中点进行主缆入鞍施工。

（3）基准索股的垂度调整

基准索股设计为 20℃时的缆索线形，在施工过程中，基准索股的线形根据桥塔高程、散索点位置、现场测量时温度范围等影响因素重新考虑分析。基准索股在牵引施工完成后，依据计算控制点里程及其对应的高程，对主缆的 1 号基准索股进行测量调整，通过三角高程测量法，利用全站仪进行测量，控制调整基准索股绝对控制点的高程。在早晨 4 点太阳未升起时温度稳定（温度稳定的控制条件为：长度方向索股的温差$\Delta T \leqslant 2°C$，断面索股的温差$\Delta T \leqslant 1°C$）后测量，调整基准索股，符合设计要求后，连续测量3d，观测线形符合设计要求后，开始其余索股的施工架设。

垂度调整的顺序是先调整中跨段，再调整两边跨，如图4.4-8所示。调整中跨段索股垂度时，选一侧塔顶索股为固定端，将索股位置标志与鞍座中心标志重合并固定。在另一侧塔顶用5t手拉葫芦和握索器移动索股来进行中跨索股调整，直至索股的移动量符合垂度调整量。边跨索股调整可两边同时进行，在边跨索股锚固端安装调整装置（2t手拉葫芦、YDC240Q千斤顶与撑脚），调整跨内移动索股直至索股的移动量符合垂度调整量。移动索股时，为了消除索股间的摩擦，在各鞍座部位用塑料小锤敲打。在塔顶鞍座内和索股上标记调整完的索股，然后在各塔顶鞍座处安装临时固定索股。

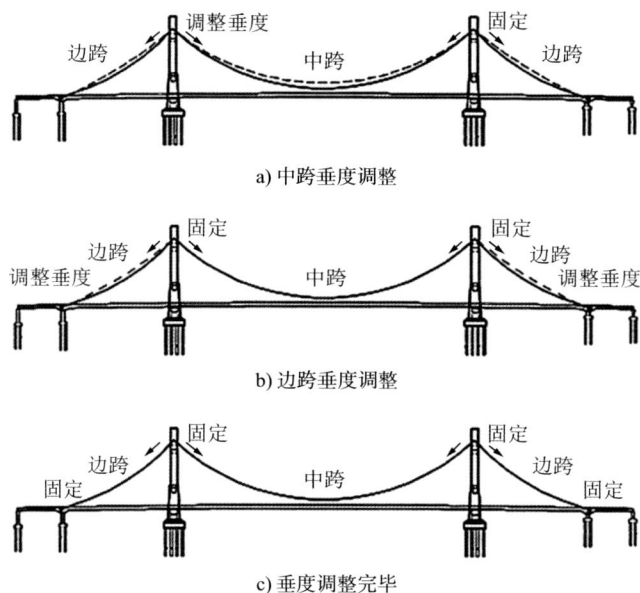

a) 中跨垂度调整

b) 边跨垂度调整

c) 垂度调整完毕

图4.4-8 主缆垂度调整示意图

由于锚跨（散索套与锚碇之间的索股）不能进行垂度调整，需进行索力控制，索力的调整以设计提供的数据为依据，其调整量可根据调整装置中千斤顶的油压表读数和锚头移动量双控确定。垂度调整的首要目的是准确确定索股的线形，因此垂度调整必须以线形控制为主，以拉力控制为辅。

3）一般索股的架设

基准索股调整完毕后，随即开展一般索股的牵拉施工。索股的调整采用相对垂度的方式进行。每根基准索股在架设过程中遵循相同的顺序和方法，确保一致性。在相对垂度调整过程中，需减小调整幅度，以避免已架设索股之间的交叉或挤压，确保测定的相对垂度准确无误。调整时，使用大型测量卡尺进行高差的精确测量，如图4.4-9所示，综合考虑温度、跨度等因素后，确定调整量。调整至缆索之间呈现适度间隔，相对误差控制在0～+5mm的范围内。

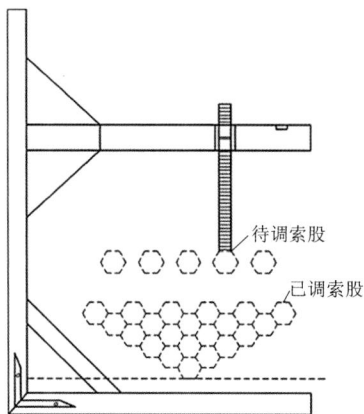

图4.4-9 一般索股高差测量示意图

由于索股数量的增加，主索鞍每隔 50m 设置 1 道 V 形保持器用来固定缆索位置和排列，保证主缆的基本线形和索股间的断面满足设计的要求。同时每隔 30m 用麻绳对缆索进行固定，防止因气候条件（如大风等）造成索股相对摆动，从而影响主缆线形的精度。主索鞍处的镀锡隔板根据每层的缆索架设情况及时安装。

在自锚式空间索面悬索桥的主缆架设施工过程中，主缆的入鞍作业是从桥塔的主索鞍最高点开始，向中跨和边跨两个方向进行。入鞍的同时进行整形作业，矫正由主索鞍的平弯和竖弯引起的主缆鼓丝问题。这一操作有效地控制了主缆鼓丝问题，并确保了鼓丝在主索鞍两侧均匀分布，从而在后续的主缆紧缆施工中，表面鼓丝现象得到了基本消除，显著提高了缆索系统的安全系数。

4）体系转换施工

主缆索股全部架设完成后，进行主缆的紧缆、索夹以及吊索安装施工，通过吊索张拉将 2 根主缆分开，达到设计的成桥主缆线形，如图 4.4-10 所示。

图 4.4-10　主缆架设完成与成桥主缆线形

4.5　三维扫描技术在悬索桥主缆线形检查中的应用

悬索桥的缆索承载着整座桥梁的全部荷载，因此，对悬索桥主缆线形的检查要求极为严格。目前，主缆线形的检查主要依赖于对几个特征点坐标的测量，这种方法得到的结果尚显不足，严谨性有待提高。此外，悬索桥的建设参与者通常以索夹中心点作为确定主缆线形的依据，然而，测量全桥数十甚至上百个索夹中心点所需时间较长。而且，悬索桥结构体系的几何状态对温度变化极为敏感，如果测量时间过长，将无法准确获取主缆线形。本节将介绍一种基于三维扫描技术的悬索桥主缆线形检查方法，并以白沙长江大桥为例，介绍该方法的实施过程。

4.5.1　基于三维扫描的主缆线形检查方法概述

传统测量方法仅对全桥的十四个观测点进行测量，这无法全面准确地反映主缆的线形状态，也不易于发现吊杆和主缆的异常情况。此外，传统方法需要两台仪器同时操作，且要求两名工作人员之间有良好的配合，操作过程较为复杂。在设置观测点时，也存在一定的安全风险。鉴于此，可以将三维扫描技术应用于主缆的线形检查。为了对主缆线形进行检查，需获取主缆的实际测量线形及其理论计算线形。

为获取主缆的实际线形，需对通过三维扫描技术收集的主缆点云数据进行一系列处理，包括配准和降噪等步骤。采用圆管分割算法从点云数据中提取主缆点云，随后利用圆管轴线算法确定主缆的实际测量中心轴线。为了作为检查的基准，需要确定主缆的设计成桥线形。理论线形可通过有限元软件提取模型中主缆节点的坐标，通过分析悬索桥的施工节段，得到最终阶段的主缆节点位移。将主缆节点的位移与初始坐标叠加，并在有限元软件中据此调整主缆节点的坐标。接着，将有限元模型导出并与实测点云进行配准，进而离散为点云数据。通过前述算法提取理论中心轴线，最后，通过比较理论中心轴线和实测中心轴线中各点的z坐标差异，计算出主缆的线形偏差结果，流程如图 4.5-1 所示。

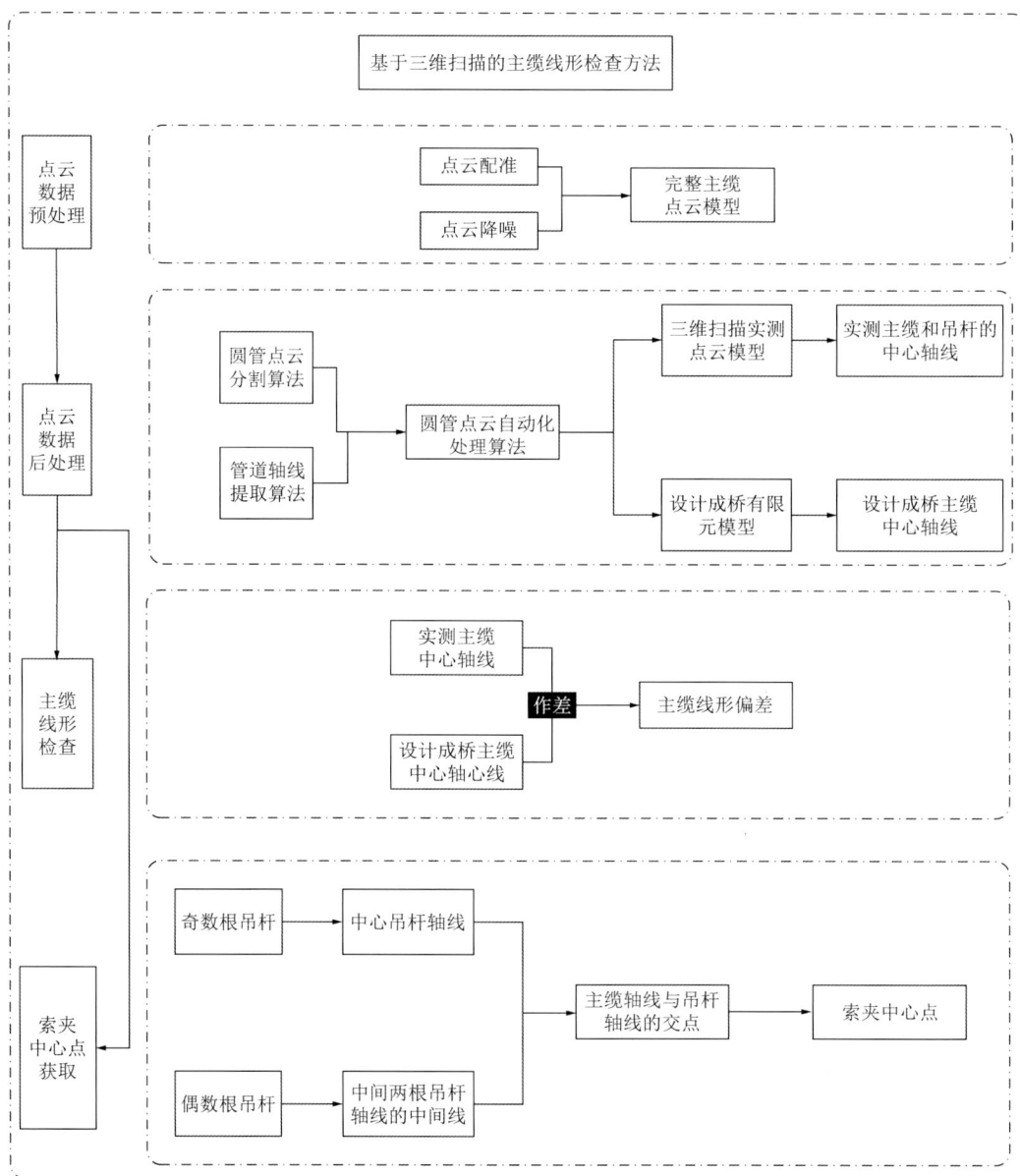

图 4.5-1　主缆线形检查流程图

有限元软件中提取模型主缆节点坐标以及主缆累加位移结果。将两者进行累加就能得到理论成桥线形，并将累加结果更新到有限元模型的主缆节点坐标，得到成桥状态的悬索桥理论模型。

4.5.2 主缆点云数据获取

白沙长江大桥主缆采用 61 根含 127 丝直径 5.35mm 锌铝合金高强度钢丝的预制平行钢丝索股。主缆横桥向中心距为 32.5m，主缆跨径布置为 19.1m + 170m + 590m + 230m + 15.32m。钢丝竖向排列成尖顶的近似正六边形。紧缆后，主缆为圆形，索夹内径为 520.0mm，索夹外径为 526.5mm，如图 4.5-2 所示。

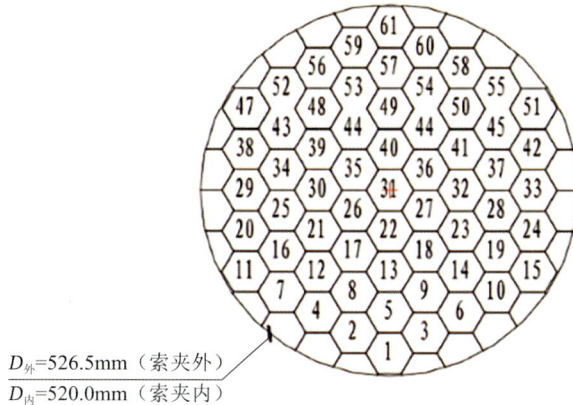

图 4.5-2 主缆截面及钢丝束编号排列示意图

吊索标准间距为 14m，每个吊点沿桥轴向均布置两根吊索，间距为 0.48m。吊索采用直径为 $\phi5.0mm$ 的锌铝合金高强度钢丝组成的预制平行钢丝束股。其中，靠近交接墩位置的吊索每根吊索含 151 根钢丝；其余位置处吊索每根吊索含 121 根钢丝。索夹为上下两半夹紧相连，吊索上下端销接，垂直设置的吊索，索夹和钢箱梁的耳板上对应设置两个销孔，并预留一个换索备用孔。吊索构造如图 4.5-3 所示。

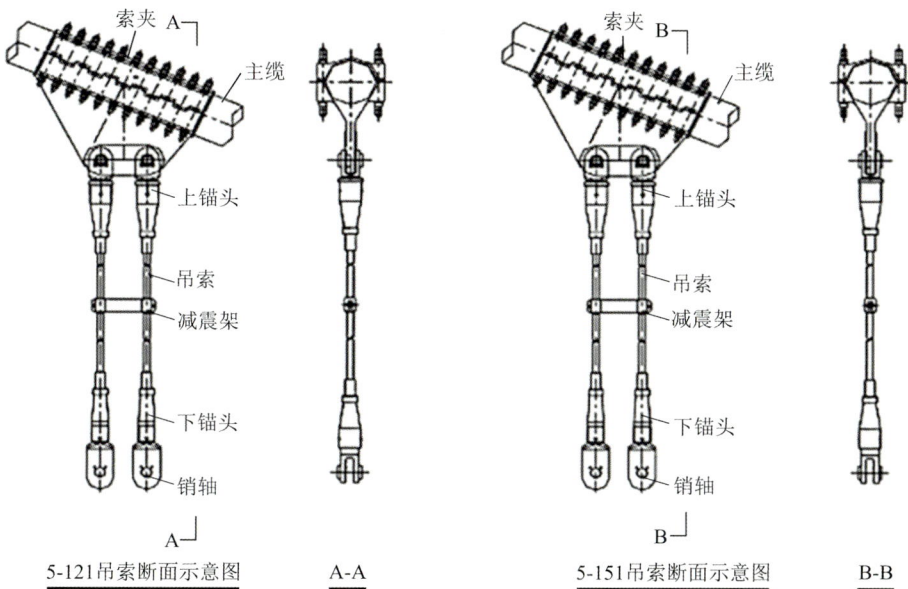

图 4.5-3 吊索构造示意图

为获取主缆的成桥线形，扫描工作于加劲梁架设并焊接完毕后进行，扫描站可设置在加劲梁横向中心。由于本桥跨径较大，而距离太远会降低点云数据的质量，因此不能一次性获取整个主缆的完整点云数据，想要得到完整的主缆点云数据，综合考虑扫描时间和点云质量，初步将扫描工作分为8站进行。具体方案流程如下：

（1）试验准备

在稳固地面上搭建好三脚架后整平仪器并使用扫描仪的倾角传感器对仪器进行校准，多次校准完成后将扫描运输到扫描站处架设并进行整平操作。

（2）扫描站设置

结合悬索桥主梁跨径对扫描站的设置进行规划设计，在保证点云质量的同时，还需要尽量减少扫描站的设置和时间消耗。经综合考虑，从北岸边跨开始进行第一站扫描，并以100m为间隔逐步向南岸转站，扫描站布置如图4.5-4所示。另外，扫描工作应选择加劲梁上没有大型施工机具时进行，以免施工机具的移动引起加劲梁及主缆的晃动而影响扫描结果。由于仪器在经历长时间扫描后，其内部倾角传感器会发生变化，因此在整个扫描过程中需要将扫描仪带回稳定地面进行校核。

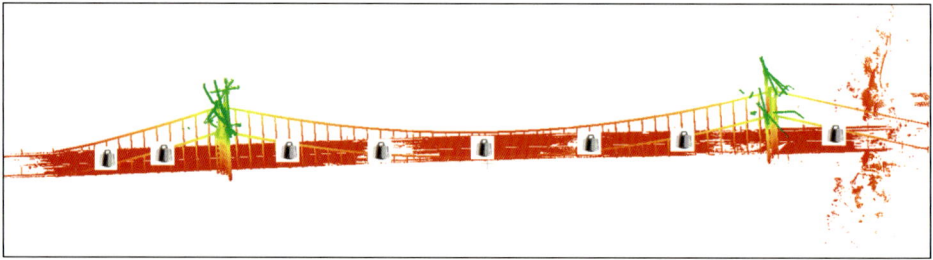

图 4.5-4　扫描站布置图

（3）扫描分辨率及扫描距离设置

在扫描距离相同时，扫描分辨率的大小决定了点云的密度，扫描分辨率越高，点云密度就越大，点间距越小。在此仪器中扫描分辨率分为8个挡位，最大为0.8mm@10m、最小为50mm@10m。在扫描方案设计时，合理选取扫描分辨率至关重要。这一选择，既可以保证点云数据的可靠性，又能最大限度缩短单站扫描的时间。同时，扫描前应对扫描站与结构物距扫描站最远处的距离进行计算，以保证选取合理的扫描距离挡位。其中，此仪器中扫描距离分为120m、270m、570m和1km四个挡位。为了保证点云质量，凭借多次扫描的经验，一般选择扫描站与结构物之间最远距离的2倍左右的挡位作为扫描距离。这样既能保证点云质量，又能相对减少扫描时间，提升扫描效率。另外，还可以通过设置视场角避免扫描无用信息以提升扫描效率。经综合考虑，扫描参数可设置为3.1mm@10m的扫描分辨率、270m的扫描距离。

为了后期点云的拼接，需要找到具有平面特征的物体获取其点云，本次采集到的数据可采用基于结构特征的方式进行拼接，可选取索塔各平面作为多站之间拼接的基准。因此，在每一站扫描工作中都需要获取索塔上塔柱的点云数据，而悬索桥跨中距离索塔太远，则需要将扫描距离更换到570m的挡位。需要注意的是，经之前的多次扫描发现选择远距离的挡位时，一些近距离的集中点云会被反射掉，因此，要在相同位置补一站扫描距离为270m的扫描站。

（4）现场扫描

索鞍顶推完成后，对全桥进行扫描获取主缆的完整空间点云数据，共沿顺桥向设置 8 个扫描站以完成扫描工作，如图 4.5-5 所示。另外，由于三维扫描仪的工作机制，在进行全局扫描时，为保证数据的完整性，其水平旋转角度会大于 360°。为避免点云数据在 0° 和 360° 重叠甚至分层而影响点云的后处理过程，对扫描仪的视场角进行设置，仅针对需要被关心的区域进行扫描，避免了获取无效点云，同时也节省了扫描时间，提升了扫描效率。

图 4.5-5 主缆扫描测量图

4.5.3 主缆点云数据预处理

从扫描方案中可知，本次通过分站扫描获取点云数据，一共设置 8 个扫描站。各站采集的点云坐标系不同，这就要求在对点云进行后处理之前需要对数据进行多站点云数据的配准，点云配准采用索塔表面作为特征面对各站点云数据进行配准。按照扫描顺序依次进行配准，每次配准以前一站扫描数据为基准，将后一站扫描数据通过平移旋转转换到基准坐标系中，重复多次操作，完成各站点云数据的完整配准，其配准效果如图 4.5-6、图 4.5-7 所示。

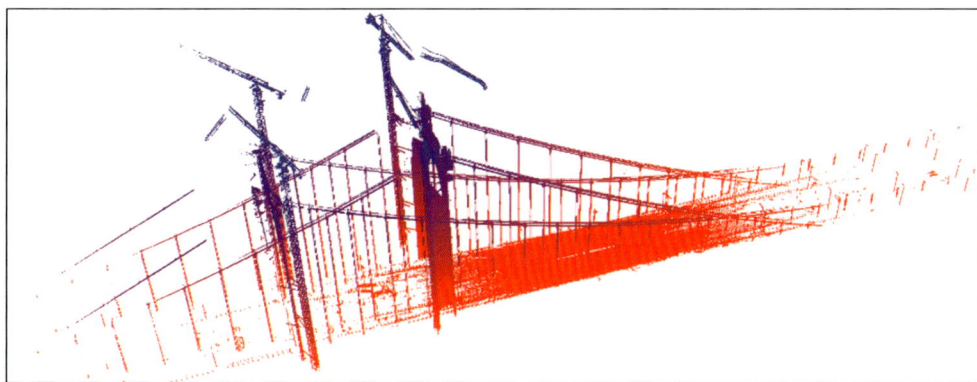

图 4.5-6 配准前其中两站点云

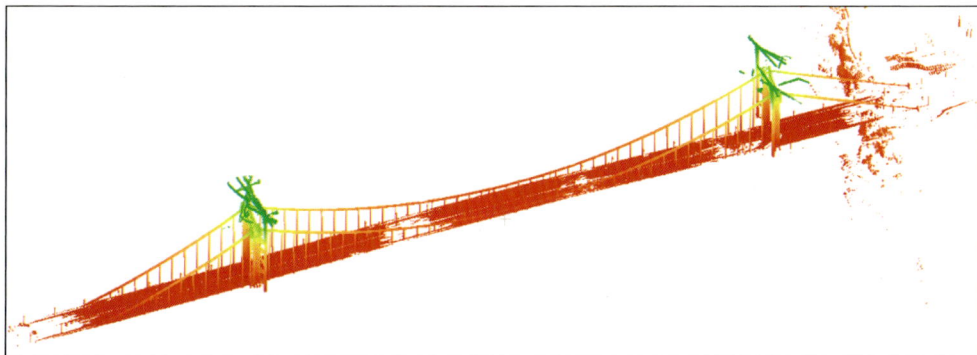

图 4.5-7 配准后全桥点云

在采集主缆点云的过程中，会不可避免地采集到桥面、索塔、吊杆以及其他与主缆线形无关的点云数据，这些无关的点云数据可称之为噪声点，为了精简点云模型，减少噪声对后期数据分析的影响，需要对点云进行降噪处理。预处理后点云效果如图 4.5-8 所示。

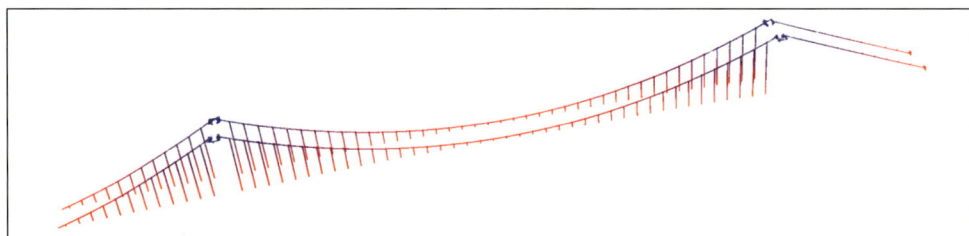

图 4.5-8　预处理后的点云

4.5.4　主缆实测线形获取

悬索桥主缆一般呈圆柱形，由于三维扫描仪需要架设到地面或者结构物上面，借助三维扫描技术只能获取主缆底部以及侧面的点云数据，并不能获取完整的主缆点云数据。另外，主缆的轴线并不是一条直线，而是一条悬链线，想要获取主缆轴线需引入微元的思想，将主缆细分为足够多的微元段，"以直代曲"进行拟合，得到各微元段的圆心坐标，并将其连接在一起得到主缆中心轴线。

设缆索的线形函数为 $F(x)$，与 $P(x_1，y_1)$，$Q(x_2，y_2)$ 两点有以下关系：

$$\Delta x = x_2 - x_1 \tag{4.5-1}$$

$$\Delta y = F(x_1 + \Delta x) - F(x_1) \tag{4.5-2}$$

则，对线段 PQ 斜率 k_{PQ} 有：

$$k_{PQ} = \lim_{\Delta x \to 0} \frac{\Delta y}{\Delta x} = \lim_{\Delta x \to 0} \frac{F(x_1 + \Delta x) - F(x_1)}{x_2 - x_1} \tag{4.5-3}$$

基于上述公式可知，当划分的微元段即 Δx 足够小时，且其他条件相对较好的情况下，能够通过"以直代曲"划分微元段的思想获取精确的主缆轴线，如图 4.5-9 所示。

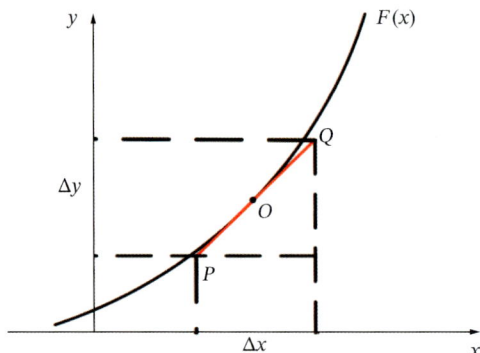

图 4.5-9　"以直代曲"的思想

由于主缆整体较长，且在索塔处的扫描结果因为扫描视角并不连续，这里将主缆在索塔处分开进行其轴线的提取。以上游边跨主缆为例进行主缆轴线的提取及检查，分割出的北岸边跨上游主缆点云数据如图 4.5-10 所示。

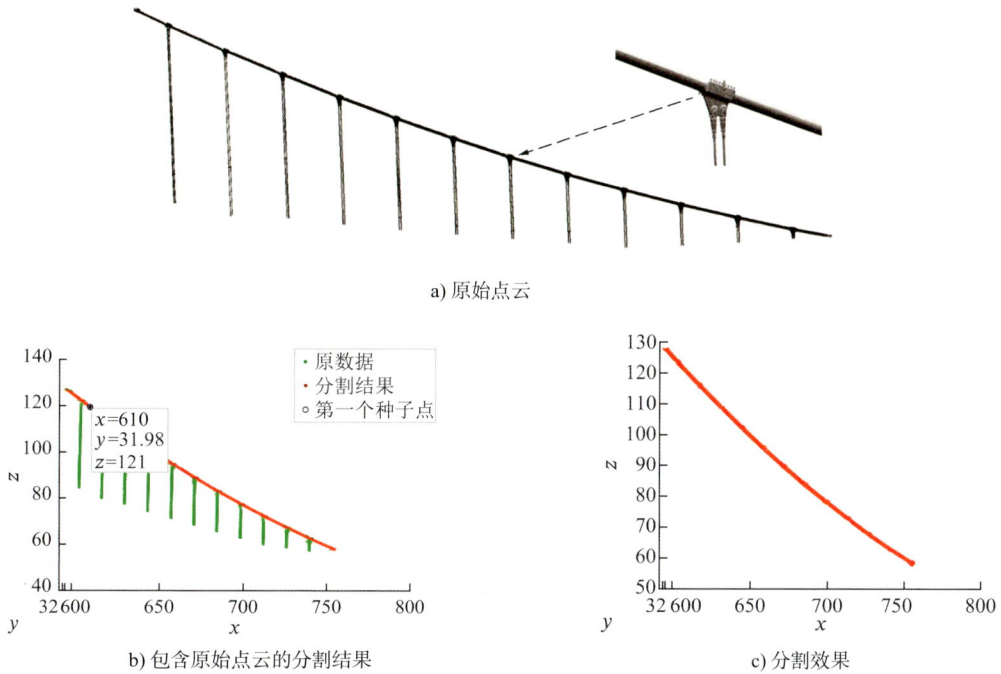

a) 原始点云

b) 包含原始点云的分割结果

c) 分割效果

图 4.5-10　边跨上游主缆点云分割结果图

对主缆点云与悬索桥理论模型进行配准，转换到同一坐标下，再进行主缆轴线的提取。此处借助圆管轴线提取算法提取到边跨上游主缆中心轴线点云如图 4.5-11 所示。

4.5.5　主缆设计成桥线形获取

借助有限元软件对桥梁结构进行施工阶段分析，能够对其在各施工阶段的受力状态进行一个相对准

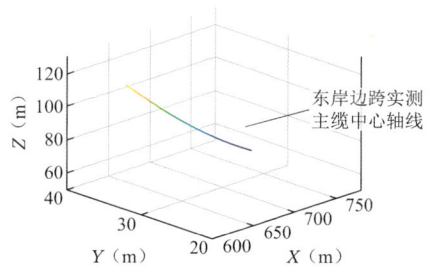

图 4.5-11　边跨上游主缆中心轴线点云

确的评估，可以为桥梁结构的施工提供理论参考。以白沙长江大桥为例，阐述如何通过有限元法获取主缆的设计成桥线形。悬索桥和主缆有限元模型如图 4.5-12、图 4.5-13 所示。

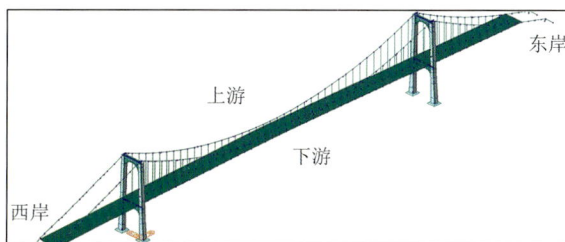

图 4.5-12　悬索桥有限元模型

139

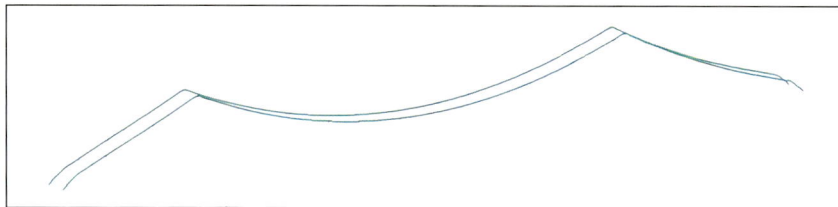

图 4.5-13　主缆有限元模型

借助有限元软件依据施工图设计成果对悬索桥进行正装分析，找到合理成桥状态。主要关注二期恒载施加前的悬索桥主缆线形，并与上文中通过三维扫描技术获取的主缆线形进行对比分析。值得注意的是，悬索桥结构对温度非常敏感。为了使悬索桥有限元模型更为准确，在建模的过程中需要考虑温度对悬索桥结构形态的影响。其计算结果如图 4.5-14、图 4.5-15 所示。

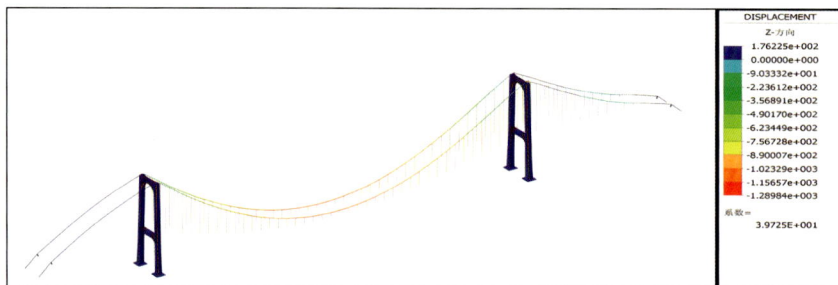

图 4.5-14　悬索桥竖向位移计算结果

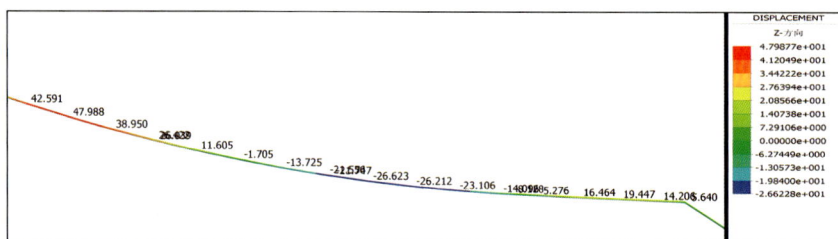

图 4.5-15　悬索桥北岸上游竖向位移计算结果

4.5.6　主缆线形偏差测量及分析

为了进行主缆线形的检查，需获取主缆的理论中心轴线。将理论模型和扫描模型代入算法提取主缆理论中心轴线和实测中心轴线，并对其z坐标作差得到实际主缆线形与理论主缆线形之间的偏差。另外，在将主缆离散为点云前需要将实测点云与理论模型通过索塔上面的平面特征进行配准，得到设计成桥中心轴线图（图 4.5-16）。

提取北岸边跨上游理论线形主缆节段，对两类数据的z方向坐标作差，可以得到实际线形与理论线形的差值，即可完成主缆线形检查得到主缆线形偏差，其线形偏差图如图 4.5-17 所示。

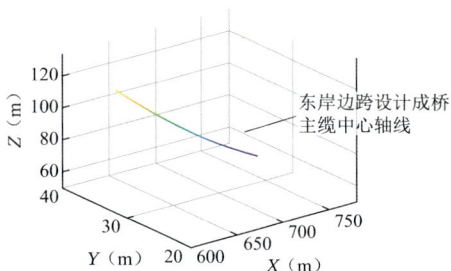

图 4.5-16　北岸边跨上游主缆设计线形

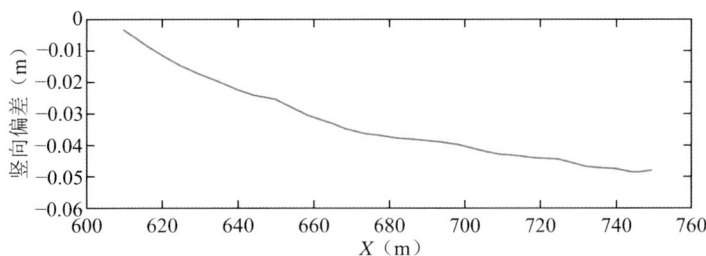

图 4.5-17　北岸边跨上游主缆线形偏差

本节所述方法通过同时获取理论主缆线形和实测主缆线形，将两者进行对比，得到主缆线形偏差，从而实现主缆线形的检查。此主缆检查方法，可以快速、方便且全面地获取主缆线形偏差结果，并避免传统测量方法中存在的安全隐患。

4.6　关键技术总结

本章节全面阐述了悬索桥缆索系统中的关键施工技术，包括主缆、索鞍、索夹以及吊索。结合郭家沱长江大桥的工程实践，详细介绍了传统平行索面悬索桥主缆的施工技术，着重探讨了主缆牵引与架设的施工流程。此外，以张家界大峡谷玻璃桥为例，阐述了非常规空间索面悬索桥主缆的施工技术，重点解析了空间索面主缆施工中的三大关键技术：主索鞍施工技术、平行架设对拉成型技术以及索夹和吊索的两阶段安装与多级精调技术。结合松原天河大桥的案例，介绍了大张开比空间主缆索股的架设技术。针对传统悬索桥主缆线形检查方法的局限性，本章节还介绍了基于三维扫描技术的悬索桥主缆线形检查方法，并展示了其在白沙长江大桥的实际应用。

（1）平行主缆施工关键技术

通过门架拽拉和双线往复式牵引系统完成索股的牵引及定位，架设过程中，索股从北锚碇向南锚碇依次跨越塔顶，在各鞍处横移、整形、入鞍，以确保主缆的整体线形精确符合设计要求。施工过程还包括紧缆、安装索夹、防护缠丝等多重工序，以提高主缆稳定性与防护性能。

（2）空间主缆施工关键技术

为确保空间主缆线形符合设计要求，张家界大峡谷玻璃桥创新采用了多点对拉"以直代曲"技术，将主缆调整为近似圆滑的空间曲线。对拉设备设计轻便且安全系数高，通过多点同步对拉控制索力，避免主缆受力集中和折角偏大。施工中索夹和吊索的精确安装采用双控张力监测技术，根据监控数据调节索夹角度，以满足桥面结构与缆索系统的协调，保证加劲梁吊装顺利完成。

松原天河大桥猫道的施工采用了整体预制吊装技术，实现了猫道、主索鞍及散索鞍的同步施工，大大节约了工期。针对主缆平弯和竖弯可能引起的主缆鼓丝，通过采用合理的入鞍顺序和整形间距，有效减弱了这一现象。松原市天河大桥空间索面主缆的成功架设，为未来类似桥梁的主缆架设施工积累了宝贵的经验。

（3）三维扫描技术在悬索桥主缆线形检查中的应用

基于三维扫描的悬索桥主缆线形检查方法通过对主缆点云数据进行精确获取和分析，

克服了传统方法在特征点测量和时间消耗上的不足。该方法首先利用三维扫描仪收集主缆的点云数据，并进行多站配准与降噪处理。接着，通过圆管轴线算法提取主缆的实测中心轴线，并利用有限元软件生成理论中心轴线。最终，通过对比实测与理论线形的坐标差异，得出主缆线形偏差。这一技术实现了高效、全面且安全的主缆线形检查，为悬索桥的维护和管理提供了重要依据。

CHAPTER 5 |
第 五 章 |

加劲梁

5.1 加劲梁施工概述

加劲梁是悬索桥的重要组成结构，其施工涉及钢箱梁和钢桁梁的制作、运输、吊装与拼装等多个环节。现代悬索桥的加劲梁施工通常采用工厂化制造、装配化安装的施工工艺，这样可以大幅度提高施工效率，结合先进的施工架设设备和安装技术，可以实现加劲梁的高精度安装。本章将从钢梁加工制造、运输以及架设三个方面阐述悬索桥加劲梁施工技术。

5.1.1 加工制造

1）钢箱梁制造技术

钢箱梁由顶板及其加劲肋、底板及其加劲肋、腹板及其加劲肋、横隔板及其加劲肋、吊索锚座等主要构件组成。钢箱梁节段基本组成如图 5.1-1 所示。

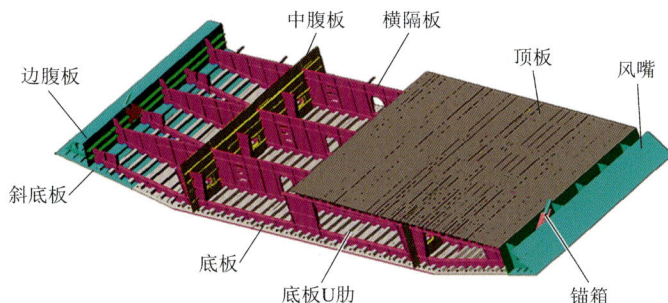

图 5.1-1 钢箱梁节段基本组成图

（1）制造线形

在悬索桥的钢梁预制拼装过程中，梁段的制造线形设计是确保桥梁结构稳定性和施工便利性的关键环节。分节段施工中，新节段的安装会对已安装节段产生影响，结构的内力和线形随施工的进行而不断发生变化，节段安装时端面调整量非常有限。因此，对钢箱梁的制造线形进行精准控制是保证桥梁施工过程中钢箱梁节段顺利匹配及成桥后主梁线形达到目标线形的关键。以下是两种不同目标状态的制造线形方法。

①以成桥线形为制造线形。这种方法的优势在于当桥梁施工完成并承受全部恒载时，加劲梁内部不会产生任何应力。为实现该目标，加劲梁在预制焊接过程中，其上缘需要预先储存拉应力。这就需要使用特殊的连接匹配件来确保焊接的精确性，从而增加了制造和现场焊接的难度。

②以合龙线形为制造线形。这种方法以一期恒载作用下的线形作为制造线形，其主要优势在于梁段在吊装和焊接时产生的内力较小。尽管在桥梁施工完成并承受全部恒载后，梁内会产生二期恒载应力，但由于钢箱梁的设计和材料特性，即使加上这些应力，加劲梁仍处于一个较低的应力水平。因此，采用合龙线形作为制造线形，可以有效降低现场焊接的难度，加快施工进度，同时确保结构的安全性。

（2）匹配组拼

在悬索桥钢箱梁的制造过程中，通常将梁体划分为若干板单元，如顶板、底板、斜腹板、横隔板、纵腹板、风嘴以及锚箱等单元，这些单元在工厂内分别制作，在专门的胎架上进行匹配组拼，最终组装为整体。组拼顺序一般是从底板单元和横隔板单元开始，然后是纵腹板单元、斜腹板单元，最后匹配顶板单元。组拼加劲梁节段过程中必须保证拼装精度和截面几何尺寸满足设计要求。

（3）制造精度控制

在悬索桥钢箱梁的制造过程中，小节段的整体组焊、预拼装及大节段拼装都是在特定的支撑胎架上完成的，胎架的线形直接影响钢箱梁的制造线形。为了保证质量，胎架的纵向轮廓需与钢箱梁的设计制造线形严格对应，而横向轮廓则需依据钢箱梁的横截面尺寸、焊接过程中的横向收缩以及预设的重力预拱度来设计。此外，胎架必须具备足够的承载能力和刚度，以防止在施工过程中出现下沉或形变。为了精确控制钢箱梁的制造精度，总拼装胎架周围应布置全面的测量控制系统，包括用于控制高程的测量网和用于控制直线度的测量网。这些测量控制网络能够确保钢箱梁在制造过程中的线形精度，从而保证最终结构的质量和性能。

合理安排焊接方式和焊接顺序对于控制钢箱梁的制造线形同样至关重要。在生产各类板单元时，控制焊接变形和残余应力是关键，因此优先推荐使用自动化焊接技术。对于手工焊接，尽量采用 CO_2 气体保护焊，以减小焊接过程中的变形和应力。焊接时应遵循以下原则：加劲梁底板和顶板的纵向对接焊缝应同向进行焊接，同类焊缝应对称焊接，焊接顺序应从内到外、从下到上、由中心向两侧扩展。这样的焊接顺序有助于在无外部约束应力的条件下完成焊接作业，允许板单元自由收缩，从而减小因焊接收缩累积效应对整体尺寸精度的不利影响。

2）钢桁梁制造技术

钢桁梁由主桁、横向联结系、纵向联结系、水平联结系、正交异性桥面板顶板及其加劲肋、吊索锚座等主要构件组成。钢桁梁节段基本组成如图 5.1-2 所示。

（1）制造线形

钢桁梁节段之间的连接，除桥面板外，一般采用在工厂焊接单元件，在施工现场用高强螺栓连接节段的方式进行施工。钢桁梁的制造线形的选择同钢箱梁。

（2）制造拼装

各构件拼装前应检查零件边缘修整及形状尺寸是否符合施工图所规定的公差限度，

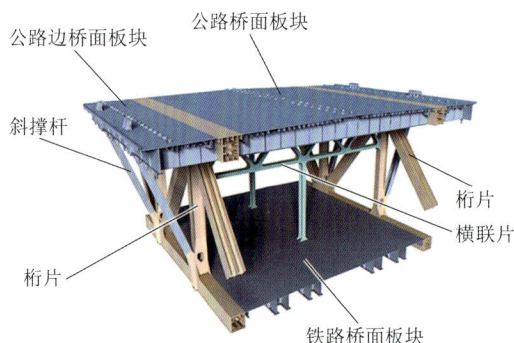

图 5.1-2　钢桁梁节段基本组成图

用风砂轮或喷砂器等工具清除零件上焊口附近的锈蚀、氧化铁皮及污物，并用汽油清除霉斑，在焊缝处须保持清洁，不得有水分，以保证焊缝质量，不致发生气孔及夹渣等缺陷。为了保证拼装质量，对拼装杆件各零件的相对位置、相互间的密贴程度以及整个杆件的外轮廓形状及尺寸，在拼装过程中均要进行检查。

运送工地的各部件，须在出厂前进行试拼装，以验证工艺装备是否精确可靠，试拼装中首先拼装下桁架、下横梁与下平联，下平联对角线检测合格后拼装主桁腹杆和上弦杆，伸出的斜杆与上弦杆做临时连接，最后依次拼装横向连接系腹杆与上平联并进行整体检测调整。

试拼装时，钢梁主要尺寸如桁高、跨径、预拱度、主桁间距等的精度应满足规范要求。

5.1.2 运输

悬索桥的建设过程中，加劲梁的大部分或者全部梁段一般在工厂制造，然后运输至施工现场，再逐一吊装到位。悬索桥梁段运输常用方式为陆地运输和水上运输。

（1）陆地运输

梁段场地转运，一般采用平板拖车来实现。对于上、下弦杆等重型、超长杆件，采用全液压运梁台车进行厂内运输。构件装车前，必须在装载车辆的平板与构件相接触的位置铺设垫木，以防止杆件在运输过程中与车辆平板发生摩擦。运输过程需要垫橡胶垫、枕木等措施保证钢梁下表面基本水平，防止运输过程中钢梁扭曲或者应力集中造成的变形，运梁台车如图 5.1-3 所示。

a) 轻型杆件转运   b) 重型梁段转运

图 5.1-3　运梁台车

（2）水上运输

加劲梁根据架设单元的不同，可以通过两种方式运输：一种是直接运输钢桁梁的杆件；另一种是将钢桁梁或钢箱梁预制成梁段运输。钢梁下水及浮吊（浮式起重船）站位如图 5.1-4 所示。

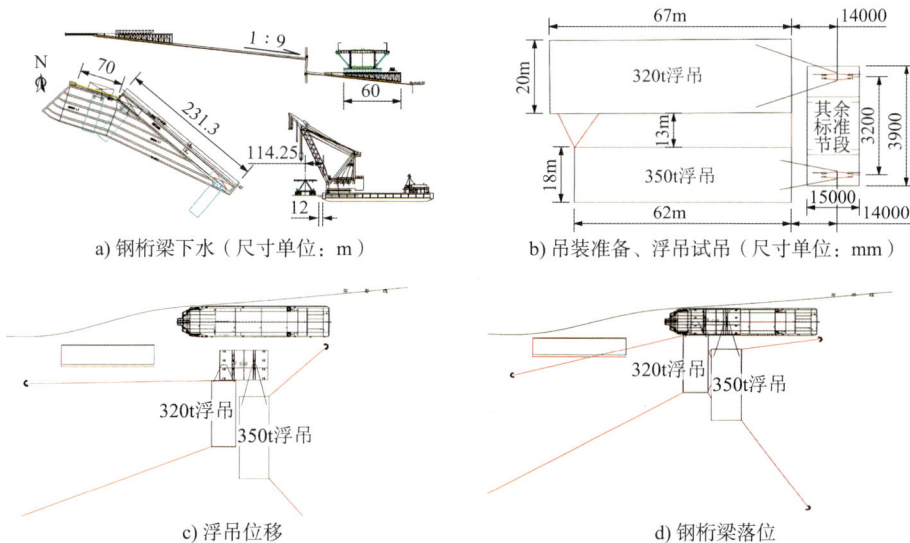

a) 钢桁梁下水（尺寸单位：m）   b) 吊装准备、浮吊试吊（尺寸单位：mm）

c) 浮吊位移   d) 钢桁梁落位

图 5.1-4　钢梁下水及浮吊站位示意图

　　加劲梁梁段通常使用驳船进行水上运输，其中驳船分拖船拖拽与自航式两种方式。在运输钢梁时，驳船应在梁段设计支撑位置设置相应的支承，支承上应设置橡胶垫，防止支承位置底板变形。当航运条件差，安装梁段尺寸或重量超过驳船运输能力时，可利用水对加劲梁的浮力，借助拖船完成钢箱梁运输与定位。钢梁运输如图 5.1-5 所示。

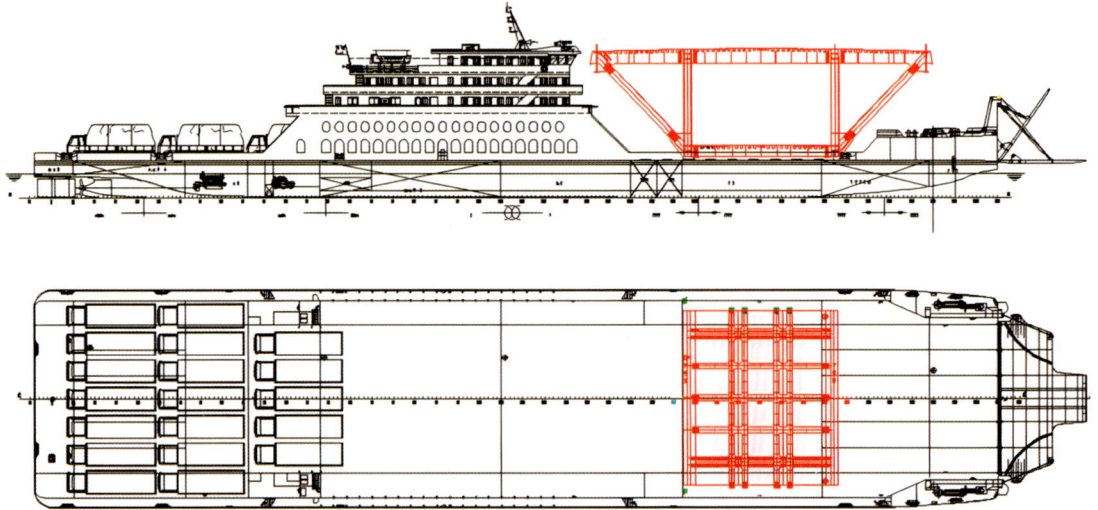

图 5.1-5　钢梁运输示意图

　　如图 5.1-6 所示，加劲梁梁段的系固有刚性固定与柔性固定两种方式。对于加工场地与安装现场之间距离较远的工程项目，通常采用刚性固定的方式，以确保在长途运输过程中梁段的稳定性。刚性固定通常使用螺旋扣、拉杆、耳板和定位销等构件来实现。柔性固定方式一般用于加工场地与安装现场距离较近的短途运输，这种方式更加灵活，便于操作。柔性固定一般使用钢绳、手动葫芦以及卸扣等设备来完成捆绑固定。

　　加劲梁运输驳船的定位，有抛锚定位和动力定位两种方法。

　　抛锚定位操作相对简单、对设备要求不高，适用于海床或江河床有覆盖层的水域，是船舶定位的传统与首选方式。抛锚定位施工时间选择在交通流量较小时进行。采用高精度的 GNSS 进行精确定位，实时监控船位变化，确保位置精度。如图 5.1-7 所示，采用定位辅助船提前抛锚确定好位置，由于定位辅助船无动力，还需要驱动船将定位辅助船拖拽至既定目标点，抛锚定位。

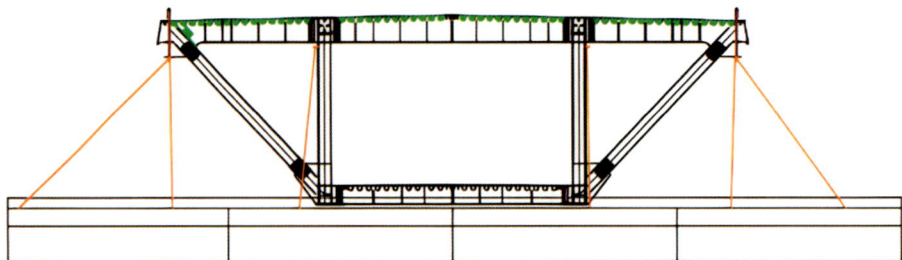

a) 柔性固定

图　5.1-6

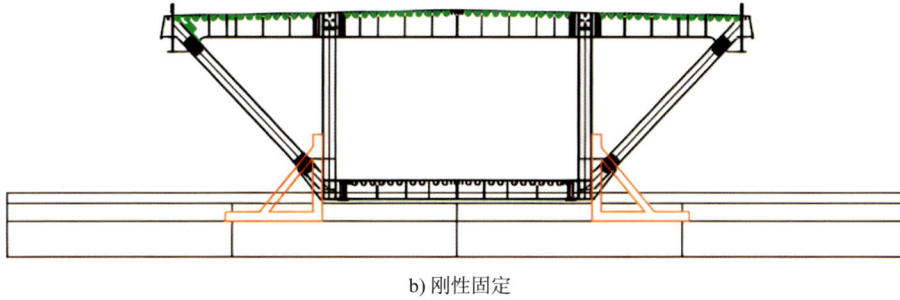

b) 刚性固定

图 5.1-6　加劲梁梁段系固示意图

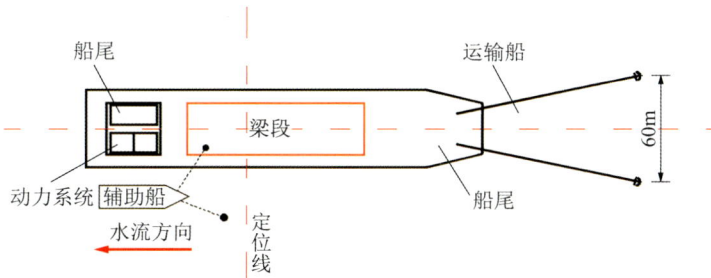

图 5.1-7　定位辅助船抛锚定位示意图

动力定位系统是自动控制船舶的位置和艏向的系统，仅依赖于自身的推进系统。利用自身装备的各类传感器测出船舶的运动状态与位置变化，以及外界风力、波浪、海流等扰动力的大小与方向，利用计算机进行复杂的实时计算，控制船舶主副推力装置产生适当的推力与力矩，以抵消扰动力，使船舶尽可能保持目标船位与艏向。该方法不受水深限制，投入和撤出迅速，但对设备要求较高。

5.1.3　架设

1）架设方法

悬索桥加劲梁根据吊装设备的不同，主要采用缆载吊机法、缆索吊机法、桥面吊机法、浮吊法、轨索移梁法等方法进行安装施工。

（1）缆载吊机法

缆载吊机法是以主缆为支撑，起重机通过行走千斤顶和行走脚交替配合在主缆上移动行走，跨越索夹，垂直起吊的加劲梁安装方法。缆载吊机又称为跨缆吊机，总体结构如图 5.1-8 所示。单台缆载吊机主要由一个主横梁桁架、两个主缆行走模块、两套起重机移动千斤顶系统、两套主提升千斤顶系统、中央控制系统、动力模块、加劲梁吊具等部分组成。根据起重设备的不同，分为液压千斤顶式和卷扬机式。缆载吊机具备吊装重量大、提升速度快、跨径适应能力强等优点，可适用于各类型加劲梁的大节段吊装。但采用该种施工方法需要相应具备大节段制造、运输和垂直起吊的条件，对于小跨悬索桥实用性不强，施工成本大。缆载吊机吊装方案一般采用整体梁段吊装架设，安装节段分为一般梁段和特殊位置梁段，其中缆载吊机可以单台小节段吊装，也可两台共同作业进行大节段吊装，对于位置、尺寸、重量或施工环境等因素而无法采用常规方法安装的特殊位置梁段，则需采用荡移、牵拉、支架、临时吊索等特别措施方可安装。

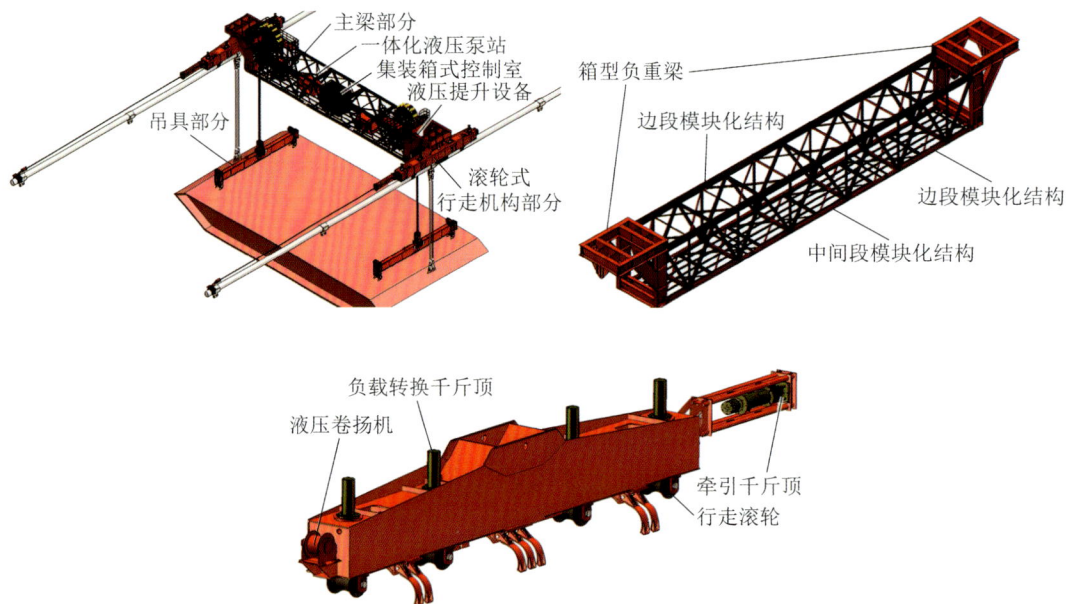

图 5.1-8　缆载吊机总体结构图

（2）缆索吊机法

缆索吊机法是利用在悬索桥索塔结构上布置的缆索结构，进行带载水平牵引和垂直起吊的加劲梁安装方法。缆索吊机主要由承重系统（承重索、索鞍、锚体等）、起重系统（跑车、起吊滑轮组、起重卷扬机等）、牵引系统（牵引滑车组、牵引卷扬机、导向滑轮组等）、保障系统（背索等）等组成，如图 5.1-9 所示。缆索吊机法施工速度快，不受水路和陆路运输条件影响，但临时工程量较大，且施工成本随跨径、吊重的增大而显著提高。

图 5.1-9　缆索吊机法吊装加劲梁

（3）桥面吊机法

桥面吊机法一般适用于钢桁梁的悬臂拼装，吊装顺序一般从桥塔位置开始，向跨中和边跨方向架设，如图 5.1-10 所示。该方法临时工程量小、操作便利、成本较低，但起重吊装重量小，主要用于小节段或吊重较小的杆件和梁段的架设。

图 5.1-10　桥面吊机法吊装加劲梁

（4）浮吊法

浮吊法是直接使用大型浮吊作为起升设备的吊装方法。该方法受浮吊性能、水位、航道管制等因素影响，适用条件局限性较大，通常用于下横梁附近的主梁吊装。但在梁段供应配合顺畅的情况下，使用浮吊吊装加劲梁节段，施工工期较短。浮吊法吊装加劲梁如图 5.1-11 所示。

图 5.1-11　浮吊法吊装加劲梁

（5）轨索移梁法

如图 5.1-12 所示，轨索移梁法是利用悬索桥主缆和吊索作为其承载索和支承构件，将吊索与轨索用吊索鞍相连，采用运梁小车沿轨索运输加劲梁。采用该方法进行加劲梁的水平运输，不受地形限制。但该架设方案的本质还是用缆载吊机提升，轨道索只解决了运梁问题。

图 5.1-12　轨索移梁法运输加劲梁

加劲梁的安装应根据结构类型不同，选择不同的安装方法。

钢箱梁通常采用立体的箱梁节段作为架设单元，吊装时多采用缆载吊机垂直吊装，少数跨径和重量较小的钢箱梁段也采用缆索吊机法吊装。两种方法除吊装设备不同外，吊装工艺基本相同，均采用梁段提升法架设。采用缆载吊机吊装钢箱梁节段时，根据起重机的起吊能力和梁段重量情况，可采用单台缆载吊机吊装，也可采用两台缆载吊机抬吊，由单台起重机起吊时，吊具需进行特殊设计，实现加劲梁的平衡起吊。

钢桁梁的架设方法，从架设单元来分类，可以分为单根杆件架设、平面桁架架设和立体节段架设三类。单根杆件的架设方法是在工厂完成杆件制造后，直接将杆件运输到现场，吊装到设计位置进行组装。这种方法由于架设单元体积小、重量轻，吊装时可采用小型便捷的吊装机械，但对工期与架设精度均不利；平面桁架的架设方法是将杆件单元组拼成主桁架、平联及横联等平面桁架，每片桁架的长度一般为2～3个节段，重量适中，按多个杆件组成但未形成梁段的桁架运输到现场并进行吊装；立体节段的架设方法是将上述平面桁架在工厂组装成钢桁梁节段，由大型驳船或运梁平车运至预定地点，吊装至设计位置后逐段连接。以上三种方法可分别使用，在某些桥梁工程中，可能会根据施工条件和需求，综合使用多种方法。

2）架设顺序

无论是钢桁梁还是钢箱梁，其节段吊装的顺序分为从跨中到索塔和从索塔到跨中两种，如图5.1-13所示。前者由于靠近桥塔的梁段是主缆刚达到最终线形时就位的，靠近桥塔的吊索索夹最后夹紧可有效降低主缆内的次应力；后者则有利于施工操作和管理。考虑到结构受力的平衡性，大部分悬索桥加劲梁吊装均采用平衡对称吊装，但也有基于特殊原因而采用非对称吊装的悬索桥。

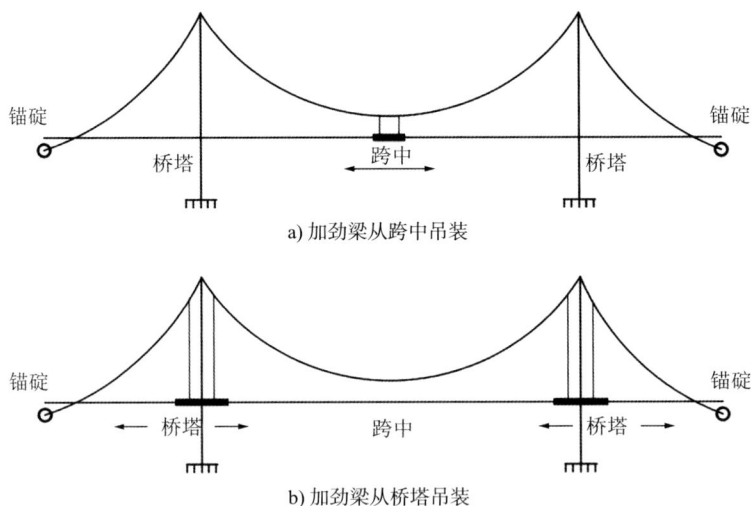

a) 加劲梁从跨中吊装

b) 加劲梁从桥塔吊装

图 5.1-13　加劲梁吊装顺序示意图

3）连接方式

加劲梁在架设过程中，不同的连接方式会直接影响桁架杆件中的内力实时分布与成桥最终的内力分布状态。加劲梁施工过程中的节段间连接方式一般有全铰接法、逐段刚接法和刚铰混合法，如图5.1-14所示。

（1）全铰接法

加劲梁的各个节段在吊装过程中全部采用铰接，临时铰一般设在加劲梁的弦杆或者翼缘上，当全部节段架设完成后逐步进行刚接。全铰接法的特点为施工工序少、工艺简单，在架设过程中由于节段可以自由转动，各梁段连接处无弯曲内力，仅承受较小的轴力和剪力，但结构刚度小，稳定性差。

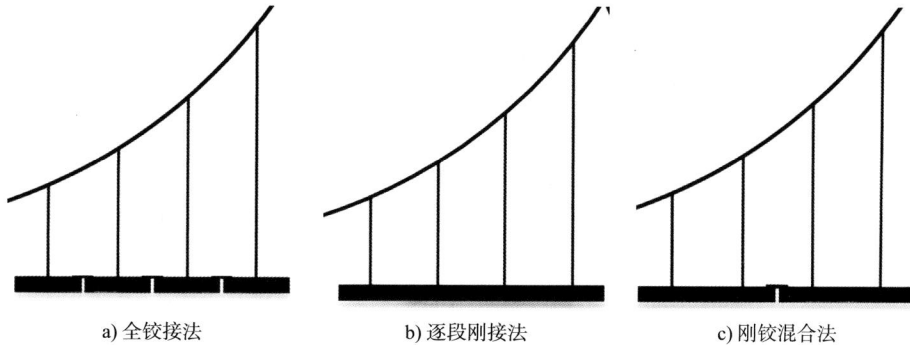

a) 全铰接法　　　　b) 逐段刚接法　　　　c) 刚铰混合法

图 5.1-14　连接方式示意图

全铰接法施工中，桥面铺装可以采用两种方法进行施工：一是加劲梁节段刚接前，首先使用与二期恒载等效的重物对加劲梁进行预压，以模拟二期恒载。在从铰接转换为刚接的过程中，逐步卸载预压重量，并同步进行桥面铺装等二期恒载的施工，二期恒载将直接通过吊索传递给主缆，使主缆同样承担这部分荷载。在成桥恒载状态下，加劲梁的内力分布类似于简支或悬臂结构，吊索的内力则等于其吊挂的梁段及二期恒载的总重量。二是在加劲梁节段全部刚接完成后，再进行桥面铺装等二期恒载的施工。在这种情况下，二期恒载会在加劲梁的各个梁段间分配，随后通过吊索传递给主缆。这一过程导致钢梁产生弯曲内力，即二期恒载由加劲梁和主缆共同承担。加劲梁将承受较大的弯曲内力，而成桥状态下吊索的内力则是由一期恒载产生的索力，加上二期恒载在整个结构上重新分配后作用于吊索的索力。这两种方法可以有效地完成加劲梁铰接拼装，并确保结构的稳定性和安全性。

（2）逐段刚接法

加劲梁是以无应力状态为准则设计的，但是加劲梁在架设过程中不可避免地存在偏心作用，因此钢梁架设后会产生较大变形，导致加劲梁的部分区域以及吊索产生过大应力。为了尽量减少这种应力，可以采用无铰的逐段刚接法，即在加劲梁的架设过程中，每个加劲梁节段吊装后立即与先前已安装的节段进行刚接。加劲梁节段及时刚接后，结构在整个施工阶段得到了较高的抗弯和抗扭刚度，同时具备良好的抗风稳定性。随着施工的推进，加劲梁节段逐段吊装并刚接，使加劲梁在施工期间即参与结构受力，从而产生了弯曲内力，且加劲梁各截面的弯矩随拼装过程逐渐变化。由于加劲梁拼装时位移较大，弯矩也随之增加，施工时需采取措施控制加劲梁弯矩不超出设计允许范围。

（3）刚铰混合法

刚铰混合法是介于逐段刚接法和全铰接法之间的一种方法，在应力过大的区段设置减小架设应力的铰结构。在加劲梁吊装过程中，将梁分为多个大段区间，在大段区间内部的各梁段施工时逐段刚接，在大段区间之间则采用铰接，以消除梁段内的施工内力。待吊装完毕后，再将这些临时铰接作刚接处理，最终形成完整的梁段，然后进行桥面铺装等二期恒载的施工。

刚铰混合法施工在中间节段设置了部分铰接的形式，因此和逐次刚接法相比，加劲梁的弯曲应力小得多，吊索（杆）受力比较均匀，可以充分地发挥材料的潜力。采用刚铰混合法施工，对加劲梁节段的划分应通过计算选取合适的节段长度，这样可以保证加劲梁在施工阶段和成桥状态下受力均较小，有利于梁段受力，也使成桥后加劲梁恒载弯矩减小，尽量与理想的梁段内力状态接近。

5.2 钢桁梁架设施工实例

本节以郭家沱长江大桥的钢桁梁架设施工为例，介绍悬索桥钢桁梁缆载吊机法架设施工技术。

5.2.1 结构概况

如图 5.2-1 所示，郭家沱长江大桥主梁为 67.5m + 720m + 75m 三跨连续体系钢桁梁，全长 862.5m。钢桁梁为正交异性钢桥面板的板桁结合结构，断面为倒梯形。主桁架为三角形，高度为 12.7m，标准节间长度 15.0m，两片主桁中心间距为 17.0m。

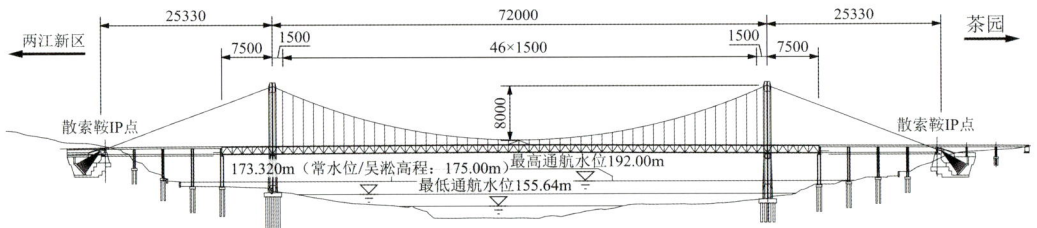

图 5.2-1 郭家沱长江大桥结构示意图（尺寸单位：mm）

钢桁梁共分为两种断面形式，主跨区域采用横桥向 39m 宽度，边跨区采用 37m 宽度。全桥共分为 58 个节段，北岸至跨中分为 30 个节段，南岸至跨中分为 28 个节段，标准吊装段长度 15m，钢材用量约为 440t；中部段长度 20.5m，钢材用量为 661.47t。

5.2.2 钢桁梁制造

1）总体制造方案

如图 5.2-2 所示，郭家沱长江大桥钢桁梁主桁采用 2 片纯华伦桁架（三角桁）。在加工厂完成钢桁梁主桁架上下弦杆、腹杆、斜撑单元的制造及涂装，钢结构加工厂负责上、下桥面板单元及副桁板单元等构件的制造及涂装。主桁架杆件加工完成后运至运输船厂。节段总装检验合格后，采用运梁台车将节段转运至节段存放场地（节段存放顺序与现场吊装相匹配），最后按照钢桁梁运输技术要求进行节段转运。

图 5.2-2 郭家沱长江大桥钢桁梁标准节段

2）钢桁梁工厂预制技术

（1）钢桁梁主桁制造

钢桁梁上弦杆为闭口箱形截面，截面内轮廓宽度尺寸为 800mm，内轮廓高度为 1000mm，板厚为 20～60mm，如图 5.2-3 所示。上弦杆采用焊接整体节点，在工厂内把杆件和节点板焊成一体，运到工地架设时腹板和底板采用高强螺栓拼接，顶板作为桥面板的一部分采用焊接。上弦杆制造流程如图 5.2-4 所示。

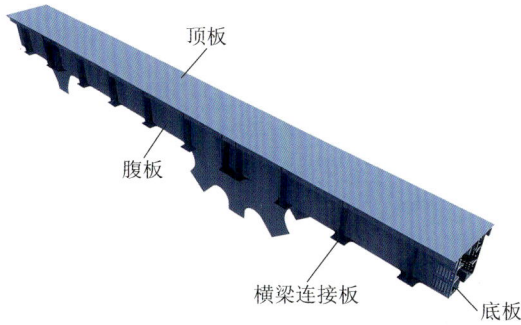

图 5.2-3 钢桁梁上弦杆

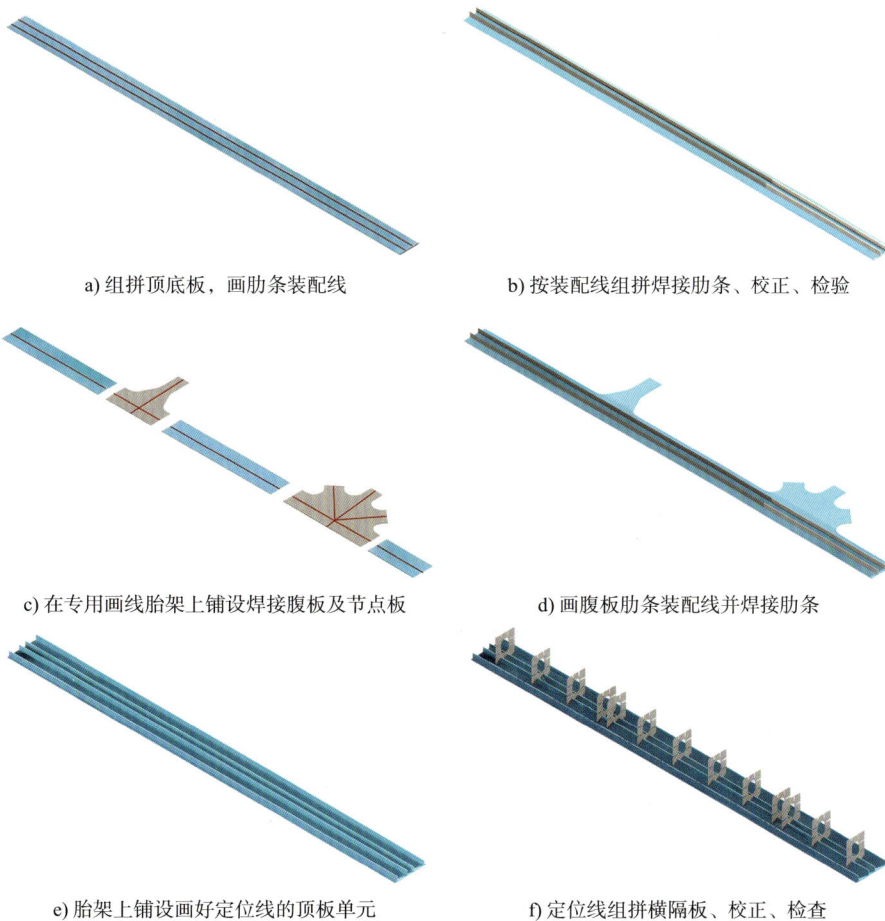

a) 组拼顶底板，画肋条装配线

b) 按装配线组拼焊接肋条、校正、检验

c) 在专用画线胎架上铺设焊接腹板及节点板

d) 画腹板肋条装配线并焊接肋条

e) 胎架上铺设画好定位线的顶板单元

f) 定位线组拼横隔板、校正、检查

图 5.2-4

g) 定位线组拼腹板单元，点焊并做临时支撑

h) 拼装底板，点焊并在胎架内焊 4 条主纵缝

i) 整体覆盖式模板对线钻孔并开手孔

j) 组装横梁接头板，定位检查合格后施焊

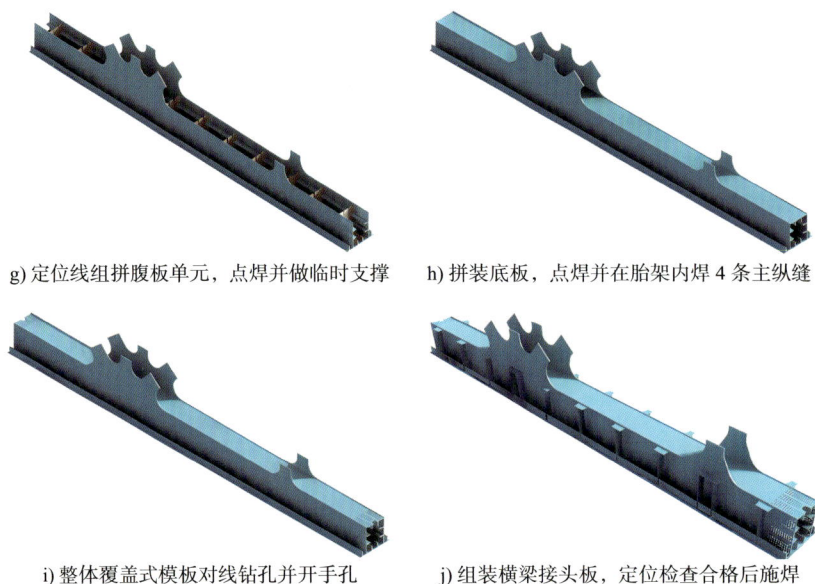

图 5.2-4　钢桁梁上弦杆制造流程图

钢桁梁下弦杆为闭口箱形截面，截面内轮廓宽度尺寸为 800mm，内轮廓高度为 1200mm，板厚为 20～60mm，下弦杆也采用焊接整体节点。斜腹杆为闭口箱形截面。斜腹杆断面内轮廓宽度尺寸为 800mm，内轮廓高度为 1000mm，根据受力特征，板厚设计为 24～50mm。所有的腹杆与上、下弦整体节点板及节点内的隔板四面对拼连接。斜拉杆、斜撑杆均为"工"字形截面，腹板高度 800mm，翼缘板宽度 600mm，板厚为 24～36mm。斜拉杆、斜撑杆均采用高强螺栓与上横梁和下弦杆节点连接。

（2）钢桁梁桥面板制造

桥面板采用正交异性钢桥面板，由桥面板纵肋、纵梁、横梁及顶板组成。顶板单元的制作流程如图 5.2-5 所示。

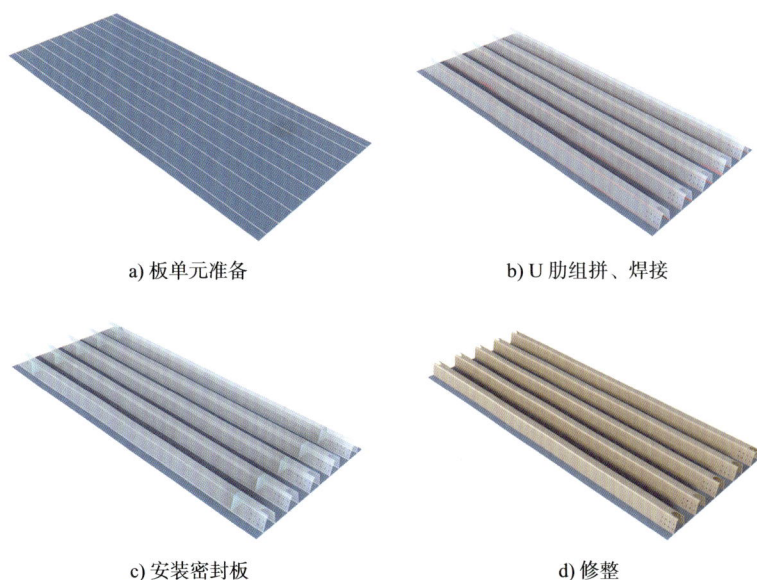

a) 板单元准备

b) U 肋组拼、焊接

c) 安装密封板

d) 修整

图 5.2-5　钢桁梁桥面板顶板制造流程图

3）钢桁梁数字化预拼装技术

郭家沱长江大桥的螺栓孔位密集、数量多，全桥使用了 52 万套高强螺栓，而螺栓孔径偏差最大允许值仅为+0.7mm，对钢桁梁制孔精度要求极高，传统施工工艺需要在钢桁梁工厂实体预拼完成。

如图 5.2-6 所示，针对螺栓连接桥梁结构数字化预拼装，提出多尺度点云数据的采集方案，采用陆地式三维激光扫描仪获得构部件整体点云数据，结合手持式扫描仪获得的构部件细部（螺栓孔）点云数据，大大提高了螺栓连接构部件点云数据的采集效率。其次，基于目标检测算法和迭代最近邻算法实现了多尺度点云数据配准、模型点云数据与扫描点云数据配准。最后，基于广义普氏算法和粒子群算法实现了螺栓孔最优匹配和最优整修方案。所提出的方法应用于郭家沱长江大桥钢桁梁节段的数字化预拼装，预拼装结果可为构部件出厂验收、螺栓孔整修等提供依据。

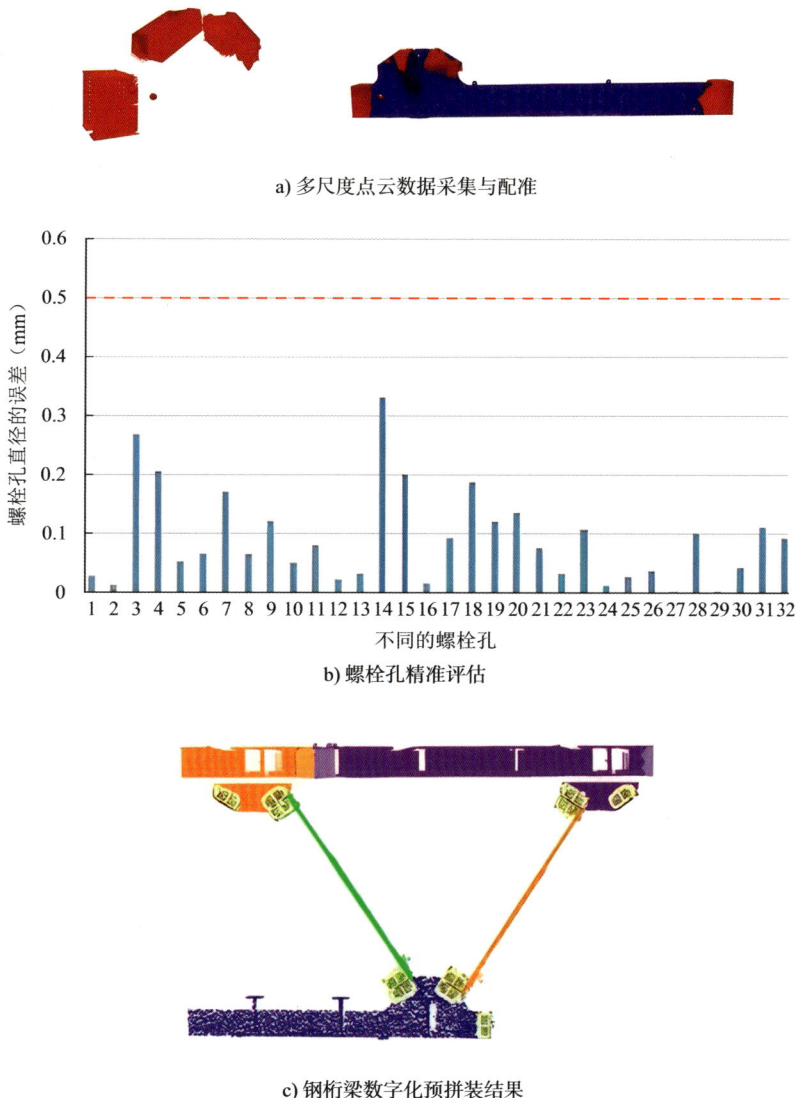

a) 多尺度点云数据采集与配准

b) 螺栓孔精准评估

c) 钢桁梁数字化预拼装结果

图 5.2-6　钢桁梁工厂数字化预拼装示意图

4）钢桁梁总装技术

钢桁梁采用整体梁段运输，需在工厂将构件拼装成梁段。根据拼装结构的特点，在拼装场地设计专用的拼装胎架，对胎架进行全面检测，除在确保胎架的设计安全、经济、合理、适用外，还要考虑基础的稳固、支架的刚度对拼装精度的影响，并且要考虑到基准的选择和胎架承重后的弹性变形对基准的影响，为避免支架承重对基准的影响，检测基准必须单独设在支架外的稳固基础上。

如图 5.2-7 所示，在胎架外应设置基准点，以控制胎架的位置及高程；在组装前，应对胎架进行检测并调整合格。胎架应设置高程调整装置，以满足组装线形需要；胎架也应具备当温度变化时，组拼节段在水平各方向不受约束自由伸缩的功能。

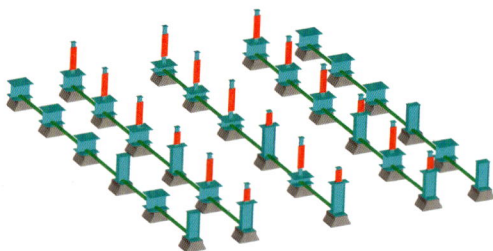

图 5.2-7　桥面系组装胎架示意图

钢桁梁总装工艺流程如图 5.2-8 所示。组装时，重点控制桥梁的线形、梁段几何形状和尺寸精度、相邻接口匹配精度等。

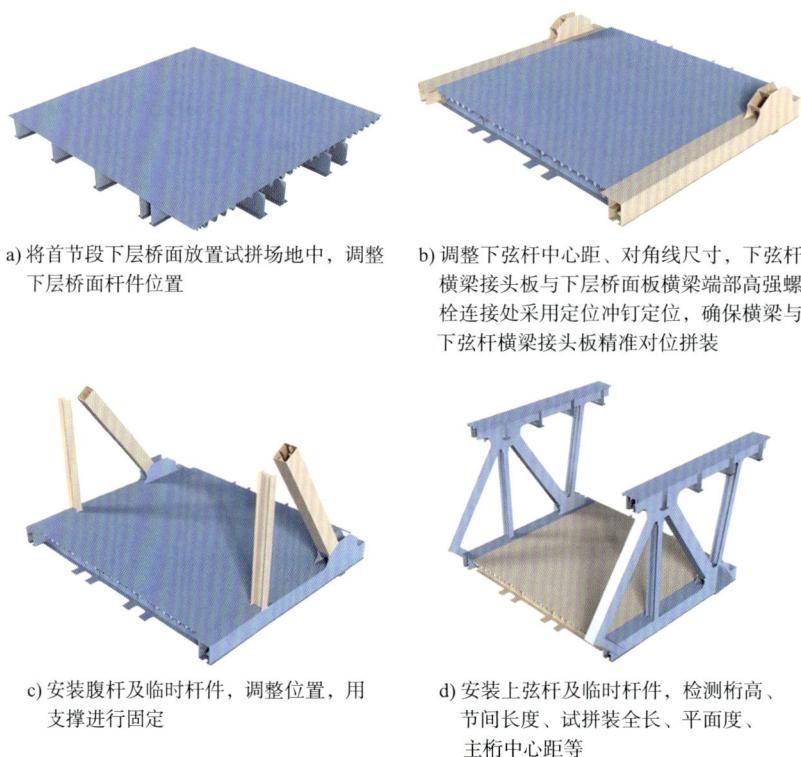

a) 将首节段下层桥面放置试拼场地中，调整下层桥面杆件位置

b) 调整下弦杆中心距、对角线尺寸，下弦杆横梁接头板与下层桥面板横梁端部高强螺栓连接处采用定位冲钉定位，确保横梁与下弦杆横梁接头板精准对位拼装

c) 安装腹杆及临时杆件，调整位置，用支撑进行固定

d) 安装上弦杆及临时杆件，检测桁高、节间长度、试拼装全长、平面度、主桁中心距等

图　5.2-8

e) 拼装主桁上桥面，调整公路桥面
　位置，测量桁高、宽、长、对角
　线尺寸

f) 安装斜撑及临时斜撑，定位焊接，
　调整好各控制尺寸

g) 拼装副桁上桥面板，调整主桁中心距
　及其对角线、主桁线形

h) 参照以上拼装顺序，完成后面节间的立体
　拼装

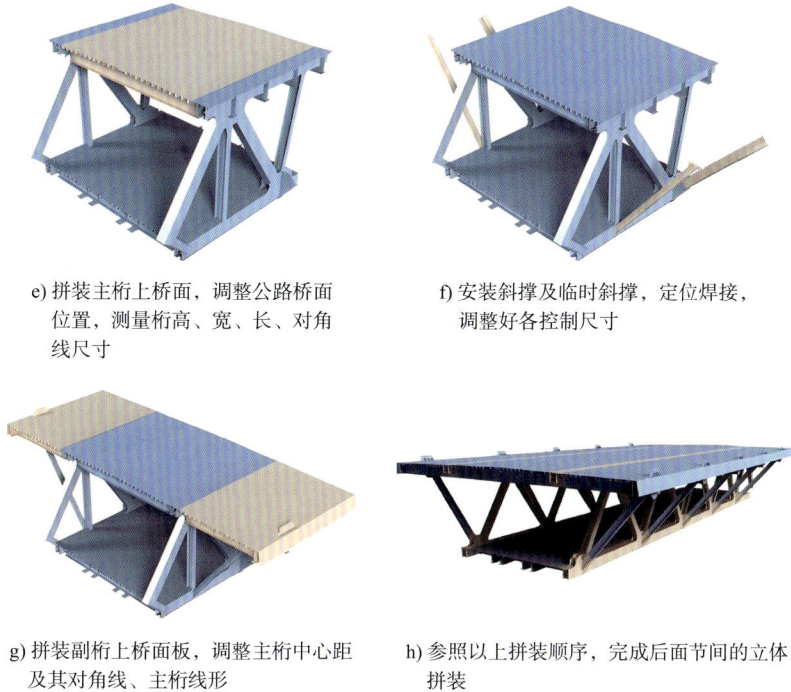

图 5.2-8　钢桁梁总装工艺流程图

5.2.3　缆载吊机架设钢桁梁

1）总体施工流程

郭家沱长江大桥于 2021 年 11 月长江蓄水期进行钢梁架设，钢桁梁分段如图 5.2-9 所示，运输驳船到场，采用缆载吊机垂直起吊架设中跨段 S30～S11 节段（斜腹杆后装）。因南北两侧陆地受限运输驳船无法到位，南北边跨 S01～S10 节段采用荡移法，将钢梁移至平台上，再用千斤顶和卷扬机荡移牵引的工艺，将钢梁架设到位，最后两侧刚接 S01～S07 节段。

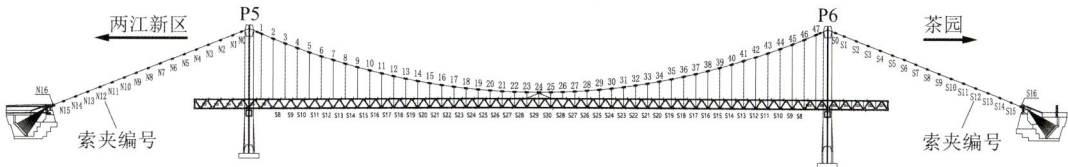

图 5.2-9　钢桁梁分段示意图

2）钢桁梁吊装施工技术

（1）一般梁段安装

郭家沱长江大桥主跨深水区的梁段包括南岸 S30～S11 节段、北岸 S29～S11 节段，共计 38 个节段。由于深水区航运条件较好，此 38 个梁段均采用驳船运输，缆载吊机整体起吊的方式架设。

钢桁梁采用 2 台 800t 的缆载吊机进行架设。其中，跨中段长 20.5m，重 661.47t，采用 2 台缆载吊机抬吊，其余节段为标准段重约 443t，边跨段 442.62～436.28t，均采用垂直起吊（后装斜腹杆），吊装施工流程如图 5.2-10 所示。根据通航安全保障方案，从船舶定位至

桁梁安装完成控制在 4h 以内。

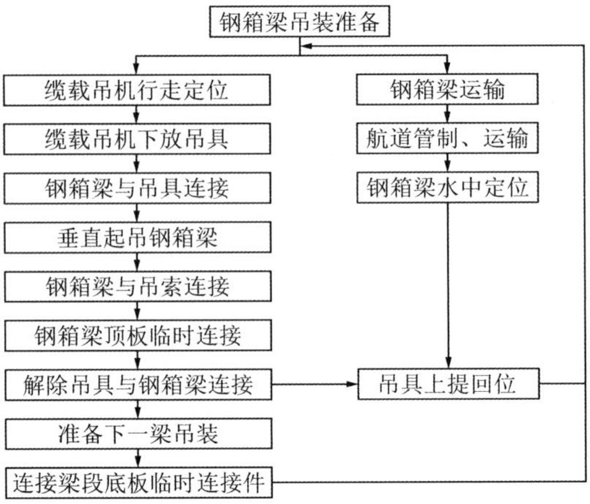

图 5.2-10 主跨梁段吊装施工流程图

跨中梁段长 20.5m，重 661.47t，需采用 2 台缆载吊机垂直抬吊。驳船运输梁段根据跨中缆载吊机吊具位置，收放定位船锚绳进行精确定位。缆载吊机下放吊具，调整吊具使梁段平衡后，垂直起吊梁段并略高于安装高度，将跨中梁段与对应吊索永久吊点销接，下一梁段侧缆载吊机慢速卸载将梁段重量逐渐转移至吊索上，利用另一台起重机临时吊索与永久吊索保持跨中梁段的稳定。主跨梁段吊装如图 5.2-11 所示。

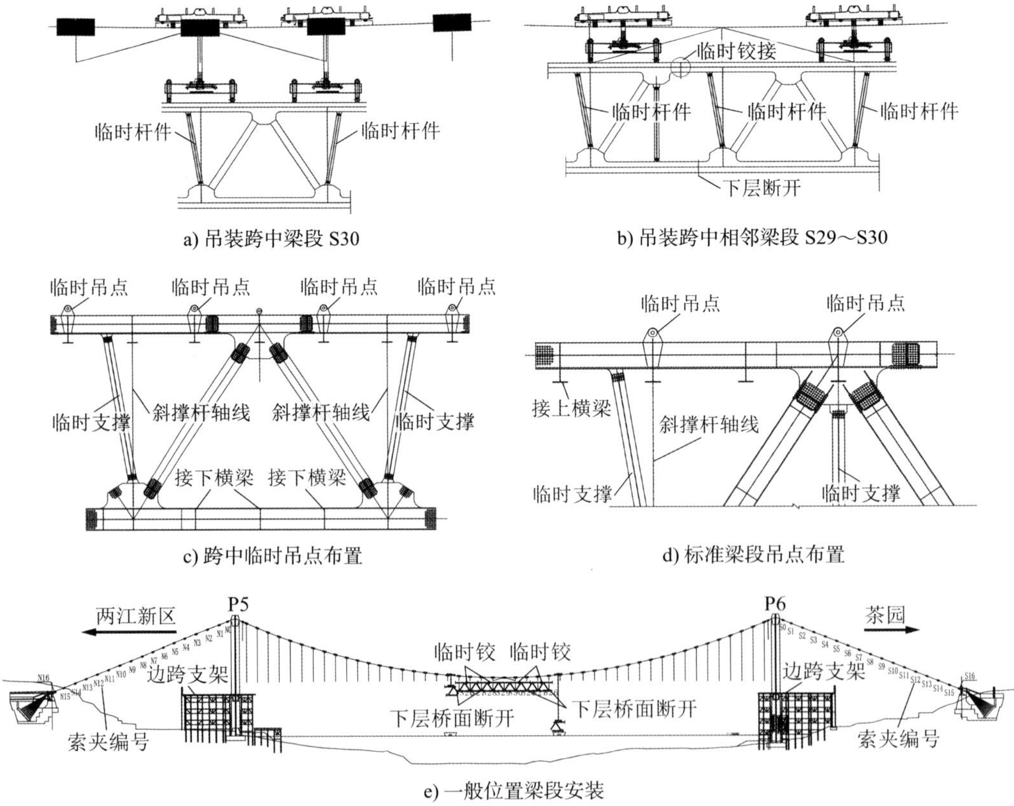

a) 吊装跨中梁段 S30

b) 吊装跨中相邻梁段 S29～S30

c) 跨中临时吊点布置

d) 标准梁段吊点布置

e) 一般位置梁段安装

图 5.2-11 主跨梁段吊装示意图

主跨标准梁段吊装应保证缆载吊机起吊钢桁梁后与已安钢桁梁段间保留 30～50cm 间隙，以便钢桁梁顺利垂直起吊。将钢桁梁定位在缆载吊机的吊点下方，缆载吊机放下吊具，然后根据缆载吊机吊具位置，收放定位船锚绳进行精确定位。用销轴将钢桁梁临时吊点与缆载吊机分配梁销接，满足安全吊装要求后，同时启动提升千斤顶，使钢桁梁缓慢离开驳船，并检查钢桁梁是否水平，调整提升设备的运行速度，使得缆载吊机吊点均匀受力。垂直吊装钢桁梁梁段至预定位置（稍高于安装高程 20～30cm）后，将吊索与钢桁梁永久吊点连接。然后通过手动葫芦配合，将吊装钢桁梁节段与已安装钢桁梁节段临时连接。缆载吊机缓慢卸载直至吊索完全受力，解除纵向扁担梁与梁段临时吊点的连接，完成主跨标准钢桁梁节段吊装，移动缆载吊机进行下一节段吊装。随着钢桁梁节段吊装的进行，上弦杆节段间铰接、下弦杆断开，吊装过程中适时刚接。深水区钢桁梁吊装现场如图 5.2-12 所示。

（2）特殊位置梁段安装

由于北岸和南岸边跨区以及主跨浅水区梁段的现场地形条件限制，该区域梁段采用高低支架＋荡移法安装。边跨侧荡移施工支架布置如图 5.2-13 所示。在起重机垂直起吊梁段后，水平牵拉梁段到达预定吊索位置，连接吊索与梁段。当扣索承担全部梁段自重且稳定后，起重机卸载，并前行到指定位置固定后启动牵引系统起吊梁段。待吊索不受力后解除与梁段的连接，此时钢箱梁自重全部由缆载吊机承担，完成一个荡移循环。在受地形条件限制范围，现场应采用高、矮支架水平荡移系统配合缆载吊机进行多次接力荡移的方法进行钢桁梁节段安装。

图 5.2-12　深水区钢桁梁吊装现场图

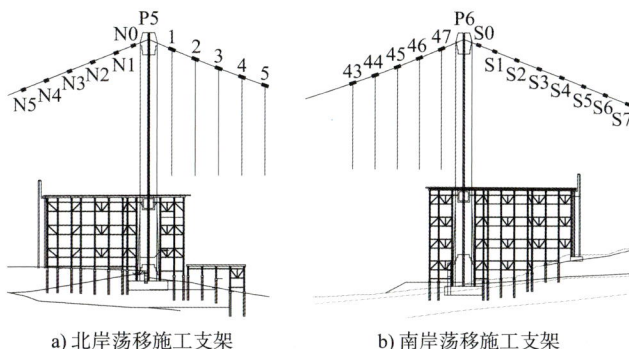

a）北岸荡移施工支架　　　　　b）南岸荡移施工支架

图 5.2-13　边跨侧荡移施工支架布置示意图

北岸侧钢桁梁包括北岸边跨梁段 S02A～S06，主跨浅水区段 S07～S10 段，梁段架设流程（图 5.2-14）为：吊装 S11 节→二次荡移法依次吊装 S02～S07（向 P4 墩侧偏移

50cm）→将 S08、S09 吊至矮栈桥上→吊装 S10 与 S11 连接→吊装 S09 与 S10 连接→吊装 S08 与 S09 连接→S07 向跨中侧移动 50cm 与 S08 刚接→S06 向跨中侧移动 50cm 与 S07 初步对接（不与 S07 连接）→依次移动 S05～S01 并依次与 S06 段连接→S07 与 S06 连接（合龙）。

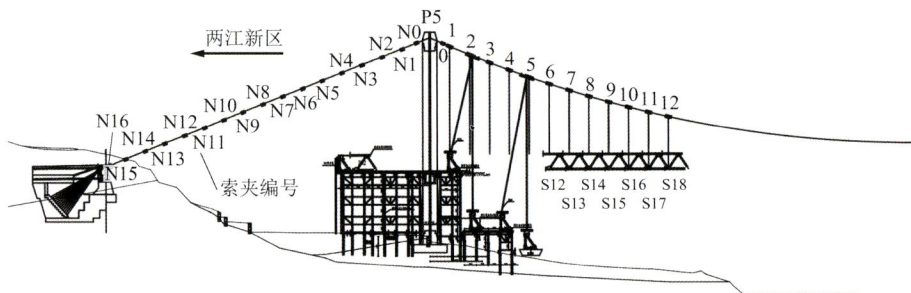

图 5.2-14　北岸边跨区梁段架设流程示意图

考虑到牵引力及施工空间的影响，在主塔塔顶门架安装 10t 卷扬机作为牵引动力，在中横梁人孔位置设置滑车组，牵引钢丝绳与吊具连接。边跨钢桁梁节段利用缆载吊机从驳船上垂直起吊至矮栈桥高程位置，采用 10t 卷扬机水平牵拉至矮栈桥并下放，荡移角度 11.8°，移动长度 27m，完成第一次荡移；缆载吊机行走至对应吊装位置，抱箍夹紧索夹主缆，垂直起吊牵拉到位的边跨节段至高栈桥高程，水平牵拉至高栈桥下方，荡移角度 14.2°，提升高度约 43m，完成第二次荡移作业；通过滑道梁进行液压滑移装置水平滑移，滑移至 P4 墩，为满足后期合龙段安装，S02A 节段往 P4 墩方向偏移 30～50cm，合龙段安装后，再将边跨段回移到设计位置。主跨钢桁梁节段通过第一次荡移至矮栈桥，缆载吊机行走至对应位置处，按 S10、S09、S08 节段依次垂直起吊安装。

在 S02～S10 全部安装到位后，S07 节段滑移与 S08 节段刚接；S06 节段先与 S07 节段初步对接，待 S01～S05 与 S06 节段通过三向千斤顶精确调位（先进行竖向调整、再进行横纵向调整）连接成整体后，调整 S06 节段与 S07 节段刚接合龙。北岸边跨区梁段架设如图 5.2-15 所示。

图 5.2-15　北岸边跨区梁段架设

南岸侧钢桁梁包括南岸边跨梁段 S01～S06，主跨浅水区段 S07 段，梁段架设流程

（图 5.2-16）为：荡移法依次吊装 S01～S07（向 P7 墩侧偏移 50cm）→移动 S07 向跨中侧 50cm 与 S08 刚接→移动 S06 向跨中侧 50cm 与 S06 初步对接（不与 S07 连接）→依次移动 S05～S01 并依次与前一节段连接→S07 与 S06 连接（合龙）。

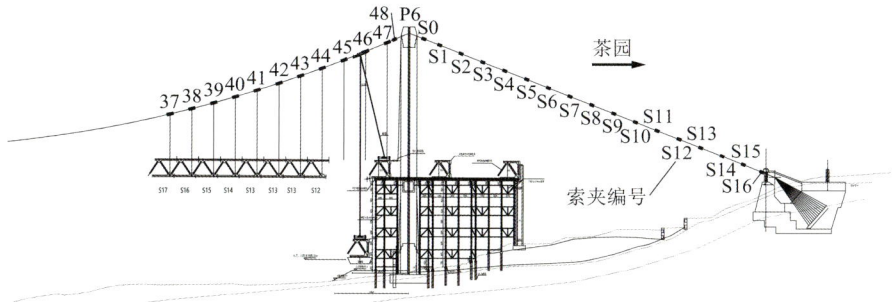

图 5.2-16　南岸边跨区梁段架设流程示意图

驳船运输钢桁梁单元到达指定位置精确定位，起重机起吊 S01 节段至栈桥上，荡移角度 13.4°，采用 10t 卷扬机水平牵引，移动距离 88.9m；通过液压滑移桩基，在滑道水平滑移，牵引至 P7 墩，为满足后期合龙段安装，S01～S07 向 P7 墩移动 30～50cm；合龙段安装后，再将边跨段回移到设计位置。南岸边跨区梁段架设如图 5.2-17 所示。

图 5.2-17　南岸边跨区梁段架设

（3）斜腹杆安装

将待安装斜腹杆临时固定在主桁架下桥面板上，随着吊装梁段一起起吊。斜腹杆超出底板弦杆 2m，无法直接吊装完成，待整体梁段吊装就位后再临时安装斜腹杆。安装时，在斜腹杆下方布置两个四氟板滑动支座，将斜腹杆滑移至待安装节间。

如图 5.2-18 所示，安装扒杆及尼龙吊带，两个扒杆同时起吊斜腹杆至一定高度，保持扒杆 2 不动，扒杆 1 缓缓提升斜腹杆至安装角度，微调角度，将斜腹杆荡移至安装位置。在起吊及安装过程中都需要在下层桥面上横向牵拉。斜腹杆荡移就位过程中利用扒杆外侧的滑轮在主桁架外侧牵拉，牵拉绳采用材质较软的尼龙绳，防止对主桁架上弦杆造成磨损伤害。

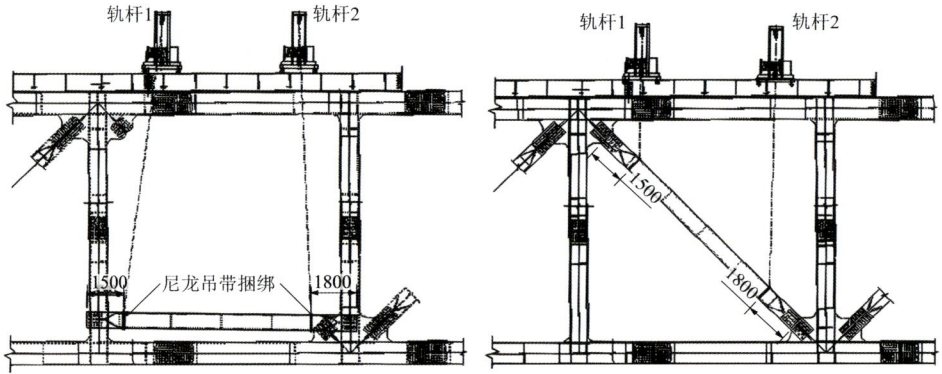

图 5.2-18　斜腹杆安装示意图（尺寸单位：mm）

3）钢桁梁连接方式转换

如图 5.2-19 所示，钢桁梁吊装过程连接采用在上弦杆设置临时铰接、下弦杆断开的连接方式。钢桁梁吊装过程中，钢桁梁线形将从开始时的"凹"形慢慢转变为"凸"形，在钢桁梁线形平顺时，依据监控指令将中跨钢桁梁 S07～S30 梁段按照从跨中向两侧顺序依次拆除临时连接，进行梁段永久连接，同时进行桥面板节段间全断面焊接，逐步完成铰固转换。

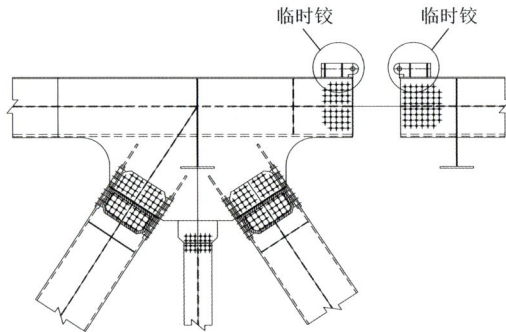

图 5.2-19　钢桁梁临时铰布置示意图

钢梁拼装连接总体顺序为先下弦杆、再上弦杆、最后斜杆，斜杆拼接存在偏差时，可采用如图 5.2-20 所示措施进行对位调节。桥面板连接采用"先栓后焊"的施工工艺。

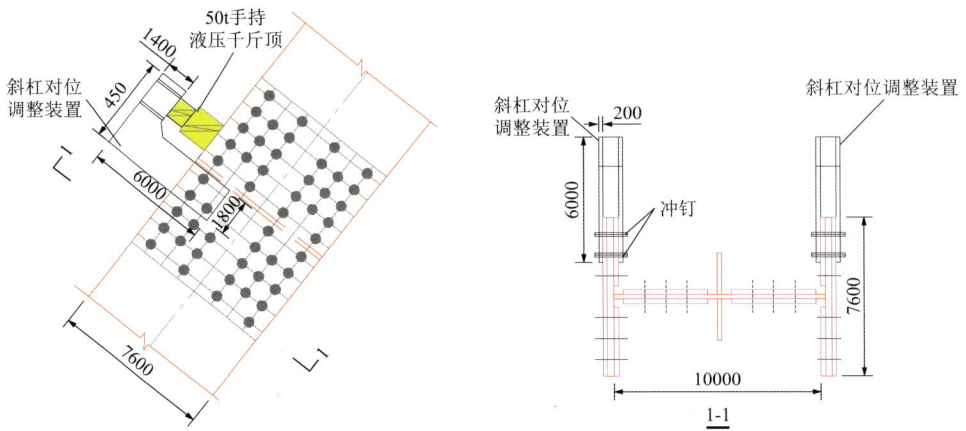

图 5.2-20　斜杆对位调整示意图（尺寸单位：mm）

4）合龙口偏差控制

合龙口高程偏差调整措施：若合龙口高程偏差较大，在主塔中横梁顶（S06 节段）、辅助墩顶（S01 节段）分别采用 2 台 800t 液压千斤顶调整合龙口高程及转角偏差，如图 5.2-21、图 5.2-22 所示。千斤顶分别布置在钢梁两侧下弦杆节点腹板底部位置，下弦杆另一侧腹板底部在高程调整过程中及时塞垫钢板。千斤顶安装时，其底部平面应保持平整，顶部安装一块聚乙烯四氟滑板，并采用同一套操作系统控制千斤顶同步顶升。若合龙口高程偏差较小（＜20mm），合龙口竖向偏差采取"七"字形反力装置及千斤顶、马板进行调整。在单个合龙口，将"七"字形反力装置固结在较低一侧弦杆顶面，50t 机械千斤顶放置在较高侧弦杆顶面，通过反向顶升以强制消除合龙口竖向偏差。

合龙口轴线偏差调整措施：为消除合龙口两侧钢梁安装过程中造成的轴线相对偏差，在主塔塔柱与 S06 节段钢梁下弦杆节点之间采用型钢＋500t 千斤顶进行合龙口侧轴线偏差调整。在辅助墩顶 S01 节段钢梁下弦杆节点外侧设置型钢反力架＋500t 千斤顶进行梁端侧轴线偏差调整。

合龙口纵向里程方向偏差调整措施：在辅助墩顶 S01 节段两侧下弦杆内侧腹板位置分别布置一台 500t 千斤顶，通过千斤顶将边跨段 S01～S06 节段钢梁向 S07 节段顶推。顶推过程中，千斤顶顶推力按照钢梁重量×四氟滑板摩擦系数考虑。顶推过程中左右两侧需同步分级顶推，每顶推 10mm，停止 2min，观察合龙口及钢梁底部支垫情况。

图 5.2-21　合龙口高程偏差调整　　　　图 5.2-22　合龙口竖向顶升

5.3　钢箱梁架设施工实例

本节以江津白沙长江大桥的钢箱梁和张家界大峡谷玻璃桥的钢箱混凝土主梁架设施工为例，介绍悬索桥钢箱梁架设施工技术。

5.3.1　缆载吊机架设钢箱梁

1）结构概况

如图 5.3-1 所示，江津白沙长江大桥主桥为主跨 590m 双索面悬索桥，桥面宽 33m，双向 6 车道，主跨及东边跨为双悬吊体系，加劲梁采用扁平型钢箱梁，西边跨采用预应力混凝土箱梁结构。主桥钢梁为全焊正交异性板流线型扁平钢箱梁，长 770m，中心线处标准梁高为 3.5m。主梁全宽为 34.8m（含风嘴）。斜底板宽 5.5m，水平底板宽 25m。钢箱梁顶面设 1.5%的双向横坡，底面水平。

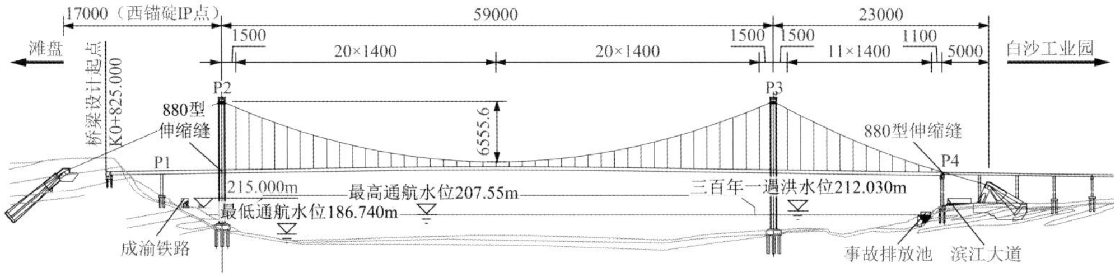

图 5.3-1　江津白沙长江大桥结构示意图（尺寸单位：mm）

如图 5.3-2 所示，江津白沙长江大桥钢主梁以中跨跨中为轴线对称布置，沿桥纵向分成 56 个节段，划分为 A、B、B1、C、D、E 共 6 种类型。其中，A 类为主跨跨中梁段，B 类为主梁标准梁段，B1 类为主梁板厚加厚梁段，C 类为 P3 桥塔支点梁段，D 类为 P2 桥塔支点梁段，E 类为边跨交接墩的支点梁段。不同板厚对接时保持箱内侧平顺。纵隔板设置在 B1 和 C 类梁段。A、C 类梁段长度为 15m，B、B1 类梁段长度均为 14m，D 类梁段长度为 6.75m，E 类梁段长度为 3.75m。

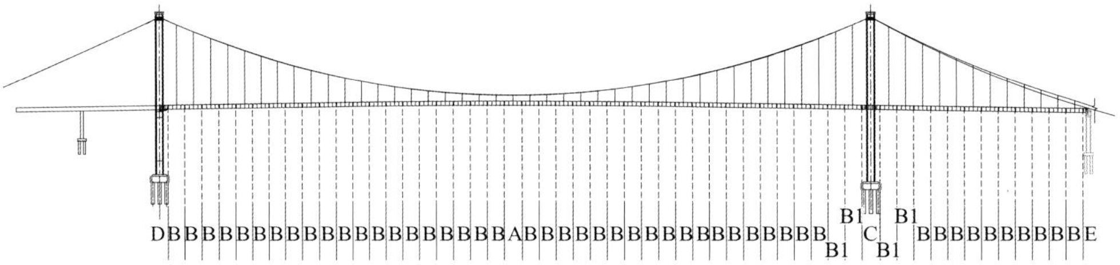

图 5.3-2　江津白沙长江大桥钢箱梁节段划分示意图

2）钢箱梁制造技术

先在工厂内制造完成钢箱梁各类板单元，整节段钢箱梁在总拼场地按照"4 + 1"进行试拼装，并按照工期要求，将所有钢箱梁节段通过船运发运到桥址进行安装。边跨 P4 墩顶 2 节段钢箱梁板单元利用汽车运输至桥位并在胎架上进行散拼。

（1）工厂预制

本桥钢箱梁所有板单元可按类型在专用胎架上形成流水作业制造，在满足设计要求、保证钢梁制造质量的前提下，结合供料、运输、批量生产等因素，将钢箱梁顶板横向划分为 11 块、底板横向划分为 13 块、横隔板划分为 2 块，如图 5.3-3 所示。

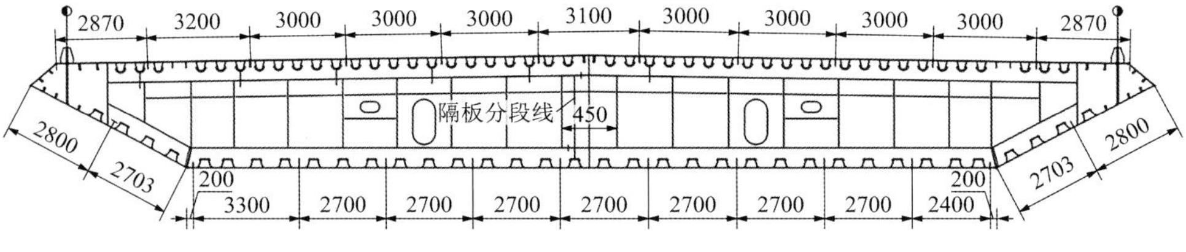

图 5.3-3　钢箱梁标准横截面示意图（尺寸单位：mm）

本桥钢箱梁顶板 U 肋、顶板 I 肋采用栓接，其余均为焊接结构形式，非合龙段钢箱梁顶板单元、底板单元及腹板单元均按照理论长度加 15～20mm 余量下料制造，板单元制造总体按照"钢板预处理→号料→下料→边缘加工→组拼→焊接→校正→检测→节段总拼"的顺序进行。钢箱梁顶底板制造流程如图 5.3-4 所示。

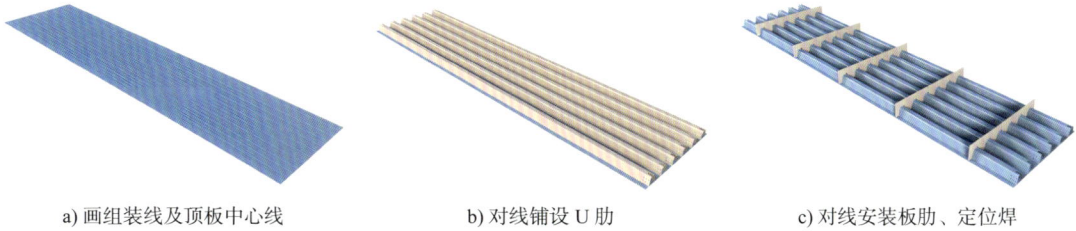

a) 画组装线及顶板中心线　　　b) 对线铺设 U 肋　　　c) 对线安装板肋、定位焊

图 5.3-4　钢箱梁顶底板制造流程图

（2）工厂拼装

节段总拼通过"三纵一横法"控制箱口尺寸及梁段间匹配性，通过胎架两端各设置测量点及横向基准线控制顶、底板及腹板定位尺寸，保证钢箱梁断面几何尺寸及匹配性。为保证成桥线形，节段总拼胎架应设置纵、横向预拱度值，采用垫拱法实施对拱度的控制。横向拱度考虑焊接变形预留 30mm 的上拱度。纵向线形按设计提供的成桥线形设置（如有监控线形则按监控线形设置），总拼完成后按工艺长度进行环切。总拼胎架横截面如图 5.3-5 所示，预拼装胎架如图 5.3-6 所示。

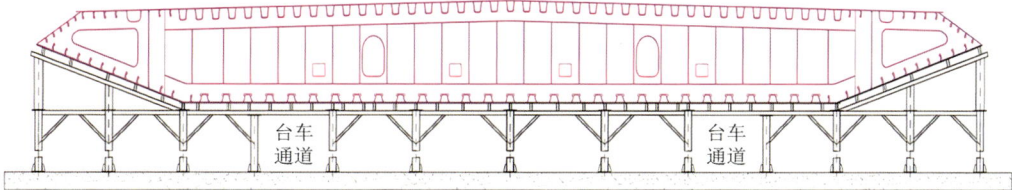

图 5.3-5　总拼胎架横截面示意图

图 5.3-6　预拼装胎架

根据前述分块原则、钢箱梁的外形特点，总拼采用"正装法"，以胎架为外胎，以纵、横隔板为内胎，各板单元按纵、横基线就位，辅以加固设施以确保精度和安全。按照"总拼胎架搭设→检测→铺设底板，焊接，检测开档→从基准端开始拼装横隔板单元→拼装腹板单元→拼装风嘴隔板→铺设顶板单元→焊接→调校→检测→箱口配切→非基准端匹配钻孔→永久吊耳补强板焊接→永久吊耳镗孔及检测→整体检测→安装匹配件→安装临时吊耳及附属设施→送涂装"的顺序，实现立体阶梯形推进方式逐段组装与焊接，具体拼装流程如图 5.3-7 所示。

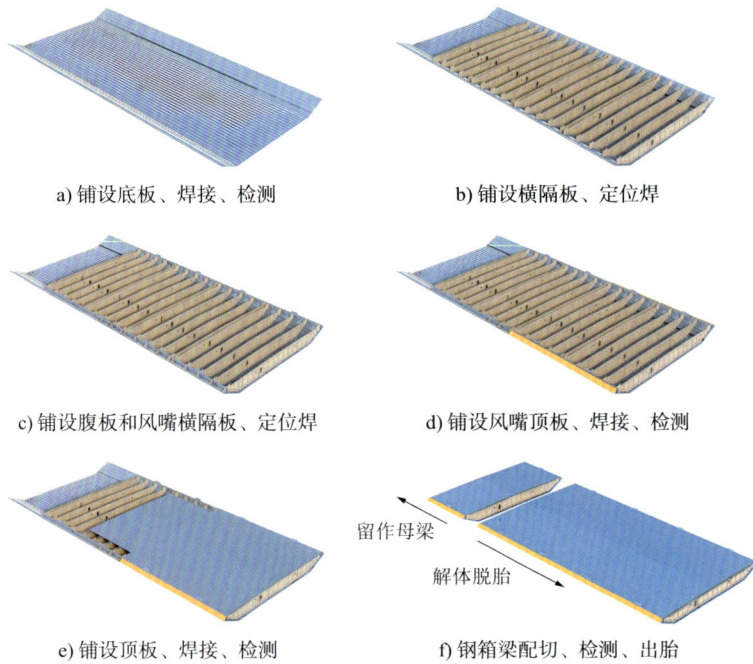

a) 铺设底板、焊接、检测　　　　b) 铺设横隔板、定位焊

c) 铺设腹板和风嘴横隔板、定位焊　　d) 铺设风嘴顶板、焊接、检测

e) 铺设顶板、焊接、检测

留作母梁

解体脱胎

f) 钢箱梁配切、检测、出胎

图 5.3-7　总拼工艺流程图

（3）现场散拼

由于缆载吊机无法吊装 P4 墩顶两个钢箱梁段，故此梁段在厂内做成板单元，由汽车运输至桥位进行散拼。桥位钢箱梁段散拼支架需有足够的刚度，地基稳固，防止钢箱梁拼装过程中胎架发生沉降及变形，其布置形式如图 5.3-8 所示。总拼前需设置测量网，采用"三纵一横法"。

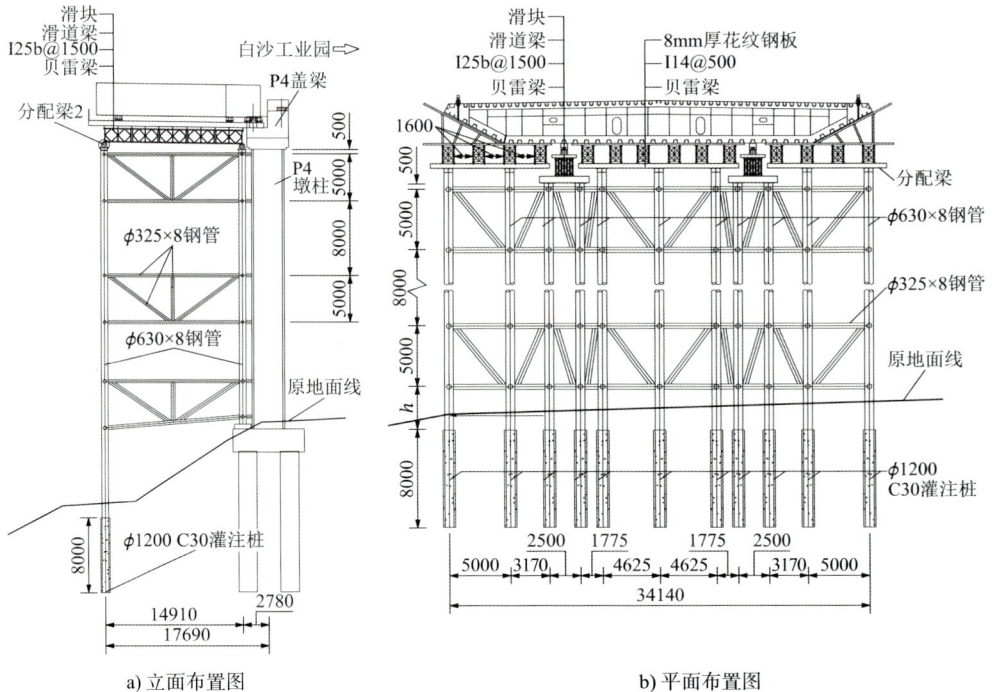

a) 立面布置图　　　　b) 平面布置图

图 5.3-8　P4 墩散拼钢箱梁支架布置示意图（尺寸单位：mm）

3）钢箱梁安装施工技术

（1）总体施工流程

根据现场条件，江津白沙长江大桥采用缆载吊机法架设钢箱梁，分别进行主跨深水区标准梁段吊装、东岸边跨及主跨浅水区梁段吊装。架设顺序为从跨中向两侧主塔方向架设，以跨中钢箱梁中心为基准端，两侧主塔方向为非基准端，边跨钢箱梁以P4墩连接引桥侧为基准端，P3墩方向为非基准端。钢箱梁吊装完毕后进行钢箱梁现场焊缝焊接形成整体。

（2）施工准备

由于受水位限制，P3主跨浅滩区水深均无法满足钢梁船运就位的要求，故需在主跨浅滩区及边跨梁段架设滑块高程为221.5m的滑移支架，待缆载吊机将边跨梁段由运梁船上吊起后，采用荡移法送至滑移支架上，再由牵引系统拖拉至预定起吊位置等待起吊。东边跨靠近P4墩吊索较短，仅为2.64m，且倾斜角度小，梁段无法采取荡移法或垂直起吊，在该位置设置散拼平台进行端梁施工。

如图5.3-9所示，东岸架梁支架主要包括ϕ1200mm钻孔灌注桩基础、ϕ720mm×10mm（散拼平台为630mm×8mm）钢管桩立柱、ϕ325mm×8mm和ϕ406mm×8mm钢管桩间连接系、56a工字钢桩顶分配梁、1.5m贝雷梁、25b工字钢分配梁及滑道等。东岸钢梁支架采用左右幅分离结构，中心间距12.8m，与钢箱梁竖肋位置相对应。为避免长江流水及洪峰期间漂浮物对架梁支架的影响，在支架上、下游侧设置防撞墩，防撞墩立柱为ϕ820mm×10mm钢管桩立柱，基础采用ϕ1200mm钻孔灌注桩基础，钢管桩内部填充C20混凝土。

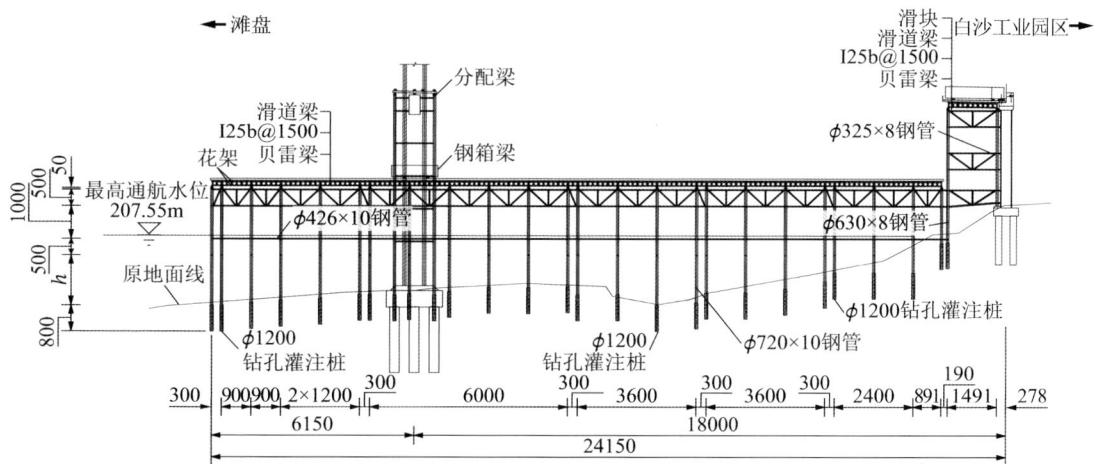

图5.3-9　东岸架梁支架立面布置示意图（尺寸单位：cm）

（3）吊装施工

钢箱梁沿着跨中中心线两侧对称，钢箱梁沿桥纵向分成56个节段，考虑构造因素，主梁划分为主跨跨中梁段、主梁标准梁段、主梁板厚加厚梁段、P3桥塔支点梁段、P3桥塔支点梁段、P2桥塔支点梁段、边跨交接墩的支点梁段，共6种类型，其主要施工步骤如下。

组拼支架平台（图5.3-10）：主缆紧缆及吊索、索夹安装完成后，进行缆载吊机组拼安装、架梁支架及散拼平台搭设。

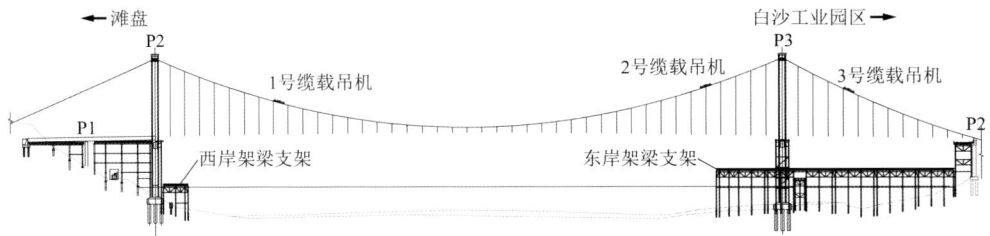

图 5.3-10　组拼支架平台

边跨梁段荡移（图 5.3-11）：运输东边跨钢箱梁节段，首先将缆载吊机移动至相应位置，利用 2 号缆载吊机钢箱梁垂直起吊后，水平牵引荡移至滑移支架，通过滑移轨道由牵引系统将钢箱梁滑移至设计位置存放，用 3 号起重机垂直提升安装，同时可进行梁段散拼施工。

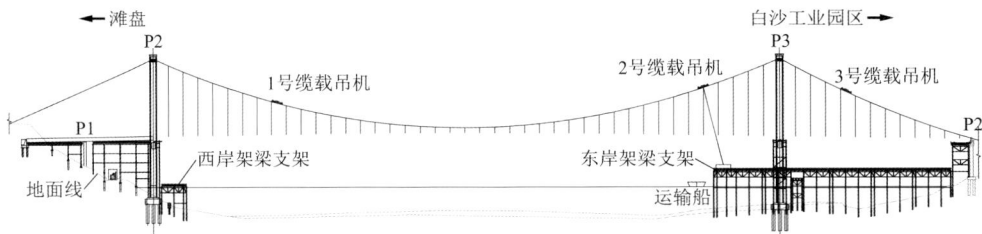

图 5.3-11　边跨梁段荡移

索塔无吊索段架设（图 5.3-12）：施工 P3 索塔无吊索段架梁支架，将边跨浅滩区钢箱梁及 P2、P3 无吊索段钢箱梁垂直提升后，水平牵引荡移至架梁支架并滑移至设计位置，1 号缆载吊机吊装完成后行走至跨中位置，准备进行跨中钢箱梁起吊施工。

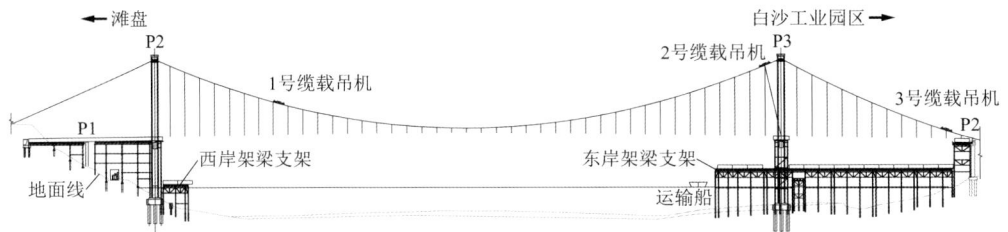

图 5.3-12　索塔无吊索段架设

一般梁段架设（图 5.3-13）：2 号缆载吊机移动至中跨进行钢箱梁吊装，首先由运梁船将钢箱梁运至待吊梁段下方，利用缆载吊机垂直起吊安装梁段。主跨深水区吊装由跨中向两侧对称吊装，边跨由大里程向小里程侧进行吊装，第七个吊索处暂不进行吊装，为后期全桥合龙提供条件。

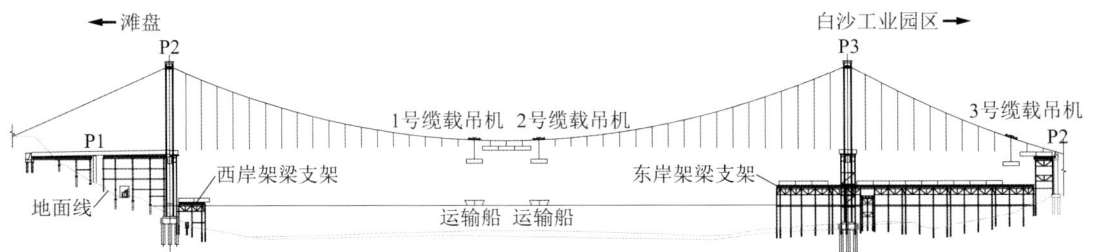

图 5.3-13　一般梁段架设

合龙段架设（图 5.3-14）：梁段合龙时，先合龙主跨，再合龙边跨。P2 主跨合龙时，先利用卷扬机将 D 梁段向边跨拽拉 300mm，待合龙后再进行回移。P3 主跨合龙时，利用卷扬机等牵引系统将东边跨主跨侧已安装好钢梁向边跨拽拉 300mm，等 P3 主跨合龙后回移。东边跨合龙前由卷扬机将东边跨的边跨侧已安装好钢梁向边跨拽拉 300～500mm，留出吊装空间后由缆载吊机吊装合龙段，完成合龙段对接。

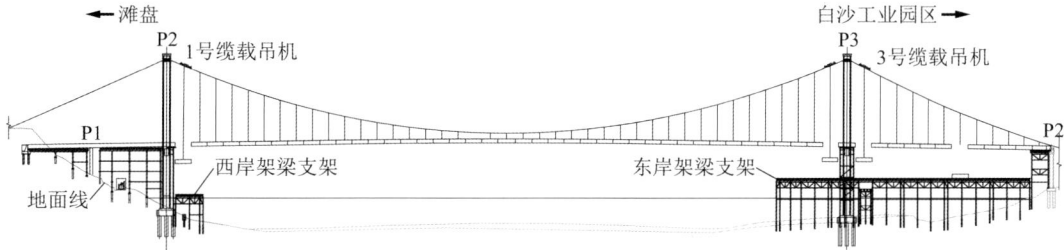

图 5.3-14 合龙段架设

① 主跨深水区梁段吊装

主跨深水区共有 37 个节段，其中 A 节段 1 个、B 节段 36 个，均采用小节段单台缆载吊机垂直起吊。在钢箱梁存梁支架工作完成后，即可开始钢箱梁吊装施工。随着钢箱梁节段吊装的进行，两相邻节段梁底板间下缘张口逐渐减小至计算值时，及时连接梁段底板临时连接件。

② 边跨及主跨浅滩区梁段吊装

在本桥位处利用一艘 12m×3m 工作船通过花杆现场实测河道水深情况，并在满足吃水深度 3m 处设置警示标志，确定航线，以便拖船与小型驳船安全运输钢梁。运输船将浅滩区钢箱梁从钢厂运输至深水区侧缆载吊机正下方进行抛锚定位，提梁架设。

P3 索塔无吊索段长 15.0m，重 383t，超出缆载吊机吊重范围，需要对钢箱梁 C 梁段进行分段。顺桥向将 C 梁段分为 C1（264.7t）、C2（118.3t）两部分，具体分段如图 5.3-15 所示。

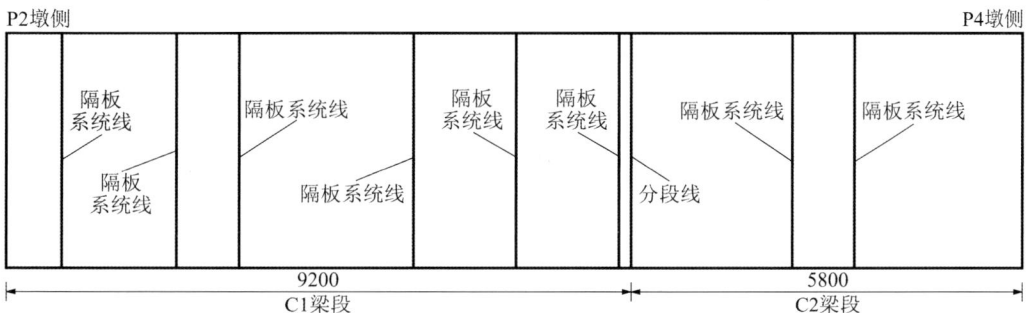

图 5.3-15 C 梁段节段划分示意图（尺寸单位：mm）

在主跨钢箱梁安装前，利用 2 号缆载吊机先将该梁段由运梁船荡移至滑移平台，由液压同步顶推滑移设备将钢箱梁滑移 P3 主跨侧塔下。在滑移过程中，为避免贝雷梁弯矩过大，在钢箱梁底部设置由 3 根长 12.0m 的Ⅰ56a 工字钢组成的导梁。缆载吊机和钢箱梁同时向前移动至 P3 主跨侧塔下，再次由缆载吊机将该梁段荡移至 P3 索塔高支架的滑道梁上。待两个梁段均吊装至高支架后，将两个梁段焊接为整体并利用卷扬机向边跨侧移动300～500mm，待主跨合龙完成后，再将梁段回移，与合龙段对接。

P2索塔侧无吊索段长6.75m，重191t，在主跨钢箱梁安装前至西岸浅滩区时，利用1号缆载吊机先将该梁段由运梁船荡移至滑移平台，由卷扬机将钢箱梁拽拉至P2主跨侧塔下，再次由缆载吊机将该梁段荡移至P2索塔高支架滑道梁上并向边跨侧移动300～500mm，待主跨合龙完成后，再将梁段回移，与合龙段进行对接。

边跨及主跨浅滩区梁段安装如图5.3-16所示。

a) 支架搭设

b) 边跨钢箱梁安装

c) 中跨钢箱梁安装

d) 钢箱梁合龙

图5.3-16　边跨及主跨浅滩区梁段安装

③合龙段吊装施工

江津白沙长江大桥合龙顺序为先主跨后边跨，主跨合龙时需将西岸D梁段及东岸边跨梁段向边跨侧滑移300～500mm，以保证合龙时有足够的合龙空间。主跨合龙完成后，利用牵引系统将东边跨梁段向大里程侧偏移300～500mm，待边跨合龙后再将梁段回移，完成钢箱梁安装。

主跨合龙分为西岸合龙施工和东岸合龙施工，西岸合龙施工时，利用放置于西引桥现浇箱梁上方的卷扬机将存于高支架上的D梁段往小里程侧拽拉300～500mm，留出吊装空间后，由缆载吊机将合龙段梁段起吊安装，安装完成后将D梁段回移，完成西岸钢箱梁合龙施工。东岸主跨合龙时，由于部分东边跨钢箱梁已经起吊安装，为保证主跨能够顺利合龙，在东边跨中间位置预留一片钢箱梁不起吊，待主跨合龙完成后再进行此处合龙。合龙前，利用卷扬机将P3索塔处C梁段及部分边跨梁段向大里程侧拽拉300～500mm，留出合龙空间，待合龙完成后再缓慢回移，完成主跨合龙段施工。

边跨合龙在主跨合龙完成之后再进行施工，合龙前利用卷扬机将东边跨已连接完成梁段向大里程侧拽拉 300～500mm，留出合龙空间，待合龙完成后再缓慢回移，完成边跨合龙段施工。

④ 主索鞍顶推施工

根据设计单位提供的顶推力，主塔主索鞍采用安装在反力架上的两台 500t 千斤顶顶推。本桥 P2 主索鞍预偏量 864mm，P3 主索鞍预偏量 835mm，在钢箱梁吊装期间，需根据索塔偏位监控数据对边塔主索鞍进行顶推，以控制边塔塔顶偏位在许可范围内。

在钢箱梁吊装开始后，定期松开索鞍固定拉杆的螺母，预留紧固空间，每次预留空间按 1～2cm 控制，防止塔顶偏位未达到监测控制范围而主缆水平力差过大，造成索鞍固定拉杆被拉断或螺母无法松开。在钢箱梁吊装前期，主索鞍顶推采用固定拉杆预留空间、依靠主缆水平力差的方法使索鞍自动向主跨相对塔顶位移。在梁段吊装后期，索鞍无法依靠固定拉杆预留空间自动滑移，需要通过安放在反力架上的 2 台 500t 千斤顶进行索鞍顶推。

索鞍预留自动滑移的空间和顶推位移量，按多次少量的原则实施，并且控制南、北主塔和左右幅对称作业，防止边塔偏位不对称和索塔扭转。

（4）钢箱梁桥位连接施工

在梁段吊装时，考虑主缆线形、索夹尺寸的影响，为了方便钢箱梁和吊索连接，将钢箱梁略微提高超出已吊装梁段高度 20～30cm 的安全距离，连接好吊索之后，缆载吊机缓慢下放钢绞线，同时利用连接在已架设梁段上的手拉葫芦，水平牵拉吊装梁段向已安装梁段靠拢，最后用临时连接件将两相邻梁段相连。钢箱梁吊装就位后，先完成箱梁顶板 D2 型临时连接件的螺栓连接。

在钢箱梁吊装初期，梁段下部呈开放状态，随着箱梁节段吊装的进行，相邻梁段的下部间隙开始闭合，进行梁段底板 D2 型临时连接件的螺杆连接。梁段继续吊装，闭合梁段数量增加，钢箱梁线形基本形成，然后完成 D1 型临时连接件的螺杆连接；待整体线形调整到位后，进行钢箱梁现场焊接作业。钢箱梁临时连接件位置如图 5.3-17 所示。

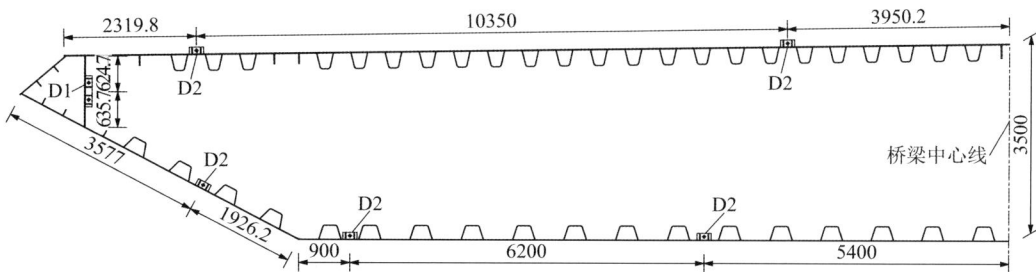

图 5.3-17　钢箱梁临时连接件位置示意图（尺寸单位：mm）

5.3.2　缆索吊机架设钢箱梁

本节以张家界大峡谷玻璃桥的钢箱梁架设施工为例，介绍悬索桥钢箱梁缆索吊机架设施工技术。

1）结构概况

如图 5.3-18 所示，张家界大峡谷玻璃桥是一座坐落于峡谷之上的景观悬索桥。桥面距谷底 250m，主跨加劲梁跨度为 375m，加劲梁为纵、横梁体系，钢纵梁内灌注混凝土，钢纵、横梁间露空部分铺设钢化夹层玻璃。两根主索为空间索面，北侧主缆跨度布置为：55m ＋

430m＋45m,南侧主缆跨度布置为:80m＋430m＋82m。西侧两桥塔柱横向中心距为45m,东侧两桥塔柱横向中心距为50m。

如图 5.3-19 所示,钢箱梁分为 L1～L7 共 7 种类型,共计 37 个节段。L1～L6 节段长度为 10m,L7 节段长度为 12.5m,各节段之间采用全断面焊接;主纵梁横向间距4.5m,断面形式为倒梯形,沿桥跨方向通长设置;横梁标准间距 5m,断面形式为倒梯形;如图 5.3-20 所示,加劲梁中间部分为标准等宽段,桥面宽度 6m,两端各 50m 范围为变宽段,桥面宽度由 6m 按线性规律变化至 15m,在变宽段上、下游外侧各增设一道副纵梁,加劲梁高 0.6m,桥面不设横坡;吊索纵桥向间距 5m,与横梁位置一致。

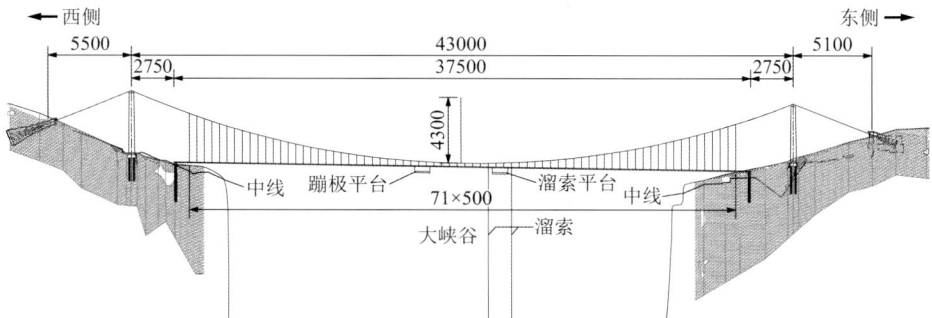

图 5.3-18　张家界大峡谷玻璃桥结构示意图（尺寸单位：mm）

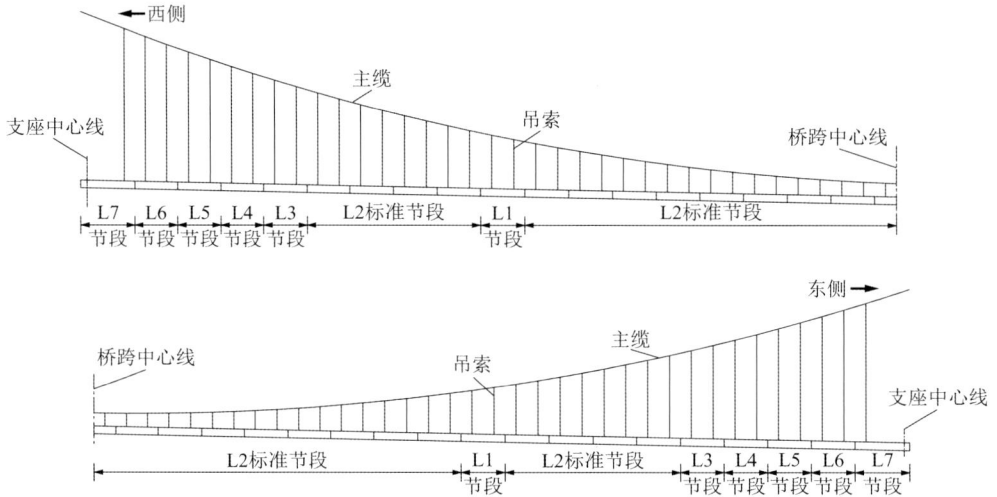

图 5.3-19　钢箱梁段划分示意图

2）钢箱梁制造技术

钢箱梁单元横梁和纵梁断面均为正梯形,由底板、腹板、隔板和顶板构成。其中,纵梁顶板、底板上均装有板肋,腹板上装有剪力钉,横梁顶板上设有板肋。钢箱梁区段构造如图 5.3-20 所示。

总体施工工艺流程为:制造厂内进行主梁材料加工(顶底板、加劲板、腹板、横隔板)→风嘴材料加工→横梁材料加工→纵、横梁单独杆件运输至现场→加劲梁拼装预制场建设→加劲梁拼装→部分梁段灌注混凝土→自检→存储→吊装阶段间高强螺栓连接→灌注剩余梁体内混凝土→主缆及梁体空间位置检测→主缆微调→梁体间焊接→梁体防腐层施工。

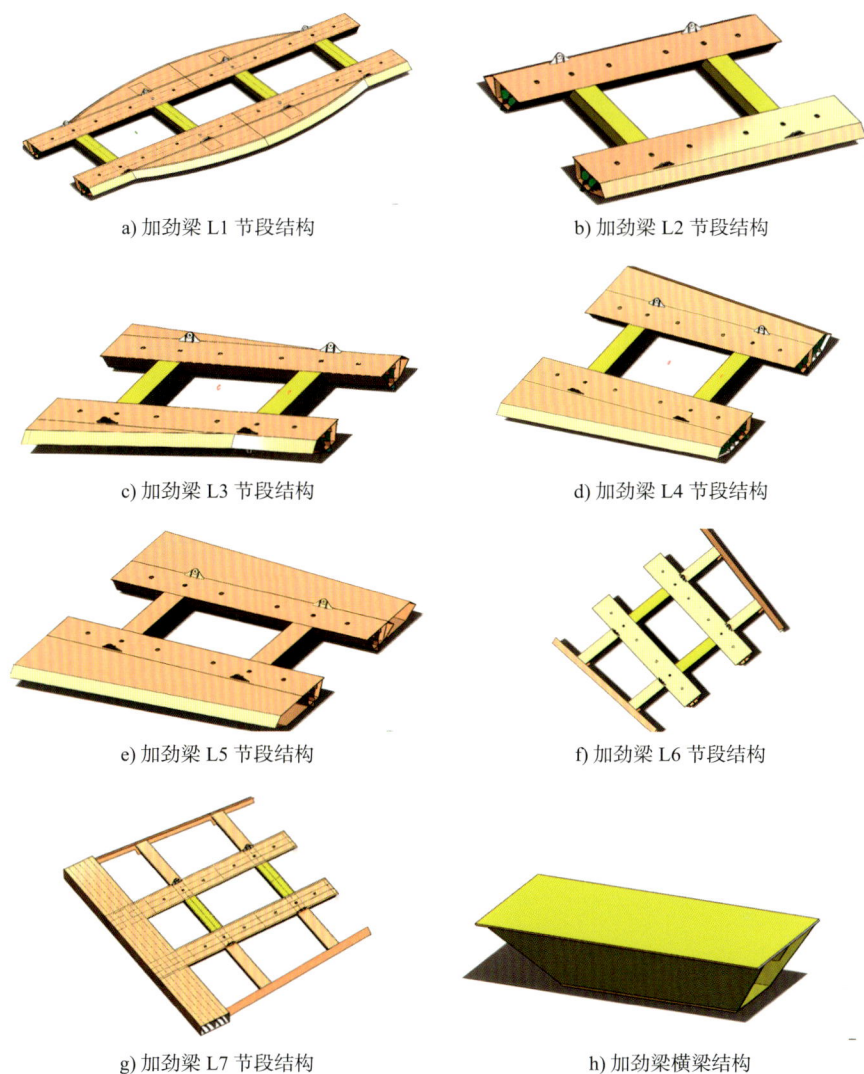

a) 加劲梁 L1 节段结构　　　　　　b) 加劲梁 L2 节段结构

c) 加劲梁 L3 节段结构　　　　　　d) 加劲梁 L4 节段结构

e) 加劲梁 L5 节段结构　　　　　　f) 加劲梁 L6 节段结构

g) 加劲梁 L7 节段结构　　　　　　h) 加劲梁横梁结构

图 5.3-20　钢箱梁区段构造示意图

（1）工厂预制

加劲梁采用场内集中下料，现场拼装，加劲梁拼装预制场设置在桥梁西岸左侧区域。加劲梁制造分为主梁单元、封嘴单元和横梁单元。其中，主梁分为顶板、底板、加劲板、腹板、横隔板，封嘴结构分为顶板、斜底板、隔板、抗风缆连接件，横梁结构分为顶板、底板、腹板、隔板。

梁段制作顺序为：下料（预处理→平板→数控精密切割下料→校正→坡口加工→划线）→腹板焊接剪力钉，顶板、腹板、底板安装板肋→顶板上安装隔板→顶板上安装腹板→焊接所有内部焊缝→内表面涂装→盖底板→焊接所有外部焊缝→安装风嘴筋板→安装风嘴下盖板→焊接所有内部焊缝→风嘴所有内表面涂装→安装风嘴上盖板→安装吊耳和检查车轨道→外表面打沙除锈→外表面涂装。

（2）总拼

加劲梁在厂内制作完成后拆分成单根横梁和纵梁发运，到达现场后将横梁与纵梁在总拼胎架上预拼成单个节段。总拼胎架总体施工工艺流程：原地面处理→测量放线→基座开挖→基础混凝土浇筑（预埋底座板）→竖向工字钢安装→纵横向工字钢安装→胎架加工→压板安装→顶面打磨处理→验收。

3）钢箱梁安装施工技术

（1）总体施工流程

张家界大峡谷玻璃桥钢箱梁在厂内制作完成后拆分成单根横梁和纵梁发运，到达现场后将横梁与纵梁在总拼胎架上预拼成单个节段。对于 L1 和 L2 节段，采取先灌注混凝土再吊装，而 L3～L7 待全桥吊装完成后整体灌注混凝土。

缆索吊装系统布置如图 5.3-21 所示，总体安装流程为：临时支架拼装 L7 节段→吊装 L6～L3 节段→吊装标准节段→合龙段架设→平台杆件安装→灌注（L7～L3）压重混凝土→标准段横梁处及平台梁段未浇筑混凝土位置浇筑混凝土→桥面调整→施加配重→桥面精确调整→成桥焊接。

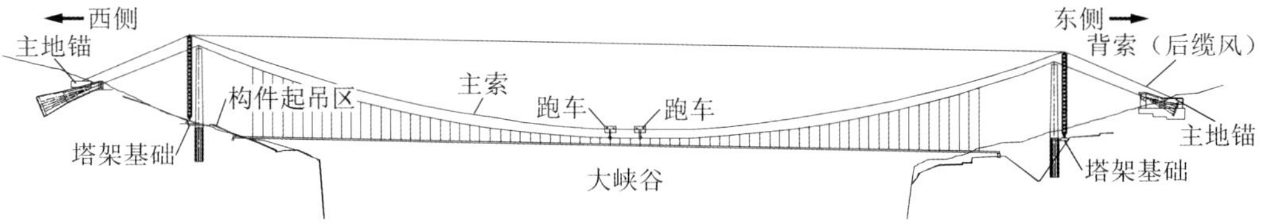

图 5.3-21　缆索吊装系统布置示意图

（2）架设施工

张家界大峡谷玻璃桥施工顺序为由两端向跨中方向对称安装。安装过程梁体间先用高强螺栓连接，待整体吊装完成并浇筑混凝土段，灌注混凝土后对梁体采用焊接连接。

缆索吊机钢箱梁的吊装顺序为：钢梁转运至起吊位置→垂直起吊运输→就位→吊索安装→临时固定→松吊点→吊装下一段→直至最终合龙→调整整桥线形→钢梁焊接成型。

① 支架拼装主塔根部 L7 梁段

如图 5.3-22 所示，主塔根部 L7 节段的顺桥向长度为 12.5m，质量为 52t（不含混凝土），超过缆索吊起质量，在桥梁端头搭临时支架将 L7 节段分成两部分吊装。在临时支架上组装首节加劲梁。首节加劲梁组装固定以后，在首节加劲梁顶铺设施工平台。利用首节加劲梁所提供的平台组装第二节段加劲梁，拼装完成以后利用缆索吊机吊装就位。为方便合龙段安装，L7 节段钢梁均向主塔侧预偏 50mm。安装完成 L7 节段的吊索后，拆掉临时支架，主缆加载处及其附近区域的高程均会下降，主缆跨中区域高程将上升。

② 缆索吊机吊装跨中节段

吊装东、西岸 L6 节段，将 L6 与 L7 临时固定，安装完成后主缆加载处及其附近区域的高程会继续下降，而跨中处及其附近区域的主缆高程上升，为适应主缆的这种线形变化，采用柔性钢绳或铁链进行节段间的临时连接。参照 L6 节段，按照从两岸向跨中安装顺序逐节段安装加劲梁。L6～L3 节段安装如图 5.3-23 所示。

图 5.3-22　L7 节段安装

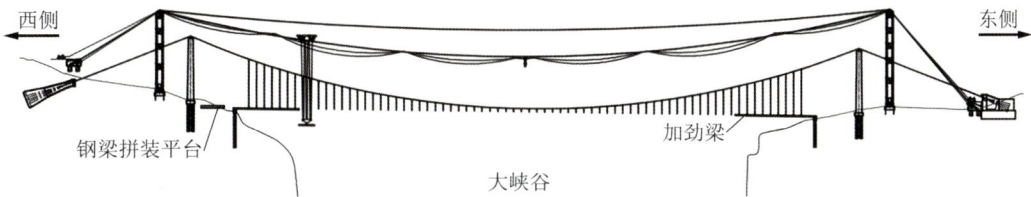

图 5.3-23　L6～L3 节段安装示意图

两岸均已安装 7 个节段时，主缆跨中处的高程达到最大值。根据缆索吊机加载试验，此工况下缆索吊机吊运构件时仍能顺利跨越主缆跨中拉索。继续安装标准节段加劲梁节段，主缆所有位置的高程将产生不同幅度的下降。L2 标准节段安装如图 5.3-24 所示。

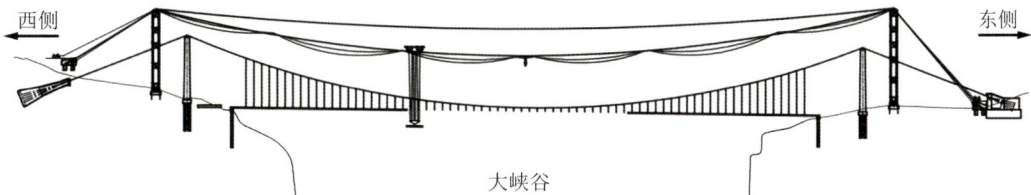

图 5.3-24　L2 标准节段安装示意图

③ 合龙段架设：待安装所有 L2 标准节段后，选择合适的时间和温度调整主缆横桥向间距直至满足钢梁合龙要求时，主缆起重机吊运合龙节段 L1 至合龙位置，调整已架设节段的纵桥向位移，安装吊索，临时固接钢梁节段截面；调整全桥钢梁线形，直至达到设计线形的要求。

④ 全桥吊装完成后灌注部分腔体的混凝土；为了保证每个腔体均灌注饱满，每个腔体四角均钻 ϕ14mm 出浆孔，所有出浆空均出浆后才能停止灌注。

⑤ 灌浆后调整全桥线形，张拉吊索。将节段与节段之间用码板牢固固定，先焊接加劲梁顶面焊缝和风嘴内部腹板对接焊缝，然后安装风嘴嵌补段并焊接。

⑥ 如图 5.3-25 所示，安装手动式加劲梁检查车。安装完成后进行调试和试运行，保证其可在全桥行走。利用加劲梁检查车焊接加劲梁底板对接焊缝和加劲梁内侧腹板对接焊缝；对于加宽段边纵梁对接焊缝则采用挂篮施工焊接。

⑦ 灌注所有腔体混凝土，并封堵所有灌浆孔和工艺孔，割除临时吊耳和匹配件并进行外观处理，利用加劲梁检查小车完成全桥涂装。

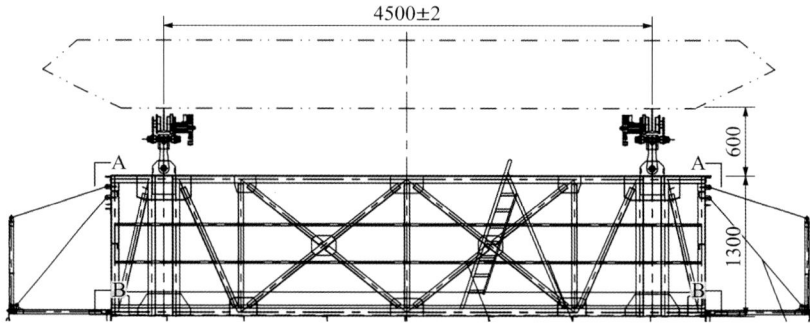

图 5.3-25　加劲梁检查车（尺寸单位：mm）

5.4　关键技术总结

（1）加劲梁节段数字化预拼装技术

在大跨度悬索桥建设中，钢桁梁的加工精度至关重要。传统方法要求在工厂进行实体预拼装。而本技术采用了一种多尺度点云数据采集策略，利用陆地三维激光扫描仪精确获取了部件的点云数据。通过目标检测算法和迭代最近邻算法，实现了点云数据的精准配准，包括模型点云与扫描点云的匹配。最终，结合广义普氏算法和粒子群算法，优化了螺栓孔的匹配和整修方案。这项数字化预拼装技术为钢桁梁部件的出厂验收和螺栓孔的精确整修提供了可靠的数据支持，并推动了数字化预拼装向智能化方向发展。

（2）复杂水域环境加劲梁连续荡移施工技术

在长江上游的复杂水域环境中，加劲梁的安装面临诸多挑战，尤其是季节性水位波动对施工产生的影响。为克服这些难题，郭家沱长江大桥塔区梁段的安装采用了连续斜拉荡移技术。该技术通过卷扬机、缆载吊机和存梁支架的协同作业，构建了一个高效且适应性强的荡移系统。钢桁梁连续荡移技术巧妙应用"永久吊索 + 临时吊索"的空中换梁能力，以及缆载吊机的提升卸载能力，能够不受地形和水位的限制进行钢桁梁的吊装，大大拓宽了该方法的实用性，可为类似工程施工提供参考。

（3）深水区加劲梁多节段窗口适时刚接技术

在大跨度悬索桥加劲梁施工过程中，桥面会互相分离处于自然"张口"状态，节段间的临时连接的方式和时机选择非常重要。深水区加劲梁的适时刚接技术利用有限元模型计算架设阶段每个梁段下口开口量变化趋势，实测吊装过程中的主缆和钢梁线形变化规律，综合架梁施工过程中结构内力情况分析预测其无应力拼装时机，以"冲钉定位、高强螺栓刚接"的方式实现铰接口的无应力铰固转换。

（4）"高低栈桥滑移 + 小倾角二次荡移"施工法

白沙长江大桥钢箱梁吊装创新采用"高低栈桥滑移 + 小倾角二次荡移"施工法，相当于在长江之上"荡秋千"，钢梁在栈桥上滑移，定位更精确，起吊时可实现毫米级精准对接，有效避免了在长江中深水区搭设架梁支架对水环境的破坏。

（5）空间索面悬索桥加劲梁施工技术

　　张家界空间索面悬索桥加劲梁采用缆索吊机进行吊装，提出了由桥塔向跨中架设加劲梁，部分加劲梁自重较大的梁段采取先吊装待合龙后再灌注压重混凝土，标准梁段采取原设计的先灌注压重混凝土再吊装的施工方案。优化后的施工方案不仅降低了钢梁吊装的风险，也使缆索吊机的设计起吊重量从 80t 下降到 45t，仅缆索吊机的成本就降低了 30%～40%。

CHAPTER 6

第 六 章

自锚式悬索桥

近年来，随着我国自锚式悬索桥建设数量的增多，其经济性、结构合理性和美观性等优势日益凸显，逐渐成为桥梁工程领域备受青睐的选择。自锚式悬索桥相较于地锚式悬索桥，在结构构造及受力性能上存在显著差异。本章旨在深入探讨自锚式悬索桥施工中的关键技术与流程，以期为相关工程提供参考。

6.1 概　　述

自锚式悬索桥将主缆直接锚固于边跨加劲梁体上，主缆的水平拉力与加劲梁的轴压力自相平衡，竖向力由主梁重力分担，不需另外设置单独的锚碇结构。

自锚式悬索桥施工特点是加劲梁一般要先于主缆安装施工，即"先梁后缆"施工工艺。施工顺序通常为：索塔、桥墩施工→加劲梁标准段、加劲梁锚固段安装→主、散索鞍安装→主缆架设→体系转换施工（索夹、吊索安装）→桥面铺装。国内也有少数自锚式悬索桥采用了"先缆后梁"的施工方法，如苏州竹园大桥。该桥施工时在河两岸设置了临时锚碇，施工过程中主缆锚固于上端横梁上并通过临时锚索锚固于临时锚碇上，边跨钢梁安装在主缆安装之前进行，采取支架法安装，中跨钢梁采取无支架法连续千斤顶提升安装，因此苏州竹园大桥与地锚式悬索桥施工方法基本相同。

6.1.1 自锚式悬索桥发展

自锚式悬索桥发展始于 19 世纪后半叶，最早由奥地利工程师约瑟夫·朗金和美国工程师查理斯·本德提出。约瑟夫·朗金于 1870 年在波兰设计并建造了一座小型的铁路自锚式悬索桥，1915 年德国工程师在科隆的莱茵河上建造了第一座大型自锚式悬索桥，即科隆-迪兹桥。20 世纪 30 年代，美国和德国相继修建了多座自锚式悬索桥，1954 年德国工程师在杜伊斯堡完成了一座跨度达 230m 的大型自锚式悬索桥。随后，日本的北港桥（1990 年）和韩国的永宗桥（2000 年）建成，跨度均达到 300m。近年来，国内外工程师对自锚式悬索桥进行了深入研究，充分表明：在中等跨径桥梁设计中，该桥型具备竞争力且适用广泛。

自锚式悬索桥的结构形式可根据桥跨布置、加劲梁构造、主缆布置以及吊索布置等方面进行分类。在桥跨布置方面，自锚式悬索桥可分为单塔两跨、双塔三跨和多塔多跨自锚式悬索桥。例如，美国的新奥克兰海湾大桥以及我国的青岛海湾大桥大沽河航道桥、广州猎德大桥和天津富民桥属于单塔两跨自锚式悬索桥，韩国的永宗大桥以及我国的江东大桥、长沙三汊矶大桥等则属于双塔三跨自锚式悬索桥，我国的螺洲大桥则是一座三塔四跨自锚式悬索桥。

按主缆布置，自锚式悬索桥可分为平行缆索结构和空间缆索结构两种类型。例如，佛山平胜大桥、苏州竹园大桥等采用平行缆索结构，而江东大桥、天津富民桥和松原天河大桥等采用空间缆索结构。

自 2010 年之后国内外典型的自锚式悬索桥见表 6.1-1。

国内外典型自锚式悬索桥　　　　　　　　　　表 6.1-1

桥梁名称	建成年份	国家	跨径布置（m）	结构形式
南京江心洲长江大桥	2010	中国	主跨 248	双塔空间双索面
新奥克兰海湾桥	2013	美国	385 + 180	单塔空间双索面

桥梁名称	建成年份	国家	跨径布置（m）	结构形式
郑州桃花峪黄河大桥	2013	中国	160 + 406 + 106	双塔平行双索面
武汉古田桥	2015	中国	110 + 252 + 110	双塔平行双索面
松原天河大桥	2016	中国	40 + 100 + 260 + 100 + 40	双塔空间双索面
广西罗泊湾大桥	2017	中国	50 + 140 + 280 + 140 + 50	双塔平行双索面
重庆鹅公岩轨道大桥	2019	中国	50 + 210 + 600 + 210 + 50	双塔平行双索面
济南黄河凤凰大桥	2020	中国	70 + 168 + 428 + 428 + 168 + 70	三塔空间双索面
灞河元朔大桥	2021	中国	50 + 116 + 300 + 116 + 50	双塔空间双索面
沙田大桥	2022	中国	60 + 130 + 320 + 130 + 65	双塔平行双索面
广州南沙万龙大桥	在建	中国	主跨 608	双塔空间双索面

6.1.2 加劲梁

1）加劲梁的类型

自锚式悬索桥的加劲梁主要有钢梁、混凝土梁、钢-混叠合梁三种。

大跨径的自锚式悬索桥中，通常采用钢梁，因其自重轻，可减少主缆和吊索所需的钢材量，同时减少临时支架的使用。钢梁可进一步分为钢桁梁和钢箱梁两种。钢桁梁具有竖向刚度大、透风性能好等优点，并可提供双层桥面以提高通行能力。钢箱梁因其抗扭刚度大、气动稳定性好的特点，在自锚式悬索桥中应用越来越广泛。

较小跨径的自锚式悬索桥适宜采用混凝土梁。混凝土梁具有刚度大、抗风稳定性好、节省钢材、工程费用低等特点。然而，在施工过程中，混凝土梁需要较多的临时支架，并且梁自重较大，增加了主缆和吊索的用钢量。

钢-混叠合梁结合了钢梁和混凝土梁的优点。与混凝土梁相比，其自重较小；与钢梁相比，具有更大的刚度。在施工过程中，临时支架用量相对较少，先架设钢梁、后放置混凝土梁板的方式使其成为一种较为优越的选择。

2）加劲梁主要施工方法

自锚式悬索桥的加劲梁主要采用的施工方法包括顶推法、拖拉法、支架大节段吊装法和满堂支架法等。

（1）顶推法

顶推法施工通过将加劲梁搁置于轨道梁上，并在其与轨道梁之间设置涂有硅脂油的滑板，利用水平千斤顶施加力，带动梁体向前滑移。通过水平千斤顶施加力，并利用加劲梁底板的拉锚器和拉索施加力，使梁体向前滑移。

该方法的特点在于临时支架用量较少，施工不受季节、地形和水文条件限制，且工艺标准化、速度快、质量高。然而，在顶推过程中，加劲梁应力较集中，多台千斤顶同步控制及加劲梁轴线偏位控制相对较复杂。该法一般适用于无法使用大型吊装设备吊装梁体以及跨越既有通行线路的桥梁。国内自锚式悬索桥采用顶推法施工较为普遍，包括江东大桥、广州猎德大桥、佛山平胜大桥等。

（2）拖拉法

拖拉法是将钢梁在桥头路基或临时膺架上拼装完成后，在钢梁下（纵梁下或主桁节点下）安装"上滑道"，并在路基或膺架、墩台顶面设置"下滑道"。根据施工设计要求，滑道之间放置滚轴，通过滑车组、绞车等牵引设备，将钢梁沿桥轴纵向拖至预定位置，最后拆除附属设备，完成钢梁就位。

拖拉法架梁的优点包括：钢梁的拼装大多在岸边路基或工作平台上进行，工作条件较好，有利于保证施工质量；减少了高空作业时间，提高了安全性；拼装工作可与墩台基础施工并行，利用劳动力充分，缩短工期；在某些条件下，拖拉法在多孔连续梁施工中具有较好的经济性。

（3）支架大节段吊装法

支架大节段吊装法是指在桥位处搭设临时墩、支架，通过大型运输设备将大节段梁体运输至桥位处，利用大型起吊设备将大节段梁体吊装就位至临时墩、支架上形成整体的施工方法。

支架大节段吊装法的特点是梁体直接就位安装，施工工艺及施工控制相对简单，施工速度相对较快，但临时墩、支架要求刚度较大，用量相对较大，起吊设备要求高，对箱梁制造线形要求高，增加了梁内附加应力。该法一般适用于运输条件好、方便使用大型起吊设备吊装梁体的桥梁。青岛海湾大桥是国内首先采用了该方法架设加劲梁的桥梁。

（4）满堂支架法

满堂支架法是指在桥位处搭设满堂支架，采用吊装设备直接就位拼装钢加劲梁或现场浇筑混凝土梁的施工方法。

满堂支架法的特点是施工方便、难度小，梁段的线形比较容易控制，桥梁整体性较好，但临时支架用量大。该法一般适用于运输条件差无法使用大型吊装设备吊装梁体，施工时无通航和通行要求的桥梁。

6.1.3　缆索及锚固系统

自锚式悬索桥主缆一般由多股平行钢丝索股组成，也有少数自锚式悬索桥采用钢丝绳作为主缆。自锚式悬索桥的主（散）索鞍吊装、牵引系架设、猫道架设、主缆索股架设以及索夹和吊索的安装与地锚式悬索桥基本相同，见第四章。

自锚式悬索桥主缆直接锚固于边跨加劲梁体上，该段梁体一般称为锚固梁段。从已有工程实例总结可知，自锚式悬索桥锚固方式主要有以下三种：

（1）混凝土结构锚固形式

当锚固区采用混凝土形式时，主缆通过散索鞍后，散索鞍将其分散开，穿过导管进入混凝土锚箱，锚固在锚箱面板上。混凝土锚固体结构形式如图6.1-1所示。

（2）钢结构锚固形式

主缆进入钢结构锚固体，通过散索鞍散开分别锚固在锚固面上。锚固体通过高强螺栓或者焊缝与钢箱梁的顶板、底板和腹板相连，将水平分力传递给全截面，如图6.1-2所示。这种锚固方式往往需要在钢箱梁内设置配重，且桥墩处要设置抗拉支座。日本此花大桥、韩国永宗大桥均采用钢结构锚固形式；郑州桃花峪黄河大桥的钢锚箱由钢箱梁腹板外侧的锚固板、承压板及加劲板共同组成，协同作用将主缆拉力传递到加劲梁中。

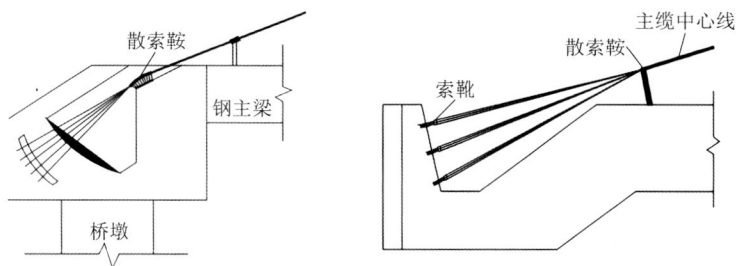

图 6.1-1 混凝土结构锚固形式示意图　　图 6.1-2 钢结构锚固形式示意图

（3）钢丝绳环形锚固形式

如图 6.1-3 所示，环形锚固可以简单地理解为钢丝绳绕着主梁环绕，类似于日常的系绳子，将主缆"系"在端部主梁上，有的也系在桥墩上，利用墩身强大的桩基摩擦力，抵抗主缆的上拔力。钢丝绳的转向通过转索鞍来实现。索鞍由箱梁支承，可以设计成可移动的，以平衡两主缆的索力差，也可以设计成不能移动的。在施工期间，两主缆索力差异可通过顶进索鞍来平衡。旧金山-奥克兰海湾新桥西锚和我国万新大桥就采用这种环形锚固系统锚固主缆。

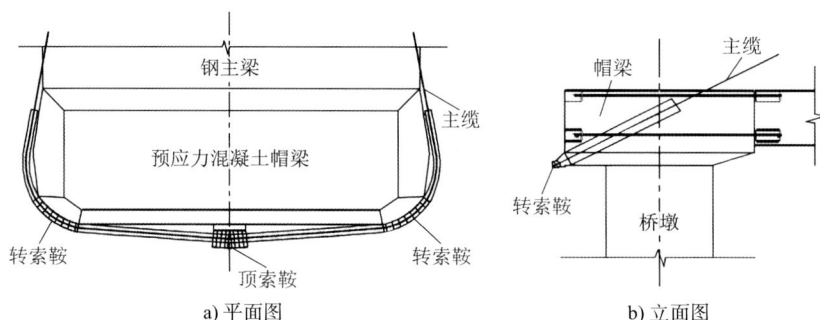

a) 平面图　　　　　　　　　　　b) 立面图

图 6.1-3 环形锚固形式示意图

6.1.4 体系转换

体系转换是将加劲梁的荷载由临时墩或支架承受转换为通过吊索（杆）由主缆承受，最终荷载传递到主塔顶的索鞍上，同时加劲梁亦成为一个轴向受压构件。自锚式悬索桥吊索（杆）张拉和索力调整，比较常用的施工方法是对全桥吊杆进行多次循环张拉。张拉过程遵循多点同步、对称控制操作、逐渐加载到位的原则，最后进行索力调整，使全桥吊杆索力达到目标值，确保桥面整体受力的均匀性。根据自锚式悬索桥主缆的线形，通常分为平行缆和空间缆两种体系转换施工工艺。

平行缆体系转换施工通常采用牵引系统和猫道架设主缆，主缆在原位安装吊索，分批分次对称张拉吊索，直接进行体系转换施工。

空间缆体系转换施工又可分为两种形式：一种是锚固梁段在单塔两侧，其主缆在架设时已按接近成桥线形分开，安装吊索，分批分次对称张拉吊索，直接进行体系转换施工，如天津富民桥、广州猎德大桥、青岛海湾大桥大沽河航道桥等；另一种是采用牵引系统和猫道在铅垂面内架设主缆，通过张拉临时吊索将主缆初步分开，进一步挂索形成空间缆索线形的体系转换施工，如杭州江东大桥。

自锚式悬索桥体系转换的方法主要有张拉吊索法、落梁法和顶升法三种。

（1）张拉吊索法

张拉吊索法是目前自锚式悬索桥体系转换施工中应用最为广泛的方法。该法是以加劲梁支撑在临时墩或支架为初始状态，通过安装索夹、分批分次张拉吊索，使悬索桥达到设计成桥状态。该方法的关键是确定吊索的张拉顺序和张拉力的大小。体系转换时应考虑加劲梁的弹性变形、混凝土的收缩徐变、吊索张拉力大小和张拉次数、塔顶鞍座的顶推次数与时机等因素。该方法施工操作相对简单、施工速度快、施工质量容易控制。例如，青岛海湾大桥大沽河航道桥、杭州江东大桥、佛山平胜大桥、韩国永宗桥等均采用张拉吊索法进行体系转换施工。

（2）落梁法

落梁法在目前自锚式悬索桥体系转换施工中应用较少，施工过程计算复杂，施工操作和施工控制难度较大。该法是以加劲梁成桥线形抬升一定高度后作为加劲梁的安装线形，按成桥状态安装主缆和吊索，通过在吊点位置布置临时支撑和千斤顶逐步落梁的方法来实现体系转换。落梁法的关键是确定合理的落梁、临时墩或支架的拆除顺序，在体系转换完成后一般还需对吊索力进行调整。例如，长沙三汊矶大桥采用落梁法进行体系转换施工。

（3）顶升法

顶升法在自锚式悬索桥体系转换施工中应用得更少，其施工需要大吨位千斤顶，且要求严格同步作业、施工操作复杂、控制难度大。该法是以成桥线形安装加劲梁，将塔顶鞍座降低一定高度后，按成桥状态安装主缆和吊索，通过逐步顶升塔顶鞍座的方式来实现体系转换。该方法的关键点是塔顶鞍座顶升过程中的稳定、水平滑移以及两根主缆水平力之间的平衡，在体系转换完成后一般还需对吊索力进行调整。例如，日本此花大桥采用顶升法进行体系转换施工。

6.2 加劲梁与体系转换施工实例

6.2.1 加劲梁施工

以松原天河大桥加劲梁安装工程为例，本节将详细阐述自锚式悬索桥加劲梁的施工技术。位于松原市中西部的天河大桥，横跨松花江，将南北两岸紧密相连。该桥距离下游的松原大桥约2.9km，其路线全长为3.823km，其中桥梁部分长达2791.14m，接线部分则为1031.86m。桥梁的南北两端分别衔接规划中的城市快速路——环保大街与溪浪河大街。天河大桥包含两座自锚式悬索桥，其中北汊主桥采用双塔空间索面设计，主桥长度为546m，其跨径分布为40m、100m、266m、100m和40m。北汊主桥的桥型立面布置如图6.2-1所示。

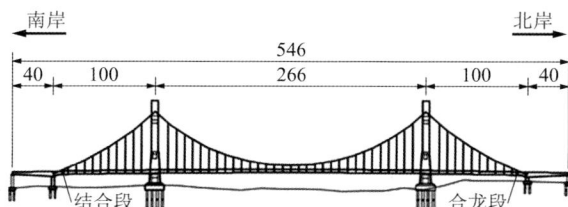

图6.2-1 松原天河大桥北汊主桥桥型立面布置示意图（尺寸单位：m）

主梁分为预应力箱梁段、钢-混结合段、钢-混组合梁段三个部分，锚跨及边跨锚墩附近为预应力混凝土箱梁。根据结构及施工架设的需要，钢-混组合梁段划分为 16m 梁段、11m 梁段、10m 梁段（普通梁段）、10m 梁段（桥塔支点梁段），全桥共 33 个施工梁段。1/2 主梁平面布置如图 6.2-2 所示。

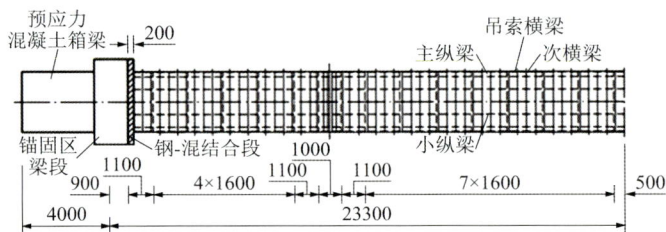

图 6.2-2　1/2 主梁平面布置示意图（尺寸单位：cm）

锚固跨混凝土箱梁一般段采用单箱室斜腹板断面形式，梁高为 2.3m，悬臂长度采用 3.32m，斜腹板斜率为 1：4.25。顶板宽度厚度为 28cm，底板厚度为 33cm；腹板厚度为 50cm，锚固横梁（及中墩隐形盖梁）宽度设置为 3m。

钢-混组合式主梁由两道钢箱纵梁、工字形横梁及工字形内纵梁加预制混凝土桥面板，现浇湿接缝形成组合式结构。如图 6.2-3 所示，格构式钢梁每节段由主纵梁、小纵梁、普通横梁以及锚箱组成，全宽 27.5m，平均每米重 12t，各构件间全部采用高强螺栓进行连接。钢-混组合梁共 2 道主纵梁、3 道小纵梁，横梁基本间距 4m，纵梁和横向形成梁格，表面安装 25cm 的钢筋混凝土桥面板。钢梁主纵梁与小纵梁分别设 50mm 和 40mm 厚的后承压板，在主纵梁、小纵梁的顶板、底板、承压板上设置剪力钉，腹板上设置 PBL 传剪器。钢-混结合段在顺桥向设置预应力钢束，使加劲梁与混凝土加劲梁紧密连接。

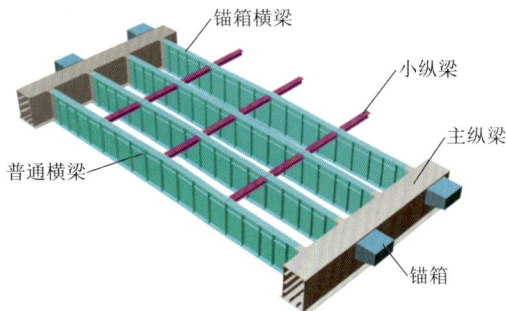

图 6.2-3　格构式钢梁结构形式图

钢-混结合段位于锚跨距桥塔 89m 处，顺桥向长 2m。伸入结合段的钢梁顶板、底板及横隔板表面焊有剪力钉，主纵梁肋板布满孔洞，穿 ϕ25mm 钢筋形成 PBL 剪力键。结合段布置横向、纵向预应力束，且主纵梁内部纵向穿 19 根 ϕ15.2mm 预应力束，顶板设有 4 根 ϕ15.2mm 预应力筋。钢-混结合段构造如图 6.2-4 所示，由于结构复杂，施工难度较大，是全桥的重点施工部位。

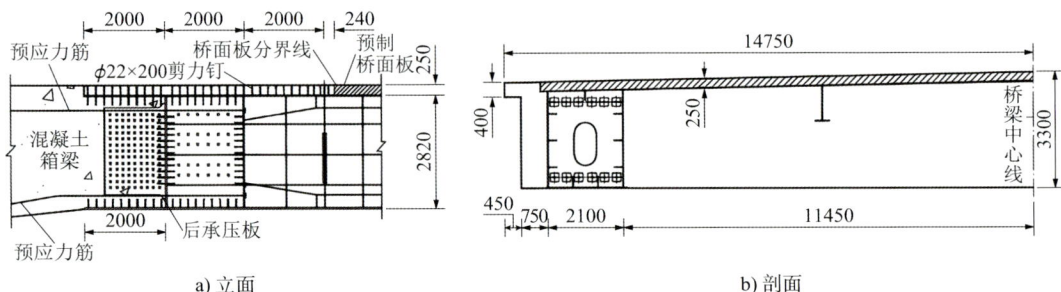

a) 立面　　　　　　　　　　　　　　　　b) 剖面

图 6.2-4　钢-混结合段构造示意图（尺寸单位：mm）

1）格构式钢梁架设技术

（1）施工方案研究比选

大桥于 2013 年 7 月 26 日正式开工，为了完成时间进度节点目标，在保证工程质量和安全的前提下，提出三种方案进行对照分析。

① 顶推滑移施工方案

设计推荐方案为顶推滑移施工，如图 6.2-5 所示，在南岸边跨设置顶推组装平台，在跨中及南岸边跨设置钢管桩临时墩，临时墩跨度 60m，临时墩及组装平台顶部设置步履式顶推滑移设备。钢梁由制造厂运输至桥址后，先在组装平台上采用门式起重机或者履带式起重机进行钢梁及导梁拼装，每拼装完成一个节段向前顶推滑移一个节段的距离，然后进行下一节段的拼装，直至全部节段钢梁顶推滑移到位。

图 6.2-5　钢梁顶推滑移安装示意图

② 双导梁架桥机架梁

由于松花江桥址段无通航要求，对中跨钢管桩临时墩间距没有特殊要求，提出边跨原位吊装、中跨采用与架设预制混凝土梁相同的架梁方法，即双导梁架桥机架梁方案，如图 6.2-6 所示。在钢梁底部设置钢管桩临时墩，先采用履带式起重机进行南北两边跨钢梁拼装，然后在南岸已经拼装完成的钢梁顶面组装双导梁架桥机并向前移动架桥机至已经拼装完成钢梁的端头；钢梁构件由履带式起重机在南岸边跨位置提升，在梁顶设置轨道，通过运梁小车运输至架桥机底部喂梁。架桥机前支腿支撑在临时墩上，后支腿支撑在已经安装完成的钢梁顶面，通过前后、左右移动吊车进行钢梁组装。每拼装完成 2 个节段，架桥机向前移动，前支腿支撑在下一个临时墩顶，进行下一节段钢梁拼装。

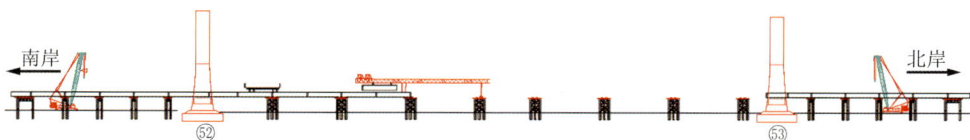

图 6.2-6　架桥机架梁示意图

③ 牵引拖拉施工方案

通过查阅国内外架梁方案并结合现场条件，提出边跨原位吊装、中跨牵引拖拉的架梁施工方案，如图 6.2-7 所示。在南岸边跨设置拼装平台，在中跨及北岸边跨设置临时墩，拼装平台及中跨临时墩顶部设置通长轨道。钢梁在南岸边跨先进行 2 + 1 节段组装，组装完成后通过卷扬机配合运梁小车将最前面一节段钢梁托运至设计位置，然后再在拼装平台上以已经拼装完成的 2 个节段钢梁为母梁开始组装下一节段钢梁，每拼装完成一个节段向前拖拉一个节段，直至中跨钢梁全部安装完成。

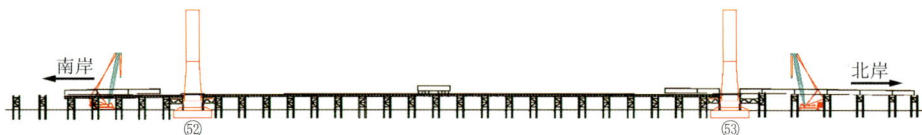

图 6.2-7　钢梁牵引拖拉安装示意图

以上三种方案的对比分析结果见表 6.2-1，综合考虑方案的施工工期、施工难度、质量安全、经济性及其他因素，决定采用方案 3 的牵引拖拉架梁方案。

三种施工方案对比　　　　　　　　　　　　　　　表 6.2-1

序号	施工工期	施工难度	质量安全	经济性	其他
方案 1	施工工期长，步履式顶推设备滑移速度慢，每节段钢梁平均安装速度 3d 一个节段	顶推设备可任意方向调整钢梁位置操作方便，施工难度较小	质量可靠、安全性好	每个临时墩顶及拼装平台上均要设置顶推设备，费用较高	临时墩跨度大，单个临时墩承载力要求高
方案 2	直接进行拼装，省去滑移时间，每节段钢梁拼装需要 2d 时间	架桥机需要进行改装，且微调性能较差，难度较大	钢梁在中跨江面上拼装，质量、安全可控性较差	租赁一台架桥机，费用相对较低	需在横桥向设置三组临时墩，墩顶设置横桥向架桥机轨道
方案 3	卷扬机拖拉速度 12m/min，每节段钢梁从组装到拖拉到位需要 2d 时间	卷扬机配合运梁车拖拉钢梁，钢梁顶部设置千斤顶调节装置，难度小	受卷扬机能否同步转动影响，需要采取措施保证卷扬机同步运行	投入两台卷扬机，费用低	临时墩顶部设置通长轨道，临时墩间距不能过大

（2）钢梁架设

大桥钢梁施工原计划采用牵引拖架梁方案，由于工期紧、任务重，塔梁同步施工，钢梁施工时索塔横梁正在施工，钢梁无法从边跨通过索塔到达中跨；为避免钢梁与索塔施工发生冲突，将钢梁拼装平台设在南岸主塔靠中跨一侧，先进行中跨钢梁牵引拖拉，待索塔横梁施工完成后采用原位吊装进行边跨钢梁架设。

① 中跨钢梁架设

在南岸边跨 51 号墩北边和 52 号墩下游各设置 1 个存梁和钢梁预拼场地，在 52 号墩北侧的陆地上设置钢梁 1+1 总拼平台，中跨设置拖拉临时支架，支架上铺设贝雷梁及台车走行钢轨，北边跨设置散拼临时支架。中跨钢梁采用 1+1 拼装方式，在 52 号墩靠近中跨一侧支架上采用 150t 履带式起重机先进行中跨靠近北岸主塔两个节段钢梁（SB23、SB22）的拼装，安装顺序为先 SB23 后 SB22，每个节段按照主纵梁→横梁→小纵梁的顺序安装。

一个节段钢梁（SB23）所有横梁和小纵梁安装完成形成整体框架后，卸落运梁小车上的竖向千斤顶，使整个节段钢梁荷载全部由垫墩承担，然后移动运梁小车至下一节段（SB22）底部，以 SB23 节段为母梁，采用同样方法进行 SB22 节段钢梁拼装，相邻节段钢梁调整如图 6.2-8 所示。

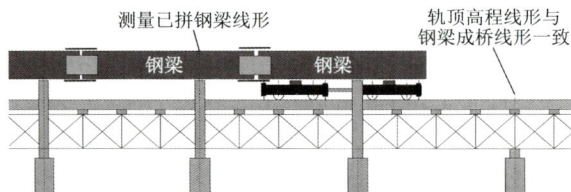

图 6.2-8　相邻节段钢梁调整示意图

SB22 节段拼装完成后，再次移动运梁小车至 SB23 节段底部，拆除两个节段之间的临时螺栓及冲钉，将 SB23 节段钢梁顶起一定高度，然后同时启动卷扬机使两侧的运梁车同步向前移动；待钢梁移动至设计里程后，停止运梁车的移动，通过运梁车上的侧面千斤顶将钢梁轴线调整到位后，进行竖向千斤顶卸载，至此，一个节段钢梁拖拉到位。

SB23 节段钢梁拖拉到位后运梁小车返回至剩余节段钢梁（SB22）底部，将 SB22 钢梁顶起，向前移动一个钢梁节段的距离，将其下落至底部垫墩上，然后移动运梁小车至原 SB22 节段位置，以 SB22 节段为母梁，开始下一节段钢梁（SB21）拼装；SB21 节段拼装完成后采用同样方法将母梁（SB22）拖拉到位，使其与已经拖拉到位的节段钢梁（SB23）进行连接。

钢梁在拼装过程中，拼装平台上始终保持有一个节段的钢梁作为母梁，在 52 号墩进行拼装、拖拉的同时，北岸进行高强螺栓施工，两者互不影响，加快施工进度。拖拉节段经调整后将螺栓拧紧。按此步骤反复操作，直至中跨所有节段钢梁全部拼装完成。

中跨钢梁架设如图 6.2-9 所示、图 6.2-10 所示。

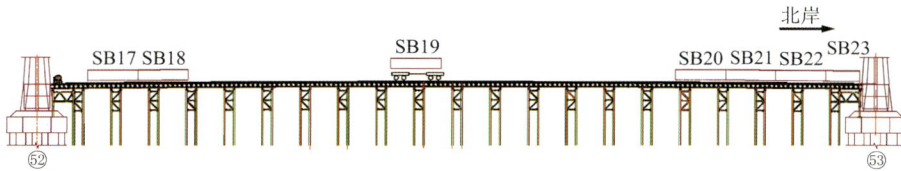

图 6.2-9　中跨钢梁架设示意图

图 6.2-10　中跨钢梁架设现场图

② 边跨钢梁架设

边跨为陆地，采用履带式起重机进行原位吊装，先安装索塔横梁顶部节段钢梁，然后按照由主墩到锚墩的顺序进行拼装；边跨单节段钢梁同样按照主纵梁→横梁→小纵梁的顺序进行安装；边跨每组支架顶部共设置 4 个垫墩，左右两排垫墩分别位于主纵梁腹板底部，在主纵梁安装时，在垫墩上通过测量放样确定主纵梁横桥向位置，然后将主纵梁吊装至垫墩上，并与已经安装完成的钢梁进行连接固定。

2）钢-混结合段施工技术

钢-混结合段钢梁采用原位吊装的方法吊装到位，随后进行钢梁温度影响的检测及复测，优先施工 PBL 剪力键，再安装钢-混结合段模板、钢筋、预应力筋。通过劲性骨架临时锁定钢梁和混凝土梁张拉顶板预应力进行预应力锁定。经过混凝土浇筑、养护、张拉、压浆完成钢-混结合段的施工。施工流程如图 6.2-11 所示。

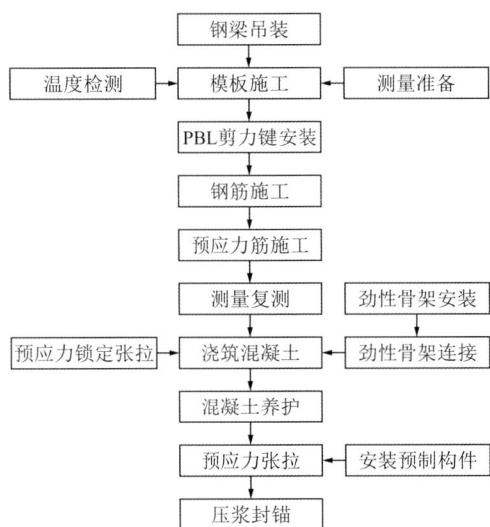

（1）结合段钢梁吊装

钢梁临时支架全部采用管桩基础，依据不同土层土质条件确定管桩入土深度，并在纵横向设置双拼槽 25a 平联。管桩基础 4 根为 1 组，纵向组距 12m。钢-混结合段施工前对已架设钢梁进行测量，要求结合段两侧高差不超过 10mm，轴线偏差不超过 10mm。伸入结合段钢梁长 2m，依据该桥的结构特点及环境条件，选用 150t 履带式起重机吊装单重 37t 的结合段钢梁节段。在结合段钢梁节段四角设置吊点，将 2 对 9.9 级高强螺栓

图 6.2-11 施工流程图

连接于吊点上。起吊钢梁落于管桩支架上，对钢梁进行初步调整，测量钢梁控制点坐标，采用三维千斤顶进行精确调整，直到钢梁线形调整到位。结合段钢梁构造如图 6.2-12 所示。

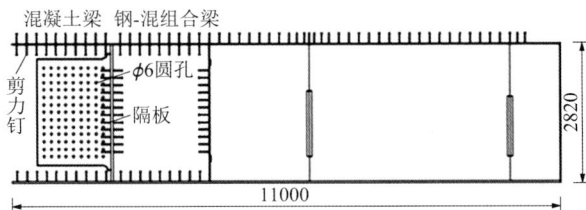

图 6.2-12 结合段钢梁构造示意图（尺寸单位：mm）

在边跨混凝土梁浇筑时需预留钢梁最大伸缩量 8cm，保证在单日温差内钢梁达到温度变化下最大膨胀量时不会受到混凝土梁的限制。在钢-混结合段混凝土浇筑之前对钢梁进行复测，确保钢梁安装到位。

（2）钢筋及 PBL 剪力键施工

① PBL 剪力键施工

结合段钢梁主纵梁及小纵梁腹板上设有 $\phi60mm$ 的预留孔，用以穿插 PBL 键。由于 PBL 键较长，且不能截断，因此结合段钢筋施工时先安装 PBL 键，再进行结合段钢筋与预应力筋的安装。结合段钢梁主纵梁位置的 PBL 键横桥向穿过腹板上的预留孔，竖向 PBL 键一部分安装在主纵梁钢箱室内，一部分安装在钢箱室外侧。小纵梁位置的 PBL 键横向穿过小纵梁腹板上的预留孔，竖向安装在小纵梁两侧。

② 预应力筋施工

钢-混结合段由于受力复杂，在纵向、横向均设有预应力筋。加劲梁纵向 19 根 $\phi15.2mm$ 预应力束全部贯穿钢-混结合段，且在结合段梁端设置张拉端。钢-混结合段设有 25 根 $\phi15.2mm$ 横向预应力筋，顶板设有 4 根 $\phi15.2mm$ 的预应力筋。1/2 结合段预应力筋分布如图 6.2-13 所示。

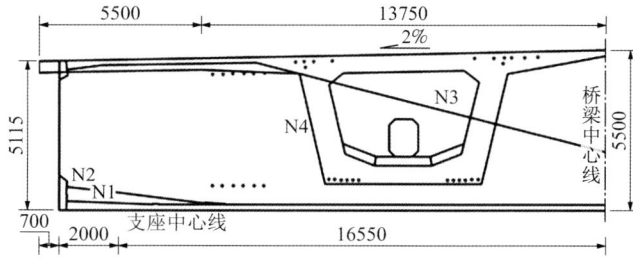

图 6.2-13　1/2 结合段预应力筋分布示意图（尺寸单位：mm）

结合段钢梁横隔板分别在顶部和底部预留 6 个预应力孔道，顶板、底板各 12 束，为避免预应力束直接与锚环锚固而造成钢梁挤压预应力束的情况，需加工预制构件安装于横隔板内侧，用于钢梁与锚环之间对预应力束进行过渡。预制构件厚度 15cm，内壁呈喇叭形，直径由 12cm 过渡到 16cm，其结构如图 6.2-14 所示。由于预制构件质量较大安装困难，因此预制构件在钢梁吊装前先安装到钢梁上，与钢梁一同吊装到位。

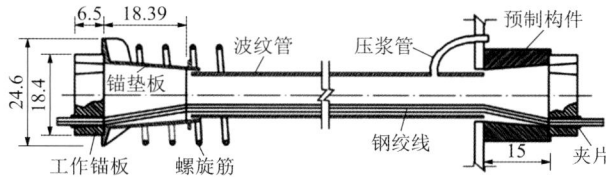

图 6.2-14　预应力张拉端结构示意图（尺寸单位：cm）

（3）劲性骨架锁定及预应力锁定

在混凝土浇筑过程中，钢梁温度变化产生收缩和膨胀会导致混凝土产生裂缝，因此要对钢梁进行锁定。使用劲性骨架锁定与预应力张拉锁定相结合的方法，使钢梁整体"又拉又撑"。

在混凝土梁梁端设置劲性骨架预埋件，预埋件位置与钢梁纵梁位置呈一条直线。通过双拼Ⅰ40a 工字钢将结合段钢梁与混凝土梁锁定，并在主纵梁梁内设置Ⅰ22a 工字钢锁定，形成锁定系统。锁定系统在浇筑当日温度较低时进行焊接锁定，具体锁定形式如图 6.2-15 所示。施工过程中随着气温的回升，钢梁内部温度应力逐渐增大，此时钢骨架对钢梁产生约束的作用，阻止钢梁膨胀。

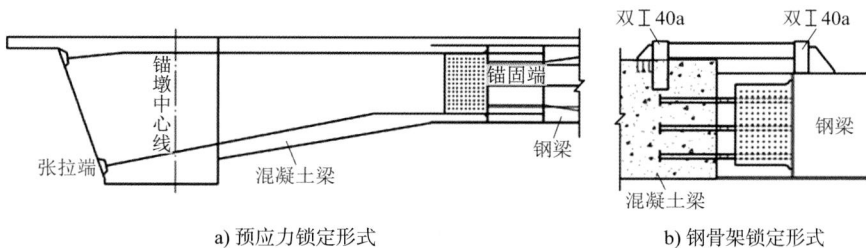

图 6.2-15　预应力与钢骨架锁定形式

根据钢梁温度膨胀应力计算锁定需张拉的预应力大小。北汉主桥钢梁结构自重 9070t，钢梁与支架间的摩擦系数 $\mu = 0.55$，摩擦力 $f = 90700kN \times 0.55 = 49885kN$。

温度内力 $F = E \times A \times K \times \Delta T = 22260kN$

式中：A——钢梁的截面面积，取值 0.5708m²；

E——钢结构的弹性模量，取值 200GPa；

K——钢结构的热膨胀系数，取值 1.3×10^{-5}m/°C；

ΔT——工程所在地单日内最大温差，取值 15°C。

锁定张拉力N应介于温度内力F和摩擦力f之间（$F < N < f$）。因此张拉底板 12 束钢绞线，每束张拉 2000kN，共计 $12 \times 2000kN = 24000kN$。在浇筑当日温度由最低气温逐渐回升时对钢梁进行指定张拉力的张拉锁定，对梁体产生拉力的作用。

通过以上劲性骨架锁定与预应力锁定相结合，对钢梁在温度变化产生的膨胀与收缩都起到了良好的约束作用，控制了钢-混结合段混凝土浇筑和养护过程中内部应力的变化，有效地避免了在梁体浇筑完成后出现的裂缝。

（4）钢-混结合段混凝土浇筑

钢-混结合段混凝土为 C55 聚丙烯纤维混凝土，选择气温较低的时间同时浇筑 2 个结合段。混凝土浇筑由钢梁预留下料口下料，混凝土分层浇筑，浇筑高度 30cm，浇筑顺序为先浇筑钢梁段底板，浇筑达到 60cm 后进行结合段底板浇筑，底面浇筑完毕后由中间向两端同步循环布料，在距离顶面还有 30cm 左右时进行收面。收面时由中间向两边同步递进布料，并安排人员摊铺振捣，采用插入式振动棒快插慢提，同时在模板侧面间隔设置排气孔，使混凝土表面平整。浇筑完成后向预留的压浆孔内注入水泥浆，使钢梁顶面与混凝土缝隙处全部密贴。

6.2.2 锚固系统制作与安装

下面以松原天河大桥锚固系统施工为例，介绍自锚式悬索桥锚固系统制作与安装技术。松原天河大桥锚固系统包括前锚板、后锚板和 37 根索道管。如图 6.2-16 所示，索道管为 ϕ245mm × 12mm 的钢管，尾部焊有楔形锚垫板，锚板采用钢板制作，前锚板厚度为 20mm，后锚板厚度为 40mm，两块锚板均为八边形，锚板上设有索道管穿过的对应孔眼。

a) 立面图

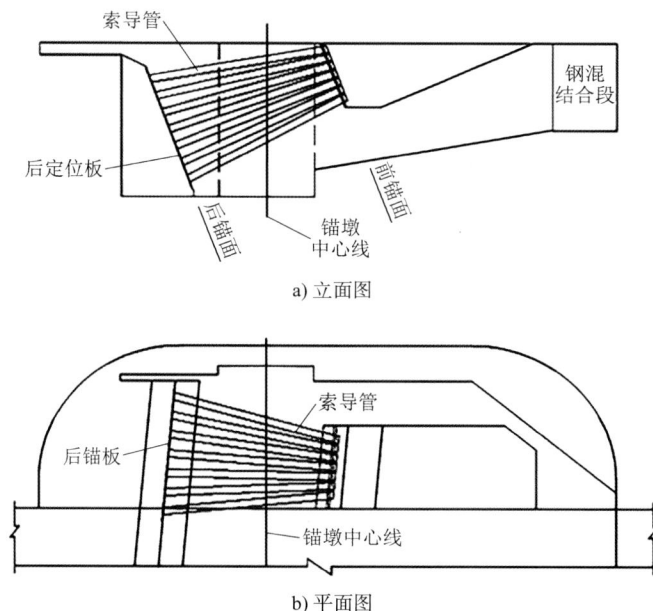

b) 平面图

图 6.2-16 锚固系统一般构造示意图

1）锚板制造

前锚板长 2.6m、宽 2.3m，采用一整块钢板直接加工制作而成。后锚板（图 6.2-17）长 4.6m、宽 4.3m，由于后锚板平面尺寸较大，难以直接加工制作。为此后锚板采用 4 块小面积钢板组装焊接而成。焊接采用 U 形双面坡口焊，底层焊缝采用 CO_2 气体保护焊，顶面一道焊缝采用自动埋弧焊。后锚板组装焊接完成后采用车床根据设计图纸进行孔眼制作。钢板在施焊时温度升高会导致钢板变形，为防止钢板变形，在钢板对接完成后，先在钢板表面焊接加强钢板将小块钢板进行刚性固定，然后再开始焊接作业。

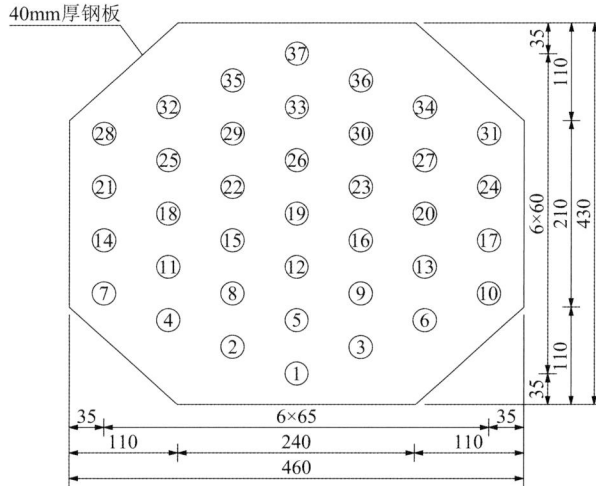

图 6.2-17 后锚板平面示意图（尺寸单位：mm）

2）锚固系统组装

锚固系统安装一般有两种方法：散件组装和整体吊装。散件安装是在梁上先安装、固定前锚板和后锚板，然后开始穿索导管。整体吊装是锚固系统先在地面或者工厂内全部组装完成，然后采用汽车起重机吊装至梁上进行安装固定。松原市天河大桥通过对两种方案的施工进度、质量、安全、经济等多方面比选后，最终选择"工厂组装、整体吊装"的安装方案。

锚固系统前、后锚板的平面位置是相互平行的，两块锚板之间的净距为 5506mm，并且两锚板中心位于同一直线上。中心位置一根索道管与前后锚板的夹角均为 90°。锚固系统组装顺序为：后锚板→中心位置索道管→前锚板→剩余索道管。

（1）后锚板安装

后锚板加工完成后，将其平放在地面上，采用水准仪对其四角高差进行测量，底部通过塞垫钢板进行高度的调整，保证四角高差不大于 1mm。

（2）中心位置索道管安装

后锚板调整到位后，采用汽车起重机将中心位置一根索道管竖直吊起，然后将索道管底部插入后锚板上中心位置一个孔眼中。采用线锤对索道管进行垂直度调整，并采用全站仪校核，索道管垂直度调整到位后，将其底部与后锚板进行焊接固定。

（3）前锚板安装

第一根索道管安装完成后，先在索道管顶口距离后锚板垂直高度 5506mm 位置对称焊接 4 根定位钢筋，然后将前锚板吊至索道管顶口使其中心位置一个孔眼穿过索道管落在定位钢筋上，采用水准仪将其调平，使其四角高差不大于 1mm。

根据前锚板的平面尺寸，在后锚板上采用墨线弹出前锚板在后锚板上面的理论投影线，然后采用线锤对前锚板进行调整，使其在后锚板上的实际投影线与理论投影线完全重合。

（4）剩余索道管安装

如图 6.2-18 所示，前锚板调整到位后开始安装剩余索道管，索道管竖直吊起后，从上向下穿管，穿管时以前锚板外露长度为依据，每根索道管穿管到位后在前、后锚板的对应孔眼上将索道管焊接固定。为防止索道管在后续运输、吊装过程中发生变形，索道管全部安装完成后，采用钢筋将索道管两两连接。

图 6.2-18　索道管安装

3）锚固系统安装

锚固系统安装之前先在梁上设置支撑架，在支撑架上面通过测量放样确定前、后锚板底部两个角点的坐标，然后将锚固系统吊起后下放至支撑架上，使得前、后锚板的底部两角点与测量放点重合，并进行固定完成锚固系统的安装。

（1）安装支撑架

后锚板底部高程比梁底高程高 25cm，支撑架采用Ⅰ25a 工字钢制作，工字钢为双拼结构，长度 50cm，共有 3 组，工字钢采用焊接方式固定在梁底支架体系上面。前锚板距离梁底高度较高，支撑架采用∠100mm×10mm 角钢制作而成，支撑架为梯形结构，通过在梁体底模上打孔，将支撑架与底部梁体的支架系统焊接固定。

支撑架顶面高程与对应前、后锚板的底面高程相同，通过计算出前、后锚板底部两个角点的实际坐标（A、B），在支架上进行测量放点。

（2）整体吊装

整个锚固系统重 29t，采用 130t 汽车起重机吊装。锚固系统吊至支撑架顶部位置时，人工配合机械调整锚固系统的角度及高度，使得前、后锚板底部两个角点正好落在测量放点上。

（3）测量校正

锚固系统下落到位后进行临时焊接固定，为保证安装精度，再次对锚固系统位置进行测量复核。采用竹胶板加工一个圆板，圆板直径比索道管内径略小 1~2mm，并在原板圆心位置做好标记。将加工好的圆板放在中心位置索道管管口，圆板表面与索道管管口齐平，通过对圆板圆心进行测量确定锚固系统安装位置是否满足设计要求。锚固系统安装经检验合格后，对其进行焊接固定，完成锚固系统的安装。

主缆锚固系统作为自锚式悬索桥的关键所在，受力形式复杂，是全桥受力的核心位置，安装精度要求极高。松原市天河大桥锚固系统安装从施工进度、成本、安装精度两个方面进行综合考虑后，摒弃以往散件组装的安装方法，采用工厂组装，整体吊装的方法，圆满完成锚固系统的安装，经检验安装误差均在1cm内。

6.2.3　体系转换

下面以松原天河大桥体系转换施工为例，介绍自锚式空间索面悬索桥体系转换施工技术。该桥跨径布置为40m＋100m＋266m＋100m＋40m，桥面纵坡为2.2%和−2.2%，主缆线形为空间三维线形，以中跨跨中为轴线对称布置，且北汊主桥边跨设有10对吊索，中跨设有31对吊索，全桥分为左右幅，一幅共有51根吊索，每根吊索采用双吊杆。本项目是首次在双塔三跨自锚式空间索面悬索桥中采用可转动索夹以及球头底座，使吊索的体系转换施工方便快捷、安全可靠。采用计算机仿真技术对吊索张拉施工进行分析，得出符合设计成桥状态的合理吊索张拉顺序，实现了吊索一次张拉成形。北汊桥主缆及吊索平面布置如图6.2-19所示。

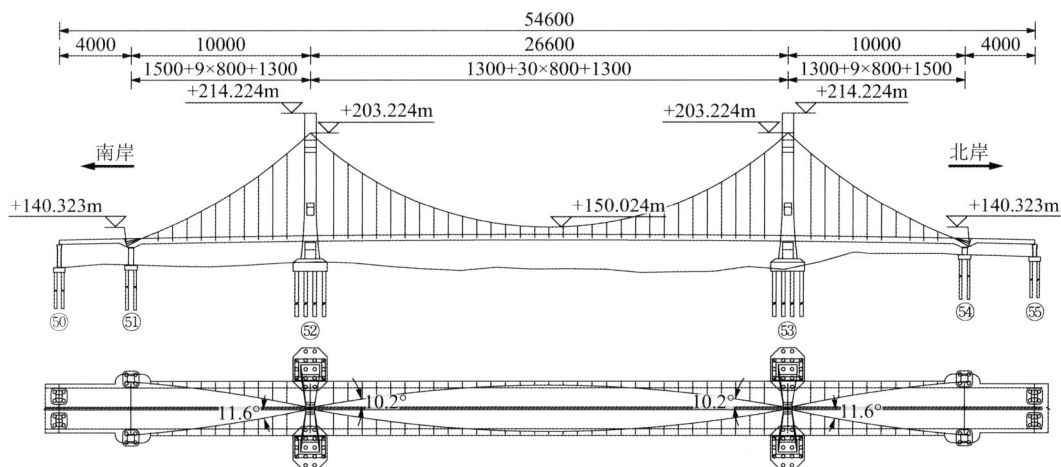

图 6.2-19　北汊桥主缆及吊索布置示意图（尺寸单位：mm）

1）体系转换计算

三维空间主缆线形在体系转换过程中实现。在体系转换施工过程中，主缆刚度逐渐增大，空缆线形到成桥线形的位移较大，因此需要对吊索张拉的顺序、张拉力的大小以及无应力长度进行详细分析、验算，分析得出吊索张拉力、主塔偏位、主缆高程变化、主梁高程变化以及索鞍顶推量等施工控制参数的理论计算值。本桥采用计算机仿真模拟分析计算，确定合理的吊索张拉顺序和最终成桥状态，实现一次体系转换张拉成形。

（1）计算模型的建立

北汊主桥体系转换施工过程采用有限元分析软件进行建模分析，全桥共划分441个单元、446个节点，其中主塔与主梁均采用梁单元模拟，主缆与吊索采用索单元模拟，主塔端部采用固端约束，索鞍顶推通过改变塔顶主缆切点位置来实现，一期恒载为324kN/m，二期恒载为109.6kN/m，建立有限元模型进行正装分析，模型如图6.2-20所示。

图 6.2-20　有限元模型

根据以下原则进行有限元模拟分析：①为保证体系转换过程中结构安全，在体系转换过程中主塔、主梁应力处于允许值内。吊索力（双吊索合力）张拉力不超过 3200kN，以保证其安全系数大于 2.3，主缆安全系数不低于 3.0。②主塔位移不超过 2cm。③主梁高程与模型差值不超过 4cm。④吊杆索力与模型差值不超过 15%。⑤钢-混组合梁混凝土桥面所受最大拉应力不超过混凝土开裂应力。

（2）吊索张拉顺序及计算结果

吊索编号如图 6.2-21 所示。吊索张拉从主塔向两侧同步进行，共 47 步，总体原则以长度控制为主，力控制为辅。其中边跨吊索一次性张拉到吊索无应力长度，中跨 M01～M08 吊索一次性张拉至对应无应力长度。M09，M16 需分 2 次进行张拉，第 1 次张拉采用力控制为主，中跨吊索 M10～M15 需 3 次张拉；吊索 M12 需 4 次张拉。设 3 对临时吊索，分别为 M08（1 对）和 M16（2 对）。在吊索张拉过程中，需结合主索鞍顶推操作（共 8 次，累计顶推 35cm），通过调整主索线形和吊索受力状态，确保结构受力平衡和线形符合设计要求。

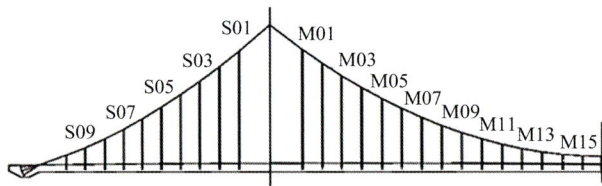

图 6.2-21　吊索编号

为主塔位移变化如图 6.2-22 所示。张拉过程中，主塔最大偏位为 3.5cm，向中跨方向，实测主塔偏位为 3.6cm，出现在张拉 M15 吊杆时；主塔计算理论偏位数据与实测数据最大误差小于 1cm。

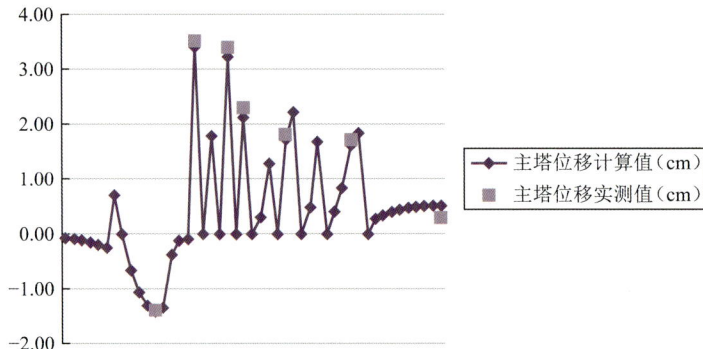

图 6.2-22　主塔位移变化图

　　主缆的最大内力为 51971.6kN，极限承载力为 163225.6kN，安全系数大于 3。吊索最大内力出现在张拉吊索 M09 时，吊索理论力为 3199kN，吊索的破断力为 7812kN，安全系数大于 2.3。成桥后吊索索力分布均匀，平均索力约 1500kN。如图 6.2-23 所示，吊索索力计算数据与实测数据误差在 10%内，理论数据与实测数据吻合良好。

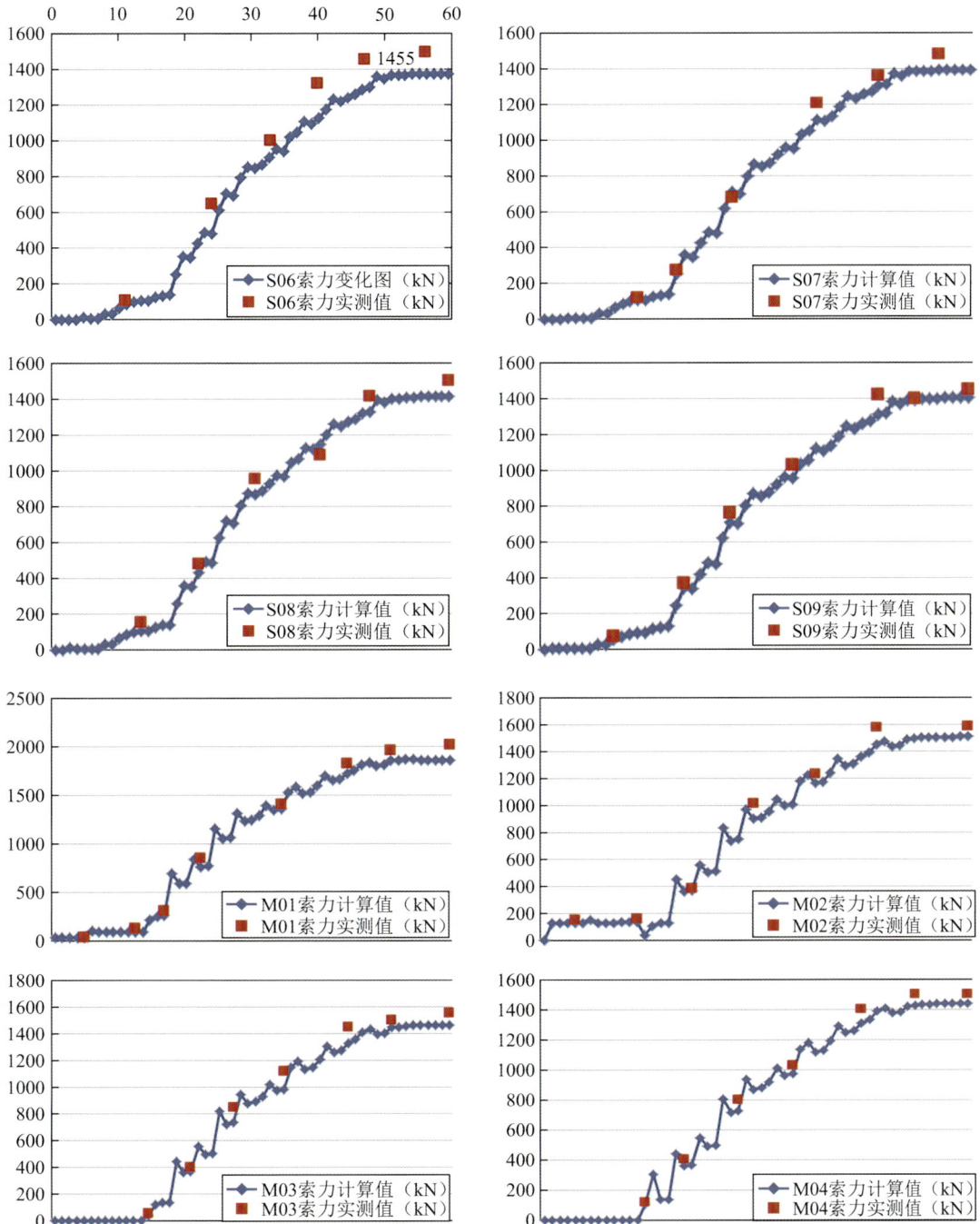

图 6.2-23　吊索索力变化历程图

在体系转换施工过程中，叠合梁全截面受压，最大压应力为 10.5MPa，主梁结构安全，索塔偏位最大时，塔柱最大拉应力为 0.5MPa；如图 6.2-24 所示，桥面高程变化理论值与实际值偏差小于 5cm。

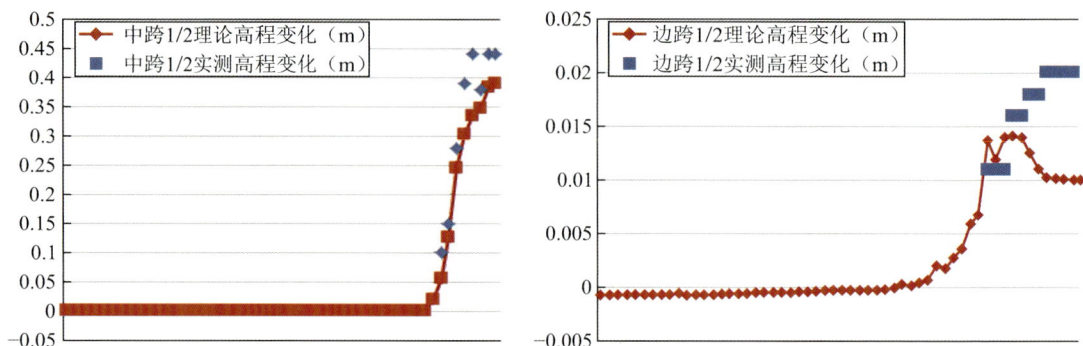

图 6.2-24　高程变化图

2）体系转换施工

空间索面自锚式悬索桥体系转换施工包括索塔偏位监测、可转动索夹定位安装、球形底座以及吊杆的安装、猫道改吊施工、吊索张拉以及主缆线形的测量等施工。

（1）可转动索夹定位及安装、球形底座以及吊杆的安装

如图 6.2-25 所示，在吊索与主缆连接处采用可转动索夹，索夹分为外索夹以及内索夹，内索夹夹持在主缆上，外索夹安装到内索夹中间位置并可以绕内索夹转动。吊索与主梁连接处采用球形底座，球头杆的转动角度为 6°。主缆呈三维空间线形，在体系转换施工过程中，跨中主缆最大横向位移为 25m。可转动索夹和球形底座的应用，解决了空间索夹三维角度测量定位难的问题，并且在体系转换主缆横移过程中，索夹随张拉力的大小转动避免了主缆受扭。

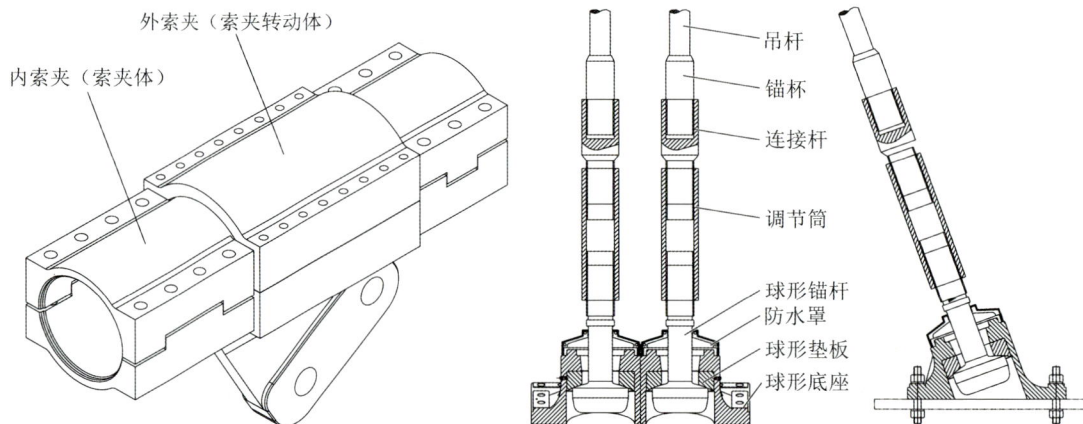

图 6.2-25　可转动索夹与球形底座

主缆架设完成后，利用全站仪测量空缆线形，根据测量结果对模型进行修改，并计算出可转动索夹位置，然后通过确定距离索夹两端 10cm 位置在主缆表面的投影点进行索夹定位放样。如图 6.2-26、图 6.2-27 所示，球形底座、吊杆以及索夹采用汽车起重机进行吊装安装施工。

图 6.2-26　索夹安装施工

图 6.2-27　吊杆及球形底座安装

（2）猫道改吊施工

猫道改吊是体系转换前采用钢丝绳将间隔 6m 的猫道横梁改挂到主缆上，保证体系转换过程中猫道与主缆保持同步位移，再用手拉葫芦牵拉使上下游猫道承重索中心与主缆中心重合。

（3）吊索张拉施工

如图 6.2-28 所示，吊索下锚头与桥面的球头杆通过调解套筒连接，采用穿心千斤顶进行索力张拉，然后旋转调节套筒锁定索力。吊索张拉总体以两个索塔为中心分别向中跨及边跨方向推进，南塔及北塔两侧同步进行张拉，总共 8 个工作面。随着吊索安装和张拉，主缆线形不断趋于成桥线形。

图 6.2-28　吊索体系转换张拉现场

6.3　关键技术总结

松原天河大桥是世界上首座双塔三跨空间索面组合梁悬索桥，通过科技攻关与创新取得系列重要成果。

（1）自锚式悬索桥钢-混结合段施工关键技术

松原天河大桥采用边跨原位吊装、中跨牵引拖拉的钢梁架设方案，顺利完成了钢梁架设施工。钢-混结合段结构复杂、预应力束众多、钢筋密集、施工难度大，钢-混结合段的施工直接影响自锚式悬索桥的体系转化施工，是全桥施工的重点之一。结合当地施工条件，因地制宜、科学组织，采用预应力锁定与劲性骨架锁定相结合的方法对钢梁进行锁定，有效地控制了钢梁随温度变化导致混凝土产生裂缝，可为今后同类桥梁的施工提供参考。

（2）三跨空间索面自锚式悬索桥体系转换技术

通过可转动索夹和球头底座，解决大部分吊杆横向转动问题。同时，创新采用吊索接长杆，在不满足球铰底座自由转动角度时，张拉临时吊索，彻底解决吊杆横向转动问题，实现一次张拉成型的施工，既保证了施工质量，又节约了施工成本。

在构建空间自锚式悬索桥体系转换方案时，需综合考虑众多因素。其中，吊索角度的确定及吊索内力的精确控制成为方案制定过程中最为棘手的难题。引入临时吊索后，张拉限制条件得以显著放宽，同时也为施工操作提供了便利。然而，以下数项事宜仍需引起重视：①对于可旋转的索夹，为减轻主缆的扭转变形，在定位安装时应避免过度紧固，待索夹与吊杆装配并手动旋转至适当角度后，再行紧固。②主塔与主索鞍的偏移状况需实时监测，并严格控制，以避免主塔因应力过大而造成结构安全隐患。③在吊索索力测量方面，采用频谱法进行，鉴于吊索下端采用球铰连接，可能导致测量数据存在偏差，有待进一步研究。

第 七 章

桥面系

桥面系是指桥梁附属设施中直接承受车辆、人群等荷载，并将荷载传递至主要承重构件的桥面构造系统。悬索桥的桥面系统主要包括桥面护栏、路缘石、桥面铺装、桥面排水系统、伸缩缝以及桥面照明设施等。桥面系统大多暴露在外，其材料和布局的选择直接影响到桥梁的使用功能、整体布局和美观性。

7.1 桥面系施工概述

7.1.1 桥面布置

桥面系统一般构造如图 7.1-1 所示。目前，悬索桥桥面系统布置主要分为两种：单层桥面布置和双层桥面布置。

（1）单层桥面布置

该类型桥面布置只有一个桥面，桥梁行车道通过分隔设置的方式进行桥面布置，确保上下行车辆互不干扰，有助于提升行车速度并简化交通管理。常用的分隔设置分为两种，一种是在桥面上设置分隔带，以区分上下行车辆；另一种是采用分离式主梁布置，在主梁之间设置分隔带。

（2）双层桥面布置

双层桥面布置允许桥梁结构在空间上提供两个不同平面的桥面，从而实现不同交通流的有效分离。此外，这种布置能充分利用桥梁的净空高度，在满足交通需求的同时，减少桥梁的宽度需求，缩短引桥长度，从而实现更好的经济效益。

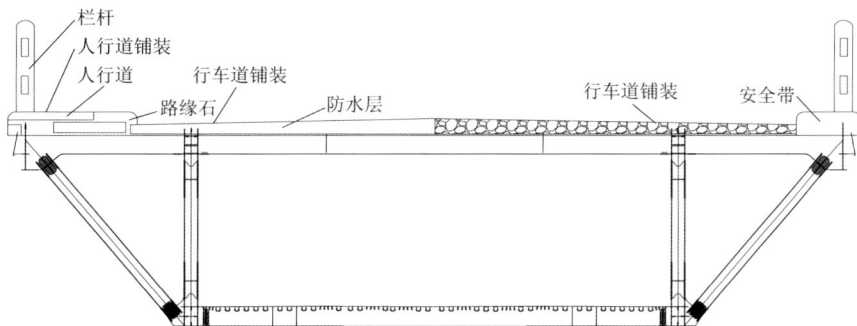

图 7.1-1 桥面系统一般构造示意图

7.1.2 桥面铺装

桥面铺装即行车道铺装，亦称桥面保护层，是车轮直接作用的部分。桥面铺装的作用在于防止车辆轮胎或履带直接磨耗行车道板，保护主梁免受雨水侵蚀，并对车辆轮重的集中荷载起分布作用。我国的大跨径悬索桥钢箱梁，大多采用正交异性板结构，正交异性钢桥面板与铺装层组成了桥面板铺装的协同体系。在行车荷载、风荷载、温度变化及钢桥面局部变形等综合因素影响下，钢桥面铺装的受力和变形远较道路路面或机场道面更复杂，因而对铺装层的强度、变形特性、高温稳定性和抗疲劳开裂等均有更高要求。

鉴于钢桥面铺装的复杂性和使用性能要求，国内外对钢桥面铺装已进行了大量研究，并取得了阶段性成果，现阶段常用的大跨径钢桥桥面铺装材料主要有双层沥青玛琋脂碎石混合料类（SMA）、浇筑式沥青混凝土类（GA/PGA）、环氧沥青混凝土类（EA）、树脂沥青组合类（ERS）、改性聚氨酯类和超高性能混凝土类（UHPC）。

1）双层 SMA 铺装

（1）铺装材料

SMA 混合料是一种特殊的断级配沥青混合料，由粗骨料和沥青玛琋脂组成。其特点在于粗骨料含量较高，细骨料含量较低，同时矿粉和沥青的含量相对较高。这种混合料中，粗骨料相互嵌挤形成骨架结构，赋予了混合料优异的高温抗变形能力；沥青玛琋脂和适量的纤维填充在粗骨料骨架之间，提供了良好的低温抗裂性、密水性和耐久性。

SMA 混合料起源于德国，最初用于减少道面车辙，具有良好的抗水损害和低温抗裂性能。美国、日本等国根据各自国情对 SMA 混合料的配合比和设计参数进行了调整，形成了适合本国情况的设计规范。由于 SMA 混合料出色的路用性能，在欧美等国家的道路和桥面铺装中得到了广泛应用。自 1997 年起，我国以广东虎门大桥为试点，逐渐将 SMA 混合料用于钢桥面铺装。但双层 SMA 铺装在国内的应用受限于施工难度、环境适应性及新型技术的竞争，导致其逐渐被其他桥面铺装方案替代。

（2）铺装结构

双层 SMA 铺装结构如图 7.1-2 所示。

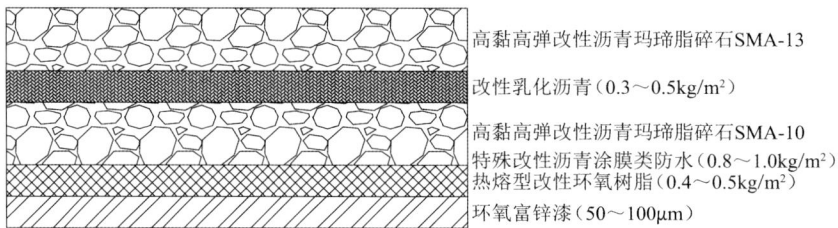

图 7.1-2　双层 SMA 铺装结构示意图

（3）铺装施工技术

双层 SMA 铺装施工流程如图 7.1-3 所示。

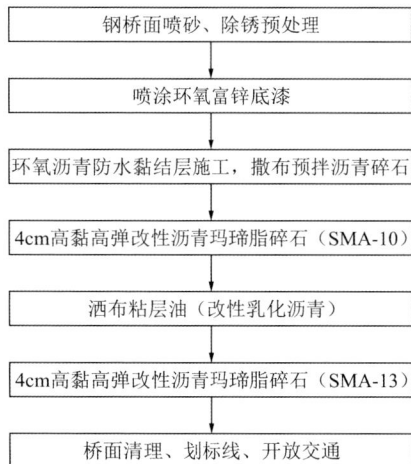

图 7.1-3　双层 SMA 铺装施工流程图

2）GA/PGA 铺装

（1）铺装材料

GA/PGA 起源于德国，通常在高温（220～260℃）下进行拌和，可依靠其优异的自流性进行摊铺成型，空隙率小于 1%。该混合料由特立尼达湖沥青（TLA）和石油沥青两种沥青掺配而成。TLA 沥青的主要成分包括 53%～55% 的地沥青（二硫化碳可溶分）、36%～37% 的矿物质、9%～10% 的水化物以及挥发性物质等。TLA 具有凝胶结构，表面张力较高，其独特的胶体结构使得与普通石油沥青混合更为便捷，进而降低了普通石油沥青的温度敏感性。

我国自 20 世纪 90 年代起引进浇筑式沥青混凝土

技术，并应用于江阴长江公路大桥、香港青马大桥、台湾新东大桥和高屏大桥。近年来，南京栖霞山长江大桥、南京长江大桥的路面维修改造以及港珠澳大桥主桥也都采用了这种浇筑式沥青混合料。浇筑式沥青混凝土的施工对温度具有敏感性。在铺设过程中，空气温度不应低于 5℃，而北方地区冬季的气温通常低于这一阈值，从而导致施工窗口期缩短，甚至出现无法施工的情况。相对而言，南方地区的冬季气候较为温和，因此，浇筑式沥青混凝土铺装在国内更适合于南方地区的施工。

（2）铺装结构

常规高温拌和浇筑式沥青混合料铺装结构如图 7.1-4 所示。

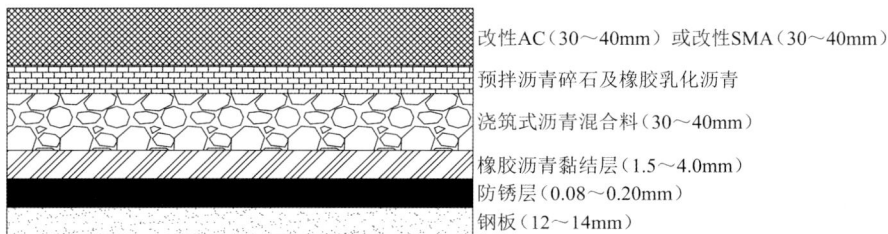

改性AC（30～40mm）或改性SMA（30～40mm）
预拌沥青碎石及橡胶乳化沥青
浇筑式沥青混合料（30～40mm）
橡胶沥青黏结层（1.5～4.0mm）
防锈层（0.08～0.20mm）
钢板（12～14mm）

图 7.1-4　常规高温拌和浇筑式沥青混合料铺装结构示意图

（3）铺装施工技术

钢桥面板除锈验收后，可进行防水黏结层的施工，一般采用溶剂型橡胶沥青黏结材料作为防水黏结层，养护 7d 后方可进行浇筑式沥青混合料的摊铺。摊铺前准备开头收尾的接缝板以及侧边模板，摊铺时同步进行预裹碎石的撒布，视碎石嵌入情况后紧跟小吨位钢轮压路机碾压。施工流程如图 7.1-5 所示。

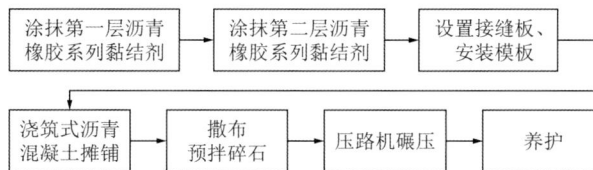

图 7.1-5　浇筑式沥青混凝土铺装施工流程图

3）EA 铺装

（1）铺装材料

EA 是一种由环氧沥青结合料和符合级配要求的矿料按照特定工艺制成的热固性混合料。该类型混合料中使用的环氧沥青是通过将环氧树脂、固化剂与基质沥青进行复杂的化学改性而得到的混合物。固化后的环氧沥青混合料展现出较高的力学性能，并且对温度变化不敏感。

自 20 世纪 50 年代末开始，高强度热固性环氧沥青材料在交通工程领域得到了广泛应用。美国首次将环氧沥青混合料用作正交异性钢桥面的铺装层，并取得了显著的效果。日本在 20 世纪 70 年代对环氧沥青混合料的配制、模量、应力松弛性能和破坏机理进行了深入研究。我国对环氧沥青的研究起步较晚，但自 21 世纪初南京八卦洲长江大桥钢桥面铺装项目开始，逐渐形成了成熟的环氧沥青混合料钢桥面铺装设计与施工技术体系。

（2）铺装结构

下层环氧沥青混合料 + 改性沥青混合料铺装结构如图 7.1-6 所示。

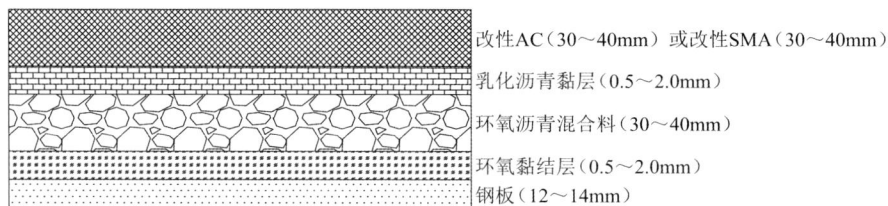

改性AC（30～40mm）或改性SMA（30～40mm）
乳化沥青黏层（0.5～2.0mm）
环氧沥青混合料（30～40mm）
环氧黏结层（0.5～2.0mm）
钢板（12～14mm）

图 7.1-6　下层环氧沥青混合料 + 改性沥青混合料铺装结构示意图

（3）铺装施工技术

钢桥面板喷砂除锈后采用环氧富锌漆进行涂装，环氧沥青混合料拌和后运输至现场摊铺，碾压至设计压实度后养护。施工流程如图 7.1-7 所示。

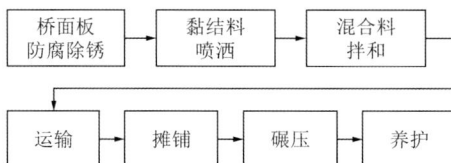

图 7.1-7　环氧沥青混凝土铺装施工流程图

4）ERS 铺装

（1）铺装材料

ERS（EBCL + RA05 + SMA）是一种复合式铺装系统，主要由改性环氧树脂碎石层（EBCL）、冷拌树脂沥青混凝土层（RA05）和 SMA 组成。ERS 铺装体系中，最底层的环氧黏结碎石层可有效提升钢桥面板与沥青混合料铺装层之间的黏结力，防止铺装层与钢桥面板脱黏而引起的拥包、开裂等病害。此外，中间的冷拌树脂沥青混合料层作为刚度过渡层，可解决钢桥面板与沥青铺装层刚度差异过大的问题，减少钢桥面铺装在高温下稳定性不足的缺陷。

自 2004 年起，我国开始采用 ERS 铺装技术，并成功应用于西陵长江大桥、杭州江东大桥、宁波庆丰桥、广州猎德大桥、宁波青林湾大桥和宜昌长江公路大桥等桥梁。

（2）铺装结构

ERS 典型钢桥面铺装结构如图 7.1-8 所示，EBCL 作为防水抗滑黏结层，RA05 作为铺装刚度过渡层、隔温层，高黏高弹性改性沥青玛琋脂碎石 SMA-10 作为表面功能层，各层分工明确。

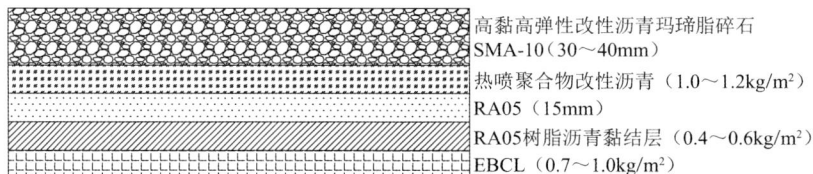

高黏高弹性改性沥青玛琋脂碎石
SMA-10（30～40mm）
热喷聚合物改性沥青（1.0～1.2kg/m²）
RA05（15mm）
RA05树脂沥青黏结层（0.4～0.6kg/m²）
EBCL（0.7～1.0kg/m²）

图 7.1-8　ERS 典型钢桥面铺装结构示意图

（3）铺装施工技术

ERS 铺装施工流程如图 7.1-9 所示。

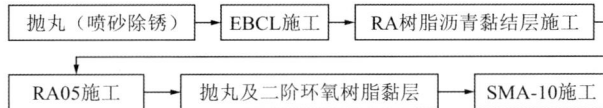

图 7.1-9 ERS 铺装施工流程图

5）改性聚氨酯铺装

（1）铺装材料

改性聚氨酯铺装技术是一种无沥青的单层铺装体系，采用改性聚氨酯混合料作为主要铺装材料。该单层结构固化迅速，摊铺完成后仅需 2h 即可开放交通。改性聚氨酯作为一种热固性材料，具有在高温下不熔化的特性，因此展现出卓越的抗高温车辙性能和稳定的高温力学性能。此外，由于其铺装厚度较薄，能够有效减轻超大跨度桥梁的恒载，从而显著提升工程的经济性。

改性聚氨酯铺装技术已成功应用于多个工程，包括上海亭枫高速、鄂东长江大桥、珠江黄埔大桥、闵浦大桥、宁波明州大桥、宁波大榭二桥、杭州湾跨海大桥南航道主桥和南昌英雄大桥等病害严重的翻修工程。同时，上海北横高架、沈阳长青桥、兰州柴家峡黄河大桥等新建工程也采用了这种铺装技术。

（2）铺装结构

改性聚氨酯铺装一般为单层结构，在涂刷防水黏结材料后，同步摊铺改性聚氨酯混合料，二者迅速反应，形成整体。2h 后抗压强度可达 25MPa 以上，与钢板整体拉拔强度可达 16MPa。改性聚氨酯桥面铺装结构如图 7.1-10 所示。

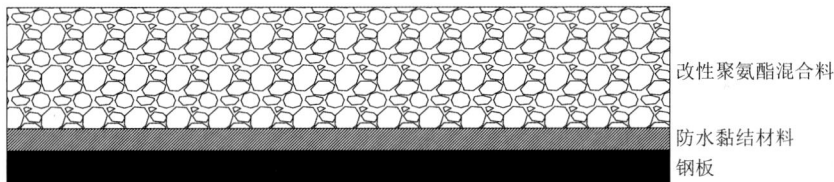

图 7.1-10 改性聚氨酯桥面铺装结构示意图

6）UHPC 铺装

（1）铺装材料

UHPC 是一种抗压强度可超过 150MPa，同时具备超高韧性和超长耐久性的水泥基复合材料。该材料基于最大密实度原理设计，主要成分包括硅灰、水泥、减水剂、细骨料和钢纤维等，其内部缺陷（如空隙和微裂缝）被大幅减少。由于使用了较细的骨料粒径，UHPC 的流动性能优于普通混凝土。

通过适量的钢纤维掺入，UHPC 在轴向拉伸荷载下展现出应变硬化特性，即其抗拉强度不低于初裂强度。初裂后，材料会出现多元开裂现象，显著提升了其应变能力。在 UHPC 中布置密集钢筋后，其抗拉性能得到进一步优化，形成了混凝土-钢纤维-钢筋协同受力的复合结构，其抗弯拉能力可与结构钢材相媲美。超高性能混凝土的应用提高了桥面刚度，改善了铺装层的受力状态，降低了面板和纵横肋在轮载作用下的应力，显著提升了钢桥面的抗疲劳寿命，并减少了黏结层失效、车辙、推移等病害风险。

2004 年，Buitelaar 等研究者对荷兰 80 座钢制固定和移动式桥梁的疲劳机理进行了深入研究，并提出了钢筋高性能混凝土（RHPC）铺装方案。在该方案中，使用的是强度等级为 C110 的高性能混凝土,并采用了三层紧密布置的焊接钢筋网。2005 年,胡曙光团队提出了高性能轻质混凝土铺装的刚性桥面铺装体系,并在武汉绕城公路东西湖区互通 C 匝道连线桥上进行了应用。目前,UHPC 铺装已成功应用于广东肇庆马房大桥、岳阳洞庭湖二桥、宜昌长江公路大桥、武汉军山大桥和云南红河大桥等工程。

（2）铺装结构

UHPC 铺装结构如图 7.1-11 所示。

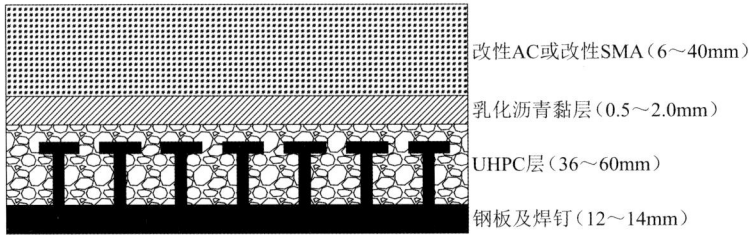

改性AC或改性SMA（6~40mm）

乳化沥青黏层（0.5~2.0mm）

UHPC层（36~60mm）

钢板及焊钉（12~14mm）

图 7.1-11　UHPC 铺装结构示意图

（3）铺装施工技术

UHPC 铺装施工流程如图 7.1-12 所示。桥面防腐除锈完成后进行焊钉的焊接,喷涂界面剂之后绑扎钢筋网,随后进行 UHPC 浇筑,待养护达到设计强度后进行乳化沥青黏层施工,最后完成 SMA/AC 面层施工。

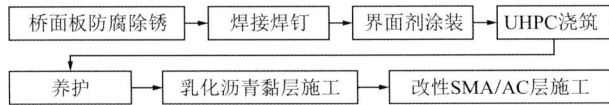

图 7.1-12　UHPC 铺装施工流程图

7.1.3　伸缩缝装置

桥梁在气温变化时,桥面会产生膨胀或收缩的纵向变形。同时,车辆荷载也会引起桥梁梁端的转动和纵向位移。为了确保车辆平稳通过桥面并适应桥面变形,必须设置伸缩装置,这种装置称为桥面伸缩缝装置。

根据传力方式和构造特点,伸缩缝装置可分为五类:对接式伸缩缝装置、钢制支承式伸缩缝装置、组合剪切式（板式）橡胶伸缩缝装置、模数支承式伸缩缝装置和无缝式（暗缝型）伸缩缝装置。

（1）对接式伸缩缝装置

对接式伸缩装置根据构造形式和受力特点的不同,分为填塞对接型和嵌固对接型两种。填塞对接型伸缩缝装置使用沥青、木板、麻絮、橡胶等材料填充缝隙,使伸缩体始终处于受压状态。这类装置通常用于伸缩量不超过 40mm 的常规桥梁工程,现已较少使用。嵌固对接型伸缩缝装置则利用不同形状的钢构件固定不同形状的橡胶条（带）,通过橡胶条（带）的拉压变形吸收梁体变形,伸缩体可处于受压或受拉状态。这类装置广泛应用于伸缩量不超过 80mm 的桥梁工程。

（2）钢制支承式伸缩缝装置

钢制支承式伸缩缝由钢材装配而成,能够直接承受车轮荷载,适用于各种钢桥和混凝土桥梁。这类伸缩缝的形状、尺寸和种类多样，国内常见的是梳齿形板形和折板形。

（3）组合剪切式（板式）橡胶伸缩缝装置

组合剪切式橡胶伸缩缝装置基于橡胶材料低剪切模量的原理设计。该装置设有上下凹槽，橡胶体内埋设承重钢板和锚固钢板，并预留螺栓孔，通过螺栓与梁端连成整体。依靠橡胶体的剪切变形满足梁体结构的相对位移，承受车辆荷载。

（4）模数支承式伸缩缝装置

模数支承式伸缩缝装置由V形或其他截面形状的橡胶密封条（带）嵌接于异型边梁钢和中梁钢内，形成可伸缩密封体。异型钢梁直接承受车辆荷载，可根据需要的伸缩量增加中梁钢和密封橡胶条（带）的数量，组装成不同伸缩量的系列产品。这类装置在国内应用广泛，伸缩范围可达80～1040mm。

（5）无缝式（暗缝型）伸缩缝装置

无缝式伸缩缝装置在桥梁端部伸缩间隙中填入弹性材料并铺上防水材料，然后在桥面铺装层铺筑黏弹性复合材料，使伸缩接缝处的桥面铺装与其他部分形成连续体。这种装置通过沥青混凝土等材料的变形承受伸缩，适用于较小的接缝部位，适用范围有限。

桥梁伸缩施工的顺利进行离不开充分的准备工作。桥梁工程的伸缩缝施工准备主要包括四个方面：桥面准备、伸缩缝产品的选择、混凝土的选择以及交通管理。伸缩缝的一般施工流程如图7.1-13所示。

图 7.1-13 伸缩缝施工流程图

7.1.4 桥面护栏

桥面护栏作为桥梁的附属组成部分，具有保护行人与失控车辆的作用。

1）桥梁护栏类型

桥面护栏分两大类：人行道栏杆和防撞护栏。防撞护栏有金属制梁柱式、钢筋混凝土墙式及组合式。

（1）金属制梁柱式护栏

横梁和立柱为受力构件，要求具有良好的能量吸收特性，以及便于加工和安装的特点。目前常用的横梁断面形式有矩形、圆形及波形，立柱断面形式有圆形、矩形及工字形。

（2）钢筋混凝土墙式护栏

由于钢筋混凝土墙式护栏使用性能较好，高速公路大桥规定使用该类护栏，悬索桥一般较少采用该类护栏。

（3）组合式护栏

组合式护栏是钢筋混凝土墙式护栏和金属制梁柱式护栏的一种组合形式，它兼有墙式护栏的坚固和梁柱式护栏的美观等优点。

2）桥面护栏施工技术

以钢筋混凝土墙式护栏为例，护栏施工前技术准备包括熟悉施工图纸、测量准备、机具准备、材料准备、作业条件准备和熟悉施工环境。一般施工流程如图7.1-14所示。

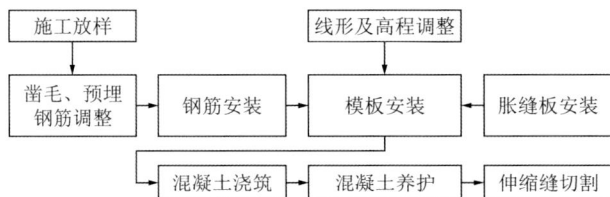

图 7.1-14 钢筋混凝土墙式护栏施工流程图

7.1.5 照明系统

在城市及城郊地区、行人和车辆较多及景观要求较高的桥梁上应设置照明设备。照明设备应做到维修方便、照明度适当、灯具美观大方，使行车安全舒适、景观悦目。桥梁照明要限制眩光，避免对正在桥头引道上或桥位附近道路上的行驶人员造成眩光，避免对桥下通航船只的领航员造成眩光。

桥梁照明布置方式目前常有分散照明、集中照明、集中照明与分散照明混合式三种，分散照明主要为灯杆照明方式，集中照明主要指高杆照明方式。近年来，公路桥梁工程中部分采用了低照明和发光建筑材料涂层标记的照明方式，在悬索桥工程中亦可考虑选用。

7.1.6 排水系统

为了迅速排除桥面积水，防止雨水在桥面上积滞并渗入梁体，影响桥梁的耐久性，桥梁设计时应考虑设置纵横坡排水系统。同时，桥面需配备一定数量的泄水管道，以构成一个完整的排水系统。常见的泄水管形式包括金属泄水管、钢筋混凝土泄水管和塑料泄水管等。

7.2 浇筑式沥青混凝土钢桥面铺装施工实例

本节以泸州长江二桥的桥面铺装施工为例，介绍浇筑式沥青混凝土钢桥面铺装施工技术。

7.2.1 铺装层概况

泸州长江二桥主桥的桥面铺装采用 3.5cm 厚改性沥青混凝土（SMA-10）、4cm 厚浇筑式沥青混凝土（GA-10）以及防水黏结层体系。浇筑式沥青混凝土在摊铺时具有较大的流动性，依靠自身流动性可以实现密实成型，无须碾压，使用简单的摊铺整平机具即可完成施工，并达到规定的密实度和平整度。泸州长江二桥主桥桥面铺装结构如图 7.2-1 所示。

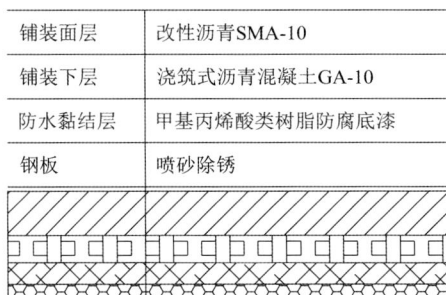

图 7.2-1 泸州长江二桥主桥桥面铺装结构示意图

7.2.2 主要设备与原材料指标

1）主要设备及原材料

在本工程中，投入的主要施工设备见表7.2-1，所用的主要原材料见表7.2-2。

主要施工设备配备表 表 7.2-1

序号	名称	型号	数量	指标
1	抛丸机	BDC854DCS	4套	70m²/h
2	防水层喷涂设备	—	2套	—
3	沥青混合料搅拌站	3000	1套	—
4	Cooker运输设备	JHJ-13	8～10台	13t
5	浇筑式摊铺设备	德国Linnhoff摊铺机	1套	4m
6	履带式沥青混合料摊铺机	福格S2100-2	2台	—
7	小型压路机	—	1台	—
8	横向振荡压路机	—	2台	—
9	双钢轮压路机	—	2台	13t
10	运输车	—	10辆	20t
11	洒布车	—	1辆	—

主要原材料表 表 7.2-2

序号	材料名称	用途	产地	备注
1	基质沥青	GA-10、SMA-10	泸州中海	70～100号
2	改性剂	GA-10、SMA-10	重庆	生产前运至改性沥青加工场
3	防水体系	防水黏结层	大庆	
4	粗、细骨料	GA-10、SMA-10	峨眉、泸州叙永	
5	矿粉	GA-10、SMA-10	古蔺	—
6	聚酯纤维	SMA-10	郑州	
7	沥青类填缝料	—	泸州中海	

2）原材料性能指标要求

（1）防水黏结层材料

防水黏结层材料包括甲基丙烯酸类树脂防腐底漆、甲基丙烯酸类树脂防水膜和甲基丙烯酸类树脂胶黏剂，其性能指标见表7.2-3。

甲基丙烯酸类树脂（MMA）防水黏结体系材料技术要求 表 7.2-3

试验项目	技术要求	试验方法
甲基丙烯酸类树脂防腐底漆		
固体含量（%）	≥30	GB/T 16777—2008

试验项目	技术要求	试验方法
材料外观	色泽均匀,搅拌后无凝胶、结块,呈均匀状态	目测
实干时间（h）	≤1.0	GB/T 16777—2008
与钢板黏结强度（25℃）（MPa）	≥5	《公路钢箱梁桥面铺装设计与施工技术指南》附录 E
甲基丙烯酸类树脂防水膜		
拉伸强度（25℃）（MPa）	≥12	GB/T 16777—2008
拉伸伸长率（25℃）（%）	≥130	
200℃ 2h 拉伸伸长率（25℃）（%）	≥100	
黏结强度（钢）（25℃）（MPa）	≥5	《公路钢箱梁桥面铺装设计与施工技术指南》附录 D
低温柔性（−20℃）	φ20mm 弯曲 90°无裂纹	《公路钢箱梁桥面铺装设计与施工技术指南》附录 D
甲基丙烯酸类树脂胶黏剂		
干固时间（25℃）（h）	≤1.0	GB/T 16777—2008
固体含量（%）	≥30	JC/T 975—2005
铺装组合体系		
黏结强度（25℃）（MPa）	≥1	《公路钢箱梁桥面铺装设计与施工技术指南》附录 E

（2）沥青混凝土铺装材料

浇筑式沥青混凝土的改性沥青主要由基质沥青添加 SBS 改性剂制成,其性能技术要求见表 7.2-4。面层 SMA-10 的改性沥青为高黏高弹改性沥青,其技术要求见表 7.2-5。

浇筑式沥青混凝土的改性沥青技术要求　　　　　　　　　　表 7.2-4

试验项目		单位	要求	试验方法
针入度（25℃,100g,5s）		0.1mm	20～50	JTG E20—2011
软化点（环球法）		℃	≥85	JTG E20—2011
延度（5cm/min,10℃）		cm	≥30	JTG E20—2011
弹性恢复（25℃）		%	≥90	JTG E20—2011
闪点（克利夫兰开口杯）		℃	≥260	JTG E20—2011
RTFOT 163℃	质量变化	%	−1.0～+1.0	JTG E20—2011
	针入度比（25℃）	%	≥65	
	弹性恢复率（25℃）	%	≥72	
PG 分级			PG82-22	AASHTO-TP1/TP5

高黏高弹改性沥青技术要求　　　　表 7.2-5

试验项目		单位	要求	试验方法
针入度（25℃，100g，5s）		0.1mm	70～100	JTG E20—2011
软化点（环球法）		℃	≥80	JTG E20—2011
延度（5℃，5cm/min）		cm	≥60	JTG E20—2011
弹性恢复率（25℃）		%	≥90	JTG E20—2011
闪点		℃	≥250	JTG E20—2011
RTFOT 163℃	重量损失	%	±0.5	JTJ 052—2000
	针入度比	%	≥65	
	延度（5℃，5cm/min）	cm	≥30	
	弹性恢复率（25℃）	%	≥80	
PG 分级			PG76-28	AASHTO-TP1/TP5

　　SMA-10、GA-10 的级配满足表 7.2-6 要求，GA-10 油石比控制在 7%～10%，SMA-10 油石比控制在 5.8%～7.0%，纤维用量为混合料质量的 0.2%～0.4%。混合料性能均满足表 7.2-7、表 7.2-8 中的性能要求。

混合料级配范围要求　　　　表 7.2-6

混合料 类型	通过率（筛孔尺寸：mm）								
	13.2	9.5	4.75	2.36	1.18	0.6	0.3	0.15	0.075
SMA-10（%）	100	90～100	28～60	20～32	14～26	12～22	10～18	9～16	8～13
GA-10（%）	100	80～100	63～80	48～63	38～52	32～46	27～40	24～36	20～30

SMA-10 混合料性能要求　　　　表 7.2-7

试验项目	单位	要求	试验方法
空隙率	%	2.5～3.5	JTG E20—2011
矿料间隙率	%	≥16.5	
冻融劈裂强度比	%	≥80	JTG E20—2011
析漏量	%	≤0.1	JTG E20—2011
沥青混合料飞散损失	%	≤15	JTG E20—2011
车辙动稳定度（70℃）	次/mm	≥2500	JTG E20—2011
弯曲极限应变（−10℃）	—	≥0.007	JTG E20—2011
马歇尔试验	稳定度（kN）流值（0.1mm）	≥6.0 20～50	JTG E20—2011

　　注：低温弯曲试验试件尺寸为 300mm×100mm×50mm。

GA-10 混合料性能要求　　　　表 7.2-8

试验项目	单位	要求	试验方法
流动性（240℃）	s	≤20	《公路钢箱梁桥面铺装设计与施工技术指南》
贯入度（60℃，mm）	mm	1～4	《公路钢箱梁桥面铺装设计与施工技术指南》

续上表

试验项目	单位	要求	试验方法
贯入度增量（60℃，mm）	mm	≤ 0.4	
弯曲极限应变（−10℃）	—	≥ 7 × 10⁻³	JTG E20—2011

注：低温弯曲试验试件尺寸为 300mm × 100mm × 50mm。

7.2.3 桥面铺装施工

1）桥面铺装施工流程

桥面铺装施工流程如图 7.2-2 所示。

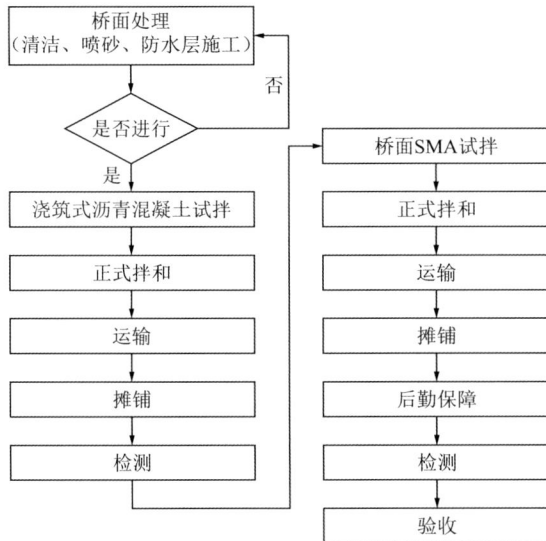

图 7.2-2 桥面铺装施工流程图

2）试验段施工

为了更好地模拟真实桥梁的摊铺状况，充分验证施工机械设备组合的合理性、施工工艺的可行性以及质量控制的可靠性，选取主桥的一段作为试验段。依据施工的便利性和工程总体影响最小化原则，选择距离拌合站最远的位置作为试验段。此试验段的选择能够验证运输车辆及拌合站的配置的合理性。试验段的施工长度设定为施工作业队伍半天可完成的工程量，设置了 100m² 的试验区域，专用于喷砂除锈、防腐底漆和防水黏结层的施工作业，沥青铺装的试验段长度设定为 100m。试验结果运输车数量及拌合站工作能力满足施工需求。

3）钢桥面喷砂除锈

钢桥面喷砂除锈工艺流程：施工准备→施工环境检查→表面处理→清洁→喷砂除锈→清扫→检测→下一道工序。

如图 7.2-3 所示，在进行喷砂之前首先检查钢桥面板的外观，确保其表面没有焊瘤、飞溅物、针孔、飞边和毛刺等缺陷。若发现上述问题，通过打磨将其清除，且需将锋利的边角处理成半径 2mm 以上的圆角。使用清洁剂或溶剂清洗钢桥面板，去除表面的油脂、盐分及其他污物。最后，使用高压清水彻底清洁，确保表面无油污和尘垢。

a) 焊瘤清理　　　　　　　b) 污渍清理　　　　　　　c) 温度检测

d) 桥面清洗　　　　　　　e) 人工打磨　　　　　　　f) 抛丸打磨

图 7.2-3　喷砂前处理

　　采用带吸尘装置的移动式自动无尘打砂机进行除锈作业。对于自动无尘打砂机无法覆盖的区域和边缘，使用手提式打砂机进行处理。为保持工作界面的清洁，进入施工区域的相关人员必须穿戴干净的鞋套，并在指定区域内活动。所有进入施工区域的设备，如喷砂机和发电机，确保在进场前清理干净。对于生锈或涂装未干的防腐层，必须重新进行喷砂除锈处理。桥面喷砂及喷砂前后对比如图 7.2-4 所示。

a) 桥面喷砂　　　　　　　　　　　　　　b) 喷砂前后对比

图 7.2-4　桥面喷砂及喷砂前后对比

　　4）底漆及防水黏结层施工

　　喷砂除锈检验合格后，应在 3～4h 内涂刷甲基丙烯酸树脂防腐底涂层。待底漆彻底固化后，喷涂甲基丙烯酸树脂防水材料，分两层进行施工，总用量为 2500～3500g/m²。第一层完成后，需等待 1h，方可喷涂下一层。当甲基丙烯酸类树脂防水层喷涂结束且表面干燥时，立即喷涂甲基丙烯酸树脂防胶黏剂，施工方法为无气喷涂。已涂刷好的区域需进行保护，设立隔离区，并安排专人看管。在下一个工序开始之前，严禁人员和车辆进入，以避免对工作面造成污染。底漆及防水黏结层施工如图 7.2-5 所示。

a) 底层涂装

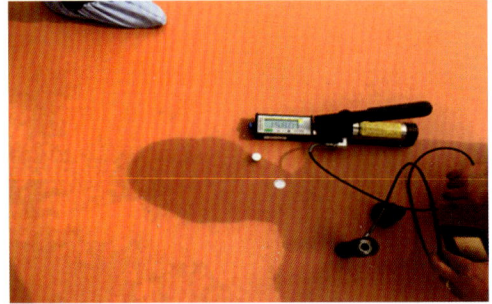

b) 防水层黏结强度检测

c) 甲基丙烯酸树脂防黏结层第一层喷涂

d) 防水层湿膜厚度检测

单层湿膜厚度≥1mm

e) 甲基丙烯酸树脂防黏结层第二层喷涂

f) 防水层滚涂胶黏剂

图 7.2-5　底漆及防水黏结层施工

5）浇筑式沥青混合料施工

浇筑式沥青混凝土施工工序包括配合比设计，混合料生产、浇筑运输和浇筑摊铺。本工程采用的沥青混合料配合比级配为 GA-10。

（1）施工准备

施工前检查施工范围内的防水层状况，如发现破坏，须及时进行补涂。运输车辆运输前，用彩条布将运输车的底盘和发动机部分包裹，以防发动机漏油或泄漏水分等污染桥面防水层。在进入施工场地前清洁车辆的轮胎和底板，以防止运输车污染桥面。浇筑式沥青混凝土摊铺劳动强度大且温度高，充分做好安全防护工作。

（2）改性沥青生产

根据浇筑式沥青混凝土设计流程（图 7.2-6），在现场开展改性沥青的改性试验，如图 7.2-7、图 7.2-8 所示，并对改性沥青的各项技术指标进行精确测试。同时，为确保改性沥青的储存与供应，配备容量超过 40t 的专业改性沥青储罐。

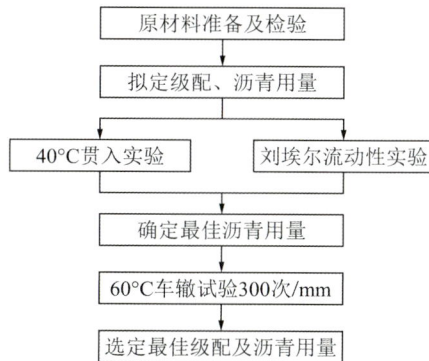

图 7.2-6 浇筑式沥青混凝土设计流程

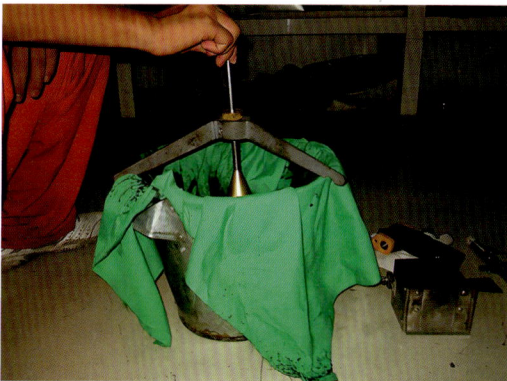

图 7.2-7 刘埃尔流动性试验

图 7.2-8 贯入度试验

（3）混合料的拌和

GA-10 混合料拌和流程：①对硬质沥青进行加热，将粉碎后的湖沥青（TLA）按照用量人工投放于硬质沥青加热罐中，并不间断地搅拌，制成复合沥青。②按照每盘料需要的 TLA 用量，将其直接投放于搅拌锅内，由于投放时 TLA 温度接近常温，适当提高骨料及硬质沥青的加热温度。

浇筑式沥青混凝土生产如图 7.2-9 所示，混合料拌和温度控制措施：设置浇筑式沥青混凝土专用拌和楼，石料温度 290～310℃。混合料拌和后出料温度按 220～250℃目标控制。混合料中矿粉含量很大，为了避免骨料的加热温度过高，宜对矿粉进行预热，温度一般小于 80℃，现场试拌后确定拌和工艺为干拌时间至少 15s，湿拌时间至少 90s。拌和过程配备专人记录矿粉掺加量，沥青用量及骨料温度控制（图 7.2-10），同时冷料仓上料速度的设置应考虑到加热鼓风中细骨料的粉料损失。

（4）混合料的运输

拌和楼生产出的浇筑式沥青混合料需要不断搅拌和加温，以防发生离析或因温度降低而无法施工。因此，浇筑式沥青混合料采用专门的运输设备 Cooker，如图 7.2-11 所示。

Cooker 主要由三部分构成：沥青混凝土搅拌系统、加热系统及搅拌罐。Cooker 初次进料时，预热温度设置为 160℃。混合料装入 Cooker 后保持持续搅拌，温度设置为 220～250℃，以确保混合料运至现场时满足摊铺要求。混合料在 Cooker 车中的搅拌时间应在

40min 以上，但考虑到高温老化可能降低结合料性能，超过 250℃时的停留时间不得超过 1h；在 220～240℃时，停留时间不得超过 4h，在车内的最长搅拌时间不应超过 3h。本工程投入 6 台 Cooker，可满足施工需求。

图 7.2-9　浇筑式沥青混凝土生产

图 7.2-10　骨料加热温度检测

a) cooker 提前预热 160℃　　　　　　　b) 运输车进场清洗

图 7.2-11　浇筑式沥青混合料运输设备

（5）混合料的摊铺

GA-10混合料的摊铺配备专门的摊铺设备，结合工程量需求考虑，本工程选用一台浇筑式沥青混凝土摊铺机。浇筑式摊铺机的摊铺宽度有限，在摊铺前根据桥面的设计宽度，制定合理的摊铺方案。主线行车道的单幅摊铺宽度为10.25m，行车道的机械铺装单幅宽度设置为4.8～5m，其余部分则采用人工摊铺。对于施工过程中产生的纵向接缝，在摊铺过程中采用加贴缝条以及表面接缝进行热化修整。如图7.2-12所示，施工顺序为先进行机械摊铺，然后进行人工修补，最后进行单幅铺装面的施工。摊铺机的轮胎将行走在桥面板的导轨上，靠近边缘的区域，摊铺机的整平板无法施工至铺装边缘，由工人进行刮平处理。

a) 卸料　　　　　　　　　　b) 摊铺　　　　　　　　　　c) 摊铺成型

图 7.2-12　浇筑式沥青混凝土摊铺

（6）施工缝及边界处理

由于桥面路幅较宽，整幅摊铺无法实现，施工过程中难以避免纵向接缝，并应尽量减少横向接缝的产生。因等料或天气变化等原因需要设置施工缝，应按以下方法处理横向施工接缝：使用钢制或木制挡板切割成与浇筑式摊铺宽度相同的长度，放置在接缝位置；将摊铺机升起少许，从横向挡板上移出；手持抹板将混合料抹至紧贴挡板，并抹平、敲实；待混合料冷却后再拆除挡板，应确保混凝土具有垂直的横向截面，并清除松散混合料。

接缝处铺筑浇筑式混合料之前，摊铺机高度调整至与铺装层相同，待布料板均匀铺开混合料后，再开动摊铺机进行正常摊铺。观察接缝处新铺混合料的情况，如发现松散或麻面，应立即进行人工处理。在进行纵向接缝施工时，检查原沥青混凝土接缝界面，及时除去出现麻面、松散和下层脱落的浇筑式沥青混凝土。清理完成后，在纵向边缝处贴上一条缝条，并对接缝进行预热处理，以保证整个铺装的密实性和整体性。摊铺完成后安排专人对接缝处的漏铺和麻面进行处理，使用喷枪加热使原铺装软化，压入预拌碎石，并用工具搓揉，使表面平整。为便于摊铺机的作业，浇筑式沥青混凝土铺装时在行车道边缘处留有一定宽度，由人工进行刮平。

6）面层SMA-10铺装施工

SMA沥青面层施工流程：洒布黏层→沥青混合料拌和→运输车运输→摊铺机摊铺→初压→复压→终压→养护→验收。

（1）黏结层施工

在浇筑式沥青混合料与SMA-10表面层之间，洒布改性乳化沥青作为黏结层，用量为300～500g/m²。通过沥青洒布车喷洒，人工控制洒布量。气温低于10℃或路面潮湿时，不得喷洒。喷洒的黏结层形成均匀雾状，覆盖路面全宽，且应为薄层，不得出现洒花、漏空、成条或堆积现象。

（2）SMA-10混合料生产

在制备SMA-10混合料的过程中,温度控制至关重要:首先,将石料加热至190～220℃。接着，在改性沥青与混合料拌和完成后，确保出料温度维持在170～195℃。拌和过程中，干拌阶段需持续5～10s，而湿拌阶段则需35～60s。此外，拌制完成的混合料储存时间需严格控制在4h以内。

（3）SMA-10混合料摊铺

SMA-10混合料采用福格勒S2100-2履带伸缩式摊铺机进行摊铺，使用非接触式平衡梁的自动找平装置控制摊铺厚度和平整度，SMA-10混合料的最低摊铺温度为160℃，行走速度控制在2.0～3.0m/min，最高不超过3m/min。

（4）SMA-10混合料压实

SMA-10混合料碾压应紧跟摊铺机进行。初碾和复碾的工作长度为30m,不得超过50m。初碾采用自重12t或以上的双钢轮静压压路机，每次前进时应接近摊铺机的尾部，并倒退在原轮迹上，第二次前进时重叠约2/3轮宽，此过程需碾压1～2遍。铺装表面层时，行驶速度应控制在5km/h以内。初碾在铺装温度高于150℃时完成。复碾采用水平振动压路机，碾压3～4遍，复碾结束时，铺装温度应大于130℃。收迹碾压采用12t或以上的钢轮压路机，无振动碾压收迹1～2遍即可，收迹碾压结束时的温度应大于120℃。SMA-10混合料摊铺与碾压及成型效果如图7.2-13所示。

图7.2-13　SMA-10混合料摊铺与碾压及成型效果图

（5）施工缝设置与处理

SMA-10面层施工时，不设置横向施工缝（单向一次成型），纵向采用垂直平接缝。采用机械切割使工作缝成直角连接，并清除切割时留下的泥水。干燥后涂刷黏层油，铺筑新混合料。接头处应搓软化，压路机先横向碾压，再纵向充分碾压，使连接平顺。

（6）交通开放

行车道铺装表面层压实3d后开放2t以下轻型交通，5d后正式开放交通。

7.3　人行玻璃桥面施工实例

本节以张家界大峡谷玻璃桥桥面施工为例，介绍人行玻璃桥桥面施工技术。

7.3.1 工程概况

张家界大峡谷玻璃桥为空间索面悬索桥结构形式，主跨径 430m，桥面宽 6～15m，距谷底高差 300m。桥面全部采用玻璃铺设，玻璃采用透明玻璃和防滑玻璃两种类型，设计桥上人数上限为 800 人。使用新型高强钢化玻璃材料作为桥面系承重结构材料，代替普通混凝土及沥青混凝土作为桥面铺装层。

加劲梁的纵向主梁与横隔梁所围成的中空面，采用三层钢化夹层玻璃作为受力面板。标准梁段钢化夹层玻璃尺寸为 4.32m×3.05m，非标准段玻璃根据加劲梁所围成中空尺寸单独加工。玻璃桥面设计如图 7.3-1 所示。

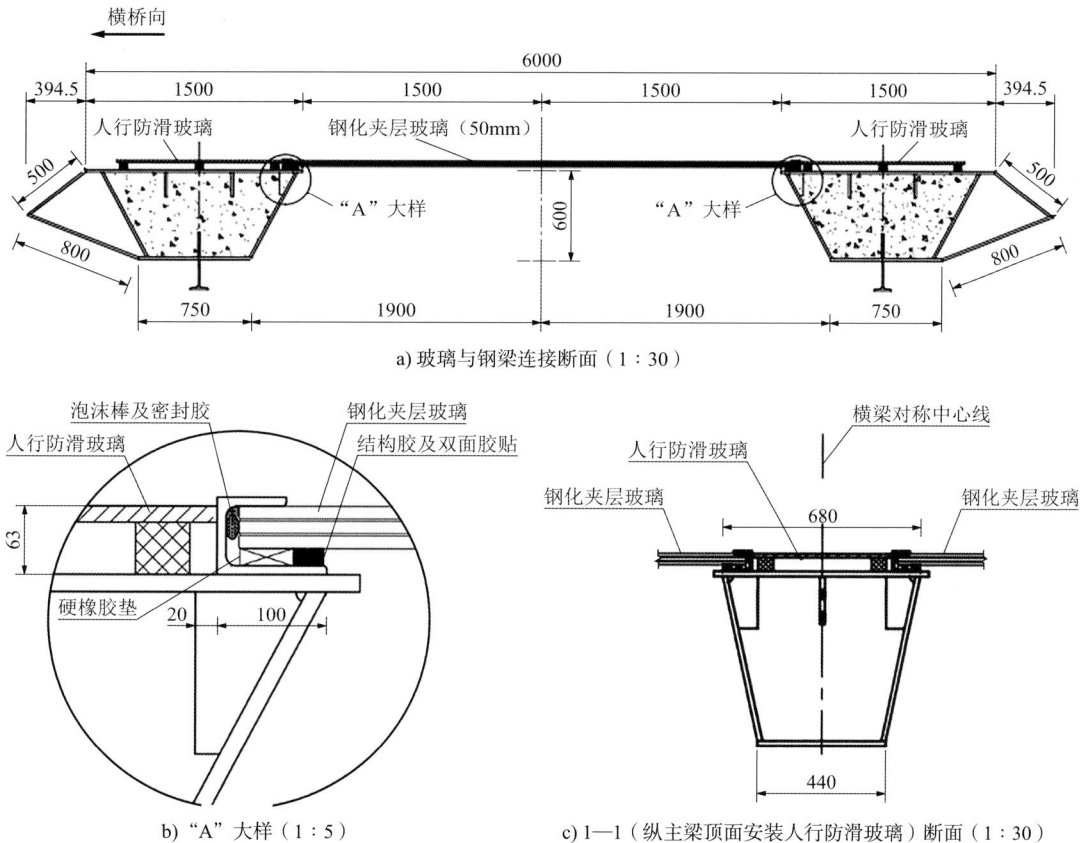

a) 玻璃与钢梁连接断面（1:30）

b)"A"大样（1:5）

c) 1—1（纵主梁顶面安装人行防滑玻璃）断面（1:30）

图 7.3-1 玻璃桥面设计图（尺寸单位：mm）

7.3.2 桥面玻璃试验

1）加工与制造要求

（1）玻璃尺寸均为基准温度 20.0℃下的尺寸，未考虑玻璃板件的制造误差。工地施工用尺与工厂施工用尺相互校对，桥面成桥焊接后将成形尺寸的实测值反馈至玻璃厂。

（2）玻璃板厚度不允许出现负公差。

（3）玻璃在工厂分块制造、现场吊装就位。

2）玻璃试验

根据《建筑用安全玻璃 第 3 部分：夹层玻璃》（GB 15763.3—2009），对加工完成的玻璃进行静载（图 7.3-2）、动载试验（图 7.3-3），在玻璃表面布置观测点（图 7.3-4）对玻璃变形进行观测，玻璃变形观测装置如图 7.3-5 所示。试验结果表明单块玻璃承重加至 40t 时，桥面玻璃变形最大为 2.2cm 且并未破坏，符合《建筑用安全玻璃 第 3 部分：夹层玻璃》（GB 15763.3—2009）中建筑用夹层玻璃的技术要求。

图 7.3-2　玻璃静载试验

图 7.3-3　玻璃动载试验

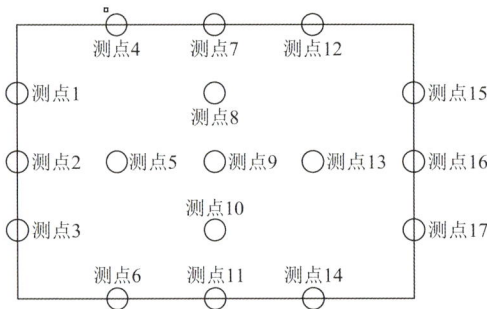

图 7.3-4　玻璃变形观测点布置图

图 7.3-5　玻璃变形观测装置

7.3.3　桥面玻璃布置

桥面玻璃分为钢化夹胶玻璃和钢化夹胶防滑玻璃。钢化夹胶玻璃铺设在纵梁和横梁所围成的露空区域，防滑玻璃铺设在纵梁和横梁的顶面。两类玻璃之间通过橡胶定位块进行分隔。

钢化夹胶玻璃通过橡胶垫块支撑于纵、横梁上，四周设有焊接于桥面钢板上的挡板。挡板与玻璃侧面之间留有适当的空隙，并用弹性橡胶填充，以适应玻璃结构与加劲梁结构之间的变形。此外，在每块玻璃四边的中点位置设置有不锈钢扣件，固定于挡板上。橡胶块通过硅酮结构密封胶与钢梁顶板黏结，既固定橡胶块，又防止雨水腐蚀，进而提高结构的耐久性。钢化夹胶玻璃与钢化夹胶防滑玻璃的侧顶面齐平。钢纵梁顶面的防滑玻璃通过调整横桥向两侧橡胶块的高度，确保玻璃顶面横坡为 1.5%，以便雨水能迅速从玻璃桥面排走。

7.3.4　玻璃桥面无应力安装

以玻璃的安装位置为依据，将桥面玻璃分为桥面露空处的大尺寸玻璃和加劲梁表面的玻璃。大桥合龙后，首先进行桥面露空处的大尺寸玻璃安装，采用与加劲梁施工相同的顺序，从两侧向中间对称安装。完成露空处大尺寸玻璃的安装后，再进行桥面涂装和塑胶颗粒摊铺，最后进行加劲梁表面玻璃的安装，由东侧向西侧逐一安装小玻璃。

为了保证玻璃安装过程的顺利进行，自主研发了一种玻璃运输吊装装置。该装置结构简单、焊接方便、使用材料较少，有效确保了张家界大峡谷玻璃桥桥面的顺利铺装。该装置由运输车和一个或两个结构相同的运输车立架组成，如图 7.3-6 所示。为保证玻璃起吊和运输过程的安全与稳定，运输吊装装置采用 8cm×8cm 方钢（厚度 6mm）焊接制作，水平杆与两个三角形支架的横向连接杆之间设置有斜向连接杆，以增强整体结构的稳定性。如图 7.3-7 所示，该吊装装置利用两台起重机上的手拉葫芦将重物提起，然后将运输车推至被起吊物下方；接着将重物下放至运输车上，人工推行运输车，也可以连接外部动力主推装置；材料运至指定位置后，采用相同方法使用起重机将材料吊起，撤出运输车，将材料放置于地面。

桥面玻璃安装完成后接受锤砸检验，经过相关部门验收通过，正式对外开放、投入使用。

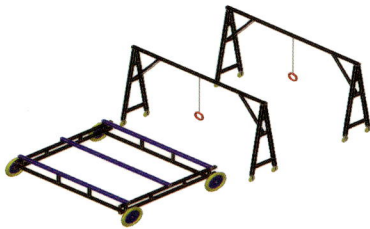

图 7.3-6　吊装、运输小车

图 7.3-7　桥面玻璃安装

第 八 章

施工监控

为精确掌控施工过程中桥梁结构的动态，确保成桥后结构内力与几何形态达到预期目标，需进行施工监控，其包括一系列的控制性计算、施工过程中的监测、数据解析以及反馈调整等措施。依据《公路桥梁施工监控技术规程》（JTG/T 3650-01—2022）的明确要求，鉴于悬索桥结构的复杂性、大跨径特征以及施工过程的繁复性和技术挑战性，通常情况下，悬索桥的施工过程必须实施严格的监控措施。

8.1 施工监控概述

悬索桥施工监控应包括控制计算、施工监测、数据分析与反馈控制四个方面。

（1）控制计算

为预知桥梁施工过程结构内力状态和几何状态，对桥梁结构进行的设计符合性计算、施工模拟计算、施工跟踪计算和参数敏感性分析。

（2）施工监测

在桥梁施工过程中，采用监测仪器对桥梁几何状态参数和内力状态参数进行监测。随着传感器技术的不断发展，悬索桥施工监控中使用的监测设备越来越智能化。这些设备能够实时监测桥梁结构的各项参数，如位移、应力、应变等，并将数据传输到监控中心进行分析处理。

（3）数据分析

用适当的统计分析方法对收集来的数据进行识别与分析，提取有用信息并形成结论。

（4）反馈控制

通过识别分析已成结构实际状态与其预测状态间的误差，对桥梁施工状态进行判别，并根据判别结果对后续施工监控参数进行的调整。

8.2 桥塔施工监控实例

郭家沱长江大桥全长 1403.8m，主桥采用单孔悬吊双塔三跨连续钢桁梁悬索桥，桥跨布置为 67.5m + 720m + 75m = 862.5m。桥塔为门式框架结构型式，主要由上、下塔柱，上、中、下横梁，鞍室及弧形墙构成。塔柱、下横梁、鞍室及弧形墙为普通钢筋混凝土结构，上、中横梁采用预应力混凝土结构。南、北桥塔采用相同的结构形式，南塔高度为 172.9m，北塔高度为 161.9m。郭家沱长江大桥北塔单个塔柱标准节段高 6m，共 27 个节段，其中塔柱第 10 节段为 4.44m，第 24 节段为 5.76m，25～27 节段为 4.50m。设计采用 C55 混凝土作为桥塔塔身材料。

在悬索桥上部结构的施工过程中，桥塔的控制参数主要涉及桥塔的预高量和允许偏位。桥塔的预高量是确保成桥后主塔塔顶的高程能够精确达到设计标准的关键因素。而桥塔的允许偏位则是在猫道架设、加劲梁吊装、桥面铺装以及附属设施安装等施工阶段中产生的，由于主缆在桥塔两侧产生较大的不平衡力，桥塔可能向一侧倾斜。为了确保在桥塔发生偏位时，混凝土塔身不会出现裂缝，必须对上述施工阶段中桥塔的允许偏位进行精确计算，以保障结构的安全与稳定。

8.2.1 桥塔模型计算

采用有限元软件进行计算分析建立模型，采用梁单元模拟横梁、塔柱和水平横撑。承台底部完全固结，横撑与塔柱采用刚臂单元进行连接。

1）模型参数

（1）弹性模量

北塔塔身、横梁的混凝土设计强度等级为 C55。对桥塔进行混凝土的强度测验。根据立方体强度试验值推算混凝土弹性模量及强度等级。桥塔混凝土的强度标准值及弹性模量计算值见表 8.2-1。

桥塔混凝土的强度标准值及弹性模量计算值 表 8.2-1

桥塔	平均值（MPa）	样本标准差	变异系数	$f_{cu,k}$（MPa）	E_c（MPa）
北塔	60.9	0.092	0.02418	58.4849	41118

由表 8.2-1 可以看出，北塔实际浇筑混凝土强度超过 55MPa，故有限元计算中混凝土弹性模量取 4.1×10^4MPa。

（2）荷载参数

根据施工条件，得到桥塔在各个阶段的荷载值。荷载包含结构重力、预应力及塔顶竖向力。各阶段塔顶所受竖向力见表 8.2-2。

各阶段塔顶所受竖向力 表 8.2-2

状况	空缆状态	加劲梁吊装完成	成桥状态
竖向力（kN）	32308	121651	188246

2）计算结果

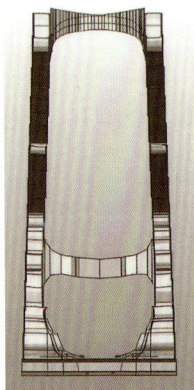

图 8.2-1 裸塔状态桥塔竖向变形图

（1）竖向变形

裸塔状态塔柱竖向变形是指索塔相对于设计高程的竖向变形。空缆状态、加劲梁吊装完成、成桥状态竖向变形是指索塔相对于上一施工状态的竖向变形。通过计算各个施工阶段桥塔竖向变形，确定施工控制所需桥塔预高量。裸塔状态桥塔竖向变形如图 8.2-1 所示，塔顶竖向变形为 7.5mm。

通过有限元分析，得到后续各施工阶段桥塔相对于上一阶段竖向变形，给出塔顶节点位移。郭家沱长江大桥北塔在空缆状态、加劲梁吊装完成、成桥状态、成桥 10a（10 年后）状态塔顶竖向位移见表 8.2-3。

郭家沱长江大桥北塔各状态塔顶竖向位移（单位：mm） 表 8.2-3

施工阶段	恒载	徐变	收缩	小计
空缆状态	3.4	4.6	1.1	9.1
加劲梁吊装完成	9.0	6.4	0.8	16.2

施工阶段	恒载	徐变	收缩	小计
成桥状态	6.7	3.8	0.3	10.8
成桥10a（10年后）	0.0	10.9	6.4	17.3
合计	19.1	25.7	8.6	53.4

（2）抗推刚度分析

不同施工阶段索塔的抗推刚度是不同的，这是因为在不同施工阶段桥塔所受边界条件约束及塔顶所承受竖向压力的不同。由稳定理论可知结构在不同边界条件及不同轴向力的影响下，其抗推刚度及稳定系数发生变化。考虑裸塔、空缆、成桥3个施工工况，通过对桥塔施加荷载计算分析得出3个工况的不同的竖向压力，并通过不断增加水平推力得到桥塔的横向位移，以此来分析桥塔在不同工况下的抗推刚度。

裸塔状态不同水平推力作用下对应的水平位移和塔柱应力见表8.2-4。根据塔柱在水平推力240～1110kN下的水平位移，可得裸塔状态下的抗推刚度曲线，通过对曲线拟合得到在裸塔状态下的水平推力和位移的关系$y = 15.954x + 1.335$，裸塔的抗推刚度为15.954kN/mm。

裸塔状态不同水平推力作用下对应的水平位移和塔柱应力表　表8.2-4

单根塔的水平推力（kN）	水平位移（mm）	名义压应力（MPa）	名义拉应力（MPa）
240	14.96	10.97	−0.30
480	30.00	10.92	−0.56
720	45.05	10.91	−0.91
960	60.09	10.90	−1.26
1110	69.49	10.90	−1.48

空缆状态不同水平推力作用下对应的水平位移和塔柱应力见表8.2-5。通过对曲线拟合得到在空缆状态下水平推力和位移的关系$y = 15.682x + 1.334$，水平抗推刚度为15.682kN/mm。

空缆状态不同水平推力作用下对应的水平位移和塔柱应力表　表8.2-5

单根塔的水平推力（kN）	水平位移（mm）	名义压应力（MPa）	名义拉应力（MPa）
400	25.42	10.86	−0.05
800	50.93	10.64	−0.21
1200	76.44	10.82	−0.80
1600	101.94	10.61	−1.24
1700	108.32	10.80	−1.54

成桥状态不同水平推力作用下对应的水平位移和塔柱应力见表8.2-6。水平抗推刚度为14.370kN/mm。

成桥状态不同水平推力作用下对应的水平位移和塔柱应力表 　　　表 8.2-6

单根塔的水平推力（kN）	水平位移（mm）	名义压应力（MPa）	名义拉应力（MPa）
900	62.54	12.37	−0.05
1800	125.17	13.39	−0.05
2700	187.80	14.88	−0.05
3600	250.43	16.63	−0.81
4000	278.27	17.40	−1.46

（3）抗扭刚度分析

同抗推刚度一样，考虑裸塔、空缆、成桥 3 个施工阶段，通过对 3 个工况施加一对相反方向的荷载力，得到桥塔的水平位移。裸塔相反方向荷载状态下对应的水平位移和塔柱应力见表 8.2-7。通过对曲线拟合得到在裸塔状态下的水平推力和位移的关系 $y = 161.23x − 5.9953$，裸塔的抗扭刚度为 161.23kN/mm。

裸塔相反方向荷载状态下对应的水平位移和塔柱应力表 　　　表 8.2-7

单根塔的水平推力（kN）	水平位移（mm）	名义压应力（MPa）	名义拉应力（MPa）
1900	11.78	10.94	−0.47
3800	23.57	11.02	−0.72
5700	35.55	11.10	−0.98
7600	47.13	11.17	−1.23
9500	58.92	11.25	−1.48

空缆相反方向荷载状态下对应的水平位移和塔柱应力见表 8.2-8。通过对曲线拟合得到在空缆状态下水平推力和位移的关系 $y = 160.94x − 0.3218$，抗扭刚度为 160.94kN/mm。

空缆相反方向荷载状态下对应的水平位移和塔柱应力表 　　　表 8.2-8

单根塔的水平推力（kN）	水平位移（mm）	名义压应力（MPa）	名义拉应力（MPa）
2700	16.78	10.90	−0.11
5400	33.55	11.00	−0.41
8100	50.33	11.11	−0.77
10800	67.11	11.22	−1.13
13500	83.88	11.33	−1.50

成桥状态相反方向荷载下对应的水平位移和塔柱应力见表 8.2-9。通过对曲线拟合得到在成桥状态下水平推力和位移的关系 $y = 159.48x − 0.4784$，抗扭刚度为 159.48kN/mm。

成桥状态相反方向荷载下对应的水平位移和塔柱应力表　　表 8.2-9

单根塔的水平推力（kN）	水平位移（mm）	名义压应力（MPa）	名义拉应力（MPa）
3500	21.95	11.42	−0.15
7000	43.90	11.59	−0.35
10500	65.84	11.77	−0.70
14000	87.79	12.00	−1.10
17500	109.74	12.45	−1.50

由计算结果可知，悬索桥上部结构在施工过程中，随着施工阶段的不同，桥塔所承受的竖向压力逐渐增大，混凝土桥塔的抗推刚度不断减小。其中，裸塔阶段桥塔抗推刚度为15.954kN/mm，空缆阶段桥塔抗推刚度为 15.682kN/mm，在成桥阶段桥塔抗推刚度减小至14.370kN/mm，桥塔的抗扭刚度变化规律与抗推刚度一致。桥塔允许偏位的限值是依据混凝土拉应力不超过抗拉强度的设计值来确定。根据上述计算分析得出塔顶纵向抗推刚度和抗扭转刚度，然后根据不同阶段桥塔的应力控制条件及混凝土最大的拉应力不超过规范限制进行允许偏位计算。

8.2.2　施工控制要点

1）桥塔预高量

根据计算分析，北塔修建完成至成桥状态的塔顶竖向下沉量总和约为 53.4mm。综合考虑各种因素，建议不考虑温度影响的北塔预高量为 65mm。

2）桥塔允许偏位控制

（1）主梁架设前

悬索桥上部结构在施工过程中，考虑到桥塔在猫道施工架设过程中的安全性及长期使用的安全性等因素，针对猫道架设调整引起的桥塔偏位，建议桥塔允许水平偏位为±7cm，允许扭转位移为 3cm；猫道调整完成后，允许水平偏位为±10cm，允许扭转位移为 4cm。

（2）主梁施工阶段

在大跨度悬索桥主梁架设阶段，随着加劲梁的不断安装，中跨主缆张力越来越大，中、边跨主缆水平分力的差值也逐渐变大，将导致塔顶产生偏移。因此，悬索桥主索鞍安装时向边跨预偏，加劲梁架设过程中在合适的阶段对主索鞍进行顶推，从而释放桥塔内力，保证桥塔的受力安全。鞍座顶推是悬索桥特有的一个施工工况，鞍座顶推的时间和顶推量直接关系到施工过程中主塔的受力状态。郭家沱长江大桥在加劲梁吊装阶段，为了确保桥塔的结构安全，桥塔偏位按小于 10cm 进行控制，施工过程中鞍座顶推方案见表 8.2-10。

鞍座顶推方案　　表 8.2-10

编号	工况	北塔顶推量（cm）
1	索夹安装完成	15.0
2	缆载吊机行走到位	15.0
3	梁段 S30′吊装完成后	15.0

编号	工况	北塔顶推量（cm）
4	梁段 S28'吊装完成后	20.0
5	梁段 S26'吊装完成后	15.0
6	梁段 S23'吊装完成后	20.0
7	梁段 S16'吊装完成后	20.0
8	铺装二期恒载期间	35.4
合计		155.4

8.2.3 总结

（1）悬索桥上部结构施工过程中桥塔主要控制参数包括桥塔预高量和桥塔允许偏位。

（2）郭家沱长江大桥北塔修建完成至成桥状态的塔顶竖向位移总和约为 53.4mm。综合考虑各种因素，建议不考虑温度影响的北塔预高量为 65mm。

（3）悬索桥上部结构施工过程中，作用于桥塔的竖向分力是不断变化的，混凝土桥塔抗推、抗扭刚度也是不断变化的。因此，各个施工阶段桥塔的最大容许水平力和相应的容许偏位也不同。

（4）为保证悬索桥上部结构施工过程中桥塔的安全，需严格按照计算分析得出的桥塔允许偏位进行施工，特别是在加劲梁吊装过程中桥塔易产生较大偏位，需要严格进行桥塔偏位的观测和控制。本桥加劲梁吊装时，为了确保桥塔的结构安全，桥塔偏位按小于 10cm进行控制。

8.3 主缆施工监控实例

如图 8.3-1 所示，郭家沱长江大桥主缆矢跨比为 1/9.0，主跨主缆计算跨径 720m，边跨主缆计算跨径 253.3m；主缆共 2 根，横桥向间距 38.0m，主缆施工采用 PPWS 法。吊杆采用平行钢丝吊索，吊索与索夹、加劲梁为销铰式连接。

图 8.3-1 郭家沱长江大桥主缆

每根主缆从北锚碇到南锚碇的通长索股为 133 股，每根索股由 127 根直径为 5.45mm、公称抗拉强度为 1860MPa 的镀锌高强度钢丝组成。主缆在架设时竖向排列成尖顶的近似正六边形，紧缆后主缆为圆形。

8.3.1　主缆架设计算

（1）监控数据的准备

设计图纸上给出的参数与实际采用材料的往往有差别，如丝股弹性模量和实际面积、钢梁面积和质量、桥塔位置与高程、材料热膨胀系数等。监控单位在前述设计参数与理论分析的基础上，向设计、施工（加工）、监理等单位收集有关计算的实际参数，引入施工和制造误差并反馈计算机施工控制仿真分析系统，对分析模型进行修正，使模型更加符合实际。

收集资料应包括：①构件实测基本特性数据：缆、梁、塔、吊索的弹性模量和截面尺寸等。②构件实际几何数据：桥塔、锚碇的高程和位置。③荷载数据误差：加劲梁、索夹及吊索锚头自重误差，桥面铺装重度误差等。上列数据修正的目的是获得更符合实际的数据。

（2）参数确定

参数确定包含以下四个部分：①裸塔状态的桥塔位置及高程的确定。②锚固点位置及高程的确定。③成桥状态桥塔位置及高程的预测。④成桥状态锚碇位置及高程的预测。

（3）断面非均匀温度场作用下桥塔的偏位分析

桥塔在日照和风作用下，横断面上各点可能会产生温差。在断面非均匀温度场作用下，桥塔会发生偏位和扭转。因此有必要对桥塔建立详细的实体分析模型，在实测温度场的作用下，计算桥塔的三维几何状态变化情况，为桥塔的实际施工位置、荷载影响的实际偏位提供识别参数。

（4）索鞍预偏量计算

根据前述理论数据，桥塔、锚固点的位置和高程施工误差数据（在猫道架设前这些数据应该详细测设，并作标记点）、主缆丝股面积与弹模误差数据、桥塔预高量（恒载弹性压缩、收缩徐变量），计算各索鞍预偏量，索鞍预偏量计算结果见表 8.3-1。

索鞍预偏量计算结果 表 8.3-1

序号	索鞍	预偏量
1	两江新区（北）散索鞍	0.717°
2	两江新区（北）主索鞍	−1.554m
3	茶园（南）散索鞍	1.568°
4	茶园（南）主索鞍	−0.719m

（5）主缆中心位置线形计算

在计算数据和实测预偏量的基础上，计算各种温度、各种跨度变化情况下的各跨主缆中心位置的架设线形（跨中位置和高程），见表 8.3-2。

成桥主缆线形与空缆线形 表 8.3-2

| 分跨 | 分点号 | 成桥状态 | | 空缆状态 | | 缆心高程 |
| | | 位置 | 缆心高程 | 位置 | 缆心高程 | 差值（m） |
		X（m）	Y（m）	X（m）	Y（m）	—
两江新区（北）侧边跨	1	2748.009	239.6695	2748.1641	238.8788	−0.7908
	2	2761.009	244.2515	2761.507	242.1974	−2.054
	3	2776.009	249.5715	2776.8546	246.258	−3.3135
	4	2791.009	254.927	2792.1475	250.5641	−4.3628
	5	2806.009	260.318	2807.3823	255.1131	−5.2049
	6	2821.009	265.7445	2822.556	259.9021	−5.8424
	7	2836.009	271.2065	2837.6656	264.9283	−6.2783
	8	2851.009	276.7042	2852.7081	270.1887	−6.5155
	9	2866.009	282.2375	2867.6809	275.6802	−6.5573
	10	2881.009	287.8064	2882.5813	281.3996	−6.4068
	11	2896.009	293.4109	2897.4069	287.3437	−6.0672
	12	2911.009	299.0512	2912.1554	293.5091	−5.5421
	13	2926.009	304.7271	2926.8246	299.8925	−4.8347
	14	2941.009	310.4388	2941.4124	306.4903	−3.9485
	15	2956.009	316.1863	2955.9171	313.2992	−2.8871
	16	2971.009	321.9696	2970.3368	320.3157	−1.6539
	17	2982.009	326.2335	2980.8562	325.5909	−0.6426
中跨	1	3002.009	325.8584	3000.6078	326.0976	0.2391
	2	3007.009	323.7305	3005.6708	324.1626	0.4321
	3	3022.009	317.5559	3020.8423	318.5397	0.9838
	4	3037.009	311.594	3036.023	313.1758	1.5817
	5	3052.009	305.8778	3051.2003	308.0738	2.196
	6	3067.009	300.4278	3066.3665	303.2348	2.807
	7	3082.009	295.257	3081.5171	298.6582	3.4012
	8	3097.009	290.3724	3096.6501	294.3425	3.9701
	9	3112.009	285.7689	3111.767	290.2853	4.5164
	10	3127.009	281.4488	3126.8677	286.4849	5.0361
	11	3142.009	277.4123	3141.9524	282.9393	5.527
	12	3157.009	273.6536	3157.0232	279.6464	5.9928
	13	3172.009	270.1753	3172.0799	276.6046	6.4293
	14	3187.009	266.9744	3187.1239	273.8123	6.838

| 分跨 | 分点号 | 成桥状态 | | 空缆状态 | | 缆心高程 |
| | | 位置 | 缆心高程 | 位置 | 缆心高程 | 差值（m） |
		X（m）	Y（m）	X（m）	Y（m）	—
中跨	15	3202.009	264.0496	3202.156	271.268	7.2184
	16	3217.009	261.4047	3217.1764	268.9704	7.5657
	17	3232.009	259.0376	3232.1862	266.9181	7.8805
	18	3247.009	256.9411	3247.1876	265.11	8.1688
	19	3262.009	255.1294	3262.1794	263.5451	8.4158
	20	3277.009	253.5989	3277.1635	262.2226	8.6237
	21	3292.009	252.3455	3292.1414	261.1416	8.7962
	22	3307.009	251.3699	3307.1141	260.3015	8.9316
	23	3322.009	250.6726	3322.0831	259.7018	9.0292
	24	3337.009	250.2543	3337.0494	259.3421	9.0878
	25	3352.009	250.126	3352.0142	259.2222	9.0962
	26	3367.009	250.2536	3366.9791	259.342	9.0884
	27	3382.009	250.6612	3381.9451	259.7016	9.0403
	28	3397.009	251.3618	3396.9142	260.3012	8.9394
	29	3412.009	252.3363	3411.8869	261.1412	8.8049
	30	3427.009	253.592	3426.865	262.2221	8.6301
	31	3442.009	255.1255	3441.8493	263.5445	8.4191
	32	3457.009	256.9381	3456.8413	265.1093	8.1712
	33	3472.009	259.0306	3471.8421	266.9173	7.8866
	34	3487.009	261.4006	3486.8524	268.9695	7.5689
	35	3502.009	264.0468	3501.873	271.2671	7.2203
	36	3517.009	266.9711	3516.9051	273.8113	6.8402
	37	3532.009	270.1719	3531.949	276.6035	6.4316
	38	3547.009	273.6514	3547.006	279.6452	5.9938
	39	3562.009	277.409	3562.0766	282.938	5.5289
	40	3577.009	281.4474	3577.1618	286.4836	5.0362
	41	3592.009	285.7653	3592.2619	290.2838	4.5185
	42	3607.009	290.3707	3607.3794	294.341	3.9703
	43	3622.009	295.2551	3622.5123	298.6566	3.4015
	44	3637.009	300.4262	3637.6631	303.2331	2.8069
	45	3652.009	305.8751	3652.8289	308.072	2.1968

分跨	分点号	成桥状态		空缆状态		缆心高程
		位置	缆心高程	位置	缆心高程	差值（m）
		X（m）	Y（m）	X（m）	Y（m）	—
中跨	46	3667.009	311.5922	3668.0065	313.1739	1.5817
	47	3682.009	317.554	3683.1873	318.5378	0.9838
	48	3697.009	323.7295	3698.3591	324.1607	0.4311
	49	3702.009	325.8578	3703.4222	326.0957	0.2379
茶园（南）侧边跨	1	3722.009	326.0805	3723.1665	325.4458	−0.6347
	2	3733.009	321.6482	3733.6724	320.0083	−1.64
	3	3748.009	315.6356	3748.0752	312.7694	−2.8663
	4	3763.009	309.659	3762.565	305.7367	−3.9223
	5	3778.009	303.7184	3777.1401	298.9138	−4.8046
	6	3793.009	297.8136	3791.7987	292.3041	−5.5095
	7	3808.009	291.9448	3806.5389	285.9113	−6.0335
	8	3823.009	286.1118	3821.3586	279.7387	−6.373
	9	3838.009	280.3146	3836.2555	273.7899	−6.5248
	10	3853.009	274.5533	3851.2275	268.0681	−6.4852
	11	3868.009	268.8277	3866.2718	262.5766	−6.2511
	12	3883.009	263.1379	3881.3859	257.3186	−5.8193
	13	3898.009	257.4839	3896.5669	252.2973	−5.1866
	14	3913.009	251.8655	3911.8121	247.5156	−4.3499
	15	3928.009	246.2828	3927.1182	242.9765	−3.3063
	16	3943.009	240.7357	3942.4821	238.6826	−2.0531
	17	3956.009	235.9571	3955.8416	235.1618	−0.7953

8.3.2　监控过程控制

1）基准索股架设线形控制

根据所收集到的前提资料：设计图纸、主缆索股实测弹模数据、塔锚联测数据、索鞍实测预偏量等，监控单位对基准索股架设线形进行计算，其中包括基准索股线形、跨中高程变化与索长变化量的关系、锚跨张力。

（1）基准索股控制线形

基准索股的架设控制精度：主跨+40mm、−20mm；边跨+60mm、−20mm；上下游基准索股的相对高差不超过10mm。

（2）跨中高程变化与索长变化量的关系

经过计算，索股跨中高程变化与索长变化量的关系如下：

北边跨：$\Delta s = \Delta h/6.10$；中跨：$\Delta s = \Delta h/1.99$；南边跨：$\Delta s = \Delta h/6.10$。

在偏离理论高程±20cm 的范围内，上述关系均具有较高的精度。因此可用于索股高程的调整，应用如下：

① 从北边跨调出索长 1cm，则北边跨的控制点高程增加约 6.10cm，调入 1cm 索长到北边跨，则北边跨的控制点高程减少约 6.10cm；北边跨实测高程与理论高程之差为 Δh = 实测高程 − 理论高程，则调索量为 $\Delta s = \Delta h / 6.10$，$\Delta h$ 为正时调入，Δh 为负时调出。

② 从中跨调出索长 1cm，则中跨的控制点高程增加约 1.99cm，调入 1cm 索长到中跨，则中跨的控制点高程减少约 1.99cm；中跨实测高程与理论高程之差为 Δh = 实测高程-理论高程，则调索量为 $\Delta s = \Delta h / 1.99$，$\Delta h$ 为正时调入，Δh 为负时调出。

③ 从南边跨调出索长 1cm，则南边跨的控制点高程增加约 6.10cm，调入 1cm 索长到南边跨，则南边跨的控制点高程减少约 6.10cm；南边跨实测高程与理论高程之差为 Δh = 实测高程-理论高程，则调索量为 $\Delta s = \Delta h / 6.10$，$\Delta h$ 为正时调入，Δh 为负时调出。

（3）锚跨张力

北锚跨控制张力为 245.0kN，南锚跨控制张力为 245.0kN，施工中宜根据实际环境进行调整，确保锚跨索股张力与边跨索股张力相近。施工中应做好索股压紧措施，并在散索鞍进出口处做好索股标识，确保索股在鞍槽内不出现滑移。

2）一般索股架设线形控制

基准索股：1 号索股。

参考索股：一般索股是采用相对高差架设法架设，如图 8.3-2 所示；为方便测量，相对高差的参照索股不一定是基准索股，可以选择已经架好的其他索股作为参照。

测试断面：一般索股相对高差的测试断面偏离理论跨中位置不能超过 0.5m，索股理论跨中位置的桩号坐标如下。

北边跨：K3 + 866.756；中跨：K4 + 352.021；南边跨：K4 + 837.055。

控制高差：一般索股相对于参考索股的控制高差见表 8.3-3。

一般索股相对于参考索股的控制高差表 　　　　表 8.3-3

i层索股	i层索股与基准索相对高差（mm）	
	中跨	北边跨
1	0	0
2，3	35	36
4，5，6	70	72
7，8，9，10	105	108
11，12，13，14，15	140	144
16，17，18，19，20，21	175	180
22，23，24，25，26，27，28	210	216
29，30，31，32，33，34，35，36	245	252
37，38，39，40，41，42，43	280	288
44，45，46，47，48，49，50，51	315	324
52，53，54，55，56，57，58	350	360

i层索股	i层索股与基准索相对高差（mm）	
	中跨	北边跨
59, 60, 61, 62, 63, 64, 65, 66	385	396
67, 68, 69, 70, 71, 72, 73	420	432

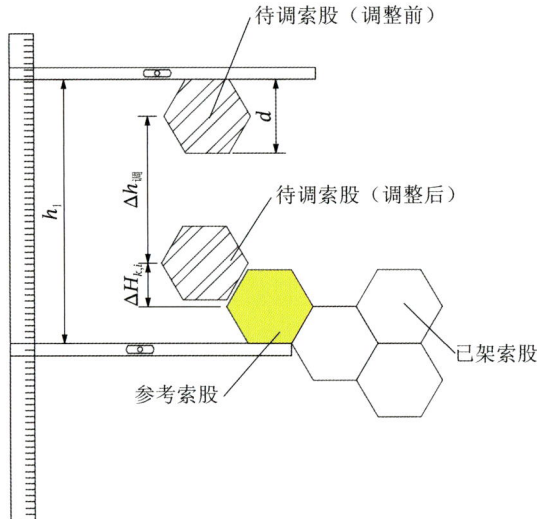

图 8.3-2　一般索股调整定位图

8.3.3　空缆线形测量结果与分析

1）基准索股架设

郭家沱长江大桥主桥上部结构主缆索股架设阶段，施工单位于 2021 年 7 月 4 日—7 月 12 日对基准索股进行了调整，监控单位根据第一次及第二次塔锚联测成果，对塔偏、塔高及散索鞍预偏数据进行了实时修正，基准索股于 7 月 12 日精调完成。监控单位于 7 月 13 日—7 月 15 日协同施工单位、监理单位对基准索股进行了稳定观测，在稳定观测时由施工单位、监控单位分别进行观测，相互进行校核，监理测量工程师予以确认。

稳定观测历时 3d，在温度为 25～32℃，风速为 4～10m/s 的环境条件变化下均满足规范误差要求，可认为基准索股已经稳定。

2）主缆架设结果

经过初紧缆和正式紧缆后，监控单位于 2021 年 9 月 23 日—9 月 25 日与施工单位、监理单位一起对空缆进行了线形测量，在线形观测时由施工单位、监控单位共同进行观测，监理测量工程师予以确认。线形观测历时 3d，温度为 29～33℃，根据监测的结果，经过整理和分析，实架主缆上下游高程差见表 8.3-4。通过实测空缆线形数据计算各跨无应力长度见表 8.3-5，由于测量数据中存在测量误差的影响，数据处理时采用统计方法分析各跨各组数据，剔除不合理数据后采用带权值平均的方法进行处理。上、下游部分监测数据见表 8.3-6、表 8.3-7。

实架主缆上下游高程差　　　　　　　　　　　　　表 8.3-4

位置	上下游高程差（m）
北边跨	0.0460
中跨	0.0118
南边跨	0.0134

各跨无应力长度　　　　　　　　　　　　　　表 8.3-5

位置		实架主缆无应力长度（m）	无应力长度与理论差（m）	跨中高程与理论差（m）
上游	北边跨	269.0816	0.0125	0.0762
	中跨	740.4459	0.0239	0.0476
	南边跨	270.4218	0.0209	0.1273
下游	北边跨	269.077	0.02	0.1222
	中跨	740.4415	0.018	0.0358
	南边跨	270.4301	0.0187	0.1139

注：无应力长度与理论差若为正，则表示实架主缆无应力长度大于理论主缆无应力长度；跨中高程与理论差若为负，则表示实测主缆跨中高程低于理论主缆跨中高程。

上游空缆监测数据　　　　　　　　　　　　表 8.3-6

分跨编号		第 1 跨	第 2 跨	第 3 跨	左锚跨	右锚跨
理论无应力长度（m）		269.0691	740.422	270.4009	19.9132	19.9152
实测-01	无应力长度（m）	269.0798	740.4434	270.4006	19.9174	19.9217
	实测-理论（m）	0.0107	0.0215	-0.0003	0.0043	0.0065
实测-02	无应力长度（m）	269.0822	740.4491	270.4038	19.9177	19.922
	实测-理论（m）	0.0131	0.0271	0.0028	0.0045	0.0068

下游空缆监测数据　　　　　　　　　　　　表 8.3-7

分跨编号		第 1 跨	第 2 跨	第 3 跨	左锚跨	右锚跨
理论无应力长度（m）		269.057	740.4235	270.4115	19.9132	19.9152
实测-01	无应力长度（m）	269.0738	740.4348	270.4086	19.916	19.9224
	实测-理论（m）	0.0168	0.0113	-0.0029	0.0029	0.0073
实测-02	无应力长度（m）	269.0753	740.4457	270.406	19.9163	19.9227
	实测-理论（m）	0.0183	0.0222	-0.0055	0.0031	0.0075

8.4　主梁施工监控实例

郭家沱长江大桥主桥钢桁梁采用 67.5m + 720m + 75m 三跨连续体系，在桥塔及端部设置竖向支撑，纵向不约束；桥塔处设置横向抗风支座及液压黏滞阻尼器；在主跨跨中与主缆间设置柔性中央扣以提高结构纵向刚度，减小列车高速制动下的主梁纵向位移。钢梁全长 862.5m，钢桁梁断面采用倒梯形断面。钢桁梁采用正交异性钢桥面板的板桁结合钢桁梁，主桁架为三角形桁架，主桁架高度 12.7m，标准节间长度 15.0m，两片主桁中心间距为 17.0m，主桥主桁标准断面如图 8.4-1 所示。

箱形截面杆件均按照四面拼接设计，工字形截面杆件按双面拼接设计。单个构件最大长度 20.5m，最大节段吊重约 661.47t。主桁节点均采用整体节点。节点板最大厚度 60mm（索塔支座处），最大规格为 5590mm×2700mm。

钢桁梁全桥共分为 58 个节段，北岸 P4 至跨中段为 S01～S30 段，南岸跨中至 P7 段为 S28′～S01′段，见图 2.2-1，标准吊装段长度 15m，钢材用量约为 440t，中部段长度 20.5m，钢材用量为 661.47t。钢桁梁共分为两种断面形式，主跨区域采用横桥向 39m 宽度，边跨区采用 37m 宽度。钢桁梁立体图如图 8.4-2 所示。

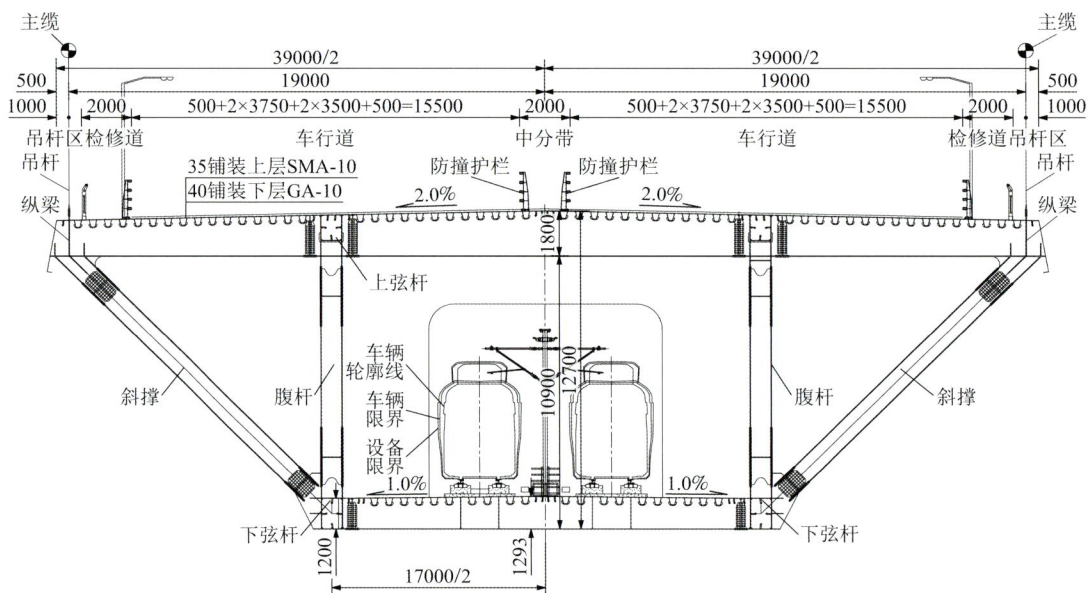

图 8.4-1　主桥主桁标准断面示意图（尺寸单位：mm）

图 8.4-2　钢桁梁立体图

8.4.1　钢梁吊装计算

（1）索鞍顶推方案的修正

索鞍顶推方案初步确定后，在加劲梁吊装前应该考虑各项误差重新计算，对钢桁梁吊装方案作详细而深入的研究，确定是否需要调整顶推阶段及顶推量，采取必要的安全措施。

根据设计资料，以桥塔塔顶偏位和应力水平为控制标准，确定的鞍座顶推方案见表 8.4-1。南北塔均进行 8 次顶推，顶推量均相等。吊装时，为了确保桥塔的结构安全，桥塔偏位按小于 10cm 进行控制。在全桥合龙及缆载吊机拆除后，南北塔进行最后一次安装顶推，即鞍座顶推复位。

鞍座顶推方案　　　　　　　　　　　　　　　　　　　　　　　表 8.4-1

编号	工况	北塔顶推量（cm）	南塔顶推量（cm）
1	索夹安装完成	15	15
2	缆载吊机行走到位	15	15
3	梁段 S30′吊装完成后	15	15
4	梁段 S28′吊装完成后	20	20
5	梁段 S26′吊装完成后	15	15
6	梁段 S23′吊装完成后	20	20
7	梁段 S16′吊装完成后	20	20
8	铺装二期恒载期间	35.4	36.8

（2）钢梁吊装过程的计算

在综合考虑加劲梁吊装顺序等因素后，进行大量的理论计算模型分析，最终采用全桥除塔区梁段、边跨梁段之外所有梁段间均设置临时铰的铰接方案。

（3）钢梁吊装方案确定

钢梁吊装顺序见表 8.4-2。本桥一共划分为 67 个施工阶段，主要分析钢梁吊装过程。各阶段施工操作如下：

第 1～2 阶段：空缆状态；

第 3～6 阶段：猫道改吊、索夹安装、缆载起重机行走到位；

第 7 阶段：鞍座第一次顶推（图 8.4-3）；

第 8～58 阶段：吊装跨中钢梁（图 8.4-4～图 8.4-6）；

第 59 阶段：边跨钢梁吊装；

第 60 阶段：合龙；

第 61～64 阶段：拆除临时杆件、拆除顶推装置、安装桥面系；

第 65～67 阶段：拆除猫道，成桥（图 8.4-7）。

钢梁吊装顺序表　　　　　　　　　　　　　　　　　　　　　　　表 8.4-2

吊装顺序	吊装梁段名称	吊装顺序	吊装梁段名称
1	吊装 S30	24	吊装 S18′
2	吊装 S29	25	吊装 S17
3	吊装 S28	26	吊装 S17′
4	吊装 S28′	27	吊装 S16

吊装顺序	吊装梁段名称	吊装顺序	吊装梁段名称
5	吊装 S27	28	吊装 S16′
6	吊装 S27′	29	吊装 S15
7	吊装 S26	30	吊装 S15′
8	吊装 S26′	31	吊装 S14
9	吊装 S25	32	吊装 S14′
10	吊装 S25′	33	吊装 S13
11	吊装 S24	34	吊装 S13′
12	吊装 S24′	35	吊装 S12
13	吊装 S23	36	吊装 S12′
14	吊装 S23′	37	吊装 S11
15	吊装 S22	38	吊装 S11′
16	吊装 S22′	39	吊装 S10
17	吊装 S21	40	吊装 S10′
18	吊装 S21′	41	吊装 S09
19	吊装 S20	42	吊装 S09′
20	吊装 S20′	43	吊装 SO8
21	吊装 S19	44	吊装 SO8′
22	吊装 S19′	45	吊装 S07
23	吊装 S18	46	吊装 S07′

图 8.4-3　第 1～7 阶段：空缆状态

图 8.4-4　第 8 阶段：吊装跨中第一段梁

图 8.4-5　第 9～57 阶段：加劲梁吊装

图 8.4-6　第 58 阶段：跨中加劲梁吊装完成

图 8.4-7　第 67 阶段：成桥恒载状态

（4）钢梁吊装期间的抗滑验算

钢梁吊装期间，在温度变化、桥塔偏位等作用下，鞍座两侧的主缆索股会产生索力差，有必要验算索力差是否会造成主缆索股在鞍槽内滑移。各计算工况下，主索鞍鞍槽内索股抗滑移安全系数均大于 2，满足抗滑要求，北边塔与南边塔抗滑安全系数图如图 8.4-8、图 8.4-9 所示。

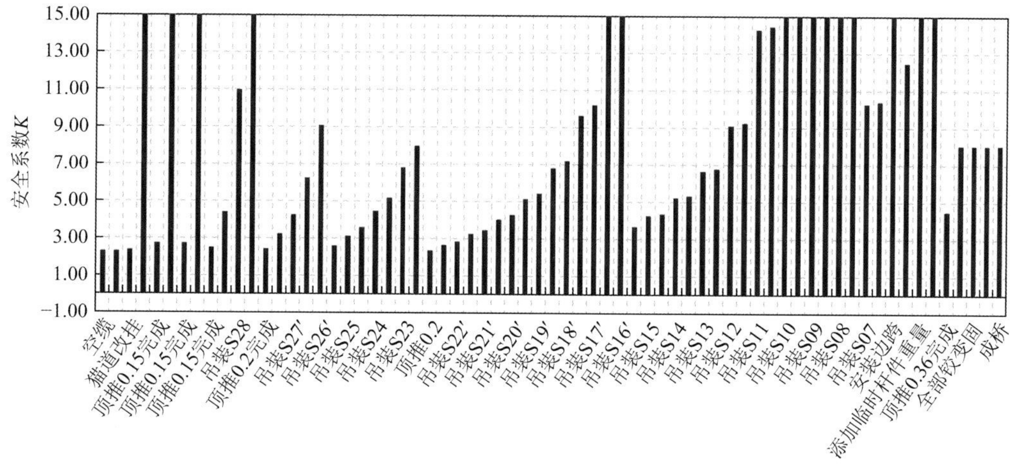

图 8.4-8　北边塔抗滑安全系数图

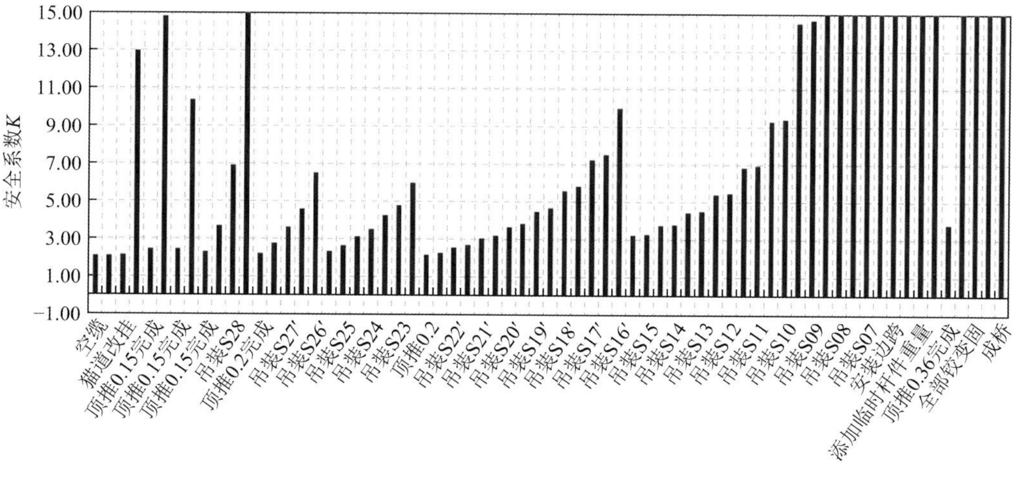

图 8.4-9　南边塔抗滑安全系数图

8.4.2　钢梁施工监测

1）应力及温度监测

为了正确的对桥梁结构进行分析，考虑各影响因素的影响，了解钢桁加劲梁的实际受力性能，为设计提供实测数据参考依据，对钢桁加劲梁的部分关键断面进行应力和温度监测。

（1）设备选型

加劲梁应力及温度测试采用外贴式智能温度型振弦式应变传感器。

（2）测点布置

将主跨 6 等分，选取其中 5 个等分截面作为应力及温度监测断面，每个断面设置 6 个传感器。全桥主梁共设 30 个传感器。加劲梁应力及温度测点布置如图 8.4-10 所示。

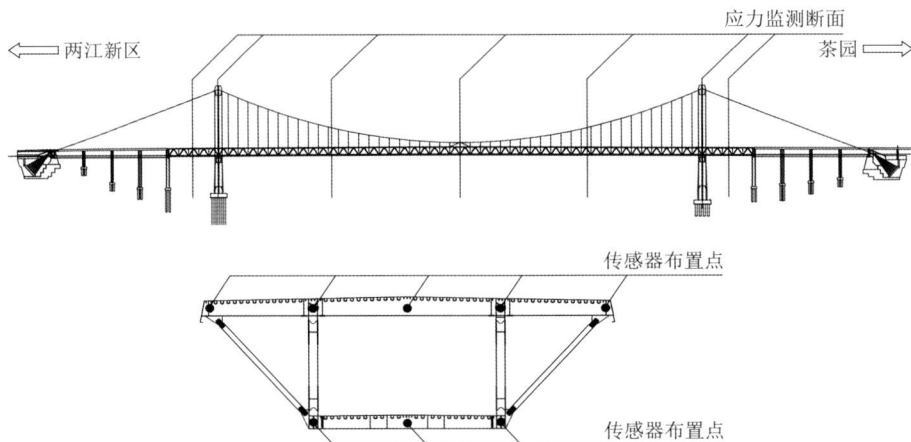

图 8.4-10　加劲梁应力及温度测点布置示意图

2）钢梁线形测量

钢桁梁顶面高程测量是将高程控制基准点设在岸上或塔柱上，用精密水准仪由基准点引测加劲梁各吊点高程。为防止基准点位移动或破坏，应采取保护措施并不定期对高程基准点进行复核。每个钢桁梁节段设 1 个高程测试断面，每个断面设上游、下游两个测点。钢桁梁中线测量是根据已架设梁段的中线标志，采用小角法直接以经纬仪测量其偏角。钢桁梁临时铰处张角测量与确定临时铰的刚接时机密切相关，拟采用倾角仪及钢尺测量，其中倾角仪测量临时铰处钢桁梁上弦杆的倾角变化，钢尺测量钢桁梁临时铰处两对接弦杆接头间距离的变化，如图 8.4-11 所示。

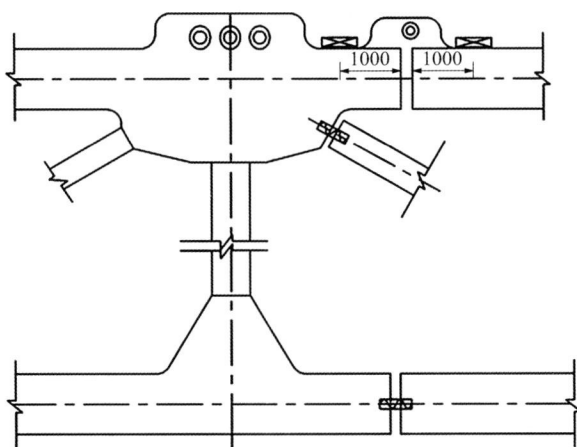

图 8.4-11　加劲梁临时铰处倾角及接头间距测点布置示意图（尺寸单位：mm）
▨-上弦杆倾角测点；◁▷-弦杆接头间距测点

钢桁梁线形测试时间及频率：

（1）在钢桁梁架设过程中，钢桁梁顶面高程及中线偏位均为每架设 2 个节段测量 1 次。在加劲梁架设初期，测点布置为每个节段上、下游及桥面中线各 1 个测点；在加劲梁架设至第 8 个节段后，测点逐渐减小到每 3～6 个节段的上、下游及桥面中线各 1 个测点，但架设加劲梁最前端的 4 个节段仍为每个节段上、下游及桥面中线各 1 个测点。

（2）加劲梁临时铰倾角及间距在临时铰两侧加劲梁安装完成后即进行测点布置，并测读其初始值；此后每施工 2 个节段测量 1 次倾角及接头间距，并与计算结果对比，当对比结果表明接近预测的铰接改刚接时，适当加密测量频次；最终根据计算及实测结果的分析，确定最佳的加劲梁临时铰接转换为刚接时机。

（3）钢桁梁架设合龙后，结合全桥进行的其他测量，进行全桥钢桁加劲梁线形及轴线偏位测量，根据测量结果与计算结果的对比分析，形成钢桁梁线形控制阶段评估报告，并作为桥面二期恒载铺设的参考依据。

（4）二期恒载铺设过程中，根据理论计算结果及铺设进度，监测钢桁梁一定范围内的桥面高程，如果测量结果与计算结果相比较出现异常，则分析原因，并形成加劲梁线形监测阶段报告。

（5）二期恒载铺设完成后，结合桥进行的其他测量，进行全桥桥面线形及轴线偏位测量，根据测量结果及计算结果的对比分析，并综合施工期加劲梁线形测量分析结果，形成成桥状态主桥桥面线形分析与评估报告，最后一次桥面线形测量成果作为成桥状态桥面线形初始值。

依据线形测试的实时温度（5～7℃）和桥面实际荷载情况（边跨部分在荷载压重块未实施及声屏障未实施的情况下）对钢梁理论高程进行了修正。结果表明桥面实测高程比理论高程略高，其高程标准差为 0.051m，绝对差值约−0.028～0.134m，绝对差值与跨度比为 0.134/720 ≈ 1/5373。结论：钢桁梁线形平顺，钢桁梁桥面实测高程比目标状态高程稍高，满足宁高勿低的原则。

8.5　关键技术总结

以郭家沱长江大桥为悬索桥施工监控应用案例，详细阐述了在悬索桥施工过程中，如何应用悬索桥施工监控技术（事前的计算、事中的监测、事后的分析与反馈有效结合）控制悬索桥主缆及钢桁梁施工的质量与安全。

在悬索桥上部结构施工阶段，施工控制的主要计算参数包括桥塔预高量和桥塔允许偏位。在案例中，利用有限元软件建立桥塔的空间有限元模型，计算分析上部结构施工阶段桥塔的预高量、抗推刚度、抗扭刚度和允许偏位等。不同施工状态下索塔的抗推刚度和抗扭刚度是不一样的，考虑裸塔、空缆、成桥 3 个施工工况，通过对桥塔施加 3 个工况对应的荷载，分析桥塔在不同工况下的抗推刚度和抗扭刚度；通过计算得出桥塔在不考虑温度修正的情况下预抬高量，以及猫道架设时的抗推刚度、抗扭刚度、允许水平偏位和允许扭转位移等参数，制定相关监控措施，为大桥的建设提供技术保障。

主缆架设过程中，通过对基准索股的精确调整和稳定观测，确保了主缆线形的准确性和稳定性。监控单位与施工单位紧密合作，对主缆进行了详细的线形测量和分析，采用统计方法处理数据，剔除不合理数据，最终实现了主缆的无应力长度计算和线形优化。这一系列技术措施和精细化管理，为大型悬索桥主缆的精准架设提供了宝贵的经验和技术总结。

吊梁方案实施过程中，对桥塔偏位、散索鞍偏位进行测量，对主鞍座各顶推工况前后的主缆线形进行监测（各跨中点和端吊索索夹）；钢桁梁的施工监控包括应力、温度和高程监测，给出了详细的监测方案，结果表明钢梁线形平顺，钢桁梁桥面实测高程比目标状态高程稍高，满足施工要求。

CHAPTER 9
第 九 章

总结与展望

悬索桥作为一种具有独特美学价值和强大功能的桥梁形式，在我国基础设施建设中占据着重要地位。随着我国交通网络的不断完善，对大型跨江、跨海工程的需求日益增加。悬索桥以其大跨径、高承载的特点，将成为工程的首选方案。目前，我国悬索桥建设已积累了丰富的经验，掌握了世界领先的设计和施工技术。在未来的发展中，通过采用新型材料、优化结构设计、提高施工工艺，悬索桥的建造效率和安全性将得到进一步提升。随着我国"一带一路"倡议的深入推进，悬索桥建设企业有望走出国门，参与国际市场竞争。此外，许多悬索桥已成为当地的旅游景点，如武汉杨泗港长江大桥、港珠澳大桥等。未来，悬索桥有望成为更多城市的文化名片，进一步提升我国旅游产业的竞争力。

9.1　总　　结

本书深入探讨悬索桥的建造工艺，依次围绕锚碇、桥塔、缆索系统和加劲梁等关键施工环节，详细阐述了悬索桥的核心技术。各章节首先概述了各个施工部分的主要方法和所需设备，旨在助力初学者迅速而全面地掌握相关知识，并为专业人士提供了丰富的技术选项。此外，本书还特意选取了中建六局在悬索桥建设中应用的特色技术作为案例，以便读者能够系统地学习和理解这些技术。这些典型桥梁的成就和特点总结如下：

（1）张家界大峡谷玻璃桥

张家界大峡谷玻璃桥是世界上最高、最长、横向矢跨比最大的玻璃桥，创造了多项世界之最，成为了世界桥梁史上的奇迹。张家界大峡谷玻璃桥成功入选吉尼斯世界纪录2019年鉴，被吉尼斯世界纪录认证为世界最高人行玻璃桥。作为年鉴中为数不多的带有中国元素的科学技术类纪录，足以表明中国建设与中国制造的强大力量。该项目曾获世界桥梁最高奖项之一的"亚瑟·海顿"奖、国家优质工程奖等多项大奖。

（2）几江长江大桥

几江长江大桥主跨径600m，荣获第十九届中国土木工程詹天佑奖。大桥北岸锚碇为最长锚塞体隧道式锚碇，南岸锚碇是西南地区最大的重力式锚碇，被誉为"中建第一锚"。该工程作为连接长江两岸的经济纽带，对提升重庆江津区域竞争力，促进地区经济的发展具有重要意义。

（3）郭家沱长江大桥

郭家沱长江大桥主跨径720m，是目前国内跨度最大公轨两用悬索桥。其中，首吊钢桁梁长20.5m、宽39m、高12.7m，重达661.5t，是目前长江上游地区所建桥梁中最重的单节段钢桁梁。郭家沱长江大桥实现了两江新区和南岸区快速通达，有效缓解了中心城区南北向交通压力，为南北两岸融合发展注入了新动力，为高质量建设"成渝地区双城经济圈"提供了重要保障。

（4）松原天河大桥

松原天河大桥荣获2019年国家优质工程奖——鲁班奖。依托松原天河大桥工程开展的"三跨空间索面自锚式悬索桥设计施工关键技术研究与应用"项目，荣获华夏建设科学技术奖二等奖。该项目针对空间索面自锚式悬索桥施工技术进行深入研究，形成了空间索面悬索桥计算方法及软件开发、双面双曲线"人"字形索塔施工技术、基于混凝土桥面板裂缝控制的钢-混叠合梁钢梁架设施工技术、自锚式悬索桥空间三维主缆架设施工技术、双塔三跨式空间索面自锚式悬索桥体系转换施工技术等多项具有自主知识产权的关键技术。

（5）江津白沙长江大桥

江津白沙长江大桥西跨成渝铁路既有线，东跨拟建滨江路，主跨径590m，为双塔双索面钢箱梁悬索桥。白沙长江大桥为两跨非对称悬吊体系，架设顺序复杂。深水区水流湍急，钢箱梁架设创新采用二次荡移技术，边跨及浅滩区水位浅，采用小型驳船转运技术，解决了运输船无法靠岸难题。江津白沙长江大桥荣获中国建筑金属结构协会发布的中国钢结构金奖、重庆市优质工程"巴渝杯"、重庆市市政工程金杯奖等奖项。

（6）泸州长江二桥

泸州长江二桥主桥全长1016m，上层6车道、下层2车道，为远期规划预留了轨道空间，是泸州首座双层公轨两用悬索桥，气势恢宏的两岸悬索桥主塔被誉为泸州"城市之门"。泸州长江二桥为泸州城东片区进入中心半岛的最便捷快速通道，为城市空间拓展和功能完善提供了必要的基础设施保障，助推泸州进一步融入成渝经济圈。

9.2 展　望

目前，在建的张靖皋悬索桥南航道桥以2300m的主跨位居世界之首。2024年2月，墨西拿跨海公铁两用悬索桥（墨西拿跨海大桥）的最终设计报告获得批准。该桥一旦建成，将凭借其3300m的中央单跨，成为世界上最长的悬索桥。我国目前也正在进行3000m级悬索桥的探索工作，这就需要在材料强度与耐久性、结构稳定性与安全性、施工技术、经济性和可持续性、复杂环境下的适应性等方面进行创新和研究。在此提出一些悬索桥建造技术的发展方向，为工程技术人员提供借鉴。

1）设计

悬索桥设计面临着诸多挑战，主要包括结构稳定性、抗风抗震能力、材料耐久性以及施工技术等方面。如何在保证桥梁安全、耐用和美观的同时，克服地形地貌、气候环境等复杂因素，实现大跨度、高强度、轻自重的结构设计，是悬索桥工程师们必须攻克的难题。此外，还需充分考虑桥梁与周边环境的和谐共生，确保施工过程中的环境保护和生态平衡。悬索桥设计的发展方向可借鉴如下方面：

（1）材料创新：探索新型高强度、轻质材料的应用，如碳纤维复合材料等，以提高悬索桥的承载能力和抗风性能。

（2）结构形式创新：尝试非传统的桥梁结构形式，如曲线形悬索桥、悬索桥与斜拉桥的结合等，使桥梁更具特色和美感，尤其是斜拉悬吊体系适合在跨海桥梁中使用。

（3）智能化设计：引入智能监测系统、自动化控制技术等，实现桥梁的智能化管理和维护，提高桥梁的安全性。

（4）可持续设计：采用可再生能源供电、降低能耗和排放、优化桥梁的生命周期成本等方式，实现悬索桥的可持续发展。

（5）生态设计：结合环境保护理念，设计桥梁的绿色景观、生态通道、环保材料等，使悬索桥更好地融入自然环境中。

（6）互联网＋技术：利用互联网技术实现桥梁的智慧管理和维护，如远程监控、数据分析等，提升悬索桥的运行效率和服务水平。

2）施工

（1）锚碇

超大规模支护转结构复合地连墙结构施工技术：以张靖皋长江大桥为例，工程团队创新设计了超大规模支护转结构复合地下连续墙结构，以确保大桥的稳定性和安全性。这种结构形式在国内外属于首创，其平面尺寸长约118m、宽约75m，相当于21个篮球场大小。精细化施工技术：在狮子洋通道的建设中，面对锚碇基坑技术难题，项目团队采取了精细化施工措施。例如，东锚碇基坑的开挖量高达48万m^3，基础深度达到了33.5m。此外，西锚碇基坑直径达130m，混凝土总浇筑量高达55万m^3。这些技术的应用有效保障了锚碇的结构安全。

（2）基础

海洋桥梁和跨海连岛长桥已成为当前交通建设的重要发展方向。随着这些桥梁向更大跨径、更深水域和更重荷载的趋势发展，其基础平面尺寸可能达到100m×100m的规模，重量可达到数十万吨。这对施工设备提出了更高的要求。因此，必须从选择合适的制造加工场地、研发重型装备（包括起吊、安装、浮运等）和特殊装备（如深水地下挖掘、整平等）的技术可行性和可靠性入手，深入探讨水下工程的无人化施工和智能化装备。

打桩船插打钢桩具有较高的效率，其对水深的影响相对较小，且对海洋环境的适应性更强。然而，这种方法也存在一些缺点：首先，对打桩船的性能和技术参数要求极高，其自身的稳定性也是一个重要的限制因素；其次，施工成本相对较高，所需的机械装备先进且造价昂贵；最后，当单个墩位的钢桩数量较多时，桩位方向的变化较大，施工的便利性会降低。因此，有必要加大大功率液压冲击锤的研发力度，并开展打桩船快速化装备的应用研究。

（3）桥塔

混凝土主塔的爬模施工技术已发展至成熟阶段。在G3铜陵长江公铁大桥的主塔建设中，采用了目前最大的9m爬模系统，使得主塔的日增长速度可达1.5m，综合效率达到0.8m/d，超越了杨泗港长江大桥主塔的施工效率，后者的高度为240.9m，综合效率为0.74m/d。这一成就已在大型桥梁主塔施工领域名列前茅。未来，可进一步探索模板与结构一体化的施工技术。

针对钢-混结合的主塔结构，研究的重点应包括钢-混接缝形式、连接方式、传力机制等方面。在快速化施工技术方面，应致力于开发自动化程度高、施工精度优良的机具，并研究预制与现浇相结合的新型施工技术。对于钢塔结构，研究的焦点应集中在焊接、螺栓连接或二者结合的设计选择上。钢塔的快速化施工技术主要研究方向应包括大型塔式起重机的分节段施工技术，以及大型浮吊的分节段或整节段竖转施工技术。

（4）加劲梁

在悬索桥加劲梁的安装过程中，常用的方法包括缆载吊机法、缆索吊机法、桥面吊机法、浮吊法、轨索移梁法等。在桁片架设中，架梁起重机和运梁小车联合作业，采用组拼桁片的方式，大幅节省了施工场地，但施工速度相对较慢，且受风力影响较大。缆载吊机法对航道的影响较小，是主梁架设的常用方法。例如，在温州瓯江北口大桥项目中使用的缆载吊机，是国内同类型设备中吨位最大的，能够起吊1000t的重物。浮吊安装法需要较多船只配合，对技术参数的要求较高，设备通常较大，但对于浮吊而言，梁体的重量并非主要问题。缆索吊机法，由于锚碇设置的考虑，更多应用于山区悬索桥。缆索吊的吊重能力与跨径直接相关，如虎跳峡金沙江铁路大桥采用的缆索吊，主跨径 660m，最大吊重 800t，位居世界前列。

为了满足特殊吊装需求，如空间索面悬索桥和峡谷桥梁，可研究新型轻量化、适应性强的吊装系统，例如变跨径缆载吊机、下行式桥面起重机或轨索滑移方法等。

3）监测

在施工与控制技术领域，悬索桥的长大缆索构成了一个强非线性系统，其施工过程中的形状变化显著，使得线形和索力的控制极具挑战。对于空间索面悬索桥，吊杆的张拉与主缆的空间线形、主梁的挠度以及主塔的变形之间存在复杂的相互作用，这要求空间缆的架设和体系转换必须采用更为精细的施工与控制技术。悬索桥监测技术的发展方向主要集中在以下几个方面：

（1）智能化与自动化：开发更智能的监测系统，能够自动采集数据、分析数据并预警潜在问题。这包括利用机器学习和人工智能算法来提高数据分析的准确性和效率。

（2）远程监测与控制：利用物联网技术实现远程监测，工程师可以在控制中心实时监控桥梁的状态，减少现场监测的人力需求。

（3）多参数集成监测：整合多种监测手段，如位移、应力、温度、振动、腐蚀等，以获得更全面的桥梁健康状态信息。

（4）长期稳定性与自维持性：提高监测设备的长期稳定性和自维持能力，确保在恶劣环境下的可靠运行，减少维护频率。

（5）高精度传感器技术：研发更高精度的传感器，提高数据采集的分辨率和准确性，以更好地捕捉桥梁微小的状态变化。

（6）结构健康监测（SHM）系统：发展更为成熟的结构健康监测系统，能够对桥梁的损伤进行早期识别和定位，从而实现预测性维护。

（7）数据融合与分析：通过多源数据融合技术，结合不同类型和来源的数据，进行综合分析，以获得更准确的桥梁性能评估。

（8）交互式用户界面：开发更友好的用户界面，使非专业人员也能理解和分析监测数据，提高监测系统的普及性和实用性。

（9）经济性与可扩展性：降低监测系统的成本，使其适用于不同规模和预算的桥梁项目，同时确保系统的可扩展性，以适应未来的技术升级。

（10）环境适应性：考虑桥梁所在环境的特殊性，如地震多发区、高寒地区等，开发适应不同环境的监测技术。

通过这些发展方向，悬索桥监测技术将更加高效、精确，有助于确保桥梁的安全运营和长期稳定性。

4）新材料

未来，大跨度桥梁的主缆和斜拉索将采用 2100MPa 甚至更高强度的钢丝。碳纤维材料，虽然成本较高，但其轻质、耐久性强、弹性模量高的特点，以及 2200～5600MPa 的抗拉强度，预示着随着材料成本的降低，其在桥梁工程中的应用将日益广泛。同时，具有记忆功能的智能材料和其他创新材料，也可能在大跨度桥梁建设中得到应用。

钢-超高韧性混凝土（STC）轻型组合桥面结构在多个悬索桥中得到了应用。超高性能混凝土（UHPC）已成功应用于桥梁加固和接缝处理，解决了传统钢筋混凝土桥梁自重大和钢桥面易开裂的问题。为了促进 UHPC 在悬索桥中的广泛应用，研究方向将集中在通过有效方法降低生产成本，以及利用技术手段减小其收缩变形。

5）建养一体

数字化、智能化已经成为公路交通高质量发展的关键要素，公路是人、车、物流通的大通道，5G、云、大数据、物联网、人工智能等数字基础设施与公路建设、管养、运营、服务等业务场景相融合，将能够极大提升公路大通道的智能建造、安全应急、畅快通行及管理服务水平。加强智能检测技术与装备研发，应考虑应用智能机器人等新一代信息化及机械控制与工业自动化技术，结合千米跨度悬索桥的关键结构和典型部位，全面开展智能检测技术研究，如缆索自动检测机器人、索塔及支座无人机检测技术，具备信息自动无线传输、图像识别等功能。

以大桥的维护管理为例，润扬长江公路大桥引领了针对钢箱梁应用环境的钢箱梁疲劳裂纹智能巡检机器人的设计与研发。而苏通大桥则利用南北主塔的升降机实现了自动扫描，并通过机械臂抓取照片，以检测和记录塔柱内的裂纹、剥落和锈蚀等病害。自 2020 年起，南沙大桥的日均车流量已超过黄埔大桥与虎门大桥的总和，单日最高车流量超 20 万辆。南沙大桥的实际车辆荷载和交通量已超出设计预期，超饱和的车流量给桥梁的安全运营带来了巨大压力。为此，项目研发了一体化的智能巡检平台，该平台集数据采集、导航避障、病害检测和智能建图于一体。通过履带式底盘，该平台能在钢箱梁内复杂的环境中移动，并能跨越箱室之间的人孔。底盘上配备的数据采集设备集成了定位、图像拍摄、建图和数据处理等功能，可现场快速建图，获取钢箱梁内部结构的三维模型，并实现病害的精确定位。

苏通大桥和润扬长江公路大桥已服役近 20 年，而其设计寿命为 100 年。近两年，这两座大桥同时开展了机器人检测病害的改造，这体现了大桥现代化检测技术的综合发展。同样，开通仅 4 年的南沙大桥也开始了自动化巡检工作，这表明大型桥梁内部病害的自动化检测正在迅速普及。因此，实施大桥建设与养护的一体化策略，不仅是对大桥健康发展规律和现代化技术发展的全面把握，也有助于建设单位科学地进行养护管理，并降低建设和养护的总成本。

6）数字孪生

数字孪生技术，作为一种多技术融合的产物，正显著提升建筑行业的竞争力。当前，建筑行业已广泛应用 BIM、大数据、物联网、人工智能、VR、区块链等技术。展望未来，新技术与建筑管理和建筑技术的深度融合，将进一步增强行业的整体管理水平和竞争力。无论数字孪生技术是否成为主导，其应用已渗透到建筑行业管理的每一个环节。未来的数字化趋势并非仅限于企业数字化的边缘，而是将与企业、行业深度融合发展。

数字技术将从根本上提升建筑行业的发展质量和生产效率。通过数字化作业人员、生产设备、物料、工艺方法及场地信息，生产计划的可靠性得到增强。此外，汇聚生产数据，对生产进度、成本、质量、安全等管理要素进行指标分析，为管理决策提供了坚实的数据支持。产业链内多方参与者间的信息交互，实现了企业间的数据、资源和流程协同，优化了整个行业的资源配置。显而易见，数字化转型为建筑行业带来了高质量的发展路径，预示着更加美好的未来。

参 考 文 献

[1] 中交第二公路工程局有限公司. 公路桥梁施工系列手册 悬索桥[M]. 北京: 人民交通出版社, 2014.

[2] 魏洋, 董峰辉, 郑开启, 等. 桥梁施工技术[M]. 北京: 人民交通出版社, 2021.

[3] 中交第二公路工程局有限公司. 大跨度悬索桥施工实例集[M]. 北京: 人民交通出版社, 2014.

[4] 孟凡超. 公路桥涵设计手册 悬索桥[M]. 北京: 人民交通出版社, 2011.

[5] 李周. 大跨度悬索桥悬吊体系参数振动研究[D]. 广州: 华南理工大学, 2013.

[6] 谭力. 山区超大跨径悬索桥钢桁梁吊装施工方法研究[D]. 重庆: 重庆交通大学, 2021.

[7] 郑娟. 单索面悬索桥钢箱加劲梁受力分析[D]. 重庆: 重庆交通大学, 2018.

[8] 李林. 大跨度钢桁梁悬索桥施工控制关键技术研究[D]. 南京: 东南大学, 2017.

[9] 唐清东. 基于BIM的大跨度悬索桥施工监控研究[D]. 成都: 西南交通大学, 2017.

[10] 蒋俊秋. 自锚式悬索桥成桥过程分析方法研究[D]. 重庆: 重庆交通大学, 2021.

[11] 王勇. 大跨径悬索桥猫道参数设计、架设与结构分析[D]. 西安: 长安大学, 2013.

[12] 吴俊杰. 大跨度钢桁梁悬索桥主梁施工方式研究[D]. 长沙: 长沙理工大学, 2022.

[13] 谭双全, 黎人亮, 熊桂开, 等. 郭家沱长江大桥锚碇大体积混凝土水化热研究[J]. 城市道桥与防洪, 2022(3): 114-118,16.

[14] 罗世东, 王鹏宇, 王新国, 等. 一种适用于软岩地区的隧道式锚碇: CN201320749558.0[P]. 2014-05-21.

[15] 王鹏宇. 软岩地区悬索桥隧道锚设计研究[J]. 铁道工程学报, 2019, 36(8): 51-55.

[16] 段超, 余剑, 翟跃, 等. 新型沉井下沉技术在江津中渡长江大桥中的应用[J]. 施工技术, 2016, 45(24): 18-20.

[17] 黎人亮, 翟跃, 呙佳, 等. 江津中渡长江大桥南锚碇沉井施工技术[J]. 施工技术, 2016, 45(24): 21-23, 31.

[18] 汪学省, 呙佳, 宣世艳, 等. 江津中渡长江大桥南锚碇预应力锚固系统施工技术[J]. 施工技术, 2016, 45(24): 24-25, 48.

[19] 田国印, 李阳, 翟跃, 等. 江津中渡长江大桥隧道式锚碇预应力定位支架分段整体滑移入洞施工技术[J]. 施工技术, 2016, 45(24): 26-28, 51.

[20] 于海力, 余剑, 张永康, 等. 江津中渡长江大桥隧道式锚碇大落差预应力管道压浆施工技术[J]. 施工技术, 2016, 45(24): 29-31.

[21] 李维树, 刘铮, 姜顺龙, 等. 几江长江大桥隧道锚原位缩尺模型试验研究[J]. 地下空间与工程学报, 2017, 13(S2): 585-591.

[22] 刘新荣, 李栋梁, 吴相超, 等. 泥岩隧道锚承载特性现场模型试验研究[J]. 岩土工程学报, 2017, 39(1): 161-169.

[23] 梁宁慧, 张锐, 刘新荣, 等. 软岩地质条件下浅埋隧道锚缩尺模型试验[J]. 重庆大学学报, 2016, 39(6): 78-86.

[24] 张海顺. 大跨度钢桁梁悬索桥临时连接方式分析研究[J]. 土木工程学报, 2020, 53(12): 98-105.

[25] 王忠彬. 张家界大峡谷玻璃桥缆索系统设计[J]. 桥梁建设, 2017, 47(3): 83-87.

[26] 李陆平, 冯广胜, 罗瑞华. 武汉鹦鹉洲长江大桥主桥加劲梁架设施工技术[J]. 桥梁建设, 2016, 46(2): 1-6.

[27] ZHAO Q H, HE J X, ZHAO M, et al. On the development and innovation of modern suspension bridge in China[J]. Applied Mechanics and Materials, 2014, 3308(587-589): 1435-1438.

[28] ZHENG R Q, LUO X H. Research on the stiffening girder erection sequence ofthree-tower suspension bridge[J]. Engineering Sciences, 2012, 10(3): 16-20.

[29] 滕小竹. 大跨度钢桁梁悬索桥关键问题研究[D]. 上海: 同济大学, 2008.

[30] 陈彩霞. 悬索桥钢箱加劲梁安装过程及临时连接的研究[D]. 成都: 西南交通大学, 2007.

[31] 王忠彬, 沈锐利, 唐茂林. 悬索桥钢桁架加劲梁施工方法分析[J]. 石家庄铁道学院学报, 2006(1): 117-121.

[32] 薛光雄, 程建新, 文武, 等. 润扬大桥悬索桥中央扣梁段安装技术研究[J]. 桥梁建设, 2004(4): 10-12.

[33] 周世忠. 中国悬索桥的发展[J]. 桥梁建设, 2003(5): 30-34.

[34] 孙胜江. 悬索桥钢箱梁吊装施工监控研究[D]. 西安: 长安大学, 2001.

[35] 潘永仁, 范立础. 大跨度悬索桥加劲梁架设过程的倒拆分析方法[J]. 同济大学学报(自然科学版), 2001(5): 510-514.

[36] 万田保, 王东绪, 霍学晋, 等. 空间索面地锚式悬索桥结构行为研究[J]. 桥梁建设, 2023, 53(S2): 50-57.

[37] 黄小龙, 王伟, 宫立新. 松原市天河大桥北汊主桥上部结构施工关键技术[J]. 世界桥梁, 2017, 45(3): 20-24.

[38] 庞小兵, 王伟, 陈执正, 等. 松原市天河大桥北汊主桥钢-混结合段施工技术[J]. 世界桥梁, 2017, 45(3): 30-33.

[39] 陈执正, 王泽岸, 黄小龙, 等. 三维空间索面主缆架设施工技术[J]. 世界桥梁, 2017, 45(3): 34-38.

[40] 黄小龙, 王伟, 王泽岸. 可转动索夹及球铰底座在自锚式空间索面悬索桥中的应用[J]. 施工技术, 2016, 45(24): 5-8.

[41] 徐军, 陈忠延. 正交异性钢桥面板的结构分析[J]. 同济大学学报（自然科学版）, 1999(1): 24.

[42] 沈金安. 改性沥青与 SMA 路面[M]. 北京: 人民交通出版社, 1998.

[43] 卢永贵. 沥青马蹄脂碎石混合料研究[D]. 西安: 长安大学, 2001.

[44] BUITELAAR P, BRAAM R, KAPTIJN N. Reinforced high performance concrete overlay system for rehabilitation and strengthening of orthotropic steel bridge decks[C]//7th International Conference on Short and Medium Span Bridges 2006, 2006.

[45] 胡曙光, 林汉清, 丁庆军, 等.新型钢桥面铺装技术方法的研究与应用[C] //全国城市公路学会,武汉公路学会.全国城市公路学会第十四届学术年会论文集. 武汉: 交通科技杂志社, 2005.

[46] 王中文, 吴玉刚, 崔岗, 等. 钢桥面热拌环氧沥青混凝土铺装[M]. 北京: 人民交通出版社, 2021.

[47] 施逸群. 基于数字孪生的艰险山区悬索桥建造过程虚拟仿真研究[D]. 成都: 西南交通大学, 2022.

[48] 张鸿, 蒋振雄, 李镇, 等. 深水超大沉井基础建造的创新突破[J]. 中国公路, 2023(11): 56-63.

[49] 蒋凡, 刘华, 岳青, 等. 超大沉井基础施工控制智能感知系统设计研究[J]. 地下空间与工程学报, 2022, 18(S1): 233-242.

[50] 王志刚, 周祝兵, 吉俊兵, 等. 光纤光栅智能缆索在特大桥上的应用[J]. 金属制品, 2021, 47(1): 59-64.

[51] 樊锋, 张欣. 大跨度悬索桥静载试验及多种挠度测试方法对比分析[J]. 广东公路交通, 2021, 47(5): 40-45.

[52] 晏班夫, 欧阳康, 梁才. 桥梁工程中非接触位移测量技术研究综述[J]. 交通运输工程学报, 2024, 24(1): 43-67.

[53] 云宝真, 李寒冰, 马永征, 等. 基于三维激光扫描技术的跨座式单轨桥梁挠度变形监测方法研究[J]. 交通科技与管理, 2024, 5(3): 1-4.

[54] 刘子琦. 基于计算机视觉的高铁桥梁结构位移测量方法研究[D]. 哈尔滨: 哈尔滨工业大学, 2020.

[55] 叶肖伟, 张小明, 倪一清, 等. 基于机器视觉技术的桥梁挠度测试方法[J]. 浙江大学学

报 (工学版), 2014, 48(5): 813-819.

[56] 董乾坤. 基于计算机视觉的桥梁结构位移监测及模态识别[D]. 武汉: 武汉理工大学, 2022.

[57] 楚玺. 基于定轴旋转摄影的桥梁结构全息形态监测及损伤识别方法[D]. 成都: 重庆交通大学, 2020.

[58] 冯东明, 余星宇, 黎剑安, 等. 基于无人机的悬索桥主缆自动巡检及小样本表观病害识别[J]. 中国公路学报, 2024, 37(2): 29-39.

[59] 王翼超. 基于多元检测数据的大跨径桥梁索体系评估方法研究[D]. 南京: 东南大学, 2022.

[60] 元小强, 丁宁, 陈斌, 等. 蠕动式悬索桥主缆检测机器人研制[J]. 公路交通技术, 2023, 39(4): 62-69.

[61] 张瑞霞. 海洋桥梁工程施工技术及装备发展研究[J]. 中国工程科学, 2019, 21(3): 5-11.

[62] 毛伟琦, 胡雄伟. 中国大跨度桥梁最新进展与展望[J]. 桥梁建设, 2020, 50(1): 13-19.

[63] 邵旭东, 曹君辉. 面向未来的高性能桥梁结构研发与应用[J]. 建筑科学与工程学报, 2017, 34(5): 18.

[64] 鲁玉春. 永临结合、建养一体, 释放数字技术生产力[J]. 施工企业管理, 2023(8): 53-54.

[65] 李迎九. 千米跨度高速铁路悬索桥建造技术现状与展望[J]. 中国铁路, 2019(9): 1-8.

[66] 钟炜, 数字孪生驱动的智能建造全生命周期管理与实践应用[M]. 北京: 机械工业出版社, 2023.